Weg der Tränen

ILLINOIS

KENTUCKY

Ohio River

Jonesboro Golconda

Cape
Girardeau

Paducah

Hopkinsville

NORTH
CAROLINA

Nashville

Tennessee River

Mc Minnville

Cherokee
Agency

TENNESSEE

Rattle Snake
Springs
Ross'Landing

Memphis

Huntsville

Chatanooga

Springplace
New Echoia

Guntersville

Creek
Path

GEORGIA

ALABAMA

MISSISSIPPI

Wilma Mankiller und Michael Wallis

WEG DER TRÄNEN

Wilma Mankiller und Michael Wallis

WEG DER TRÄNEN

DIE GESCHICHTE DER CHEROKEE, ERZÄHLT VON IHREM ERSTEN WEIBLICHEN HÄUPTLING

Aus dem Amerikanischen von Linda Gränz

Droemer Knaur

Originaltitel: Mankiller. A Chief and Her People
Originalverlag: St. Martin's Press, New York

Die Deutsche Bibliothek – CIP-Einheitsaufnahme

Mankiller, Wilma:
Weg der Tränen : Die Geschichte der Cherokee,
erzählt von ihrem ersten weiblichen Häuptling /
Wilma Mankiller und Michael Wallis.
Aus dem Amerikan. von Linda Gränz. –
München : Droemer Knaur, 1994
Einheitssacht.: A Chief and Her People <dt.>
ISBN 3-426-26757-8
NE: Wallis, Michael.

Die Folie des Schutzumschlags sowie die Einschweißfolie sind
PE-Folien und biologisch abbaubar.
Dieses Buch wurde auf chlor- und säurefreiem Papier gedruckt.

Umschlaggestalung: Agentur ZERO, München
Umschlagfoto »Wilma Mankiller« von James Schnepf
Karten: Kartographie Winkler, München
Satz: Ventura Publisher im Verlag
Druck und Bindearbeiten: Mohndruck, Gütersloh
Printed in Germany
ISBN 3-426-26757-8

2 4 5 3 1

Dieses Buch ist meinem Bruder Louis Donald Mankiller gewidmet, der viele Jahre seiner Jugend opferte, um seine Geschwister zu ernähren und zu kleiden. 1990 machte er mir das Geschenk einer Nierenspende und ermöglichte mir dadurch, bei guter Gesundheit weiterzuleben und zu arbeiten.

INHALT

VORBEMERKUNG

Dieses Buch erzählt mehr als das Leben Wilma Mankillers. Es schildert die außergewöhnliche Geschichte des Volkes der Cherokee und seines unbeugsamen Mutes. In den folgenden Kapiteln wird die Geschichte einer einzelnen Cherokee-Frau verwoben mit der Geschichte aller Angehörigen ihres Stammes, ähnlich wie in den Legenden der Cherokee, die die Fäden der von Generation zu Generation überlieferten Stammesgeschichte, Weisheit und Kultur miteinander verknüpfen.

Um die unsterblichen Stimmen aller Geschichtenerzähler der Cherokee zu ehren, leiten wir jedes der dreizehn Kapitel dieses Buches mit einer traditionellen Cherokee-Legende ein. Wir glauben, daß die ungebrochene Kraft und Weisheit dieser Geschichten das innerste Wesen dieses Volkes widerspiegelt.

W. MANKILLER UND M. WALLIS

EINLEITUNG

Morgendämmerung auf dem Land im nordöstlichen Oklahoma, warm und vertraut wie ein alter Freund, der wieder einmal vorbeischaut. Das Sonnenlicht bahnt sich seinen Weg durch das Laub von Eichen, Platanen und Hartriegel, ergießt sich über ein Dickicht aus Sumach, Sassafras und Persimone. Finger aus weichem Licht berühren die Unkräuter und Weinranken, die sich um den eingesunkenen Maschendrahtzaun winden. Die Strahlen wandern langsam durch den Garten und werfen schließlich goldene Streifen auf das freistehende Holzhaus, aus dem die morgendlichen Radionachrichten zu hören sind und der Duft von Kaffee und *biscuits** strömt.

Langsam öffnet sich die Vordertür und Wilma Mankiller – die Hausherrin – erscheint. Sie ist barfuß und trägt ein leuchtendbuntes Kleid. Ihr dunkles Haar ist noch naß vom Haarewaschen. Sie setzt sich auf einen Küchenstuhl auf der schmalen Veranda und trinkt einen Becher Kaffee. Ein Schwarm mutwilliger Krähen, die wie ebenholzschwarze Marionetten herumspringen, schimpft von den umstehenden Bäumen herab. In der Ferne hört man den Chor der Eichelhäher, Spottdrosseln und Zaunkönige. Bald werden die Habichte am Himmel patrouillieren.

Scheinbar aus dem Nichts tauchen Gespenstheuschrecken auf, um sich an zartem Blattwerk gütlich zu tun. Die langen, dünnen Insekten, die wie Holzzweige aussehen, krabbeln langsam über die Veranda und das Geländer. Einige kriechen an dem

---

* A.d.Ü.: Kleine, frischgebackene Brötchen, die warm verzehrt werden.

11

Stuhl hoch, auf dem Wilma Mankiller sitzt; eine läuft an ihrem Bein hoch, doch sie scheint dies nicht zu bemerken oder als lästig zu empfinden. Als eines der Insekten sich auf ihre Schultern setzt und in ihr Haar kriechen will, schüttelt sie es sanft ab. Sie weiß, daß die Gespenstheuschrecken nicht an ihr, sondern an dem Judasbaum neben der Veranda interessiert sind.

Die umliegenden Wälder und Hügel beherbergen die in diesem östlichen Teil Oklahomas heimische Tierwelt. Einige Berglöwen und Rotluchse leben hier, viele Kojoten, Füchse und andere, kleinere Tierarten. Auch Wild findet sich in großer Zahl. Oft wagen sich Rehe und Hirsche bis zum Mankiller-Anwesen vor, um sich ihren Anteil am Garten zu holen. Während der Jagdsaison erhält Wilma Mankiller viele Anfragen von Jägern, die in der Umgebung auf die Pirsch gehen wollen. Ihnen gibt sie immer die gleiche Antwort: Sie dürften nach Herzenslust jagen, aber nichts erlegen.

Dieser Ort ist Wilma der liebste auf der Welt. Sie lebt hier inmitten von 64 Hektar ererbten Besitzes, die ihrem väterlichen Großvater, John Mankiller, zugeteilt wurden, als Oklahoma 1907 zum Bundesstaat wurde. Das Land liegt in Adair County, fast direkt an der Grenze zu Cherokee County. Adair County ist nach einer berühmten Cherokee-Familie benannt und liegt im Herzen jenes Gebiets, das von den Cherokee nach ihrer Vertreibung aus dem Südosten der USA Ende der dreißiger Jahre des 19. Jahrhunderts als erstes besiedelt wurde. Der County verzeichnet immer noch einen höheren Prozentsatz an indianischer Bevölkerung als jeder andere in den USA.

Mit den Cherokee Hills im Norden und den Cookson Hills im Süden ist die Natur des Countys von einer Schönheit, die über die Armut der Region hinwegtäuschen könnte. Kleine Farmen und Ranches, Obstplantagen und Holzaufbereitung sind die Hauptwirtschaftsfaktoren. Aber die Menschen erwirtschaften mit ihrer harten Arbeit nur ein bescheidenes Einkommen; »Besitz« und Wert eines Menschen werden hier nicht nur an Bankkonten und weltlichen Gütern gemessen.

Frühere Generationen von Cherokee hatten in dieser Region ein neues Gemeinwesen gegründet, nachdem sie unter Bewachung von Bundessoldaten in den Jahren 1838–1839 ihre ursprüngliche Heimat verlassen und jenen langen Marsch unternommen hatten, der als »Weg der Tränen« bekanntwerden sollte.

In Tahlequah, dem in den östlichen Ausläufern der Ozarks gelegenen Hauptort von Cherokee County, wo ihre bittere Reise geendet hatte, bauten sich die Cherokee neue Häuser und gründeten die ersten koedukativen Schulen für Männer und Frauen westlich des Mississippi. Sie schufen auch erneut ein durchstrukturiertes Regierungs- und Verwaltungssystem, das eine eigene Gerichtsbarkeit umfaßte. Obwohl der Stamm der Überlieferung nach schon lange vor dieser Zeit eine geschriebene Sprache besessen haben soll, verwendeten die Cherokee für die erste in Cherokee und Englisch verfaßte Zeitung Oklahomas das fünfundachtzig Zeichen umfassende Silbenalphabet, das von Sequoyah vor dem »Weg der Tränen« entwickelt worden war.

Viele Cherokee leben auch heute noch auf den wenig ertragreichen Farmen, die über die Region verstreut liegen – ein Land der Flüsse, Felsen, Wälder und Wiesen, das sich kaum verändert hat seit der Zeit, als sich Banden von Outlaws in den düsteren Hügeln versteckten, um sich den Gesetzen der Cherokee Nation* zu entziehen. Phantasievolle Ortsnamen wie Wildcat Point, Whiskey Holler und Six-shooter Camp erinnern an ihre bevorzugten Schlupfwinkel. Es ist eine Gegend, in der sich die Gespräche um Landwirtschaft, Jagd, Wetter, Football und – unvermeidlich – um Politik drehen. Und zwar nicht nur um die normale Parteipolitik wie zum Beispiel um die Kandidaten für den County-Rat oder für das Amt eines Sheriffs oder Senators, sondern auch und vor allem um Stammespolitik.

In vielen Unterhaltungen, die an den Tankstellen, Raststätten und Drugstores entlang der Landstraßen zu hören sind, ist von

---

* A.d.Ü.: Verfaßtes Gemeinwesen des Stammes der Cherokee.

Wilma Mankiller die Rede. Dies ist nicht verwunderlich, denn sie bekleidet das Amt des Obersten Häuptlings der Cherokee Nation. Die Cherokee sind nach den Navajos das zweitgrößte Indianervolk in den USA. Wilma ist die erste Frau, die an der Spitze eines großen Stammes steht. Mit einer Bevölkerung von über 140 000 Personen, einem Jahreshaushalt von über 70 Millionen Dollar und über 1200 öffentlichen Bediensteten, die in einem Gebiet von über 18 000 Quadratkilometern* tätig sind, hat sie dieselben Aufgaben wie ein Staatsoberhaupt oder der Chef eines Großunternehmens.

Obwohl es sich um ein Land rauher Männer handelt, die meist lieber einen der Ihren, einen von den »*good ol' boys*« in politischen Ämtern sehen, wird man kaum einen Cherokee finden, auch nicht unter Wilma Mankillers früheren politischen Gegnern, der an ihrer Führung etwas auszusetzen hat. Dies war nicht immer der Fall. Anfangs gab es zahlreiche Probleme und Hindernisse; es waren schwere Zeiten für sie. Manche Cherokee wollten nicht von einer Frau regiert werden, so daß Wilma zunächst nicht wenige Feinde hatte. Ihre Autoreifen wurden aufgeschlitzt; sie erhielt Morddrohungen. »Häuptling« Mankiller war zugegebenermaßen eine untypische Politikerin. Allmählich aber gewann sie die Anerkennung ihrer Stammesgenossen, wurde von den meisten Wählern akzeptiert. Kommt es heute zu Auseinandersetzungen, dann geht es eher um Sachfragen als um ihr Geschlecht.

Wilma Mankiller lebt mit ihrem zweiten Ehemann Charlie Soap und dessen Sohn aus einer früheren Ehe, Winterhawk, zusammen. Ihre beiden Töchter, Felicia und Gina, und deren Kinder kommen ebenso wie andere Familienmitglieder und Freunde oft zu Besuch. Wilmas verwitwete Mutter lebt gleich in der Nähe, an derselben Straße.

Im Winter beheizt Wilma ihr Haus mit einem Ofen; das Holz dafür stammt aus den umliegenden Wäldern. Indianische Kunst

---

* A.d.Ü.: Das entspricht fast der Fläche von Rheinland-Pfalz.

14

wie Masken, Körbe, Keramik und Cherokee-, Kiowa- und Sioux-Malereien schmücken Regale und Wände. Farbenprächtige Decken sind über Sessellehnen und Sofas ausgebreitet. Überall auf den Tischen stehen Familienphotos. In einem der Regale im Wohnzimmer findet sich eine kleine Büste von Sam Houston, dem hochangesehenen texanischen Staatsmann und Volkshelden, der von den Cherokee, die ihn als Stammesmitglied adoptierten, »the Raven« (der Rabe) genannt wurde. In den Bücherschränken sieht man Mankillers geliebte Bücher, meist Lyrik, Erzählungen, Biographien und Geschichte. Neben den von ihr am meisten geschätzten Autoren, zu denen Gloria Steinem, Alex Haley und Alice Walker zählen, stehen die Werke von Vine Deloria, Joy Harjo, Robert Conley, Tolstoj und Milton.

So behaglich das Haus auch sein mag, so hält sich Wilma Mankiller auch gern in der freien Natur auf. Sie arbeitet im Garten und unternimmt mit ein oder zwei Haushunden Spaziergänge zu einer nahen Quelle, an der frühere Generationen der Familie frisches Wasser holten und Minze und Wasserkresse pflückten.

Die nächste Ortschaft – in der es nur einen kleinen Lebensmittelladen mit Tankstelle und eine Schule gibt – heißt Rocky Mountain. Das Land, auf dem Wilma und ihre Familie leben, wird Mankiller Flats genannt. Wilma wurde 1945 in Oklahoma geboren und verbrachte ihre frühe Kindheit zusammen mit ihren Eltern und acht ihrer zehn Geschwister auf Mankiller Flats. Dieses ihrem Großvater zugeteilte Land liegt ihr sehr am Herzen, denn es ist Teil des Familienerbes, und sie und ihre Angehörigen sind bemüht, es für spätere Generationen zu erhalten.

Am wichtigsten sind für Wilma Mankiller – eine Frau, die schwere persönliche Krisen durchstand – aber die Tausenden von Menschen, für die sie arbeitet und denen sie zu einer wirtschaftlich unabhängigen Existenz verhelfen will. Sie empfand es als Ehre, zum Oberhaupt ihres Stammes gewählt zu werden, doch gibt sie ohne weiteres zu, daß sie sich nicht nach diesem Amt drängte. Sie glaubte den Höhepunkt ihrer politischen Karriere erreicht zu haben, als sie 1983 der erste weibliche stellvertretende Häuptling ihres Stammes wurde.

»Bevor ich gewählt wurde, hätten junge Cherokee-Mädchen sich niemals vorstellen können, daß sie eines Tages Häuptling werden könnten«, sagt sie. Wilma Mankiller war von ihrem Vorgänger Ross Swimmer, einem Rechtsanwalt und ehemaligen Bankier, der dieses Amt seit 1975 bekleidete, zur Kandidatur ermuntert worden. Swimmer überzeugte sie, daß sie in einer solchen Position mehr Möglichkeiten hätte, etwas für die ländlichen Cherokee-Gemeinden zu verändern, in denen sie arbeitete. Als Swimmer, ein eingefleischter Republikaner, 1985 sein Amt aufgab und die Leitung des *Bureau of Indian Affairs** in Washington übernahm, rückte nach der Verfassung der Cherokee Nation automatisch seine Stellvertreterin, die liberal-demokratisch gesinnte Wilma Mankiller, in seine Position nach. Ohne diese gesetzliche Vorschrift hätte der Stammesrat Wilma mit ziemlicher Sicherheit nicht zu Swimmers Nachfolgerin bestimmt.

In einer historischen Wahl im Juli 1987 kandidierte Wilma direkt für das begehrte Amt und gewann. Der Erfolg ihrer Politik bewirkte in der ganzen Welt ein unerwartetes Interesse an ihrer Person und der Cherokee Nation. 1991 wurde sie mit 83 Prozent der Stimmen für weitere vier Jahre wiedergewählt.

»Wir sind ein wiederauferstandener Stamm«, sagt Mankiller. »Nach jedem großen Umbruch waren wir immer wieder in der Lage, uns als Volk zusammenzufinden und ein neues Gemeinwesen und eine Regierung zu bilden. Sowohl als Individuen als auch als Gemeinschaft verfügen die Cherokee über eine außerordentlich gut entwickelte Fähigkeit, Widerstände zu überwinden und weiter voranzuschreiten. Dies verdanken wir unserer

---

* A.d.Ü.: »Büro für Indianische Angelegenheiten« (BIA) – von der amerikanischen Regierung im Jahre 1824 gegründete Behörde, die zunächst die Aufgabe hatte, mit den unabhängigen Indianerstämmen zu verhandeln, um den weißen Siedlern neuen Lebensraum zu sichern. Nachdem die Indianer militärisch besiegt waren, übernahm die Behörde Aufgaben wie die Verwaltung der Indianerterritorien, die Überwachung der Stämme und bei Bedarf die Versorgung mit Lebensmitteln, Kleidung etc.

16

Kultur, die uns, obwohl sie mittlerweile an Vitalität eingebüßt hat, seit unvordenklichen Zeiten am Leben erhalten hat. Die Cherokee-Kultur ist ein gut gehütetes Geheimnis.«

Seit ihrer Wahl zum Häuptling ihres Volkes ist Wilma Mankiller in den USA zu einer präsenten und einflußreichen Persönlichkeit geworden. Die Zeitschrift *Ms.* kürte sie zur »Frau des Jahres 1987«, sie erhielt zahlreiche Ehrentitel und lobende Erwähnungen und erscheint häufig in den Medien und der Öffentlichkeit, um für die Belange ihres Stammes einzutreten. Aber auch als vielbeschäftigte Häuptlingsfrau hat sie sich ihre natürliche Persönlichkeit bewahrt. Ihre besten Momente sind die, wenn sie vor dem amerikanischen Kongreß mit ruhiger Stimme eine bessere medizinische Versorgung, angemessene Wohnverhältnisse und mehr Arbeitsplätze für die Cherokee fordert.

Ihr Vater, der verstorbene Charley Mankiller, war ein Cherokee-Vollblut, ihre Mutter Irene niederländisch-irischer Abstammung. »Unser Familienname stammt aus dem östlichen Teil des Landes, wo die Cherokee in großer Zahl lebten«, sagt Mankiller. »Soweit wir wissen, handelt es sich um einen alten militärischen Titel. Er wurde normalerweise einer Person verliehen, die in der Lage war, ein Dorf zu verteidigen.«

Die Cherokee-Kultur blühte über Jahrhunderte im Südosten Nordamerikas, bis der Stamm nach Westen vertrieben wurde. Unter jenen, die den »Weg der Tränen« überlebten, waren einige von Wilmas väterlichen Vorfahren. Sie gehörten zu jenem Teil des Stammes, der sich in der Gegend um Tahlequah ansiedelte und das von Historikern heute so bezeichnete »Goldene Zeitalter« der Cherokee begründeten. Trotz der Vertreibung war es eine Phase des Wohlstands, die sich durch wirtschaftlichen Aufschwung, den Bau vieler Schulen und eine kulturelle Blüte auszeichnete. In jenen Tagen gab es mehr Hilfsbereitschaft, und die Menschen waren sich viel stärker bewußt, daß sie aufeinander angewiesen waren.

Doch diese Zeit sollte nicht lange währen. Die glücklichen Jahre der kulturellen Erneuerung nach der schändlichen Vertrei-

17

bung endeten mit einem stammesinternen Zwist über die Frage, welche Haltung die Cherokee im Amerikanischen Bürgerkrieg einnehmen sollten. Nach Ende des Krieges im Jahre 1865 wurden die Cherokee – die zumeist neutral geblieben waren – wie besiegte Südstaatler behandelt. Die Armut wuchs, weil ihnen immer mehr Land fortgenommen wurde, auf dem andere Stämme angesiedelt werden sollten, die ebenfalls gezwungen worden waren, ihre Heimatgebiete zu verlassen und sich im Indianerterritorium niederzulassen.

1907 löste die amerikanische Regierung die Stammesregierung auf, setzte die Cherokee-Verfassung außer Kraft und begann, das Land aufzuteilen und es einzelnen Familien zuzuweisen. Damals erhielt Wilma Mankillers Familie das Grundstück in den bewaldeten Hügeln. An diesem entlegenen Ort, wo sie und ihre Geschwister aufwuchsen, baute die Familie zur Sicherung ihrer Lebensgrundlage Erdbeeren und anderes Obst und Gemüse an. Es gab keine sanitären Installationen im Haus, so daß die Kinder Wasser aus der etwa 400 Meter entfernten Quelle holen mußten.

»Ich erinnere mich, wie wir mit den Nachbarn Tauschhandel trieben und das aßen, was wir angebaut hatten«, erzählt sie. »Diese Zeit war für mich sehr wichtig, denn ich entwickelte auf diese Weise schon als Kind ein Gemeinschaftsgefühl, das über meine Familie hinausreichte.«

Als Wilma zehn Jahre alt war, zog die ganze Familie im Rahmen eines Umsiedlungsprogramms der amerikanischen Regierung nach Kalifornien. »Dies gehörte zur staatlichen Indianerpolitik der fünfziger Jahre«, erklärt sie. »Die Regierung wollte die Stammesgemeinschaften zerschlagen und die Indianer ›eingliedern‹; deshalb siedelte sie Familien aus ländlichen Gebieten in urbane Ballungszentren um. An einem Tag hatte ich noch in einer ländlichen Cherokee-Gemeinde gelebt, und wenige Tage später war ich bereits in Kalifornien und versuchte so rätselhafte Dinge wie Fernsehen, Neonlicht und Fahrstühle zu ergründen.«

Die Mankiller-Familie lebte sich schließlich in Kalifornien ein.

Wilma besuchte eine Schule und lernte ihren ersten Ehemann, einen wohlhabenden Ecuadorianer, kennen. Das Paar hatte zwei Töchter, Felicia und Gina, die 1964 beziehungsweise 1966 geboren wurden. Während jener turbulenten Sechziger, als Wilma Mankiller ihre Familie gründete, erwachte ihr politisches Bewußtsein. Den entscheidenden Anstoß für ihr Engagement für die indianische Bevölkerung in den USA erhielt sie im Jahre 1969, als eine Gruppe von Studenten das verlassene Gefängnis Alcatraz auf einer Insel in der Bucht von San Francisco besetzte. Sie wollten die Öffentlichkeit auf ihre Situation und die ihrer Stämme aufmerksam machen. Wilma hörte den Ruf; aus der Erfahrung dieses historischen Ereignisses war eine Aktivistin geboren worden.

»In vieler Hinsicht war ich damals eine typische Hausfrau«, erinnert sich Wilma, »aber während der Besetzung von Alcatraz wurde mir bewußt, daß etwas getan werden mußte, um dem Rest der Welt deutlich zu machen, daß auch die Indianer Rechte hatten. Alcatraz drückte meine eigene Befindlichkeit als Indianerin aus. Es war ein Meilenstein. Ab diesem Zeitpunkt begann ich mich zu engagieren.«

Sie besuchte Soziologiekurse am San Francisco State College und setzte sich mit Begeisterung für indianische Belange ein. Fünf strapaziöse Jahre lang arbeitete sie ehrenamtlich für den Pit-River-Stamm in Kalifornien, um einen Rechtshilfefonds zu schaffen, mit dem der Stamm den gerichtlichen Kampf um das Land seiner Vorfahren finanzierte. Viel Zeit widmete sie auch der Entwicklung von Vorschul- und Erwachsenenbildungsprogrammen für Indianer und leitete ein Programm zur Bekämpfung des sozialen Dropouts indianischer Jugendlicher.

1974 ließ sich Wilma Mankiller nach elfjähriger Ehe von ihrem Mann scheiden. »Er wollte eine traditionelle Hausfrau. Ich aber hatte eher den Wunsch, etwas für die Allgemeinheit zu tun, als Hausarbeiten zu machen.« Zwei Jahre später kehrte sie mit ihren Töchtern nach Oklahoma zurück. »Ich war glücklich, wieder in der Heimat meiner Vorfahren zu sein«, erinnert sie sich. »Ich wollte nach Hause kommen, meine Kinder großziehen und ein Haus auf meinem Land errichten.«

All das gelang ihr und mehr. Nachdem sie fast drei Jahre lang bei der Beschaffung wichtiger Darlehen und der Durchsetzung dringender Verbesserungen der ländlichen Infrastruktur für ihren Stamm mitgewirkt hatte, schrieb sie sich 1979 für ein Studium an der nahegelegenen University of Arkansas ein. Doch im Herbst desselben Jahres wurde sie auf der Rückfahrt vom Unterricht bei einem Autounfall schwer verletzt: Auf einer zweispurigen Straße prallte ihr Kombiwagen frontal mit einem entgegenkommenden Auto zusammen, das wegen eines Überholmanövers auf ihrer Spur fuhr. Unfaßbarerweise war die junge Frau, die am Steuer des anderen Wagens saß, eine enge Freundin von ihr. Wilma erwachte im Krankenhaus mit schweren Gesichtsverletzungen und gebrochenen Rippen und Beinen. Dies war eine von mehreren Begegnungen mit dem Tod. Nachdem eine Amputation des rechten Beins hatte vermieden werden können, mußte sie sich noch siebzehn weiteren Operationen unterziehen und blieb für Monate ans Bett gefesselt. Während der langen Genesungsphase verlor sie jedoch zu keiner Zeit den Mut, versank niemals in Verzweiflung.

»Der Unfall 1979 veränderte mein Leben«, sagt sie heute. »Ich kam dem Tod sehr nahe, spürte seine Gegenwart und den verlockenden Sog, den Kreislauf des Lebens zu vollenden. Ich sehe mich selbst immer als die Frau davor und die Frau danach. Fast ein Jahr lang verbrachte ich zu Hause, bis ich wieder gesund war, und während dieser Zeit konnte ich mein Leben überdenken.« Für Wilma Mankiller bedeutete es eine grundlegende spirituelle Erneuerung, als sie eine ihren Worten nach »den Cherokee gemäße Lebenseinstellung« gewann – »das, was unsere Stammesältesten ›guten Sinnes sein‹ nennen«.

Im November 1980 aber, ein Jahr nach dem tragischen Unfall, wurde bei ihr eine Myasthenie festgestellt, ein chronisches neuromuskuläres Leiden, das eine Schwäche der willkürlichen Muskulatur verursacht. Wilma mußte sich einer Operation zur Ent-

20

fernung der Thymusdrüse und einer Medikamententherapie unterziehen. Im Dezember 1980 – sie hatte kaum das Krankenhaus verlassen – widmete sie sich wieder ihrer gemeinnützigen Tätigkeit. Schon nach einem Monat hatte sie sich von ihrer Krankheit erholt. Obwohl sie noch weiter Medikamente einnehmen mußte, schien Arbeit die beste Medizin von allen zu sein.

»Ich dachte während dieser Zeit viel darüber nach, was ich mit meinem Leben anfangen sollte«, sagt Wilma. »Das plötzliche Bewußtsein, wie kostbar das Leben ist, gab mir die Kraft, Vorhaben in Angriff zu nehmen, an die ich mich sonst nicht herangewagt hätte.«

1981 leitete sie das damals ehrgeizigste und meistgerühmte Vorhaben ihres Stammes – das Bell Community Revitalization Project. Mit Hunderttausenden von Dollars aus öffentlichen und privaten Quellen erneuerten die Einwohner einer verarmten Gemeinde namens Bell im östlichen Oklahoma in Eigenarbeit baufällige Häuser, errichteten neue Wohnungen und legten eine 26 Kilometer lange Wasserleitung, durch die viele Häuser zum ersten Mal mit fließendem Wasser versorgt werden konnten. Neben materiellen Verbesserungen hatte dieses Projekt auch den Effekt, daß die Bewohner ein starkes Gemeinschaftsgefühl entwickelten und die Erfahrung machten, daß sie eigenverantwortlich über ihr Leben bestimmen konnten.

Das Bell-Projekt fand in den ganzen USA Beachtung und wurde zum Vorbild für andere Indianerstämme, die nach wirtschaftlicher Unabhängigkeit strebten. Durch dieses Vorhaben erwarb Wilma Mankiller den Ruf einer Expertin für Regional- und Gemeindeentwicklung und erregte die Aufmerksamkeit von Cherokee-Häuptling Ross Swimmer.

Zwei Jahre später wurde sie zum stellvertretenden Häuptling gewählt und 1985, als Swimmer sein Amt aufgab, rückte sie in seine Position nach. Dennoch fühlte sie sich erst 1987 als echte Mandatsträgerin, als sie direkt für dieses Amt kandidierte und gewählt wurde – obgleich sie von Anfang an alle ihre Kräfte in die Arbeit investiert hatte.

»Um meine Arbeitsweise zu verstehen, muß man wissen, daß ich aus einer Familie von Aktivisten stamme. Mein Vater war gewerkschaftlich tätig, engagierte sich für die indianische Gemeinde und diskutierte gern über Politik. Mit einem solchen Hintergrund erscheint die Arbeit für die Allgemeinheit nur natürlich.«

Während ihrer Amtszeit konnte Wilma Mankiller zahlreiche Erfolge verbuchen: einen beträchtlichen Einkommensanstieg der Indianer und eine Verbesserung des Angebots an öffentlichen Dienstleistungen; die Neuansiedlung von Wirtschaftsunternehmen im östlichen Oklahoma, wo viele Cherokee leben; die Beschaffung von 20 Millionen Dollar für Bauvorhaben, einschließlich neuer Krankenhäuser; die Finanzierung von innovativen Programmen, die sozialhilfeabhängigen Cherokee-Frauen bei der Gründung von Kleinstunternehmen helfen sollen; die Einrichtung eines Ausbildungszentrums für 8 Millionen Dollar sowie Dutzende anderer Projekte, die von verschiedensten Programmen zur Betreuung und Förderung von Kindern bis zur Wiederbelebung des Rechtsprechungssystems der Cherokee reichen. Andere Initiativen, die unter Federführung von Wilma Mankiller lanciert wurden, sind die Einrichtung eines eigenen Steuerausschusses auf Stammesebene, die Gründung einer Consulting-Firma für Energieversorgung, ein Pilotabkommen mit der Bundesregierung über die Cherokee-Selbstverwaltung und ein Vertrag mit der amerikanischen Umweltschutzbehörde.

Im Oktober 1986 heiratete Wilma ihren alten Freund Charlie Soap, ein Cherokee-Vollblut, der zuvor Leiter des Stammesentwicklungsprogramms gewesen war. Wilma und Charlie lernten sich bei der Arbeit am Bell-Projekt kennen. Soap, ein zurückhaltender Mann, der aber als tatkräftiges »Cherokee-Kraftbündel« bekannt ist, setzte sich vor allem für Entwicklungsprojekte zur Förderung von Cherokee-Gemeinden mit niedrigem Einkommensniveau ein; außerdem leitet er ein Programm zur Unterstützung bedürftiger Kinder in ländlichen Gebieten. »Wilma kann hart arbeiten und ist sehr scharfdenkend, doch vor allem ist sie eine fürsorgliche Person«, sagt er. »Genau diese Eigenschaft war für die Cherokee von großem Vorteil.«

Wenn Soap seine persönlichen Vorbilder aufzählt, dann rangiert seine Frau ganz oben, und umgekehrt nennt Wilma Charlie Soap an erster Stelle. »Er ist der selbstsicherste Mann, der mir je begegnet ist«, sagt Mankiller. »Er fühlt sich nicht von starken Frauen bedroht und ist immer bereit, Frauen und ihre Belange und mich und meine Arbeit zu unterstützen.«

Mankillers enge Bindungen zu ihrer Familie und ihrem Stamm bewährten sich einmal mehr, als sie 1990 erneut mit schweren gesundheitlichen Problemen zu kämpfen hatte; eine chronische Nierenerkrankung erforderte schließlich eine Transplantation, für die ihr ältester Bruder, Don Mankiller, sich als Spender zur Verfügung stellte. Während ihrer Genesung führte Wilma viele lange Gespräche mit ihrem Mann und anderen Familienmitgliedern, bevor sie sich entschloß, für eine weitere Amtszeit als Häuptling zu kandidieren.

»Es war eine schwere Entscheidung«, sagt sie und gibt zu, den Ausschlag habe schließlich gegeben, daß noch zuviel unerledigte Arbeit anstand. Ihre Aufgabe war noch nicht abgeschlossen. 1991 wurde sie von den Cherokee mit überwältigender Mehrheit wiedergewählt.

Aber alle Ehrentitel und erfolgreichen indianischen Entwicklungsprojekte spiegeln bei weitem noch nicht den Einfluß wider, den Wilma Mankiller auf viele Kreise in den USA ausübt. Am bedeutsamsten ist ihre Rolle als Repräsentantin der Cherokee und der Stolz, den sie bei Tausenden von nordamerikanischen Indianern auslöst. In ihrer typischen heiteren und überschwenglichen Art hat sie gezeigt, daß nicht etwa die Cherokee oder andere Indianer von den europäischen Amerikanern lernen können, sondern die Weißen von den amerikanischen Ureinwohnern. Denn auch ohne das Wissen um die Verbundenheit alles Lebendigen und um die Spiritualität, die die indianische Kultur in so hohem Maße besitzt, beginnen heute viele weiße Amerikaner die indianische Weisheit und Kultur zu schätzen.

Spiritualität ist also der Schlüssel zu Wilma Mankillers öffentlicher und persönlicher Ausstrahlung. Ein weiblicher Rabbi, Oberhaupt einer großen Synagoge in New York City, äußerte einmal, daß Wilma eine bedeutende geistige Kraft in den USA darstelle. Man könnte annehmen, daß ein Rabbi in Manhattan und ein Indianerhäuptling in Oklahoma wenig gemein haben, doch Wilma Mankillers Lebensweise – ihre Religion sozusagen – hat Verbindungen zu anderen geistigen Führungsgestalten im ganzen Land begründet.

Nicht weniger Anerkennung genießt sie bei Frauen und Frauengruppen. Aber obwohl sie sich selbst stolz als Feministin bezeichnet, die sich mit den Problemen von Frauen auf der ganzen Welt befaßt, wird sie ironischerweise problemlos sowohl von Männern als auch von Frauen akzeptiert. Die wenigen Angriffe, die zu Beginn ihrer politischen Tätigkeit aufgrund ihres Geschlechts gegen sie gerichtet wurden, weil sie die Position der Cherokee-Männer in Frage zu stellen schien, gehören der Vergangenheit an. Sie kann sich mühelos auf ihr jeweiliges Publikum einstellen – seien es nun die Leserinnen und Leser von *Ms.* oder von *Parade* –, was so leicht nur wenigen Menschen gelingt. Vielleicht ist es tatsächlich ihre tiefe Liebe zu allen Menschen, die ihr so viele Türen öffnet.

TEIL I
WURZELN

1.

ASGAYA-DIHI

Die nordamerikanischen Indianer betrachten ihre Namen nicht nur als bloßes Erkennungszeichen, sondern als wesentlichen Teil ihrer Persönlichkeit. Der Name eines Indianers ist für seine Identität ebenso wichtig wie seine Augen oder Zähne. Es herrscht die Überzeugung, daß der Name eines Menschen, dem eine Verletzung zugefügt wird, beschmutzt ist – vergleichbar blauen Flecken, die er bei einem Unfall erleidet.

Im Laufe ihrer Geschichte waren die Indianer oftmals gezwungen, ihre Namen zu verheimlichen. Möglicherweise gingen Powhatan und seine Tochter Pocahontas unter einem »Decknamen« in die Geschichte ein, weil sie ihre wahren Namen vor den Weißen verbergen wollten, damit sie nicht herabgewürdigt, befleckt und zerstört werden konnten.

Wenn ein Schwerkranker nicht durch Gebete und Medizin geheilt werden kann, kommt das geistige Oberhaupt eines Stammes manchmal zu dem Schluß, daß der Name des Patienten mit Krankheit beladen sein könnte. Der Priester geht dann zum Wasser und gibt dem Kranken, begleitet von einer entsprechenden Zeremonie, einen neuen Namen. Der Medizinmann zelebriert daraufhin seine Riten noch einmal, wiederholt die heiligen Formeln mit dem neuen Namen des Patienten, in der Hoffnung, daß diese nun zur Genesung führen werden.

Asgaya-dihi – Mankiller. So lautet die englische Übersetzung meines Cherokee-Namens.

Mankiller ist in meiner Familie seit fünf Generationen als

Nachname gebräuchlich. Es ist ein alter Cherokee-Name, obwohl es sich ursprünglich um einen Rang oder Titel handelte, den man erst tragen durfte, wenn man durch bestimmte Taten das Recht dazu erworben hatte. Jemanden mit »Mankiller« anzusprechen entsprach etwa der Anrede »Major« oder »Hauptmann«.

In früherer Zeit gab es bei den Cherokee viele Titel. Beispielsweise hatte jede Stadt neben ihrem *Asgaya-dihi* ihren eigenen *Ama-edohi* (Wassergeher) oder *Golana* (Raben).

Meine Vorfahren kamen aus der Gegend um Tellico, die heute zum östlichen Tennessee gehört. Der Name meines Ur-Ur-Urgroßvaters wurde Ah-nee-ska-yah-di-hi buchstabiert, was in wörtlicher englischer Übersetzung »Menkiller« bedeutet. Die Namen seiner Eltern sind nicht überliefert; von seiner Frau ist nur ihr Vorname, Sally, bekannt. Der Sohn von Ah-nee-ska-yah-di-hi und Sally ist als Ka-skun-nee Mankiller im Geburtenregister aufgeführt. Sein Vorname, Ka-skun-nee, ist nicht übersetzbar, aber mit ihm (meinem Ur-Urgroßvater) erscheint der Name Mankiller zum ersten Mal als Familienname.

Jacob Mankiller, der 1853 geboren wurde, war ein Sohn von Ka-skun-nee Mankiller und Lucy Matoy. Jacob heiratete Susan Teehee-Bearpaw, und 1889 wurde ihr Sohn John geboren, das älteste von acht Kindern. John war mein Großvater. Er heiratete Bettie Bolin Bendabout Canoe, deren Cherokee-Name Quatie war. Sie wurde 1878 geboren und war damit neun Jahre älter als ihr Ehemann. Mein Vater, Charley Mankiller, war ihr Sohn.

Meine Urgroßmutter Lucy Matoy, die Frau von Ka-skun-nee, stammte aus einer der sogenannten »Alten Siedler«-Familien. In den Jahren nach 1817 hatten diese Familien freiwillig ihre ursprüngliche Heimatregion verlassen und waren in ein im heutigen Arkansas gelegenes Gebiet westlich des Mississippi gezogen, das später zum Indianerterritorium erklärt werden sollte. Dies geschah zwei Jahrzehnte bevor die amerikanische Regierung, die sich das Land der Indianer aneignen wollte, die Cherokee aus ihrer angestammten Heimatregion in Georgia, Tennessee, North Carolina und Alabama vertrieb, sie auf den »Weg, wo sie weinten« schickte. Was den Namen Matoy betrifft, so wissen wir aus der Geschichte, daß 1730 ein Häuptling namens Moytoy von Sir Alexander Cuming, einem inoffiziellen Gesandten der Britischen Krone in Amerika, zum »Kaiser« der Cherokee erklärt worden war. Obwohl mir keine sicheren Beweise vorliegen, vermute ich, daß der Familienname Matoy lediglich eine andere Schreibform des Namens oder Titels *Ama-edohi* ist, der im Englischen zu Moytoy verballhornt wurde. Soweit mir bekannt ist, zogen alle meine väterlichen Vorfahren, also jene, die nicht zu dieser Matoy-Linie gehörten, erst später, auf dem »Weg der Tränen«, nach Westen.

Zu Beginn des 20. Jahrhunderts versuchten die Weißen erneut, unser Volk mittels gesetzgeberischer Maßnahmen zu vernichten, was tatsächlich beinahe zum Verschwinden der Cherokee Nation als unabhängiges Gemeinwesen geführt hätte. 1907 wurde das Indianerterritorium mit der Gründung des Staates Oklahoma aufgelöst. Das im Besitz der Cherokee Nation befindliche Land wurde in Parzellen von jeweils 64 Hektar aufgeteilt und den einzelnen Indianerfamilien zugewiesen; meinem Großvater John Mankiller wurde das heute als Mankiller Flats bezeichnete Grundstück in Adair County zugeteilt. Zwar lernte ich meinen Großvater nicht mehr persönlich kennen, doch habe ich oft ein Gefühl der Verbundenheit mit ihm. Ich lebe auf dem Boden, der ihm gehörte, habe mein Haus einige hundert Meter von dem Platz entfernt gebaut, an dem früher sein Haus stand. Dort, wo einst sein Garten lag, blühen im Frühjahr Narzissen. Sie erinnern mich an ihn und unsere Vorfahren.

Mein Vater, Charley Mankiller, wurde am 15. November 1914, sieben Jahre nachdem Oklahoma Bundesstaat geworden war, im Holzhaus seines Vaters geboren. Zu dieser Zeit verloren die Cherokee große Teile des ihnen zugewiesenen Landes an skrupellose Geschäftsleute, die sich dabei sogar auf das Rechtssystem des Staates Oklahoma stützen konnten: Diese habgierigen Menschen ließen sich zum Vormund von Cherokee-Kindern ernennen und bemächtigten sich dann ihres Landes. Wie Angie Debo in ihrem beeindruckenden Buch *And Still the Waters Run* dokumentiert hat, war dies zu Beginn dieses Jahrhunderts gängige Praxis, als in Oklahoma Ölvorkommen entdeckt wurden und der wirtschaftliche Aufschwung der Region begann.

Die Mutter meines Vaters starb 1916, als er erst zwei Jahre alt war. Sie erlag einer jener gefürchteten Grippeepidemien, die während des Ersten Weltkrieges in den USA wüteten. Jensie Hummingbird, die ältere Halbschwester meines Vaters, half ihn großzuziehen. Ich erinnere mich noch gut an unsere Tante Jensie. Sie sprach kein Englisch, besaß kein Auto und reiste auch nicht viel herum, sondern zog es vor, in der Nähe ihres Hauses zu bleiben. Sie war eine sehr gutherzige Frau, die die meiste Zeit ihres Lebens krank war. Tante Jensie hatte nur einen Sohn, Charley Hummingbird, der sich bis zu ihrem Tode im Jahre 1990 um sie kümmerte.

Mein Großvater meldete sich zum Militär und nahm an dem Großen Krieg teil, der später als Erster Weltkrieg bezeichnet werden sollte. Tatsächlich kämpften viele nordamerikanische Indianer im Ersten Weltkrieg für die Vereinigten Staaten, obwohl sie keine offiziell anerkannten Staatsbürger waren – eine Tatsache, die mir sehr interessant erscheint. Indirekt war die Frage der US-Staatsbürgerschaft der Indianer schon im Allgemeinen Landzuweisungsgesetz (*General Allotment Act* oder *Dawes Act*) von 1887 in Angriff genommen worden. Dieses Gesetz bereitete die Indianer auf den zukünftigen Verlust ihres Stammesbesitzes vor, indem es jeder Indianerfamilie Grundstücke von 64 Hektar und jeder Einzelperson von 32 Hektar zuwies. Alle Landeigentümer sollten Bürger der Vereinigten Staaten werden, die dem Straf- und Zivilrecht des weißen Mannes unterstanden. Aber auch wenn Theodore Roosevelt das Dawes-Gesetz als »einen mächtigen Mahlmechanismus zur Zerkleinerung der Stammesmasse« bezeichnete, erreichte diese Maßnahme nicht ihr Ziel, weil die Indianer Land nicht als Besitz, sondern als einen materiellen und spirituellen Raum betrachteten, der allen Lebewesen gehört. Viele Angehörige unseres Volkes sträubten sich deshalb dagegen, den gemeinsamen Landbesitz aufzugeben, der ihren traditionellen Vorstellungen entsprach.

Offiziell wurden die Indianer aber erst 1924 als Bürger der USA anerkannt. In diesem Jahr verabschiedete der Kongreß den *Indian Citizenship Act*, ein Gesetz, das allen Indianern das Wahlrecht und die Staatsbürgerschaft der USA verlieh, die »innerhalb der territorialen Grenzen der Vereinigten Staaten geboren« worden waren; den Schutz der *Bill of Rights* gestand man ihnen jedoch nicht zu. Viele Indianer sind überzeugt, daß wir die Staatsbürgerschaft 1924 nur deshalb erhalten haben, weil viele unserer Stammesangehörigen, wie beispielsweise mein Großvater, im Ersten Weltkrieg freiwillig in der amerikanischen Armee gekämpft hatten.

1936, zwölf Jahre nach Inkrafttreten des *Indian Citizenship Act* und neun Jahre vor meiner Geburt, starb mein Großvater Mankiller. Er war erst sechsundvierzig Jahre alt. Als offizielle Todesursache wurde perniziöse Anämie angegeben, doch glaubt unsere Familie heute, daß sein Tod durch ein Nierenversagen verursacht wurde, welches vermutlich Folge einer Zystenniere war. Schwere Anämie ist eine häufige Folgeerscheinung von Nierenversagen. Mein Vater hatte diese Krankheit von meinem Großvater geerbt und an mehrere seiner Kinder, auch an mich, weitergegeben.

Großvater Mankiller hatte nur zwei leibliche Kinder, die seinen Tod betrauern konnten: meinen Vater Charley und seine jüngere Schwester Sally. Sie war ein hübsches Mädchen, das gern feine Kleider anzog und ihr Haar hochgesteckt trug. Leute, die sie als junge Frau kannten, sagen, sie sei eine sehr gezierte Person gewesen, die bei gutem Wetter nie ohne Sonnenschirm ins Freie gegangen sei. Sally heiratete später ein Cherokee-Vollblut namens Nelson Leach, und beide ließen sich in der Nähe von Rocky Mountain auf dem Familienbesitz der Mankillers nieder.

Mein Vater und meine Tante Sally mußten, wie damals üblich, eine Internatsschule besuchen, in diesem Falle die Sequoyah Training School in Tahlequah, der Hauptstadt der Cherokee

Nation. Diese Institution war ursprünglich ein Waisenhaus gewesen: Der Nationalrat der Cherokee hatte 1871 ein Gesetz verabschiedet, das die Schaffung einer Einrichtung für die Unterbringung von Kindern vorsah, die durch den Bürgerkrieg ihre Eltern verloren hatten. Der Krieg hatte auch unseren Stamm gespalten, so daß manche Cherokee für die Union, andere für die Konföderierten gekämpft hatten. Später wurde das Waisenhaus in ein Heim für Indianer umgewandelt, die aufgrund schwerer körperlicher oder geistiger Behinderung ständige Betreuung benötigten; zuletzt machte man daraus ein Internat für indianische Kinder.

Im Jahre 1914 ermächtigten die Cherokee ihren Häuptling W.C. Rogers, die Schule und die dazugehörigen 16 Hektar Land an die Vereinigten Staaten zu verkaufen. Die Schule wurde zu einer Bundeseinrichtung, die dem Innenministerium unterstand und als Gewerbeschule für »indianische Waisen aus Oklahoma, die zur eingeschränkten Kategorie gehören« (womit Personen gemeint waren, die mindestens Halbblutindianer waren) weitergeführt wurde. Der Kongreß verabschiedete 1925 ein Gesetz, das den Namen der Schule zu Ehren von Sequoyah, dem Mann, dem die Erfindung unseres Cherokee-Silbenalphabets zugeschrieben wird, in Sequoyah Orphan Training School änderte.

Heute werden in der Schule immer noch indianische Kinder unterrichtet, sie ist aber keine Waisenanstalt mehr. Unter dem Namen Sequoyah High School gehört sie zu den fünf indianischen Bildungseinrichtungen in Oklahoma. Die Schule und das angeschlossene Internat werden vom *Bureau of Indian Affairs* finanziert und von der Cherokee Nation von Oklahoma verwaltet. Unser Stamm ist aber nicht nur für die Leitung und Instandhaltung der Sequoyah High School und der zwölf Gebäude auf dem Campus verantwortlich, sondern kontrolliert auch die generelle Ausrichtung der Anstaltspolitik. Die meisten Schüler sind Cherokee, aber die Einrichtung wird auch von Jugendlichen sechzehn anderer Stämme besucht, die aus fast allen Bundesstaaten nach Oklahoma kommen.

In den vergangenen schlimmen Tagen reisten die Mitarbeiter des *Bureau of Indian Affairs*, die Internatsschulen wie Sequoyah leiteten, Hunderte von Meilen weit und holten indianische Kinder aus ihren Familien. Der diesem irregeleiteten Missionseifer zugrundeliegende Gedanke bestand darin, die Kinder von ihren Stämmen, ihren Familien, ihrer Sprache, ihrem Erbe zu isolieren, damit sie ihre Kultur vergäßen. Das Internatskonzept war für die amerikanische Regierung einfach eine andere Methode zur Lösung des von offizieller Seite so bezeichneten »Indianerproblems«. Nachdem man zuerst versucht hatte, uns gewaltsam zu vernichten, isolierte man uns nun in Reservaten oder siedelte uns – wie bei den Cherokee der Fall – in einem Gebiet an, das die Regierung als Indianerterritorium bezeichnete. All diese Strategien hatten zum Ziel, unsere Kultur auszulöschen. Deshalb holte die Regierung indianische Jugendliche von zu Hause fort und zwang sie oftmals gegen ihren Willen, Internate zu besuchen. Dies widerfuhr den meisten Stämmen, nicht nur den Cherokee.

In der Sequoyah School durften mein Vater und seine Schwester ihre Muttersprache nicht verwenden. Obwohl sie bei ihrem Eintritt in die Schule kein Wort Englisch sprachen, wurden sie geschlagen, wenn sie sich auf Cherokee unterhielten. Das den Internaten zugrundeliegende Konzept – gleichgültig, ob es sich um staatlich geleitete oder konfessionell gebundene Einrichtungen handelte – bestand darin, die Indianer an die weiße Kultur »anzupassen« und gleichzeitig ihre Identität zu zerstören. Die Weißen hofften, aus den »kleinen Indianern« »Ladies and Gentlemen« zu machen. Deshalb schnitten sie ihnen die Haare ab und verboten ihnen, auch nur ein Wort in ihrer Muttersprache zu sagen. Oft waren auch Besuche bei der Familie und Freunden zu Hause verboten. Ziel war es, die Kinder zu »zivilisieren«, und einem weit verbreiteten Ausspruch zufolge ging es darum, »den Indianer zu töten und den Menschen zu retten«.

Als ich etwa sieben Jahre alt war, holten sie mich in diese verdammte Indianerschule der Regierung, und wir mußten uns hintereinander aufstellen, und sie schnitten mir das Haar. Sie schnitten mir einfach die Zöpfe ab und warfen sie in eine Schachtel, zusammen mit den Zöpfen der anderen Kinder. Meine alte Großmutter nahm sie heraus, und meine Familie verbrachte den ganzen Winter im Winterlager, um in meiner Nähe bleiben zu können. In jenen Tagen war es schwer, ein Indianer zu sein. Später erst lernte ich, stolz darauf zu sein.

ARCHIE BLACKOWL, *ein Cheyenne*
The Indians in Oklahoma

Mein Vater hatte sein Leben lang sehr gemischte Gefühle, was seine Zeit in der Sequoyah School betraf. Er erzählte, daß er für die geringfügigsten Vergehen bestraft worden sei und erwähnte noch andere Dinge, unter denen er gelitten hatte. Andererseits schwelgte er manchmal auch in sehnsuchtsvoller Erinnerung an diesen Ort. Es hatte dort Obstbäume, einen großen Garten und viele Tiere gegeben. All das wurde von den Schülern instand gehalten und bewirtschaftet. Eine der Aufsichtspersonen, von denen mein Vater Gutes erzählte, war Jack Brown, ein Cherokee-Halbblut, der sich sehr für Geschichte und Literatur interessierte. Mein Vater verbrachte zwölf Jahre in Sequoyah. Die Schule war keineswegs ein perfektes Zuhause oder ein Ort, der Liebe und Geborgenheit bot, doch schloß mein Vater dort dauerhafte Freundschaften mit anderen jungen Cherokee oder Jugendlichen anderer Stämme. In Sequoyah entdeckte er auch seine Liebe zu Büchern, die er an uns Kinder weitergab. Die meisten Menschen hegen zwiespältige Gefühle gegenüber ihrem Elternhaus. Mein Vater empfand diese wegen des Akkulturationsprogramms und des vermutlich einsamen Lebens in öden Schlafsälen vielleicht noch etwas intensiver.

Dennoch dienten die Sequoyah School und andere derartige Internate vor allem dem Zweck, die Kinder und Jugendlichen zur Aufgabe ihrer indianischen Kultur, Geschichte und Sprache zu bewegen. Es war ein eindeutiger Versuch der Entwurzelung einer ethnischen Gruppe und der Zerstörung ihrer Kultur. Daher kamen diese Jahre der Indoktrinierung für viele Cherokee und andere junge Indianer, die das Internatssystem durchlaufen mußten, in gewissem Maße einer Gehirnwäsche gleich.

In vielen dieser Schulen, die in den USA und Kanada gegründet wurden, waren die Kinder und Jugendlichen häufig seelischer und körperlicher Mißhandlung ausgesetzt. Eine einem kanadischen Stamm angehörige Freundin von mir, die als Kind in einer weitgehend isolierten, traditionell strukturierten Gemeinschaft lebte, erinnert sich, daß die jungen Männer, die aus konfessionell geleiteten Internaten nach Hause zurückkehrten, große psychische Probleme hatten. Viele von ihnen heirateten niemals, blieben Einzelgänger. Sie wurden alkoholsüchtig und tranken sich oft schon vor ihrem dreißigsten Lebensjahr zu Tode. Meine Freundin und andere besorgte Stammesangehörige konnten sich dieses Verhalten nicht erklären und begannen, Nachforschungen anzustellen. Sie fanden heraus, daß viele der jungen Männer während ihres Internatsaufenthalts sexuell mißbraucht worden waren. Alle Fälle wurden dokumentiert, und auch heute noch sind solche Vorkommnisse in den Internaten zu verzeichnen – Ende der achtziger Jahre untersuchte ein Sonderausschuß des US-Senats Fälle von sexuellem Mißbrauch in Internaten für Indianer. Es handelt sich also keineswegs um längst überwundene Mißstände.

Ich bin dankbar dafür, daß mein Vater, obwohl er lange Zeit in einer solchen Institution lebte, seinen Lehrern nicht alles »abkaufte«, was sie ihm beibringen wollten. Glücklicherweise kam er aus einer starken Familie, und aufgrund seiner traditionsverwurzelten Erziehung konnte ihm die Schule nicht schaden. Er war ein selbstbewußter Mann und fühlte sich meines Wissens niemals durch die Welt der Weißen verunsichert – eine Welt, die er noch besser kennenlernen sollte, als er meiner Mutter begegnete.

Meine Mutter, Clara Irene Sitton, wurde am 18. September 1921 in Adair County als Tochter von Robert Bailey Sitton und Pearl Halady Sitton geboren. Die Familie stammte hauptsächlich von Sittons und Gillespies ab, die überwiegend niederländisch-irischer Herkunft waren. Meine Mutter hat also keinen Tropfen indianischen Blutes in den Adern, obwohl sie zuweilen vergißt, daß sie eine Weiße ist. Seit dem Tag, als sie meinen Vater heiratete, konzentrierte sich ihr Leben auf ihre Cherokee-Familie.

Die Vorfahren meiner Mutter kamen aus North Carolina, wo der Sitton-Zweig der Verwandtschaft zu den ersten Stahlbauern gehörte, während die Gillespies Handwerker waren, die Präzisionsbüchsen herstellten. Eine Familienlegende besagt, daß die Sittons mit Charles Arthur Floyd, besser bekannt als »Pretty Boy Floyd«, verwandt waren, jenem Banditen, der in der Dust-Bowl-Ära* in Oklahoma sein Unwesen trieb. Sie stammten aus derselben County im nördlichen Georgia wie Floyds Verwandtschaft. Zwar wurde diese Legende niemals bewiesen, doch empfand ich den Gedanken immer als aufregend, denn »Pretty Boy« war ein Bandit im Stile Robin Hoods, um den sich zahlreiche Mythen rankten.

Der Vater meiner Mutter wurde 1874 geboren. Großvater Sitton soll ein hochgewachsener Mann von würdevoller Erscheinung gewesen sein. Er war sein ganzes Leben lang Farmer. Wie mein väterlicher Großvater starb er relativ früh, im Jahre 1932 während der Weltwirtschaftskrise, als meine Mutter erst elf Jahre alt war. Einige Jahre vor seinem Tod hatte mein Großvater Kaninchen gehäutet und war dann in die Scheune gegangen, um seine Maulesel zum Pflügen anzuspannen. Die Maulesel aber rochen offenbar das Kaninchenblut an seinen Händen und scheuten. In Panik versuchten sie aus der Scheune zu fliehen und quetschten dabei meinen Großvater gegen eine Wand. Er erlitt schwere innere Verletzungen, die vermutlich für seinen frühen Tod verantwortlich waren.

Meine Großmutter mütterlicherseits wurde 1884 geboren und lebte bis 1973. Ihre Mutter starb, als sie noch sehr jung war, so

---

* A.d.Ü.: Bezeichnet eine Periode in den dreißiger Jahren dieses Jahrhunderts, in der Oklahoma und angrenzende US-Bundesstaaten schweren Schaden durch Trockenheit, Staubstürme und Bodenerosion erlitten.

daß sie zu ihrer älteren Halbschwester Ida Mae Scism Jordan in Washington County in Arizona zog. 1903 reiste Großmutter Sitton in die Wauhillau-Gemeinde im damaligen Indianerterritorium, um Freunde zu besuchen. Dort begegnete sie meinem Großvater, der sofort Gefallen an ihr fand. Mit neunundzwanzig Jahren war Robert Sitton bereits ein eingefleischter Junggeselle, aber das lebhafte, zierliche Mädchen hatte es ihm angetan. Sie heirateten noch im selben Jahr und gründeten eine Familie. Meine Großeltern ließen sich in der Nähe von Wauhillau nieder, wo die Eltern meines Großvaters, William und Sarah Sitton, ansässig waren. Wauhillau war eine aufblühende neue Stadt, in der Cherokee und weiße Siedler lebten, die ebenso wie die Sittons 1891 aus Georgia gekommen waren.

Nach einigen Jahren luden meine Großeltern ihre gesamte Habe auf einen Wagen und einen zweisitzigen Einspänner und zogen aus Wauhillau fort. Sie kauften eine kleine Farm in der Nähe der Stadt Titanic (vermutlich nach dem berühmten britischen Luxusdampfer benannt, der bei seiner Jungfernfahrt im Jahre 1912 sank) im östlichen Oklahoma und ließen sich dort nieder. Sie rodeten das Land, um es kultivierbar zu machen. Mit Ausnahme ihrer ältesten Tochter Sadie, die bei ihren Großeltern in Wauhillau geblieben war, schickten sie ihre Kinder in die Zwergschule von Titanic, damit sie Lesen, Schreiben und Rechnen lernten. Meine Großeltern hatten sieben Kinder – drei Söhne und vier Töchter –, die zwischen 1904 und 1921 geboren wurden. Meine Mutter war ihr jüngstes Kind.

Nach einigen weiteren Umzügen, einschließlich eines Aufenthalts in der Stadt Foraker im Siedlungsgebiet des Stammes der Osage in Oklahoma, wo mein Großvater für eine Eisenbahngesellschaft arbeitete, ließen sie sich in Adair County nieder. Großmutter Sitton war entschlossen, ihre Kinder in der frischen Landluft aufzuziehen und zeigte sich daher entzückt, in der Nähe der Gemeinde Rocky Mountain eine zum Verkauf stehende Farm zu finden. Dort wurde meine Mutter geboren.

Man hat mir erzählt, daß es keine Arbeit auf der Farm gab, die meine Großmutter nicht bewältigte; sie konnte sogar pflügen. Manche Leute bezeichneten sie als draufgängerisch. Als mein Großvater gestorben war und ihre Kinder das Haus verlassen hatten, verkaufte sie die Farm und zog in die Stadt Stilwell, um eine Pension zu betreiben.

Meine Eltern lernten sich in ihrer Jugend kennen. Sie hatten fast ihr ganzes Leben lang in der gleichen Gegend gewohnt, und so begegneten sie einander in dem Drugstore in Rocky Mountain, wo Familien aus einem Umkreis von vielen Meilen ihre Einkäufe tätigten. Meine Mutter erinnert sich, wie mein Vater sie neckte, als sie ein junges Mädchen war. Einmal warf sie sogar ein Stück Kuchen nach ihm. Obwohl er sie regelrecht zur Weißglut bringen konnte, fühlte sie sich von seinem attraktiven Äußeren und zurückhaltenden Charme angezogen.

Bei ihrer Hochzeit war meine Mutter erst fünfzehn Jahre alt, mein Vater einundzwanzig. Aber natürlich heirateten damals auf dem Land viele Leute in sehr jungen Jahren. Mein Vater hatte nur ein unsicheres Einkommen: Er bestritt seinen Lebensunterhalt hauptsächlich als Selbstversorger; daneben zog er noch Erdbeeren und Erdnüsse, die er verkaufte, pflückte gegen Lohn Beeren und grüne Bohnen und fuhr im Spätsommer nach Colorado, um an der Sorghumernte teilzunehmen.

Meine Großmutter lehnte diese Ehe strikt ab, denn mein Vater war um einiges älter als meine Mutter und hatte in einem Internat für Indianer gelebt. Er ging keiner festen Arbeit nach, hatte sich mal hier, mal dort »herumgetrieben«. Obwohl ihre älteste Tochter Sadie ein Cherokee-Halbblut geheiratet hatte, lehnte meine Großmutter meinen Vater ab, weil er Cherokee war. Er war einfach anders, und deswegen wollte sie diese Beziehung nicht. Aber meine Eltern waren verliebt; sie kümmerten sich einfach nicht darum, was meine Großmutter sagte. Am 6. März 1937 ließen sie sich in der Baptistenkirche der Gemeinde Mulberry in Adair County von einem Reverend namens Acorn trauen. Aufgrund dieser Heirat war das Verhältnis zwischen meiner Großmutter und meinen Eltern mehrere Jahre schwer getrübt.

Zur Zeit meiner Geburt im November 1945 war meine Mutter Irene bereits gut mit der Kultur der Cherokee vertraut. Der Name Mankiller, der für die meisten Weißen seltsam klingt, war ihr nicht fremd, da sie ihr ganzes Leben in einer Gegend verbracht hatte, in der viele Cherokee lebten, mit deren Kindern sie zur Schule gegangen war. Und auch in meiner Jugend waren indianische Nachnamen für ein Mädchen, das im ländlichen Oklahoma aufwuchs, nichts Ungewöhnliches. Cherokeenamen kamen in meiner Familie häufig vor und waren meist sehr angesehen. In meiner Verwandtschaft und meinem Freundeskreis fanden sich Namen wie Thirsty (Durstig), Hummingbird (»Kolibri«), Wolf, Beaver (Biber), Squirrel (Eichhörnchen), Soap (Seife), Canoe (Kanu), Fourkiller, Sixkiller, Walkingstick (Spazierstock) und Gourd (Kürbis), die auch ansonsten keineswegs selten anzutreffen waren.

Ein Ehrenname wurde einem Stammesangehörigen verliehen, wenn er sich in irgendeiner Form besonders ausgezeichnet hatte. Dies konnte durch eine besonders mutige Tat geschehen, oder der Name wurde aufgrund der Mitgliedschaft in einem Geheimbund verliehen. Der zweite Name erinnerte an einen besonders herausragenden Augenblick im Leben eines Menschen und war nicht Ausdruck eines erblichen Ranges. Erbliche Namen, wie der eines Irokesenhäuptlings, wurden an die jeweiligen Inhaber dieser Position weitergegeben, die ihn so lange tragen durften, wie sie sich dieser Position würdig erwiesen.

GERALD HAUSMAN
Turtle Island Alphabet, 1992

Als Kind lernte ich auch, daß es in der Cherokee-Sprache mehrere Begriffe zur Bezeichnung des Titels Mankiller gab und daß es sich um einen Decknamen für Kriegszeiten handelte. Einer dieser Begriffe ist die wörtliche Übersetzung von »*man*« (*asgaya*) und »*killer*« (*dihi*). Ein anderer ist *Outacity* – ein Ehrentitel, der ebenfalls »Man-killer« bedeutet. Die Historiker und Genealogen der Cherokee behaupteten immer, Mankiller habe einen militärischen Rang bezeichnet, doch existierte in unserer Gesellschaft offenbar auch ein anderer Typ von »Mankiller«. Dieser konnte Medizin und Geisterbeschwörung einsetzen, um anderen Menschen zu schaden, um Unrecht zu rächen, das ihm selbst oder anderen, denen er diente, angetan worden war. Ein solcher Mankiller war eine Art Zauberer, der die Macht hatte, den Verlauf von Ereignissen zu beeinflussen, und zwar häufig zum schlechteren. Er war in der Lage, geistige Kontrolle über andere zu erlangen und ihr Denken zu beeinflussen; er konnte eine Krankheit verschlimmern und sogar einen unsichtbaren Pfeil in den Körper eines Feindes schießen.

Welch wichtige Rolle die Mankiller in der Vergangenheit gespielt hatten, erfuhr ich erst als Erwachsene. Ich entdeckte, daß viele herausragende Führer der verschiedenen Stammessiedlungen diesen Titel trugen. Im 18. Jahrhundert gab es beispielsweise den Mankiller von Tellico, den Mankiller von Estatoe und den Mankiller von Keowee. Ein berühmter Krieger oder Stammesführer, Outacity oder »Man-killer« gehörte offenbar auch zu einer Cherokee-Delegation, die im Jahre 1762 London besuchte, während der bewegten Regierungszeit Georgs III. und vierzehn Jahre vor Ausbruch des Unabhängigkeitskrieges.

Obwohl unser Familienname uns jahrhundertelang zur Ehre gereichte, habe ich immer wieder erlebt, daß er als lächerlich empfunden wurde. Manche Leute sind verwirrt, wenn ich ihnen als Wilma Mankiller vorgestellt werde, da dieser Name in ihren Ohren grimmig klingt. Viele finden ihn merkwürdig und machen sich aus Verlegenheit darüber lustig, und immer noch legen die Menschen zuweilen eine große Ignoranz an den Tag: Im Dezember 1992 war ich zu dem historischen nationalen Wirtschaftsgipfel des designierten Präsidenten Bill Clinton in Little Rock, Arkansas, eingeladen, der einen Monat vor seiner Amtseinführung stattfand. Das *Wall Street Journal*, eine der renommiertesten Zeitungen der USA, veröffentlichte aus diesem Anlaß einen Artikel, der eine äußerst unglückliche Bemerkung über meinen Nachnamen enthielt, die man nur als billige Effekthascherei bezeichnen kann.

»Der Name auf der Gästeliste des Gipfels, der uns am besten gefällt«, so hieß es im Editorial des *Journal*, »ist zugegebenermaßen der von Häuptling Wilma Mankiller, die die Cherokee Nation vertritt, jedoch hoffentlich nicht eine feministische Wirtschaftspolitik.«

Tim Giago, der Herausgeber von *Indian Country Today*, einer Stimme der nordamerikanischen Indianer, konterte daraufhin: »Die Tatsache, daß mehrere große Zeitschriften dieser beeindruckenden Frau Titelgeschichten gewidmet haben, ... daß sie in zahllosen Fernsehshows aufgetreten und zahllose Male Gegenstand ausführlicher Berichterstattung in den wichtigen überregionalen Tageszeitungen gewesen ist, scheint den engstirnigen Geistern des *Journal* entgangen zu sein. Man muß sich die Frage stellen, ob sie sich jemals in die reale Welt hinauswagen.«

Glücklicherweise sind die meisten Menschen, denen ich auf meinen Reisen begegne, vor allem wenn sie im Medienbereich tätig sind, sehr viel sensibler als der Verfasser dieses Leitartikels. Heute reagiere ich jedoch meist mit Humor, wenn jemand unbeabsichtigt oder aus Unwissen eine abfällige Bemerkung über meinen Namen macht. Ich blicke dem Betreffenden scharf in die Augen und sage mit unbewegter Miene, daß Mankiller tatsächlich ein wohlverdienter Spitzname sei. Damit hat sich das Problem meist erledigt.

In meiner Kindheit mußte ich viel Spott wegen meines Namens erdulden. Oft wäre ich am liebsten in den Erdboden versunken, wenn ich beim Verlesen der Anwesenheitsliste aufgerufen wurde und alle zu lachen anfingen. Meine Eltern trösteten mich jedoch, sagten mir, ich könne stolz auf meinen Familiennamen sein, und heute gefällt er den meisten Menschen. Viele meinen sogar, es sei sehr passend und entbehre nicht einer gewissen Ironie, daß ein weiblicher Häuptling Mankiller heißt. Zwar kann ich diesen Gedanken nicht ganz nachvollziehen, doch eines weiß ich sicher: Der Name Mankiller ist sehr geschichtsträchtig. Es ist ein starker Name, und ich bin stolz auf ihn, stolz auf die vielen Generationen von Männern und Frauen, die ebenfalls Mankiller genannt wurden. Ich hoffe, ihnen Ehre zu machen, indem ich ihren Namen lebendig erhalte.

Aber ich habe viel zu früh angefangen, meine persönliche Geschichte zu erzählen. In einer Stammesgemeinschaft wird das Leben eines Menschen nicht von dem seiner Mitmenschen isoliert betrachtet. Meine Lebensgeschichte hat nur als Teil der Geschichte meines Volkes Bedeutung. Denn vor allem anderen bin ich eine Cherokee-Frau.

2.

HERKUNFT

Am Anfang, bevor Mutter Erde geschaffen wurde, waren nur gewaltige Massen von salzigem und süßem Wasser. Es gab keine Menschen, nur Tiere. Sie lebten am Himmel über dem Meer und wurden von einem festen Himmelsgewölbe aus Fels geschützt, welches Galunlati hieß. Als sich die Tiere, Vögel und Insekten vermehrten, wurde der Himmel immer dichter bevölkert, und es kam die Sorge auf, daß einige Lebewesen vom Himmelsfelsen heruntergestoßen werden könnten. Daher wurde eine Zusammenkunft einberufen, um zu beratschlagen, was gegen diese Gefahr zu tun sei.

Schließlich erbot sich der »Biberenkel«, der kleine Wasserkäfer mit Namen Dayunisi, den Himmel zu verlassen und das Wasser zu erkunden. Er flitzte in alle Richtungen über die Wasseroberfläche, fand aber keinen Platz, an dem er sich niederlassen konnte. Deshalb tauchte er bis zum Grunde des Meeres und holte von dort weichen Schlamm herauf, der sich immer weiter ausbreitete, bis er zur Erde wurde.

Die Erde wuchs zu einer großen Insel an, die auf dem Meer schwamm. Sie war an vier Kardinalpunkten mit Seilen am Himmel befestigt, die vom Himmelsgewölbe herabhingen. Die Mythenbewahrer behaupteten, daß diese Seile, wenn die Erde alt und müde geworden sei, brüchig werden und zerreißen würden und die Erde wieder im Ozean versinken und alles sterben würde. Alles wäre wieder Wasser.

Nachdem der Wasserkäfer zum Himmelsfelsen zurückgekehrt war und den anderen erzählte, was er getan hatte, sandten sie den Großen Bussard, den Ahnen aller Bussarde, aus, damit er einen Ort fände, an

43

dem sie leben könnten. Die neue Erde war naß, weich und eben. Der Bussard glitt tief über dem Boden dahin, um einen geeigneten Platz zu finden.

Doch dann wurde er müde, und seine gewaltigen Schwingen schlugen auf die weiche Erde auf, und es entstanden tiefe Täler. Als der Vogel sich in den Himmel erhob, formte er mit seinen Flügelschlägen mächtige Gebirge. Daraus wurde später das Land der Cherokee.

Schließlich trocknete die Erde, und die Lebewesen kamen vom Himmel herab, doch war es immer noch dunkel. Deshalb überredeten sie die Sonne, jeden Tag von Osten nach Westen über die Erde hinwegzuziehen. Aber die Sonne war so heiß, daß sie den Panzer von Tsiskagili, dem Flußkrebs, rot verbrannte und sein Fleisch verdarb. Da hoben die Zauberer die Sonne höher in den Himmel und plazierten sie sieben Handbreit hoch, direkt unter dem Himmelsgewölbe. Dies wurde die von den Wahrsagern so bezeichnete »Siebte Höhe« oder der höchste Ort. Bis heute wandert die Sonne unter diesem Gewölbe entlang, und in der Nacht bewegt sie sich oberhalb des Himmelsbogens wieder zum Anfangspunkt zurück.

Als alle Tiere und Pflanzen erschaffen worden waren, wurde von ihnen verlangt, sieben Nächte zu wachen. Sie gaben sich die größte Mühe, und fast allen gelang es, in der ersten Nacht wachzubleiben. Aber schon in der nächsten Nacht schliefen einige ein, und in der dritten Nacht noch weitere. In der siebten Nacht waren nur noch die Eule, der Panther und einige wenige andere Tiere wach. Da sie sich nicht vom Schlaf hatten überwältigen lassen, wurde ihnen die Fähigkeit verliehen, im Dunkeln zu sehen. Von den Bäumen waren nur Kiefer, Fichte, Zeder, Stechpalme und Lorbeer sieben Nächte lang wachgeblieben. Sie durften deshalb auch im Winter ihr grünes Kleid behalten und galten fortan als die besten Medizinpflanzen.

Die Menschen wurden nach den Tieren und Pflanzen erschaffen. Es gibt verschiedene Versionen der Geschichte von der Erschaffung der Menschen. Einige der alten Cherokee erzählen, daß es anfangs nur einen Bruder und eine Schwester gegeben habe und daß der Mann die Frau mit einem Fisch berührt und sie aufgefordert habe, sich zu vermehren. Nach sieben Tagen gebar sie ein Kind, und dann alle sieben Tage ein *weiteres Kind, bis die Erde dicht bevölkert war. Da wurde es als richtig erachtet, daß die Frau jährlich nur noch ein Kind haben sollte.*

Es heißt, daß der erste rote Mann Kanati *oder der »Glückliche Jäger« genannt wurde. Die erste Frau erhielt den Namen* Selu *oder Maisfrau, und sie war ebenfalls rot. Diese ersten rothäutigen Sterblichen – die ersten Menschen – hießen* Yunwiya, *das »wirkliche Volk«.*

Wie viele andere Indianervölker kennen die Cherokee verschiedene Versionen ihrer Schöpfungsgeschichte, und auch über die Herkunft des Namens Cherokee gibt es unterschiedliche Theorien.

Beim Studium unserer Schöpfungsmythen erfuhr ich, daß wir uns selbst ursprünglich *Yunwiya* oder *Ani-Yunwiya*, das »wirkliche Volk« beziehungsweise »Hauptvolk«, nannten. Viele Indianerstämme erhielten ihre heutigen Namen von weißen Forschern und Trappern. *Nez Percés* beispielsweise ist französisch und bedeutet »die mit den durchbohrten Nasen«. Ursprünglich nannten sich die Nez Percés *Nimipu*, »das Volk«. Die Irokesen, die Delawaren und die Pawnee hatten ebenfalls Namen, die soviel bedeuteten wie »das Volk« oder »wirkliches Volk«. Und die Navajo sprechen von sich selbst als *Dineh*, »das Volk«.

Die alten Delawaren im Südosten bezeichneten das Volk der Cherokee als *Allegan*, bei den Shawnee waren wir als *Keetoowah* bekannt. Letzteres ist eine andere Schreibform von *Kituhwa*, dem Namen einer alten Cherokee-Siedlung, die am Tuckasegee River im heutigen North Carolina lag. Unseren Geschichtenerzählern zufolge ist sie eine der »sieben Mutterstädte« unseres Stammes. Die Einwohner wurden *Ani Kituhwagi* oder »Volk von *Kituhwa*« genannt und übten offenbar großen Einfluß auf alle anderen Städte am Tuckasegee River und am höher gelegenen Teil des Little Tennessee aus. Manchmal wurde dieser Name von anderen Stämmen zur Bezeichnung aller Cherokee verwendet, was vermutlich darauf zurückzuführen ist, daß die *Kituhwa* die Nordgrenze des von den Cherokee besiedelten Gebietes sicherten. Viele Jahre später, kurz vor Ausbruch des Amerikanischen Bürgerkrieges, wurde das Wort bei dem im Indianerterritorium lebenden Teil unseres Volkes wieder gebräuchlich und als Name, im Englischen meist *Keetoowah* buchstabiert, für einen mächtigen Geheimbund verwendet.

Einige Gelehrte sind der Auffassung, daß das Wort Cherokee von dem Muskogee-Begriff *tciloki* abgeleitet ist, der soviel bedeutet wie »Volk mit anderer Sprache«. Andere behaupten, daß Cherokee mit »Höhlenvolk« oder »Höhlenbewohner« zu übersetzen sei, weil manche der frühen Stämme in einem Gebiet lebten, in dem es viele Felshöhlen gab. Diese Bezeichnung ist von dem Choctaw-Begriff *chiluk ki*, »Höhlenvolk«, abgeleitet, der auf die vielen Höhlen in dem Bergland anspielt, in dem die Cherokee lebten. Die Irokesen nannten uns *Oyata ge ronon*, »Bewohner des Höhlenlandes«. Einige andere Stämme gaben uns Namen, die »Bergbewohner« oder »Hochländer« bedeuteten.

Wir haben herausgefunden, daß der Name Cherokee im Verlauf der Geschichte auf mindestens fünfzig verschiedene Arten buchstabiert wurde. Die meisten Historiker stimmen überein, daß es sich um eine Verballhornung von *Tsa lagi* handelt. Das Wort erscheint zum erstenmal als *Chalaque* in einer 1557 veröffentlichten portugiesischen Beschreibung von Hernando de Sotos Expedition in den Südosten Nordamerikas. 1699 taucht unser Stammesname als *Cheraqui* in einem französischen Dokument auf und 1708 in der englischen Schreibform *Cherokee*.

So weit sich zurückverfolgen läßt, waren unsere Vorfahren tatsächlich Bergbewohner, die in der Region des Allegheny-Gebirges im südöstlichen Teil der heutigen USA lebten. Sie ließen sich im Laufe der Zeit in Teilen der heutigen Staaten North und South Carolina, Kentucky, Tennessee, Georgia, Alabama, Virginia und West Virginia nieder. So lange sind die Cherokee schon in dieser Region heimisch, daß manche unserer Schöpfungsgeschichten lokalen Charakter angenommen haben. So wird zum Beispiel in einem der frühen Cherokee-Mythen die Entstehung der Great Smoky Mountains erklärt, einer über 1500 Meter hohen Bergkette im Grenzgebiet von Georgia, Tennessee und den beiden Carolinas. In diesen Bergen, die bei den Cherokee als heilig galten, ging unser Volk auf die Jagd.

Entgegen jenem Cherokee-Mythos, demzufolge unser Volk aus dem tiefen Süden stammt, gehen manche Forscher davon aus, daß unsere Vorfahren aus dem Gebiet der Großen Seen kamen. Diese Theorie gründet sich in erster Linie auf linguistische Erkenntnisse, denn wir sprechen eine Irokesen-Sprache, die mit den Sprachen der Mohawk, Oneida, Onondaga, Seneca und Cayuga – die alle zur Irokesen-Liga gehörten – verwandt ist. Als weiteres Argument zur Stützung dieser These wird die Stammesgeschichte der Delawaren angeführt, die von einem langen, sich hinziehenden Krieg mit den Cherokee berichtet, in dessen Verlauf diese nach Süden vertrieben wurden. Andere Fachleute, die sich mit der Geschichte der amerikanischen Ureinwohner vor Ankunft der Europäer beschäftigen, sind überzeugt, daß unser Volk aus Südamerika gekommen sei und sich nach einer langen, zuerst nordwärts, dann ostwärts und schließlich südwärts gerichteten Wanderung im Gebiet der Great Smoky Mountains niedergelassen habe. Es existiert sogar eine Cherokee-Legende, die diese Theorie zu stützen scheint, denn ihr zufolge soll unser Volk von einer vor der südamerikanischen Küste gelegenen Insel stammen.

Sicher ist jedoch nur, daß die Cherokee bei Ankunft der Europäer schon seit langer Zeit in den Smoky Mountains lebten. Sehr wahrscheinlich waren unsere Vorfahren Grabhügelbauer.

> Wenn die lange vergessenen Völker der betreffenden Kontinente sich erheben und ihr altes Erbe zurückverlangen, werden sie die Bedeutung des Landes ihrer Vorfahren entdecken.
>
> VINE VICTOR DELORIA Jr.
> *Gott ist rot*

Eine Überlieferung der Cherokee besagt, daß es in alter Zeit einmal einen Geheimbund namens *Ani-Kutani* gab, dessen Mitgliedschaft erblich war. Er verfügte über einen großen Schatz heiligen Wissens und besetzte alle spirituellen Ämter des Stammes. Schließlich wurde diese Gruppe jedoch zu mächtig und mißbrauchte ihre heiligen Kräfte. Das Volk, so heißt es, hätte daraufhin gegen die Mitglieder des Bundes rebelliert und sie entmachtet. Danach gab es unseres Wissens nach keinen herrschenden Clan oder Geheimbund mehr. Die Cherokee lebten in voneinander unabhängigen Dörfern, die über ihr Siedlungsgebiet im Südosten der heutigen USA verstreut lagen. In jedem Dorf gab es einen Kriegshäuptling und einen Friedenshäuptling, die auch Roter Häuptling beziehungsweise Weißer Häuptling genannt wurden und jeweils mit den äußeren oder inneren Führungsangelegenheiten der Dorfgemeinschaft betraut waren. Jeder Häuptling hatte einen Kreis von Beratern zu seiner Verfügung, mit denen er wichtige Entscheidungen besprach.

Obwohl die Funktionsweise unseres Regierungssystems im einzelnen nicht genau bekannt ist, steht fest, daß Frauen eine wichtige Rolle dabei spielten und im Rahmen der Stammesorganisation Verantwortung und Rechte hatten. Die Cherokee-Gesellschaft war traditionell matrilinear strukturiert; der Familienbesitz, einschließlich Wohnstätte und Garten, gehörte der Frau. Die Frauen kümmerten sich um die Familie und trieben Ackerbau, während die Männer oft abwesend waren, um zu jagen oder Krieg zu führen. Frühe europäische Beobachter hatten nur abfällige Kommentare für dieses Gesellschaftssystem übrig: »Bei den Cherokee sind die Frauen der Herr im Haus« oder »Bei den Cherokee herrscht ein Weiberregiment«. Es heißt, daß der Cherokee Ada Kulkula (was soviel bedeutet wie »Kleiner Zimmermann«), der an einer Zusammenkunft mit weißen Siedlern in Charleston in South Carolina teilnahm, erstaunt gewesen sei, dort keine weißen Frauen anzutreffen. Ada Kulkula erkundigte sich sogar, ob »weiße Männer ebenso wie rote von Frauen geboren« würden.

Es gab auch eine sehr mächtige Frau bei den Cherokee, die entweder *Ghigau* oder Geliebte Frau genannt wurde. Der Name könnte aus der Verschmelzung von *giga* (Blut) und *agehya* (Frau) entstanden sein. In diesem Falle wäre »Rote Frau« oder »Kriegs-frau« die exaktere Übersetzung.

Wie auch immer, vor dem ersten Kontakt mit den Europäern, die unsere Kultur beeinflußten, spielten Frauen im gesellschaftlichen, politischen und kulturellen Leben der Cherokee eine herausragende Rolle. Nancy Ward, eine *Ghigau* der Cherokee, nahm im Mai 1817 an einer Zusammenkunft des Stammesrates teil, dem sie eine von zwölf anderen Frauen unterzeichnete Stellungnahme vorlegte, in der gefordert wurde, daß die Cherokee kein Land mehr an die Weißen abtreten sollten.

Nur sehr wenige Nicht-Indianer haben erkannt, welch wichtige Rolle Frauen in den alten Stammesgesellschaften spielten. Schriftliche Dokumente über die amerikanischen Ureinwohner stützen sich auf Aufzeichnungen und Tagebücher von Diplomaten, Missionaren, Forschern und Soldaten – alles Männer. Diese neigten dazu, weibliche Stammesangehörige nur im Rahmen ihrer Beziehungen zu Männern zu beschreiben. Deshalb wurden Frauen falsch dargestellt und erscheinen meist als Arbeitstiere oder ätherische indianische Prinzessinnen.

Die Überlieferungen unseres Stammes hingegen berichten von einem Frauenrat, dem eine sehr mächtige weibliche Person, möglicherweise die *Ghigau*, vorstand. Diese Geschichte wird von westlichen Historikern als »reiner Mythos« abgetan, eine Ablehnung, die mich immer sehr verblüfft hat. Ein beträchtlicher Wissensfundus bleibt unberücksichtigt, weil er nicht schriftlich fixiert vorliegt, während die geschriebenen Ausführungen von offensichtlich voreingenommenen Männern bereitwillig als wahr akzeptiert werden. Kein Wunder also, daß in der Geschichtsschreibung so oft von den Kriegen, die unser Volk führte, die Rede ist, jedoch selten von den Liedern, Tänzen und den einfachen Freuden des Lebens. Die Stimmen unserer Großmütter wurden durch die geschriebene Geschichte unseres Volkes zum Schweigen gebracht. Wie gern würde ich hören, was sie zu sagen hatten!

Früher trieben die Frauen der Cherokee Ackerbau, die Männer gingen auf die Jagd. Doch weil wir inmitten feindlich gesinnter Stämme lebten, mußten wir wehrhaft sein. Manchmal zogen die Frauen sogar mit den Männern in den Kampf. Die Cherokee besaßen auch tiefverwurzelte religiöse Überzeugungen, denn sie glaubten, daß die Welt sich in einem ständig gefährdeten Gleichgewichtszustand befinde, der nur durch richtiges Handeln aufrechterhalten werden könne. Falsches Handeln konnte dieses Gleichgewicht stören.

Dies war der Fall, als die Cherokee sich an die Kultur der Weißen anpaßten, die in ihr Land eindrangen und sich dort niederließen. Die Europäer verbreiteten die Auffassung, daß Männer die uneingeschränkten Oberhäupter der Familie seien, denen sich die Frauen unterzuordnen hätten. Seit dieser Zeit verschlechterte sich die Stellung der Frau in der Cherokee-Gesellschaft. Die neuen Werte, die die Europäer den Cherokee vermittelt hatten, beinhalteten den Verlust des Gleichgewichts und der Harmonie zwischen den Geschlechtern; sie waren das, was wir heute Sexismus nennen. Dieser war also kein Konzept der Cherokee, sondern von den Europäern übernommen.

Die ersten Europäer, die unser Volk zu Gesicht bekam, waren vermutlich die Gefolgsleute Hernando de Sotos, des spanischen Konquistadors, der 1539 an der Küste Floridas landete. Berauscht von ihren Siegen über Eingeborenenstämme in Peru, zogen er und seine Truppe durch unsere Dörfer im Hochland der Alleghenies und durch andere indianische Siedlungen, wobei sie Stammeshäuptlinge entführten, um sich freies Geleit zu verschaffen. 1542 starb de Soto in seinem Lager am Ufer des Mississippi; vermutlich erlag er einem Fieber. Im darauffolgenden Jahr zogen sich die Überreste von de Sotos erschöpfter Mannschaft unter der Führung von Luis de Moscoso nach Mexiko zurück. Sechsundzwanzig Jahre später drang erneut eine spanische Expedition unter der Leitung von Hauptmann Juan Pardo in das Siedlungsgebiet der Cherokee vor.

Die europäischen Eindringlinge hätten ebensogut von einem anderen Stern kommen können. Lange bevor diese weißen Männer mit unserem Stamm in Berührung kamen, hatten die Cherokee eine hochstehende Zivilisation und Gesellschaft entwickelt. Die aus dieser Zeit stammenden spanischen Berichte über unseren Stamm sind jedoch verworren und manchmal widersprüchlich. Entweder kamen die Cherokee besser mit den Spaniern zurecht als andere Stämme, oder unsere Weisen versuchten, geschehene Schrecken aus dem Gedächtnis des Volkes zu löschen, so daß diese Dinge nicht in unseren Überlieferungen erscheinen.

Fest steht nur, daß die spanischen »Forscher«, wie unsere Schulkinder sie nennen mußten, zu den grausamsten und barbarischsten Europäern gehörten, die in die von den Weißen so genannte »Neue Welt« eindrangen. Bei ihrer erfolglosen Suche nach Gold und anderen Bodenschätzen mißhandelten und bekriegten diese Vollstrecker der berüchtigten spanischen Inquisition in ihrem christlichen Bekehrungseifer alle eingeborenen Völker, auf die sie trafen.

Das Land, in das diese Europäer eindrangen, war keineswegs eine »Neue Welt«. Sogar heute noch glauben manche Menschen, daß der riesige Kontinent namens Amerika ursprünglich ein wildes, unberührtes Land war, das darauf wartete, von den weisen und überlegenen Europäern entdeckt und zivilisiert zu werden. Im Jahre 1492 gab es jedoch in der westlichen Hemisphäre *über 75 Millionen eingeborene Menschen*, von denen 6 Millionen auf dem Gebiet der heutigen USA lebten. Sie sprachen 2000 verschiedene Sprachen und hatten schon lange vor Columbus' Ankunft blühende Zivilisationen begründet. Dieser kulturelle Reichtum wurde systematisch und skrupellos innerhalb einer historisch kurzen Periode vernichtet. Die Zeit des Leidens hatte begonnen.

Neben [Columbus] wirkt Hitler wie ein jugendlicher Straftäter.

RUSSELL MEANS,
indianischer Aktivist, 1991

Die spanische Eroberung muß verurteilt werden. Sie zu feiern
wäre schändlich und käme der Rechtfertigung eines Massakers gleich.

MANUEL CASTRO,
Indianerführer aus Ecuador, 1991

Ich empfand es daher als bedrückend, daß im Jahre 1992 so viele
Menschen das fünfhundertjährige Jubiläum von Columbus' Ankunft in Amerika *feiern* wollten. Es wurden Festivals, Paraden,
Seminare und Filmvorführungen veranstaltet, und es gab viele
Versuche, die gewaltigen Veränderungen zu resümieren, die
Nordamerika seit 1492 erlebt hat. Vermutlich dachten sehr wenige Amerikaner auch nur einen Augenblick über die wahre
Geschichte des Kontinents nach – die Geschichte der eingeborenen Völker, die seit unvordenklichen Zeiten in diesem Land
gelebt hatten. Die sogenannte Entdeckung durch Columbus, die
nicht mehr als ein Mythos ist, leitete eine Periode des Völker-
mords, der Sklaverei, des Kolonialismus, der Kultur- und Um-
weltzerstörung ein. Es gab keine »Entdeckung« oder »Begegnung«.

Als uns bewußt wurde, daß 1992 das fünfhundertjährige Ju-
biliäum von Columbus' Reise nach Amerika sein würde,
stand fest, daß wir über dieses Ereignis nicht hinweggehen
könnten. Wir leben in dem Bundesstaat mit dem höchsten
Anteil an Indianern und Indianerstämmen. Wir hätten buchstäblich die Geschichte von über 250 000 Bürgern Oklahomas
ignorieren müssen, ganz zu schweigen davon, daß es ein
Amerika vor Columbus gab.

JEANNE M. DEVLIN,
Redakteurin
Oklahoma Today, Mai-Juni 1992

Aber wer wollte es der Mehrzahl der Amerikaner verübeln, daß
sie die Geschichte der amerikanischen Ureinwohner vergessen

haben oder niemals kannten? Wer wollte sie dafür rügen, daß sie nichts über die hochentwickelten Organisationsformen und demokratischen Strukturen wissen, die viele Stammeskulturen vor der europäischen Invasion erreicht hatten? Es besteht ein erbärmlicher Mangel an Informationen sowohl über die Geschichte als auch über die gegenwärtige Situation der Indianer, so daß es nicht verwunderlich ist, daß diese Lücke mit negativen Klischees aus alten Western oder romantisierenden Gemälden gefüllt wird. Ein Freund von mir, ein Gelehrter der Universität Seneca, äußerte einmal, daß viele Menschen ein Bild von den Indianern im Kopf haben, das vor 300 Jahren entstand, und daß sie diese Vorstellung nicht revidieren wollen.

In dem Vierteljahrhundert nach Columbus' Landung auf der Insel Hispaniola schrumpfte die eingeborene Bevölkerung von 500 000 auf 500 Menschen. Heutige Historiker schätzen, daß die spanischen Konquistadoren in den ersten vier Jahrzehnten des 16. Jahrhunderts in der Karibik und in Mittel- und Südamerika 12 bis 19 Millionen Menschen umbrachten, und in Nordamerika erwiesen sich die Invasoren als ebenso todbringend. Da diese vorgeblich gottesfürchtigen Männer – deren Vorfahren im Namen Gottes die Kreuzzüge unternommen und die Juden aus Spanien vertrieben hatten – in der Bibel keine Hinweise auf Menschen mit rötlicher Haut finden konnten, kamen sie zu dem Schluß, daß die amerikanischen Ureinwohner gar keine Menschen seien, sondern Wilde oder nur irgendeine Spezies von Tieren. Damit war die Jagdzeit eröffnet. Es wurde zum sportlichen Vergnügen, Indianer mit Lanzen, Armbrüsten und ganzen Rudeln der furchtbaren *perros de guerra*, der Bluthunde, zu töten und zu verstümmeln.

Unter diese sanften Schafe [die Indianer] fuhren die Spanier, sobald sie nur ihr Dasein erfuhren, wie Wölfe, Tiger und Löwen, die mehrere Tage der Hunger quälte.
Sie wetteten miteinander, wer unter ihnen einen Menschen auf einen Schwertstreich mitten von einander hauen, ihm mit

einer Pike den Kopf spalten oder das Eingeweide aus dem Leibe reißen könne. Neugeborene Geschöpfchen rissen sie an den Füßen von den Brüsten ihrer Mütter und schleuderten sie mit den Köpfen wider die Felsen. Sie machten auch breite Galgen, so, daß die Füße beinahe die Erde berührten, hängten zu Ehren und zur Verherrlichung des Erlösers und der zwölf Apostel je dreizehn und dreizehn Indianer an jeden derselben, legten dann Holz und Feuer darunter und verbrannten sie alle lebendig.

Bartolomé de Las Casas,
Bericht von der Zerstörung der Westindischen Länder, 1552

Während die spanischen Konquistadoren im Westen Nordamerikas mit Schwert und Kreuz unter den Pueblos wüteten, begingen ihre Waffenbrüder im Osten unbeschreibliche Grausamkeiten an den Stämmen, die sie im Waldland der Appalachen antrafen. Abgesehen von schweren, vorsätzlichen Mißhandlungen, die sie den Indianern zufügten, dezimierten sie die indigene Bevölkerung durch eingeschleppte Krankheiten wie Masern, Pocken und Beulenpest.

Unsere Medizinmänner und -frauen glaubten zu Recht, daß all diese Plagen ein Zeichen dafür seien, daß die Welt aus dem Gleichgewicht geraten war. Die Gewalt und die tödlichen Krankheiten, die die Invasoren über uns gebracht hatten, mußten jede Harmonie zerstören. Zum Glück für unser Volk zogen die Spanier bald wieder ab, doch hinterließ die Zeit, die sie in unserer Region verbracht hatten, bei den Stämmen, mit denen sie in Berührung gekommen waren, ihre Spuren. Die französischen und englischen Forscher, die nach den Spaniern nach Nordamerika kamen, waren auf ihre Weise nicht weniger aggressiv, so daß sich die mißliche Lage der Indianer nicht besserte. Weder unsere Medizin noch unsere heiligen Riten konnten daran etwas ändern.

Für die Cherokee, einen der größten und kulturell reichsten Stämme im Südosten, hatte die flüchtige Begegnung mit den

Spaniern keine einschneidenden Veränderungen ihrer Lebensweise und Bräuche zur Folge. Einen Kulturschock erlebten sie ein
gutes Jahrhundert später, als sie mit den Engländern konfrontiert
wurden. Obwohl diese nicht eine solch offenkundige Grausam-
keit wie die Spanier an den Tag legten, kann man sie bestenfalls
als imperialistisches Volk beschreiben, das nicht zögerte, ganze
Cherokee-Dörfer samt Frauen und Kindern auszulöschen.

1654 gründeten einige Cherokee – wie unsere Vorfahren es
von Zeit zu Zeit zu tun pflegten – ein neues Dorf, das bei den
Wasserfällen des James River, in der Nähe des heutigen Rich-
mond in Virginia, lag. Die Engländer in der Kolonie Virginia, die
gerade einen blutigen Krieg mit den Powhatan-Stämmen hinter
sich hatten, zeigten sich darüber sehr beunruhigt. Sie wollten
verhindern, daß sich weitere Indianer in ihrer Nähe ansiedelten.
Die Kolonie entsandte daher einhundert Siedler aus Virginia und
ebenso viele verbündete Pamunkey-Indianer, die das Cherokee-
Dorf angreifen und die Bewohner vertreiben oder töten sollten.
Doch der Plan schlug fehl. Es kam zu einer Schlacht mit katastro-
phalem Ausgang für die Weißen und die Pamunkeys, die ihren
Häuptling und die meisten Krieger verloren. Die Cherokee trugen den Sieg davon. Diese Episode, die eine vernichtende Niederlage für die Briten bedeutete, markierte den Beginn eines
bitteren, oft mörderischen Konflikts zwischen den Cherokee und
den englischen Kolonien.

Im Juli 1673 beispielsweise knüpften James Needham und
Gabriel Arthur aus der Kolonie Virginia Kontakte zu den Cherokee, die in einer Siedlung namens Chota im östlichen Tennessee
lebten. Bei einer Auseinandersetzung, die auf dem Rückweg
nach Virginia stattfand, wo Needham neue Handelsware einkau-
fen wollte, wurde er von seinem indianischen Führer, der unter
dem Namen Indianer-John bekannt war, getötet. Nach heftigen
Diskussionen beschlossen die Cherokee, daß Arthur, der in Chota geblieben war, um die Sprache des Stammes zu lernen, ver-
schont werden sollte. Er lebte fast ein Jahr lang bei unserem Volk
und nahm sogar als Cherokee verkleidet an einigen Kriegszügen

gegen die Shawnee und andere feindliche Stämme teil, bevor er wieder zu den Weißen zurückkehren durfte.

Andere weiße Männer folgten bald. Um sich den Zugang zu unseren wertvollen Vorräten an Fellen, Bärenfett und Bienenwachs zu sichern, waren sie bestrebt, freies Geleit für die Handelswege zwischen ihren Kolonien und dem Siedlungsgebiet der Cherokee auszuhandeln. 1674 reiste Henry Woodward von Charleston nach Virginia, wobei er eine Route benutzte, auf der er zu den von ihm so genannten »Chorakae«-Siedlungen am Oberlauf des Savannah gelangte. Obwohl uns nur dürftige Informationen vorliegen, wird heute vermutet, daß im späten 17. Jahrhundert trotz gelegentlicher Auseinandersetzungen immer mehr englische Händler aus Virginia und South Carolina, die von der Aussicht auf hohe Gewinne angelockt wurden, bei den Cherokee verkehrten.

1684, ein Jahrzehnt, nachdem Woodward als erster begonnen hatte, mit unserem Stamm Handel zu treiben, wurde in Charleston ein Vertrag zwischen einigen Cherokee-Häuptlingen und der Kolonie South Carolina ausgearbeitet. Vermutlich sollte dieses Dokument, das in Bilderschrift unterzeichnet war, unser Volk vor feindlichen Stämmen schützen, die viele Cherokee gefangengenommen und in die Sklaverei verkauft hatten. Aber wie so viele andere, später geschlossene Verträge wurde dieses Abkommen bald gebrochen. Nicht einmal neun Jahre später begab sich eine andere Cherokee-Delegation nach Charleston, um sich zu beschweren, daß andere Stämme immer noch Cherokee als Sklaven an die Engländer verkauften. Und auch hier wurden wieder Versprechungen gemacht, die, wie es unserem Stamm so oft in der Geschichte widerfahren sollte, nicht gehalten wurden.

Seit dieser Zeit bis zum Amerikanischen Unabhängigkeitskrieg waren die Cherokee entweder Handelspartner, militärische Verbündete oder Feinde der englischen Kolonisten – manchmal auch zweierlei oder dreierlei zugleich. Wir führten auch mit benachbarten Stämmen Kriege, die zeitweise ruhten, um später wiederaufzuflackern. Die Verwirrung in dieser Phase unserer Geschichte war zum großen Teil darauf zurückzuführen, daß es keine Person gab, die die Gesamtverantwortung für die militärischen Entscheidungen aller Cherokee-Städte trug, oder überhaupt irgendeine Person, die einheitliche Entscheidungen für alle Cherokee traf. In den englischen Kolonien herrschte eine ähnliche Situation. So war beispielsweise South Carolina in keiner Weise an die von Virginia eingegangenen Verpflichtungen gebunden. Die einzelnen Kolonien waren zu verschiedenen Zeiten mit verschiedenen Stämmen verbündet oder mit einzelnen Städten eines Stammes, wobei mit ein und derselben Kolonie verbündete Stämme sich manchmal sogar untereinander im Krieg befinden konnten.

Trotz abweichender Auffassungen einiger Historiker gilt heute als gesichert, daß der erste weiße Händler, der eine Cherokee-Frau heiratete, ein Mann namens Cornelius Dougherty (manchmal auch Alexander Dougherty genannt) war, ein beherzter Ire aus Virginia, der sich offenbar um 1690 bei unserem Stamm niederließ und dort den Rest seines Lebens verbrachte. Eleazar Wiggan, der bei den Cherokee als »Old Rabbit« (Altes Kaninchen) bekannt war, und Ludovic Grant gehörten ebenfalls zu jenen frühen Händlern, die eine Cherokee zur Frau nahmen. Damit gründeten sie die ersten der vielen alten mischblütigen Cherokee-Familien. Diese Vermischung mit den Weißen hatte negative Auswirkungen auf die Entwicklung unseres Stammes, die in den folgenden Generationen spürbar werden sollten.

Durch ihre Heirat mit indianischen Frauen wurden die weißen Händler zu anerkannten Mitgliedern der Cherokee-Gesellschaft, was ihnen viele praktische Vorteile bescherte. Sie lernten die Bräuche und die Sprache ihrer Frauen, die ihnen auch als Dolmetscherinnen bei ihren Geschäften dienten. Alle Nachkommen dieser Paare wurden als Cherokee betrachtet, denn aufgrund unseres matrilinearen Gesellschaftssystems sind (wie bei den Juden) alle Kinder unserer Frauen ungeachtet der Herkunft des Vaters immer Cherokee. Problematisch erwiesen sich die Heiraten mit weißen Händlern jedoch insofern, als dadurch unsere traditionelle Gesellschaftsstruktur aus den Fugen geriet, denn viele Cherokee-Frauen verließen ihren Stamm, um allein mit ihren Männern zu leben. Dies widersprach der bei uns herrschenden Sitte, daß die Ehemänner im Haus ihrer Frauen wohnten. Auch waren viele der Frauen, die Weiße geheiratet hatten, oft schnell bereit, sich ihren Männern unterzuordnen. Unsere spirituellen Oberhäupter lehnten daher Ehen zwischen weißen Männern und Cherokee-Frauen strikt ab, wenn die Männer nicht unsere Lebensweise akzeptierten und zusammen mit ihren Frauen in unserer Gemeinschaft lebten.

Auch die Kinder aus solchen Verbindungen befanden sich in einer zwiespältigen Situation. Sie nahmen den Nachnamen ihres Vaters und gleichzeitig die Clanzugehörigkeit ihrer Mutter an und erbten Haus und Besitz ihres Vaters. Dies verursachte große Verwirrung und stammesinterne Streitigkeiten. Zum ersten Mal in der Geschichte unseres Volkes ergab sich eine sehr ungleiche Vermögensverteilung zwischen den einzelnen Stammesangehörigen.

Damit waren die Schwierigkeiten aber noch nicht zu Ende. Einerseits sprachen Kinder aus Mischehen oft sowohl Cherokee als auch Englisch, besuchten Schulen und übernahmen manche der Sitten und Überzeugungen ihrer Väter; andererseits lernten sie von ihren Müttern deren Wissen über die Natur, über Pflanzen, Tiere und das Leben in den Bergen. Dennoch begannen sich die traditionellen gesellschaftlichen Strukturen unseres Stammes aufzulösen, weil viele mischblütige Jugendliche unter dem Einfluß der Religion ihres Vaters glaubten, daß unsere alten Bräuche gottlos und schlecht seien. Die Mischlinge übten einen gewaltigen Einfluß auf den Stamm aus. Sie stiegen schließlich zur herrschenden Schicht der Cherokee-Gesellschaft auf und schafften unsere alten Regierungsformen ab. Die vollblütigen Cherokee und die Traditionalisten versuchten dem entgegenzusteuern, weil sie erkannten, daß das Gleichgewicht unserer Welt zerstört wurde.

Als im 18. Jahrhundert immer mehr weiße Siedlerkarawanen

in das Land der Cherokee zogen, wurde unser Stamm zunehmend von den Handelswaren der Weißen abhängig, insbesondere von Werkzeugen wie Messerklingen und Hacken aus Metall, die den traditionellen Steingeräten überlegen waren. Obwohl unsere alten Bräuche und Trachten immer noch weit verbreitet waren, verlangten manche Cherokee nach mehr solcher Gerätschaften, die von den weißen Händlern angeboten wurden. Jene Angehörigen unseres Volkes, die intensiveren Kontakt zu den Engländern hatten, glaubten schließlich, daß sie ohne diese Dinge nicht mehr leben könnten. So tauschten sie Hirsch- und Rehfelle und andere Rohprodukte gegen Beile, Kessel, Tuchballen, Rum, Feuerwaffen und Munition, wodurch sie noch abhängiger von den Weißen wurden. Statt als Luxusgüter wurden diese Gegenstände nun als unabdingbare Waren des täglichen Bedarfs betrachtet. Das traditionelle indianische Handwerk begann auszusterben.

Der verstärkte Umgang mit weißen Siedlern und Händlern veränderte das Leben der Cherokee noch in anderer Weise. Ein Teil der alten Stammesbräuche und die Tracht wurden zwar beibehalten, doch nach und nach erfolgte eine Anpassung an die Kultur der Weißen. Blockhäuser mit mehreren Zimmern lösten die traditionellen Behausungen ab, in denen es nur einen Raum gegeben hatte. Die Indianer übernahmen die Eßgewohnheiten der Neuankömmlinge aus Europa und entdeckten ihre Vorliebe für alkoholische Getränke; Haustiere wie Pferde, Schweine und Geflügel machten das Leben leichter; Gewehre wurden zu den wichtigsten Jagd- und Kampfwaffen. Bald verloren zahlreiche Cherokee ihre Fähigkeit zum geschickten Umgang mit Pfeil und Bogen oder die gekonnte Handhabung des aus Schilfrohr gefertigten Blasrohrs.

Manchmal gewann sogar die Jagd selbst eine neue Bedeutung, denn die traditionelle Überzeugung, daß der Stamm auch beim Töten von Tieren eine immerwährende Verantwortung für die Wahrung des Gleichgewichts der Welt trage, ging verloren. Anstatt Wild und Pelztiere ausschließlich zur Deckung des eigenen Bedarfs zu jagen, mußten nun mehr Tiere erlegt werden, um genug Häute und Felle für Handelszwecke zu beschaffen. Durch den Pelzhandel entstand eine weitverzweigte Infrastruktur, die die europäische Lederindustrie mit den Indianerstämmen in den Appalachen verband.

Die weißen Händler kamen auch zu unserem Volk, um Indianer anderer Stämme zu kaufen, die bei kriegerischen Auseinandersetzungen von den Cherokee gefangengenommen worden waren. Vor Ankunft der Europäer hatte es bei unserem Volk keine Sklaven gegeben; Gefangene wurden gefoltert oder umgebracht. Nun aber wurden sie gefesselt zu den Märkten geführt und wie die Afrikaner, die auf den Plantagen auf dem amerikanischen Festland und den Westindischen Inseln arbeiten mußten, an den Meistbietenden verkauft.

Die spanischen Konquistadoren hatten dieses Elend über unseren Kontinent gebracht, als sie 1505 die ersten afrikanischen Gefangenen nach Amerika verschleppten. Offenbar waren die Eingeborenen der Karibik, die von den Spaniern Indianer genannt wurden, so zahllos an Mißhandlungen und Krankheiten gestorben, daß neue Arbeitskräfte gebraucht wurden. In den folgenden vier Jahrhunderten – 1888 ließ man in Brasilien die letzten schwarzen Sklaven frei – wurden etwa zehn Millionen Schwarze aus Afrika zu der mörderischen Reise nach Amerika gezwungen. Keiner von ihnen sollte seine Heimat je wiedersehen. Es wird vermutet, daß mindestens zwei Millionen von ihnen schon auf See an Bord der heruntergekommenen Sklavenschiffe starben. Ein Großteil dieser menschlichen Fracht wurde an die Besitzer der Zuckerrohrfelder in der Karibik und Brasilien verkauft. Obwohl ursprünglich die Portugiesen das Monopol auf den Sklavenhandel hatten, wurde dieses Geschäft, das im 18. Jahrhundert seinen Höhepunkt erreichte, später von niederländischen, britischen und französischen Seefahrern dominiert. Die Europäer nahmen keine Rücksicht auf das Leben der einzelnen Afrikaner, sondern sahen in ihnen nur eine einträgliche Ware.

Im 18. Jahrhundert, wenn nicht schon früher, begannen auch die Cherokee Sklaven zu halten und nahmen unter dem Einfluß von englischen Händlern, die in unseren Stamm eingeheiratet hatten, an dem verabscheuungswürdigen Geschäft teil. Die schwarzen Sklaven der Cherokee waren entweder Kriegsbeute oder entflohene Sklaven weißer Siedler. Einflußreiche Stammesführer erhielten sogar von der britischen Regierung Sklaven, die als »Königsgeschenke« bezeichnet wurden. Im späten 18. Jahrhundert wurde es – nach dem Vorbild der englischen Siedler – in der Führungsschicht unseres Stammes üblich, Sklaven für den eigenen Gebrauch als Landarbeiter und Diener zu kaufen und zu verkaufen, obwohl sich diese schändliche Sitte niemals in allen Kreisen unserer Bevölkerung einbürgerte.

1738 brach unter unserem Stamm eine verheerende Pockenepidemie aus, die auf Sklavenschiffen in South Carolina eingeschleppt worden war und durch die fast die Hälfte unseres Volkes innerhalb eines Jahres starb. 1739 flammte die Epidemie erneut auf, vermutlich verursacht durch Cherokee, die sich die Krankheit zugezogen hatten, als sie die Briten in ihrem Kampf gegen die Spanier in Florida unterstützten. 1759 wurde unser Volk erneut von der Seuche heimgesucht, und dies sollte sich im Laufe des 18. Jahrhunderts noch einige Male wiederholen. Noch verschlimmert wurde unser Elend durch Masern- und Grippeepidemien.

Als die Pockenplage ungehindert unter unserem Stamm wütete, wurden die Cherokee von Furcht erfaßt. Viele unserer spirituellen Oberhäupter waren überzeugt, daß die Krankheit eine Strafe für den Bruch alter Stammesgesetze darstelle. Sie warfen alle sakralen Gegenstände fort, weil sie glaubten, daß sie ihre schützende Kraft verloren hätten. Hunderte von Kriegern begingen Selbstmord, als sie sahen, wie die Krankheit ihren Körper verstümmelt und entstellt hatte. Einige erschossen sich, andere schnitten sich die Kehle durch oder erstachen sich mit Messern oder Rohrspeeren. Viele versuchten von ihrem Schicksal Erlösung zu finden, indem sie sich selbst verbrannten.

Noch verderblicher als die Pocken wirkte sich der Alkohol aus. Als der Rum in den Appalachen Verbreitung fand, wurde er den Indianerstämmen als Tauschware für Pelze und Häute angeboten. Der »Dämon Rum« hatte katastrophale Folgen für die Gesellschaften der amerikanischen Ureinwohner wie die Choctaw, die Cherokee und andere Stämme im Süden.

Geschwächt und zunehmend unter Streß gesetzt wurde unser Volk auch durch die fortwährenden Kriege mit anderen Stämmen und den Weißen, die einen unerträglichen Blutzoll forderten. Die Cherokee und andere indianische Völker empfanden sich in keiner Weise mehr als gleichberechtigte Partner der sie umgebenden Welt. Sie fühlten sich zutiefst verletzt und bedroht. Es schien, als ob sich ihr in Jahrhunderten gewachsenes spirituelles und soziales Gefüge in Auflösung befand; alles war aus dem geheiligten Gleichgewicht geraten. Seit dieser Zeit haben wir uns unablässig bemüht, die Harmonie, in der wir einst lebten, wiederherzustellen. Dies war eine schwierige Aufgabe, denn die Widerstände, auf die wir trafen, waren gewaltig. Doch trotz allem, was uns widerfuhr, haben wir niemals aufgegeben und werden auch in Zukunft nicht aufgeben. Einer alten Weissagung der Cherokee zufolge wird die Welt so lange Bestand haben, wie unser Stamm seine traditionellen Tänze zelebriert; wenn wir aber aufhören zu tanzen, wird das Ende der Welt gekommen sein. Jeder sollte daher hoffen, daß die Cherokee weiter tanzen.

3.

MANKILLER FLATS

*Der kleine Zaunkönig ist der Kundschafter der Vögel und steckt
seinen Schnabel überall hinein. Er steht früh am Morgen auf und
fliegt zu jedem Haus im Dorfe, um Neuigkeiten in Erfahrung zu
bringen, die beim Rat der Vögel bekanntgemacht werden. Wenn ein
Kind geboren wird, dann findet er heraus, ob es ein Junge oder ein
Mädchen ist, und berichtet dies dem Rat. Handelt es sich um einen
Jungen, singt er in klagendem Ton: »O weh! Ich höre das Pfeifen des
Bogens! Meine Klauen werden geröstet werden«, denn die Vögel wis-
sen, daß der Junge sie später mit Gewehr und Bogen jagen und an einem
Stock aufgespießt braten wird.*

*Ist das Neugeborene aber ein Mädchen, sind die Vögel glücklich und
singen: »Danke! Ich höre das Geräusch des Stößels! Bei ihr werde ich
sicher etwas zu picken haben, wenn sie den Boden fegt«, denn sie wissen,
daß sie später das Getreide zu Mehl zerstoßen wird.*

*Erfährt die Grille, daß ein Mädchen geboren wurde, dann ist sie
ebenfalls erfreut und sagt: »Danke, ich werde in dem Haus singen, in
dem sie wohnt.« Ist es aber ein Junge, dann klagt die Grille: »O weh!
Er wird mich erschießen! Er wird mich erschießen!«, denn Knaben
basteln kleine Bögen, mit denen sie auf Grillen und Heuschrecken
schießen.*

Ich wurde am 18. November 1945 im W.-W.-Hastings-Kranken-
haus in Tahlequah in Oklahoma als sechstes von elf Kindern der
Familie Mankiller geboren. Es war ein Sonntag gegen Ende des

Herbstes, einige Monate nach der japanischen Kapitulation und dem Ende des Zweiten Weltkriegs. Wäre mein Vater nicht einige Jahre zuvor beim Baumfällen gestürzt, dann wäre ich niemals auf die Welt gekommen. Denn aufgrund der Beinverletzungen, die er sich bei diesem Unfall zugezogen hatte, konnte er sich nicht zum Militärdienst melden. Er nahm also nicht am Krieg teil, sondern blieb zu Hause. Während dieser Jahre wurden zwei meiner Geschwister und ich geboren.

Meine fünf älteren Geschwister waren Louis Donald, der 1937 geboren wurde, Frieda Marie (1938), Robert Charles (1940), Frances Kay (1942) und John David (1943). Nach mir kamen Linda Jean (1949), Richard Colson (1951), Vanessa Lou (1953), James Ray (1956) und William Edward (1961), wobei wir bei der Geburt der beiden jüngsten bereits in Kalifornien lebten. Glaubt man dem alten Märchen, boten demnach fünf der elf Kinder meiner Eltern den Zaunkönigen und Grillen Anlaß zur Freude.

Als kleines Mädchen rief mich fast jeder bei meinem zweiten Vornamen, Pearl. Wilma war der Name der Frau eines Onkels meines Vaters, und Pearl hieß meine Großmutter. Wilma ist eine Kurzform des Namens Wilhelmina; Pearl bezeichnet das Ergebnis jenes Vorgangs, bei dem ein Sandkorn, das in das Innere einer Auster geschwemmt und von dieser als störender Fremdkörper empfunden wird, von der Molluske nach und nach mit Perlmuttschichten eingehüllt wird, wodurch sich ein kostbares Juwel bilden kann. Jene einfache Geschichte von der Entstehung einer Perle hat mich immer sehr angerührt – nicht etwa, weil ich mich selbst als kostbaren Schatz betrachte, sondern aufgrund der Vorstellung, daß sich etwas Störendes, Überflüssiges in etwas Wertvolles verwandelt.

Meine früheste Kindheitserinnerung ist, daß ich auf einer Truhe in dem Haus unserer Familie auf Mankiller Flats in Rocky Mountain sitze. Wir hatten das Haus gerade bezogen, und ich war überglücklich. Meine Familie hatte bis 1948, als wir uns auf dem Familiengrundstück niederließen, zur Miete gewohnt. Das neue Haus hatte mein Vater Charley unter Mithilfe seines Onkels

Looney Gourd und meines ältesten Bruders Don selbst gebaut. Später vermieteten wir es an Verwandte und danach an andere Personen, bis es durch einen Brand zerstört wurde. Heute lebt meine Mutter an dem Ort, wo dieses Haus einst stand. Es war das erste echte Zuhause, an das ich mich erinnern kann, auch wenn es sich um enge Räumlichkeiten handelte, in denen zu viele Menschen lebten – und zu denen sich noch mehr hinzugesellen sollten.

Das Haus war aus rohem Holz gebaut und hatte vier Zimmer, mit unverkleideten Holzböden und -wänden. Das Dach bestand aus Blech. Geheizt wurde mit einem Holzofen, der auch zum Kochen diente. Es gab keine Elektrizität; die Räume wurden mit Petroleumlampen beleuchtet. Wir besaßen nur wenige Möbelstücke, und die Toilette befand sich außerhalb des Hauses. Meine Mutter hatte eine Wasch- und Wringmaschine mit Benzinmotor und ein Bügeleisen, das mit Erdgas betrieben wurde. Zum Waschen und Kochen mußten wir das Wasser aus der 400 Meter vom Haus entfernt gelegenen Quelle holen, die auch als »Kühlschrank« diente, denn im kalten Wasser bewahrten wir in einer Kiste Milch und andere verderbliche Lebensmittel auf.

Bis heute benutze ich meist Holz zum Heizen, da mir der Geruch des Feuers so vertraut ist. Und ich liebe das Rauschen des Regens, denn es weckt in mir angenehme Erinnerungen an das Prasseln des Wassers auf das Blechdach.

Andere Erinnerungen sind jedoch weniger erfreulich. Wir waren, zumindest was Geld betraf, nicht wohlhabend. Wie viele Menschen in Adair County waren wir, rundheraus gesagt, bitterarm – »dirt poor«, wie man in Oklahoma sagt. Vermutlich gibt es verschiedene Grade von Armut, ebenso wie verschiedene Grade von Reichtum existieren. In einer solchen Klassifikation gehörten wir zur untersten Armutskategorie.

In den späten vierziger und in den fünfziger Jahren war die Cherokee-Bevölkerung bereits zum großen Teil mischblütig, und zu dieser Gruppe gehörten viele vermögende Menschen und bekannte Persönlichkeiten. Aufgrund dessen entstand der falsche Eindruck, daß alle Cherokee sich problemlos in die amerikanische Gesellschaft integriert hätten. In Wirklichkeit gab es eine große Zahl sowohl vollblütiger als auch mischblütiger Cherokee, die an der traditionellen Lebensweise unseres Stammes festhielten. Diese Menschen lebten in tiefster Armut in Cherokee-Gemeinden wie Rocky Mountain, die in den Hügeln Oklahomas verstreut lagen. Solche Siedlungen waren auf keiner Landkarte verzeichnet. Häufig waren sie nicht einmal von den Landstraßen aus für Durchreisende sichtbar.

Die Menschen in diesen Ortschaften trafen sich zu verschiedenen Anlässen in Gemeindezentren, Kirchen oder Schulen, oder auf den Kultplätzen, wo Tänze stattfanden. Manchmal nahm unsere Familie an Gottesdiensten in den Baptistenkirchen von Echota oder Rocky Mountain teil. Wir waren aber keineswegs regelmäßige Kirchgänger und besuchten auch nicht die Sonntagsschule oder befaßten uns intensiv mit dem christlichen Glauben.

Bei den traditionellen Tanzzeremonien kamen viele Menschen zusammen, es gab reichlich zu essen. Wir Kinder konnten uns mit einer großen Zahl von Spielkameraden vergnügen, es wurde viel gelacht, und jeder konnte zu Bett gehen, wann es ihm gefiel. Die Tänze fanden im Freien statt und dauerten die ganze Nacht. Ich fühlte mich bei den Tanzzeremonien immer sehr wohl; wir alle amüsierten uns großartig. Ich erinnere mich jedoch auch an eine gewisse Heimlichkeit, wenn wir zu den Kultplätzen oder auch zu befreundeten Cherokee gingen, die uns zu einem Fest mit Musik und Pokerspielen eingeladen hatten. Meine Schwester erklärte mir, daß wir deswegen nicht darüber sprechen durften, weil manche Leute solche Dinge für Sünde hielten. Ich fand diese Befürchtung etwas sonderbar, konnte mir später jedoch vorstellen, daß sie vielleicht recht hatte. Möglicherweise hätten unsere nicht-indianischen Nachbarn unser Musizieren und vor allem die Tanzzeremonien nicht gutgeheißen.

Für die meisten unserer Freunde und Bekannten war Cherokee die Muttersprache, die auch bei ihnen zu Hause gesprochen wurde. Es gab sogar Baptistenkirchen, wo die Predigten ausschließlich in Cherokee gehalten wurden. Nicht wenige Angehörige unseres Stammes sprachen nur Cherokee und kein Englisch. In meiner Familie wurden beide Sprachen verwendet, oftmals sogar nebeneinander. Fast ausschließlich auf Cherokee unterhielten wir uns, wenn wir andere Indianer besuchten oder sie zu uns kamen. Meine Mutter, die ja eine Weiße war, beherrschte nach einiger Zeit leidlich unsere Umgangssprache. Im engsten Familienkreis sprachen wir meist Englisch, wenn man von einigen einfachen Alltagsformeln wie »Gib mir bitte das Salz« oder »Ich brauche etwas Wasser« absieht. Als Kinder verstanden wir zwar Cherokee, aber da unsere Mutter weiß war, beherrschten wir die Sprache niemals so fließend wie unser Vater und andere Verwandte.

In den kleinen Gemeinden im östlichen Oklahoma hatte die indianische Bevölkerung große Gemüsegärten und sammelte in den Wäldern eßbare Pflanzen wie Wildzwiebeln, verschiedenes Grünzeug, Pilze und Beeren. Jagd und Fischfang trugen ebenfalls zu einer ausreichenden Versorgung bei, und wer es sich leisten konnte, hielt Rinder und Schweine. Unsere Familie war so groß, daß mein Vater und mein ältester Bruder Don zur Ergänzung unseres Speisezettels gelegentlich ein Murmeltier oder ein Wildschwein erlegten, und auch meine jüngeren Brüder gingen jagen. In jenen Tagen aßen wir auch häufig Eichhörnchen. Allerdings sind diese Nager so klein, daß wir zur Zubereitung einer Mahlzeit immer mehrere Tiere benötigten. Meine Mutter panierte sie leicht und grillte sie wie Geflügel; mit dem herabtropfenden Saft bereitete sie eine Soße. Manchmal gab es auch Eichhörnchensuppe mit Klößen oder Suppe aus Wachteln oder anderen Vögeln. Wir sammelten Löwenzahn, Kermesbeerenzweige und ähnliches Grün; außerdem Walnüsse, Brombeeeren, Maulbeeren und wilde Weintrauben. In den Flüssen fingen wir Flußbarsche, Flußkrebse, Welse und Frösche. Meine Mutter kochte Tomaten, Bohnen und Mais aus unserem Gemüsegarten ein und lagerte die Lebensmittel unter der Erde oder im Schuppen. In manchen

Jahren pflanzten wir Erdbeeren oder Erdnüsse, um sie zu verkaufen. Trotz unserer Armut kann ich mich nicht erinnern, als Kind jemals gehungert zu haben. Irgendwie hatten wir immer genug zu essen auf dem Tisch.

Die Beschäftigungsmöglichkeiten für die Cherokee-Bevölkerung auf dem Land waren recht dürftig und zudem jahreszeitenabhängig. Viele Indianer verdienten sich durch den Verkauf von selbstgeschlagenem Holz etwas Bargeld, andere verdingten sich zur Erntezeit als Wanderarbeiter. Wir führten einen fortwährenden Kampf, um das für unsere Familie erforderliche finanzielle Minimum zu beschaffen. Meine älteren Brüder und Schwestern und meine Eltern mühten sich ab, um aus dem kargen, silexhaltigen Boden etwas herauszuwirtschaften. Don verließ sogar nach der achten Klasse die Schule, um zum Unterhalt der Familie beizutragen.

Oft gingen meine älteren Geschwister mit meiner Mutter und meinem Vater in den Wald, um Holz zu schlagen und zu entrinden, das für Eisenbahnschwellen und Leitungsmasten Verwendung fand. Als ich sie einmal, was selten vorkam, begleitete, fand ich eine Flasche Limonade und nahm daraus einen Schluck. In der Flasche war jedoch keine Limonade, sondern Kerosin, so daß meine Eltern mich schnellstens nach Tahlequah ins Krankenhaus bringen mußten. Ein anderes Mal zog sich meine Schwester Frances eine schwere Schnittverletzung am Knie zu und mußte ebenfalls 48 Kilometer weit auf schlechten Landstraßen ins Krankenhaus transportiert werden.

Die meisten Cherokee in der Region hatten keine verläßlichen Transportmittel zur Verfügung, weshalb regelmäßige Arbeitsmöglichkeiten selten waren. Neben dem Holzfällen fuhren mein Vater und Don jedes Jahr nach Colorado zur Sorghumernte, um Geld für neue Schuhe und andere grundlegende Bedarfsgegenstände für uns Kinder zu verdienen. Sorghum* wurde zur Her-

* A.d.Ü.: Tropische und subtropische Gräsergattung, zu der unter anderem Hirse gehört. Sorghum findet auch als Nahrungsmittel für den Menschen und als Viehfutter Verwendung.

stellung von Besen gebraucht und fand auch im Schiffsbau Verwendung. Nach dem Schneiden wurde das Gras in eine Maschine geschüttet, wo es zu Ballen gepreßt wurde; auf Lastwägen wurden diese dann von den Farmen um Campo in Colorado in den Südosten des Staates transportiert.

Die Erntearbeiter fuhren oft gemeinsam mit dem Auto nach Campo oder mit Bussen, die von den Farmbesitzern zur Verfügung gestellt wurden. Unter den Arbeitern gab es einige Hispanics* und Weiße, aber die meisten waren Indianer. Mein Vater und mein Bruder arbeiteten in einer Gruppe von gut zwanzig Männern fast an jedem Wochentag. Die Arbeit war äußerst hart, und sie unterbrachen sie jeweils nur kurz, um einen Schöpflöffel Wasser zu sich zu nehmen oder um ihre durchgeschwitzten Halstücher auszuwringen. Die Erntemannschaften arbeiteten ohne Pause vom Morgengrauen bis zum Mittag. Dann gab es Lunch, den die Frauen von den Farmen aufs Feld hinausbrachten und auf Tischen anrichteten. Die Männer bemühten sich, die großen Mahlzeiten rasch zu verspeisen, um noch etwas Zeit für eine kurze Ruhepause im Schatten zu gewinnen, bevor sie die Arbeit wiederaufnahmen, die bis Sonnenuntergang dauerte. Ihr Lohn betrug 9, manchmal 10 Dollar pro Tag.

Ich hatte immer das Gefühl, daß die Sorghumernte eigentlich zu spät stattfand. Das Schuljahr begann in Oklahoma bereits Anfang August, damit die Kinder im Mai des darauffolgenden Jahres bei der regionalen Ernte mithelfen konnten. Wenn die Schule begann, hielten sich mein Vater und mein Bruder immer noch in Colorado auf, so daß wir zunächst keine neuen Schuhe hatten. Bald aber kamen sie mit Geld nach Hause und kauften für uns alle Schuhe und warme Mäntel, bevor es kalt wurde. Dies war eine höchst aufregende Zeit für uns, denn wir betrachteten neue Lederschuhe als etwas ganz Besonderes. Unsere Kleidung war meist gebraucht oder aus Mehlsäcken genäht – wir bekamen unser Mehl in riesigen Säcken geliefert, die meine Mutter ver-

* A.d.Ü.: Bezeichnung für die aus Lateinamerika stammende Bevölkerung der USA.

wendete, um für uns Unterwäsche und manchmal auch Oberbekleidung zu schneidern. Ich erinnere mich, daß diese Säcke mit Rosen oder anderen Blumendrucken versehen waren. Obwohl man, wie das alte Sprichwort sagt, aus einem Kieselstein keinen Diamanten schleifen kann, sah unsere Kleidung aufgrund dieses Dekors dennoch akzeptabel aus.

In unserer Gegend gab es damals keine Schulbusse; wir liefen daher jeden Tag drei Meilen zur Schule von Rocky Mountain und wieder zurück, sowohl bei bitterer winterlicher Kälte als auch an den heißen Tagen des Spätfrühlings. Manchmal schwänzte mein Bruder Bob die Schule, um zu jagen oder um den ganzen Tag in den Wäldern herumzustreifen. Wenn wir von der Schule zurückliefen, stieß er wieder zu uns und gab zu Hause vor, er habe den Unterricht besucht. Während einem seiner Ausflüge, bei dem er in den um unser Haus liegenden Bergen jagen wollte, wurde er von einer Klapperschlange in die Hand gebissen. Als er nach Hause kam, waren sein ganzer Arm und seine Schulter stark angeschwollen, doch konnte er glücklicherweise erfolgreich behandelt werden.

Ich besuchte die Rocky-Mountain-Schule vom ersten bis zum fünften Schuljahr. Das Gebäude war ein kleines ländliches Schulhaus aus weißgestrichenem Holz; beim Decken des Daches hatte mein Vater mitgeholfen. Die Schule hatte einen großen Versammlungsraum, eine Küche und zwei Klassenzimmer. Obwohl äußerst einfach ausgestattet, bot sie Platz für sechzig Schüler.

Die Lehrer und Lehrerinnen waren anders als alle Menschen, die ich vor meiner Einschulung kennengelernt hatte. Die Frauen trugen Lippenstift und sprachen und kleideten sich anders als die Frauen in unserer Gemeinde. Einer der männlichen Lehrer besaß sogar ein Fernsehgerät, und gelegentlich gingen wir zu ihm nach Hause, um fernzusehen. Meistens hielten die Lehrer in der Schule einen großen Topf Bohnen für den Lunch bereit. Oft veranstalteten die Familien aus der Umgebung auch Wohltätigkeitsessen und Versteigerungen im Schulhaus, um Geld für Weihnachten oder andere Ereignisse zu beschaffen.

Der Unterschied zwischen arm und reich wurde mir erst durch ein Erlebnis in der Schule bewußt. Eine Schulkameradin, deren Familie vermögender war als die meisten anderen in unserer Gegend, hatte auf der Toilette meine aus Mehlsäcken geschneiderte Unterwäsche zu Gesicht bekommen. Sogleich erzählte sie ihre Entdeckung den anderen Mädchen, die daraufhin anfingen, mich zu verspotten. Damals gewann ich eine erste Ahnung, daß etwas an meiner Familie anders war.

Die Wärme und Liebe, die uns zu Hause umgab, machte das Fehlen von materiellen Gütern wett. Meine Eltern hatten eine intensive Beziehung und schienen immer sehr ineinander verliebt. Sie zeigten ihre Zuneigung offen, umarmten einander und hielten sich an der Hand. Als wir einmal mit dem Auto einen Ausflug unternahmen, scheuchte meine Mutter uns Kinder fort, um direkt neben meinem Vater sitzen zu können.

Wir benutzten unseren schwarzen 1949er Ford meist, um in die Stadt zu fahren oder um andere Familien oder Verwandte zu besuchen. Obwohl wir kaum alle in dem Wagen Platz hatten, war jede Fahrt ein Abenteuer für uns. Unser Vater erzählte gerne Gruselgeschichten, wenn wir auf abgelegenen Nebenstraßen fuhren. Als wir einmal spät in der Nacht auf einem unbefestigten Feldweg nach Hause fuhren, schlugen einige tiefhängende Äste an die Windschutzscheibe. Mein Vater sagte, daß ihn dies an eine besonders gespenstische Nacht erinnere, in der er allein nach Hause gefahren sei. Damals hätten ebenfalls Äste seine Windschutzscheibe gestreift, und danach sei die Scheibe blutverschmiert gewesen. Voller Entsetzen sei er so schnell wie möglich nach Hause gefahren, um das Blut abzuwaschen. Er vermutete, daß das Blut von einer durch einen Schuß verletzten Eule stammte, die auf dem Ast gesessen habe.

Die Geschichte versetzte uns in Angst und Schrecken. Eulen gelten bei manchen Cherokee als unheilbringende Vögel. Es heißt, daß manche Menschen sich in Eulen verwandeln können und des Nachts umherschweifen, um anderen Böses zu tun. Einmal, so hörten wir von unserem Vater, erschoß jemand aus

unserer Gegend eine Eule mit einer Kugel aus Silber. Am nächsten Tag erfuhr der Eulenschütze, daß sein schlimmster Feind tot
aufgefunden worden war – erschossen.

Die Geschichten meines Vaters bedeuteten uns allen viel,
denn Gespräche und Besuche waren für uns die Hauptunterhal-
tungsquellen. Entweder besuchten wir andere Familien, oder wir
luden sie zu uns ein. Am meisten Kontakt hatten wir zu anderen
Cherokee.

Wenn Weiße zu uns nach Hause kamen, lief ich als Kind meist
in den Wald oder versteckte mich in einem Schrank, denn die
Gegenwart von Nicht-Indianern machte mich verlegen. Diese
Scheu entwickelte sich in der Zeit, als ich mit meiner Schwester
zur Schule lief: Manchmal fuhren gutgekleidete weiße Ladies in
großen Autos bei uns vor, um uns Kleidung zu bringen und uns
zur Schule mitzunehmen. Ich vermute, daß sie dies für ihre
christliche Pflicht hielten. Als wir einmal in ihr Auto stiegen,
schauten uns diese Damen betrübt an und sagten »Gott segne
euch«. Es waren nicht diese Worte, die mich ärgerten, sondern
die Art und Weise, wie sie sie sagten und mit welchem Gesichts-
ausdruck. Bedauerten sie uns deshalb, weil wir zu Fuß zur Schule
gehen mußten? Oder wegen unserer sozialen Situation, unserer
ärmlichen Kleidung? Danach nannten wir diese Frauen jeden-
falls die »Gott-segne-euch«-Ladies. Sogar als Kind merkte ich
schon, wenn jemand sich mir gegenüber herablassend oder gönnerhaft verhielt, weil ich Indianerin war.

Eines der Hauptprobleme der Indianer sind die Missionare.
Es heißt von ihnen, daß sie bei ihrer Ankunft nur die Bibel
hatten und wir das Land; nun haben wir die Bibel und sie das
Land.

VINE VICTOR DELORIA JR.
Custer Died for Your Sins

An Wochenenden fuhren wir gelegentlich nach Stilwell, dem
Hauptort von Adair County, um den Onkel meiner Mutter, Tom

Sitton, und seine Frau Maud zu besuchen. Es war keine lange Fahrt, und Stilwell war um einiges größer als Rocky Mountain. Jene Ausflüge waren bei uns Kindern sehr beliebt, weil wir meist ein Zehncentstück geschenkt bekamen, um ins Kino zu gehen oder Süßigkeiten zu kaufen. Jedes Jahr im Mai wurde in Stilwell ein großes Erdbeerfest veranstaltet, zu dem viele Besucher kamen, um Erdbeeren zu essen und die Ernte zu feiern. Das Fest findet auch heute noch statt.

Zuweilen erhielten wir auch Besuch von unserer Großtante Wilma Mankiller, die uns Kleider und andere Geschenke brachte. Sie war eine Weiße, die einen Onkel meines Vaters namens George geheiratet hatte. Sie wohnten in Tahlequah, in einem großen Ziegelsteinhaus, das sich in der Nähe des alten Cherokee-Frauen-Seminars befand. Als der Mankiller-Familie zu Beginn des Jahrhunderts Land zugeteilt worden war, hatten die Vorfahren von Onkel George Land in der Nähe von Bartlesville erhalten, wo sich der Hauptsitz der Phillips Petroleum Company befand. Später wurde auf dem Besitz meines Onkels und meiner Tante Erdöl gefunden; daher bekam mein Onkel George jedes Jahr einen nagelneuen Cadillac. Meine ältere Schwester Frances war Tante Wilmas Liebling, denn sie verhielt sich immer freundlich und höflich und erledigte ihre Aufgaben im Haushalt, während ich das genaue Gegenteil war.

Sehr viel wohler fühlte ich mich mit unseren Verwandten auf der Cherokee-Seite, was vermutlich darauf zurückzuführen war, daß wir häufigeren Kontakt zu ihnen und teilweise die gleichen Interessen hatten. Besonders liebgewonnen hatte ich die Halbschwester meines Vaters, Jensie Hummingbird. Sie war eine kleine Frau mit pechschwarzen Haaren, die in der Sonne bläulich schimmerten. Sie trug selbstgenähte Hauskleider aus Baumwolle und besaß kein Auto, so daß wir sie häufiger besuchten als sie uns. Obwohl sie kein Englisch sprach und wir Kinder die Cherokee-Sprache nicht besonders gut beherrschten, gelang es uns immer, uns miteinander zu verständigen. Wir spürten, wie sehr sie uns mochte. Jensie hatte, wie viele andere Verwandte auf

73

väterlicher Seite, große gesundheitliche Probleme, litt fast ihr Leben lang unter Diabetes und Arthritis.

Maude Wolfe war eine andere Verwandte, bei der wir häufig zu Gast waren. Sie war zusammen mit meinem Vater aufgewachsen, und obwohl sie nur seine Cousine war, nannten wir sie Tante Maude. Sie war eine große, schlanke, attraktive Frau mit markanten Backenknochen und tadelloser Körperhaltung. Sie arbeitete besonders gern im Freien, spielte *stickball*, das traditionelle Cherokee-Spiel, oder half ihrem Mann Jim Wolfe bei der Pflege der Kultplätze. Sie liebte es auch, im Wald die Gaben der Natur zu sammeln, aus denen sie eine Mahlzeit zubereiten konnte. Tante Maude hatte niemals eine Schule besucht, doch war sie eine weise Frau. Jim, ein Vorsänger bei den Tanzzeremonien und Medizinmann, war ein streng traditionalistischer Cherokee. Sie hatten neun Kinder, aber da sie recht weit von Rocky Mountain entfernt lebten, gingen wir nicht in die gleiche Schule. Jim lernte niemals die englische Sprache, doch habe ich ihn als bedächtige und starke Persönlichkeit mit einem ausgeprägten Sinn für Humor in Erinnerung.

Guten Kontakt hatten wir in meiner Kindheit auch zur Schwester meines Vaters, Sally Leach, ihrem Mann Nelson und ihrer Familie. Sally war eine zierliche, immer gut gekleidete Frau. Nelson, ein zweisprachiger Cherokee, achtete immer sehr auf sein Äußeres und hatte ausgezeichnete Umgangsformen. Er sah sogar elegant aus, wenn er Heu einbrachte.

Sally und Nelson lebten ebenfalls auf dem Familiengrundstück der Mankillers. Ihr Haus war etwas besser ausgestattet als unseres, und sie waren in mancher Hinsicht wohlhabender als wir. Meine Geschwister und ich freuten uns sehr auf die Besuche bei den Leachs, da wir bei dieser Gelegenheit mit unseren Cousins und Cousinen spielen konnten. Bob, der Erstgeborene der Familie, hatte die sanfte Art seiner Mutter und ihren starken Charakter sowie die Arbeitsamkeit seines Vaters geerbt. Alice und Elsie, die beiden Mädchen, waren ruhige und robuste Kinder. Larry, der jüngste Sproß von Sally und Nelson, war in seiner frühen Kindheit kränklich gewesen; später stabilisierte sich seine Gesundheit jedoch entscheidend.

Während der Besuche bei Freunden, insbesondere bei der Familie von Henry Leach, vertrieben sich die Erwachsenen die Zeit unter anderem mit Kartenspielen. Wir Kinder spielten währenddessen im Freien Verstecken oder tollten im Wald umher. Manchmal fingen wir Käfer, mit denen wir uns viele Stunden vergnügten: Wir banden lange Schnüre um Junikäfer, ließen sie wie kleine Flugzeuge losfliegen und jagten sie; wir sperrten Glühwürmchen in Einmachgläser und beobachteten ihre regelmäßigen Leuchtsignale. Schließlich ließen wir die Insekten aber wieder frei und sahen zu, wie sie eilig davonflogen, um unserem kindlichen Spieltrieb zu entkommen. Unser Vater ermahnte uns, abends nicht zu lange im Freien zu bleiben und uns vor Berglöwen und Rotluchsen in acht zu nehmen – einmal waren wir spät nachts von einem Besuch bei Freunden zurückgekehrt und entdeckten im Licht der Scheinwerfer einen Rotluchs auf dem Dach unseres Vorratsschuppens. Der Schreck und die Aufregung waren groß, denn schon damals waren diese Raubkatzen in jener Gegend sehr selten. Während wir spielten und dabei vorsichtig nach diesen Tieren Ausschau hielten, die letztlich mehr Angst vor uns hatten als wir vor ihnen, spielten die Erwachsenen manchmal die ganze Nacht hindurch Karten. Dann bereiteten sie für uns Kinder auf dem Boden ein Deckenlager, wo wir meist rasch in einen tiefen Schlaf fielen, erschöpft von einem Tag im Freien inmitten von Pflanzen und Tieren.

Die Verwandte, die mich am meisten beeindruckte, war Maggie Gourd, eine Tante meines Vaters, bei der er in seiner Jugend eine Zeitlang gelebt hatte. Sie wohnte nur etwa anderthalb Meilen von uns entfernt, und so waren wir oft bei ihr zu Besuch. Tante Maggie sprach sehr gut Englisch; sie hatte ein ausdrucksvolles, intelligentes Gesicht und trug ihr dunkles Haar straff nach hinten gekämmt. Ihr schönes Fachwerkhaus hatte drei Zimmer und eine Veranda; es war mit guten, soliden Möbeln eingerichtet, die sie wohl gekauft hatte, als sie noch eine weit größere Ranch besaß. In der Familie wurde erzählt, daß sie einen viel jüngeren Mann, Looney Gourd, geheiratet hatte, der ihr Vermögen nach und nach veräußerte, bis kaum etwas mehr übriggeblieben war. Meine Familie tauschte oft Lebensmittel mit Tante Maggie; mein Bruder Johnny und ich brachten ihr Eier und erhielten dafür frische Milch. Wenn wir Glück hatten, erzählte sie uns Geschichten, bei denen es sich – was ich damals nicht wußte – um alte Cherokee-Legenden handelte. Manche davon waren furchterregend, andere nicht, doch vermittelten sie alle irgendeine Art von Lehre.

Mein zwei Jahre älterer Bruder Johnny und ich unterscheiden uns äußerlich beträchtlich voneinander. Ich habe braune Haare und haselnußbraune Augen, Johnny schwarze Haare und dunkelbraune Augen. Seine Statur gleicht der meines Vaters – untersetzt und breitschultrig. Als Kind trug Johnny fast immer Overalls.

Da Johnny und mir häufig aufgetragen wurde, unsere jüngeren Geschwister zu beaufsichtigen, während die älteren arbeiteten, versuchte Tante Maggie unseren jungen Gemütern einzuschärfen, daß wir diese Aufgabe sehr ernst zu nehmen hätten. Daher erzählte sie uns eines nachmittags die Geschichte von dem jungen Cherokee-Paar, das sein Baby in den Wald mitnahm. Dort machten die Eltern Rast, um ein Lager aufzuschlagen. Sie breiteten eine Decke auf dem Boden aus und betteten das Baby zum Schlafen darauf. Während das Kind döste, gingen sie ein Stück weit fort, um seine Träume nicht zu stören. Sie machten ein Feuer, und als es gut brannte und der Lagerplatz vorbereitet war, kamen sie zurück, um das Kind zu holen. Aber das Baby war fort, nur die Decke lag noch da. Sie suchten und suchten, doch fanden sie es niemals wieder.

Tante Maggie sagte uns, daß die Little People, die *Yunwi Tsunsdi*, die überall in der Nähe der Cherokee in den Wäldern lebten, das Kind gefunden hatten. In dem Glauben, daß es verlassen worden sei, nahmen sie es mit, um es als ihr eigenes aufzuziehen. Diese Geschichte machte gewaltigen Eindruck auf uns. Johnny und ich gelobten feierlich, immer ein wachsames Auge auf unsere Geschwister zu haben, damit sie nicht von den Little People geholt würden.

Geschichten über dieses Volk sind bei Cherokee-Kindern immer sehr beliebt gewesen. Die Little People sprechen unsere Sprache, sehen aus wie Cherokee, sind jedoch nur etwa drei Fuß groß. Berichte über sie stammen immer »aus zweiter Hand«, denn es heißt, daß derjenige, der die Little People zu Gesicht bekommt und darüber erzählt, sterben müsse. Alles, was man im Wald findet, so glauben die Cherokee, gehört den Little People. Wenn eine Cherokee-Frau im Herbst Nüsse sammeln geht und einen Korb findet, den ein anderer Sammler zurückgelassen hat, kann sie ihn an sich nehmen und laut sagen: »Little People, ich nehme diesen Korb.« Dann hat sie das Recht, den Korb zu behalten.

Andere sagen, daß die Little People die »Indianerdoktoren« beziehungsweise Medizinmänner der Cherokee unterstützen. Im allgemeinen aber sind sie eher für ihre Bosheit bekannt.

Tante Maggies Geschichten übten eine ungeheure Faszination auf mich aus; sie waren ein Fest für mich. Wir hörten von Outlaws, Revolverhelden, Gesetzeshütern und verborgenen Schätzen. Sie erzählte, daß berühmte Bankräuber wie Cherokee Bill und Ned Christie gestohlenes Gold in der Umgebung von Rocky Mountain versteckt hätten. Um ihre Beute zu schützen, hätten sich die Banditen von Indianerdoktoren eine Medizin zubereiten lassen. Daher stießen anderen Menschen, die den Schatz zu finden versuchten, immer schreckliche Dinge zu. Manche fielen mysteriösen Unfällen zum Opfer, andere wurden von Klapperschlangen gebissen.

Aber nicht nur Tante Maggies Erzählungen waren aufregend, sondern auch die Besuche selbst, und manchmal wurde sogar der Weg dorthin zum Abenteuer.

Als Johnny und ich einmal zu ihrem Anwesen unterwegs waren, fiel plötzlich direkt vor unseren Füßen eine Peitschenschlange von einem Baum. Sie war vier oder fünf Fuß lang und hatte einen braunen Schwanz. Der Name Peitschenschlange rührt daher, daß diese Reptilien wie die aus geflochtenem Leder hergestellten kleinen Peitschen aussehen, die von Kutschern zum Antreiben der Pferde benutzt werden. Dieser Vorfall muß unsere Phantasie stark angeregt haben, denn es erscheint mir heute noch so, als ob die Schlange uns gezielt angegriffen hätte. Sie war so erbost, ihre Beute verfehlt zu haben, daß sie uns verfolgte. Ohne einen Blick zurückzuwerfen, liefen wir davon, so schnell wir konnten. Als wir endlich atemlos innehielten, hatten wir immer noch Angst, daß die Schlange uns einholen und zu Tode peitschen könnte – es wurde erzählt, daß so etwas schon geschehen sei.

Ein anderes Mal hatte Johnny auf dem Weg zu Tante Maggies Haus Eier dabei. Wir beschlossen eine Abkürzung über eine Weide zu nehmen, wo jedoch scheinbar aus dem Nichts ein Bulle auf uns zugestürmt kam. Johnny stürzte, wobei alle Eier, die er trug, zerbrachen. Er rappelte sich wieder hoch, und so erreichten wir gerade noch rechtzeitig einen rettenden Zaun. Wir waren uns nicht sicher, was an diesem Mißgeschick schlimmer war – der wildgewordene Bulle oder der Ärger meiner Eltern über die zerbrochenen Eier.

Trotz gefährlicher Peitschenschlangen und wütender Bullen hielt ich mich immer gern in der Natur mit ihren Bäumen, Felsen, Blumen und Tieren auf. Die Jahreszeit, die ich ganz besonders liebte, war der Frühling. Um unser Haus herum wuchsen Hartriegel und Judasbäume, und es gab Dutzende Arten von Blumen. Meine Familie teilte meine Liebe zur Natur. Meine Mutter konnte jeden Baum, jeden Busch, jede Blume und eßbare Pflanze benennen, die wir bei unseren Spaziergängen im Wald fanden. Mein Vater muß bei meiner Geburt geahnt haben, wie sehr ich Blumen lieben würde, denn der Cherokee-Name, den er mir gab, lautete *a-ji-luhsgi*, und das bedeutet »Blume«. Sehr gern mochte ich immer die kleinen purpurfarbenen und gelben Blumen, die im Wald um mein heutiges Haus wachsen, und als Kind studierte ich mit Freude die winzigen Blütenblätter.

Wir Indianer betrachten die Erde und das gesamte Universum
als einen endlosen Kreis, und in diesem Kreis ist der Mensch
nur ein Tier unter anderen. Der Büffel und der Kojote sind
unsere Brüder, die Vögel unsere Cousins. Sogar die winzigste
Ameise, ja eine Laus, sogar die kleinste Blume, die man finden
kann – sie alle sind mit uns verwandt.

JENNY LEADING CLOUD,
White River Sioux

Ich spielte lieber im Wald, anstatt die mir übertragenen Aufgaben
zu erfüllen. So mußte ich zum Beispiel, zusammen mit meiner
Schwester Linda, regelmäßig bei der Quelle auf unserem Grundstück Wasser holen. Ich empfand dies als lästige Pflicht und
pflegte daher Linda, die einige Jahre jünger als ich und sanftmü-
tig und verträumt war, regelmäßig zu necken und zu ärgern.
Während unsere Schwester Frances, die still und ernsthaft war,
alle ihr aufgetragenen Arbeiten bereitwillig und mit größter
Sorgfalt erledigte, trödelte ich meist ausgiebig. Ich verbrachte
viel mehr Zeit damit, mir zu überlegen, wie ich mich vor diesen
Pflichten drücken könnte, als ich letztlich benötigt hätte, um sie
zu erledigen.

Der Indianer... steht frei und ungebunden in der Natur, er ist
ihr Bewohner und nicht ihr Gast, und er trägt sie voller
Leichtigkeit und Anmut. Aber der *zivilisierte* [Hervorhebung
der Autorin] Mensch ist das Haus gewohnt. Sein Haus ist ein
Gefängnis.

HENRY DAVID THOREAU
Journal, 26. April 1841

Unsere Eltern verteilten alle Aufgaben möglichst gleichmäßig
auf uns Geschwister, und zu Weihnachten erhielten wir alle
Geschenke von etwa gleichem Wert. Ich bekam meist Spielfi-
guren oder ein Springseil; meine Brüder erhielten Murmeln oder
ähnliches. Es gab auch Obst und Süßigkeiten, aber das war

eigentlich schon alles. Dennoch war dies für uns immer eine freudige Zeit, und das wenige Spielzeug, das wir besaßen, regte unsere Phantasie um so mehr an. In jenen Tagen hatten wir nicht immer einen Christbaum, doch gab es jedes Jahr ein Weihnachtsessen für die ganze Familie. An manchen Weihnachtsfesten gingen wir ins Freie und schossen mit Gewehren in die Luft. In der Cherokee-Sprache heißt Weihnachten soviel wie »der Tag, an dem sie schießen«, was auf unseren alten Brauch verweist, den Tag von Christi Geburt mit Gewehrschüssen zu begrüßen.

Außer mit Spielen wie Halma, das mein Vater für uns aus Sperrholz gebastelt hatte, vertrieb ich mir als Kind die Zeit oft mit Lesen. Soweit ich mich erinnern kann, gab es bei uns zu Hause immer Bücher – viele Bücher. Auch heute noch lesen die meisten meiner Geschwister lieber als daß sie fernsehen. Obwohl keines von uns Kindern nach dem Umzug nach Kalifornien mit besonderer Begeisterung zur Schule ging, entwickelten wir schon in frühen Jahren ein Interesse für Literatur. Diese Liebe zu Büchern wurzelte in der traditionellen Leidenschaft der Cherokee fürs Geschichtenerzählen. Sie war uns jedoch auch von unseren Eltern, insbesondere von meinem Vater mitgegeben worden. Er war, vor allem in Anbetracht seines Herkunftsmilieus und der Zeit, in der er lebte, ein sehr belesener Mann.

Aus Büchern und aus Erzählungen älterer Stammesangehöriger erfuhr ich nach und nach mehr über die Geschichte der Cherokee. Es ist eine bittersüße Geschichte, eine Geschichte von Menschen, die mit außerordentlicher Zähigkeit versuchten, als kulturell eigenständige Gruppe zu überleben. Immer wieder wurden wir als *vanishing Americans*, als »im Verschwinden begriffene Amerikaner« bezeichnet oder als Relikte einer fernen Vergangenheit betrachtet. Dennoch haben wir – wenn wir auch Schaden genommen haben – nicht nur überlebt, sondern uns auch genug von unserer Kultur und Tradition bewahrt, um alle Kämpfe der Vergangenheit und der Zukunft zu bestehen.

4.
DIE VORGESCHICHTE DER VERTREIBUNG

Lange bevor die Cherokee 1838 aus ihrer Heimat vertrieben wurden, hörten die Leute aus Valley River und Hiwassee die Stimmen unsichtbarer Geister. Sie warnten die Cherokee vor Kriegen und Katastrophen, die ihnen in der Zukunft drohten, und forderten sie auf, zu den Nuññehi, den Unsterblichen, zu kommen und bei ihnen unter den Bergen und dem Wasser zu leben. Tagelang schwebten die Stimmen in der Luft, und die Menschen hörten ihnen aufmerksam zu, bis sie die Geister sagen hörten: »Wenn ihr bei uns leben wollt, dann kommt zu euren Versammlungshäusern und fastet dort sieben Tage lang, und keiner darf während dieser Zeit laut rufen oder einen Kriegsschrei von sich geben. Wenn ihr das tut, werden wir kommen, und ihr werdet uns sehen, und wir werden euch zu uns nehmen.«

Die Menschen fürchteten sich vor dem kommenden Unheil, und sie wußten auch, daß die Unsterblichen der Berge und des Wassers in ewiger Glückseligkeit lebten. Daher beschlossen sie, mit ihnen zu gehen. Die Leute aus Valley River fasteten sechs Tage lang. Am siebten Tag hörten sie ein fernes Grollen aus den Bergen, das immer näher kam und lauter wurde. Schließlich waren die Versammlungshäuser vom Donner umgeben, und die Menschen spürten, wie der Boden unter ihnen erzitterte. Sie hatten große Angst, und einige von ihnen schrien trotz der Warnung der Geisterstimmen auf. Die Nuññehi, die das Versammlungshaus bereits mitsamt dem Hügel, auf dem es stand, in die Höhe gehoben hatten, um es fortzutragen, wurden durch die Schreie erschreckt und ließen einen Teil des Hauses wieder fallen. Wo dieser zu Boden fiel, befindet sich heute der Hügel von Setsi. Die Unsterblichen faßten sich aber wieder und trugen den restlichen Teil des Hauses mit all den Menschen, die sich darin befanden, zum Gipfel von Tsudayelunyi (Lone Peak), nahe dem Vorgebirge von Cheowa. Dort versteinerte es zu hartem Fels und ist immer noch zu sehen; die Menschen aber wurden unsichtbar und unsterblich.

Die Einwohner der anderen Stadt, Hiwassee, die an jenem Ort lag, wo der Shooting Creek mündet und den wir heute Dustayalunyi nennen, beteten und fasteten ebenfalls. Nach sieben Tagen kamen die Nuññehi und nahmen sie mit unter das Wasser. Dort sind sie bis heute geblieben, und an warmen Sommertagen, wenn der Wind die Wasseroberfläche kräuselt, kann derjenige, der genau hinhört, sie miteinander sprechen hören. Wenn die Cherokee auf dem Fluß fischen, bleibt das Schleppnetz an der betreffenden Stelle immer hängen, obwohl das Wasser dort tief ist. Die Menschen wissen, daß es von ihren verlorenen Stammesangehörigen festgehalten wird, die verhindern wollen, daß man sie vergißt.

Als die Cherokee mit Gewalt nach Westen vertrieben wurden, bestand für diejenigen, die am Hiwassee River und am Valley River lebten, der schmerzlichste Schlag darin, daß sie für immer ihre Verwandten zurücklassen mußten, die zu den Nuññehi gegangen waren.

Auf dem Tennessee gibt es bei Kingston, 22 Kilometer flußabwärts von Loudon, einen Ort, den die Cherokee Gusti nennen, wo sich vor langer Zeit einmal eine Siedlung befand. Als sich deren Bewohner einmal eines Nachts im Versammlungshaus eingefunden hatten, um einen Tanz zu zelebrieren, brach die Uferböschung ein und riß alle Anwesenden mit in den Fluß. Kanufahrer, die an dieser Stelle im Fluß vorbeikommen, können das – zu Stein gewordene – runde Dach des Versammlungshauses sehen und hören manchmal den Klang von Trommeln und Tänzen. Sie versäumen es niemals, Essen ins Wasser zu werfen, um sicher passieren zu können.

Im Winter 1838/39 starben Tausende von Angehörigen meines Volkes bei der Zwangsumsiedlung aus der Heimatregion der

Cherokee im Südosten der USA in jene Gegend, die heute zum nordöstlichen Oklahoma gehört. Auch einige meiner Vorfahren kamen damals in dieses Gebiet, und auch ich lebe heute hier. Den Weg, auf dem unser Stamm von den amerikanischen Bundessoldaten nach Westen getrieben wurde, nannten die Cherokee *Nunna daul Tsunyi*, was wörtlich übersetzt »der Weg, auf dem sie weinten« bedeutet. Im Englischen wurde er als *Trail of Tears* – »Weg der Tränen« – bekannt.

Im März 1839 trafen die letzten Cherokee in diesem Gebiet ein. 1989 gedachte unser Stamm des 150. Jahrestages dieser Vertreibung. Bevor wir entschieden, dieses historische Datum in Erinnerung zu rufen, diskutierten und zögerten wir lange Zeit, denn bis heute stellt die Umsiedlung für die Cherokee ein schmerzliches und heikles Thema dar. Den Ausschlag für unsere Entscheidung gab letztlich das Vorhaben einer Gruppe von Güterzugenthusiasten (die keinerlei Verbindung zu unserem Stamm hatten), noch einmal den »Weg der Tränen« nachzufahren. Dadurch entstand ein völlig falsches Bild von dieser Vertreibungsaktion, das wir berichtigen mußten: Die meisten Angehörigen unseres Volkes hatten die Strecke nicht in Güterzügen zurückgelegt; lediglich alte Menschen und kleine Kinder wurden auf diese Weise transportiert. Die meisten Cherokee mußten zu Fuß gehen oder wurden auf Booten zusammengepfercht; manche legten den Weg sogar in Ketten zurück; Tausende kamen um oder blieben körperlich, geistig und seelisch für ihr Leben gezeichnet.

Dies war keine gutgemeinte Umsiedlung, sondern ein schändliches Unrecht, dessen schlimmste Folge der dauerhafte Verlust von stammeseigenem Wissen und Traditionen war. Als wir 150 Jahre später dieses unrühmlichen Ereignisses gedachten, bestand also überhaupt kein Anlaß zum Feiern. Niemand dieser Menschen, die an diesem Tag zusammengekommen waren, um der Leiden ihrer Vorfahren zu gedenken, lächelte oder sah irgendeinen Grund zur Freude. Es war ein Moment des Erinnerns, ein Augenblick tiefer Bewegung. Wir betrachteten die Umsiedlung als etwas, das unserem Stamm zugefügt worden war, als eine Tragödie. Sie bereitete uns einen Schmerz, der niemals zu vergehen schien.

Eine noch größere historische Bedeutung als diese Gedenkveranstaltung in Tahlequah hatte aber meines Erachtens ein anderes Ereignis, das fünf Jahre früher stattgefunden hatte.

Ich meine damit eine Zusammenkunft zwischen der Cherokee Nation von Oklahoma und der Eastern Band of Cherokee, der »Östlichen Cherokee-Gruppe«, die 1984 in Red Clay in Tennessee abgehalten wurde. Bei der Zwangsumsiedlung in den Jahren 1838/39 waren einige hundert Cherokee den Bundessoldaten entkommen. Sie flüchteten in die Berge und versteckten sich. Diese Angehörigen unseres Stammes wurden zum Kern der »Östlichen Cherokee-Gruppe«, die heute im Qualla-Reservat in North Carolina lebt. Red Clay war das erste Treffen beider Teile unseres Volkes seit der Umsiedlung. Als ich in den Kreis trat, in dem vor so langer Zeit die Ratsversammlungen der Cherokee abgehalten worden waren, konnte ich den Zorn und die Erregung meiner Vorfahren spüren, die hier zusammengekommen waren, um zu beratschlagen, ob sie bis zum Tod um das Recht kämpfen sollten, in ihrer angestammten Heimat zu bleiben, oder der Umsiedlung durch die amerikanische Bundesregierung zustimmen sollten.

Neben den offiziellen Ratstreffen bei Red Clay, wo ich zusammen mit anderen den Vorsitz führte, fanden auch beeindruckende zeremonielle Veranstaltungen statt. Zu den interessantesten gehörte ein *stickball*-Spiel. Es heißt, daß dieses Spiel in alter Zeit manchmal zur Regelung von Streitigkeiten mit anderen Stämmen diente und dadurch ein Krieg vermieden werden konnte. Es existieren verschiedene Varianten des Spiels, aber alle werden auf einem Stück freien Feld ausgetragen. Die Spieler sind mit zwei Fuß langen Stöcken ausgerüstet, die an einem Ende gebogen und mit Rohleder eingefaßt sind, so daß sie wie eine Art Schläger aussehen. Der kleine harte Ball ist ebenfalls mit Rohleder überzogen. Manchmal dient ein Pfahl, an dessen Spitze ein

Fisch oder ein anderes Symbol angebracht ist, als »Tor«. Ziel des Spieles ist es, Punkte zu machen, indem man den Ball mit Hilfe des Ballstocks fängt, ihn dann gegen den Pfahl schleudert und dabei möglichst das Symbol an der Spitze trifft.

Gleich, in welcher Variante, *stickball* ist ein hartes Spiel mit nur wenigen Regeln. Es kann sehr gefährlich werden, wenn die Spieler ihre Ballstöcke durch die Luft schwingen. Bei dem Match in Red Clay stand eine Ambulanz bereit, für den Fall, daß einer der Spieler verletzt werden würde. Ich fand *stickball* dennoch immer sehr spannend, und es gehört zu den wenigen Mannschaftsspielen, an denen ich wirklich Freude hatte. An den Spielen, die heute auf den Kultplätzen in Oklahoma stattfinden, nehmen Männer und Frauen teil, die getrennt gegeneinander antreten. Sogar über siebzigjährige Frauen wagen sich auf das Spielfeld. Die Männer tragen Ballstöcke, während die Frauen ihre Hände benutzen. Manche sagen, die Frauen dürften keine Stöcke verwenden, weil sie so viel Groll gegenüber den Männern hegten, daß sie die Stöcke als Waffe einsetzen würden, um die Männer zu bestrafen.

Eine andere symbolträchtige Zeremonie, die bei Red Clay stattfand, war die Entzündung einer ewigen Flamme durch die beiden Cherokee-Gruppen: Einige Tage zuvor waren in der Ortschaft Cherokee in North Carolina einige Läufer, die zur Eastern Band gehörten, mit brennenden Fackeln aufgebrochen und hatten diese über eine 240 Kilometer lange, bergige Wegstrecke nach Oklahoma getragen. Ich werde niemals den Anblick der jungen Männer und Frauen vergessen, die, die Fackel hoch über den Kopf haltend, auf dem Kultplatz von Red Clay einliefen, um unsere Wiedervereinigung zu feiern. Tausende von Menschen hießen sie willkommen und beglückwünschten unser Volk.

Das Treffen bei Red Clay markierte den Beginn regelmäßiger Zusammenkünfte der beiden Cherokee-Räte, bei denen über Angelegenheiten diskutiert und entschieden wird, die alle Angehörigen des Stammes betreffen. Wir erhielten dadurch auch Gelegenheit, unsere Geschichte einer breiteren Öffentlichkeit bekanntzumachen, denn den weißen Amerikanern stehen nur wenige genaue Informationen über die Indianer zur Verfügung.

Sogar in Oklahoma – einem Bundesstaat mit einem sehr hohen indianischen Bevölkerungsanteil – haben viele Menschen die Vorstellung, daß die Geschichte des Staates mit der Landnahme durch die Siedler im Jahre 1889 begann. Dies ist aber eine »weiße« Perspektive. Unser Volk lebte damals schon seit mehreren Generationen in Oklahoma, und lange davor waren andere indianische Völker dort beheimatet. Wir waren die ersten, die diese Region zu einem gastlichen Ort machten. Obwohl wir uns immer wieder auf das Positive besinnen müssen – unsere Zähigkeit, unsere Sprache und Kultur, die Wiederbelebung der Stammesgemeinschaften –, dürfen wir niemals vergessen, was unserem Volk mit dem »Weg der Tränen« angetan wurde.

Was mit Übereinkünften zwischen gleichberechtigten Völkern begann, entwickelte sich im Laufe der Zeit zu Landaneignung, Landzuweisung, Assimilierung, Stammesumstrukturierung, Stammesauflösung und, so meinen manche, zu vorsätzlichen Versuchen, mit den Indianern das zu machen, was Hitler mit den Juden tat.

Robert Henry,
ehemaliger Justizminister von Oklahoma,
Oklahoma Today, Mai-Juni 1992

Um wirklich zu verstehen, wie es zum »Weg der Tränen« kommen konnte, was die von der amerikanischen Regierung praktizierte Politik der Indianerumsiedlung eigentlich bedeutete, müssen wir noch viel weiter in die Vergangenheit zurückgehen. Die Saat des Bösen war ausgebracht worden, viele Jahre bevor die Regierungssoldaten unser Volk aus seiner Heimat vertrieben. Alles begann in dem Moment, als Christoph Columbus den Fuß an die Küste von San Salvador setzte, und die Saat – fruchtbar gemacht durch vielfachen Verrat und gebrochene Versprechen – ging auf, als die schwer gerüsteten Konquistadoren auf dem

Kontinent vordrangen. Haß und Ungerechtigkeit beherrschten die frühe Phase der Kolonisierung und die Zeit nach 1700.

In das Jahr 1754 fällt eine entscheidende Phase unserer Geschichte, denn in diesem Jahr brach der sogenannte »French and Indian War« aus, der letzte von vier Kolonialkriegen, in denen Frankreich und England um die Herrschaft über Nordamerika kämpften. Unser Stamm stellte sich nach einigem Zögern auf die Seite der Briten, obwohl manche Cherokee-Siedlungen sich auch mit den Franzosen verbündeten. Es scheint, daß unser Volk die Franzosen den Engländern menschlich vorzog, doch unterhielten wir zu England bessere Handelsbeziehungen, und schließlich hatten auch englische Händler in unseren Stamm eingeheiratet.

Nach der Unterzeichnung des Vertrags von Paris im Jahre 1763, der dem Krieg ein Ende setzte, stellte Frankreich für Großbritannien keine ernstzunehmende Bedrohung mehr dar. Die Engländer bemühten sich nun, mehr Verträge mit den Cherokee und anderen Indianerstämmen zu schließen. Meistens wurden darin Landabtretungen vereinbart, wie zum Beispiel im Abkommen von 1775, durch das die Engländer fast das gesamte Gebiet des heutigen Kentucky von den Cherokee erhielten.

Dennoch war es verständlich, daß sich unser Volk während des Amerikanischen Bürgerkriegs auf die Seite der Briten stellte. Für unsere Stammesoberhäupter war offensichtlich, daß die Kolonien zu expandieren versuchten, während England diesen Bestrebungen der Siedler Einhalt gebieten wollte. In diesem zentralen Punkt deckten sich die britischen Interessen mit denen der Cherokee. Zudem waren die meisten konzessionierten britischen Händler, die unter unserem Volk lebten und mischblütige Familien gegründet hatten, Loyalisten oder Tories.

Die Cherokee nahmen am Unabhängigkeitskrieg teil und griffen im Juni 1776 zusammen mit den Briten Charleston in South Carolina an. Die Einwohner der Stadt setzten sich jedoch erfolgreich zur Wehr, und von diesem Zeitpunkt an war der Amerikanische Unabhängigkeitskrieg – zumindest aus Sicht der Cherokee – ein heftiger Kampf zwischen den Amerikanern und unserem Stamm. Die einzige Unterstützung von englischer Seite boten offenbar die Händler, die unter unserem Volk lebten. Innerhalb eines knappen Jahres wurden über fünfzig Cherokee-Siedlungen angegriffen und verwüstet. Ernten und Vorräte wurden zerstört; Hunderte von Kriegern fielen im Kampf. Am 20. Mai 1777 unterzeichneten unsere Stammesoberhäupter ihren ersten Vertrag mit den weißen Amerikanern. Durch dieses Abkommen gaben wir alles uns noch verbliebene Land in South Carolina auf, und zwei Monate später wurde ein zweiter Vertrag aufgesetzt, der weitere Gebietsabtretungen vorsah.

Aber nicht alle Angehörigen unseres Volkes waren mit diesen frühen Verträgen einverstanden. Mehrere hundert Krieger und ihre Familien, zu denen auch einige britische Tories und mischblütige Cherokee gehörten, zogen unter der Führung von Tsiyugunsi-ni oder »Er-zieht-Kanu« (meist »Zieht-Kanu« oder manchmal auch fälschlich »Otternheber« genannt) in den äußersten Westen der Region und gründeten fünf neue Siedlungen. Ihnen schlossen sich einige Creek und Shawnee an. Jene abtrünnigen Cherokee wurden unter dem Namen »Chickamaugan« bekannt, weil sie sich entlang dem Chickamauga Creek angesiedelt hatten. Sie weigerten sich, die Verträge mit den Amerikanern anzuerkennen und hielten an dem Bündnis mit Großbritannien fest. Obwohl der Amerikanische Unabhängigkeitskrieg offiziell mit der Unterzeichnung des Vertrags von Paris im Jahre 1782 endete, kämpften die Chickamaugan bis 1794 weiter gegen die Amerikaner.

Bald nach Gründung der Vereinigten Staaten von Amerika wurde deutlich, daß die Saat des Hasses, die vor so vielen Jahren ausgebracht worden war, nun bittere Früchte trug. 1785, nur wenige Jahre, nachdem ein Großteil der Cherokee mit den aufständischen Amerikanern Frieden geschlossen hatte, wurde in Hopewell in South Carolina der erste Vertrag zwischen den Cherokee und der neu geschaffenen Regierung der Vereinigten Staaten unterzeichnet. Dieses als »Friedens- und Freundschaftsvertrag« bekannte Abkommen forderte Regelungen für den

Handel und unterstellte die Cherokee dem Schutz der Vereinigten Staaten und »keines anderen Souveräns«. Bald aber wurden, was kaum überraschen konnte, die Bestimmungen des Abkommens aufgehoben. In den Vertrag nicht mit einbezogen war nämlich ein Stück Cherokee-Land, auf das weiße Siedler aus North Carolina und Georgia Anspruch erhoben. Daraus folgte ein Konflikt zwischen zwei Bundesstaaten, bei dem die Cherokee zwischen den Fronten standen. »Geregelt« wurde dieser Streit erst durch den »Weg der Tränen«. Allmählich begriff unser Volk, daß das einzige konstante Element in dem Wirrwarr von Verträgen zwischen den Cherokee und den Vereinigten Staaten darin bestand, daß unser Stamm immer mehr Land verlor und die Vereinigten Staaten die Abkommen nur respektierten, wenn ihnen dies Vorteile einbrachte.

Die Politik der jungen amerikanischen Regierung gegenüber den Indianern – wozu Genozid, Diebstahl und brutale Unterdrückung gehörten – erreichte 1830 mit Präsident Andrew Jackson ihre schwärzeste Phase. Mehr als jedes andere Staatsoberhaupt setzte Jackson die Zwangsumsiedlung als Mittel ein, um die östlichen Stämme von ihrem Land zu vertreiben. Aber schon seit der Geburt der USA hatte die neue Nation eine gnadenlose Vernichtungs- und Umsiedlungsstrategie verfolgt, und bereits während der Amtszeit Thomas Jeffersons war für die Führer der Indianer unübersehbar, daß jede Hoffnung auf eine Autonomie ihrer Stämme ebenso vergeblich war wie das Streben nach einem friedlichen Zusammenleben mit den weißen Bürgern.

Obwohl einige Indianerführer, darunter auch mancher Cherokee, sich darüber hinweggetäuscht haben mochten, waren die sprichwörtlichen Würfel gefallen. Das, was in Bewegung geraten war, konnte nicht mehr aufgehalten werden; jeder Widerstand wäre einem Kampf gegen Windmühlen gleichgekommen. Die meisten Häuptlinge waren nicht so naiv zu glauben, daß die bevorstehende Umsiedlung auf irgendeine Weise hätte verhindert werden können.

Es mag ironisch erscheinen, daß Jefferson – eine geniale Persönlichkeit und glanzvolle Führergestalt, der oft als Mann von hoher Gesinnung und ernsthaften Überzeugungen beschrieben wird, ein Intellektueller, der dem Liberalismus verpflichtet war und mit der Verfassung der Unabhängigkeitserklärung im Jahre 1776 an der Schöpfung der amerikanischen Demokratie mitwirkte – einen Plan zur Umsiedlung aller östlich des Mississippi beheimateten Indianer ersinnen konnte. Mir und anderen Stammesoberhäuptern erscheint dies jedoch nicht verwunderlich. Höchst ehrenhafte Liberale, die an die Doktrin der *Manifest Destiny** glaubten und sich fragten, ob die Indianer Menschen seien und eine Seele hätten, gab es in Jeffersons Tagen zuhauf und sind leider immer noch in großer Zahl anzutreffen. Anders als heutige Stereotype glauben machen, kauen Rassisten nicht immer Tabak und fahren Pick-ups mit Gewehrständern. Sie tragen Seidenhemden, behandeln Frauen als ihren Besitz, und wenn sie über Menschenrechte sprechen, dann auf Cocktailparties, fern von den Vierteln, in denen die Farbigen leben. Die Männer auf den Pick-ups können also mit ebenso großer Wahrscheinlichkeit warmherzige, fürsorgliche Menschen sein wie die hochgesonnenen Liberalen Rassisten.

Als Kind lernte ich in der Schule, daß Jefferson als einer der beredsten Streiter des Landes für Gleichheit und Menschenrechte galt. Doch darf man nicht vergessen, daß in den fünfziger und sechziger Jahren in den Schulen immer noch keine Rede davon war, daß die Indianer, die Amerikaner afrikanischer und asiatischer Herkunft und die Hispanics Opfer einer heimtückischen geistigen Tyrannei waren, die die amerikanische und die europäische Kultur jahrhundertelang auszeichnete.

Später, als Erwachsene, erfuhr ich, daß Jefferson auch einer der energischsten Befürworter der Expansion nach Westen war. Ich entdeckte außerdem, daß dieser Staatsmann, der gegen eine

* A.d.Ü.: *Manifest Destiny* – »offenkundige Bestimmung«; im 19. Jahrhundert formulierte Theorie, die auf den Journalisten John L. O'Sullivan zurückgeht und derzufolge Gott die Vereinigten Staaten zur Führungsmacht über Amerika und, wie es später hieß, über die ganze Welt auserkoren habe.

Ausweitung der Sklaverei auf die Gebiete an der »Indianergrenze« eintrat, der schrieb, daß »alle Menschen von Geburt aus gleich« seien, eine große Zahl von Sklaven besaß. Er zeugte sogar mehrere Kinder mit einer Sklavin, mit der er viele Jahre lang ein Verhältnis hatte.

Heutige Historiker sprechen von »Präsentismus«, wenn Normen der Gegenwart zur Beurteilung der Vergangenheit verwandt werden. Manche Kritiker meinen, es sei unangemessen, auf die Schwächen historischer Führungsgestalten wie Thomas Jefferson oder Andrew Jackson hinzuweisen, ohne die historischen Gegebenheiten ihrer Zeit zu berücksichtigen. Wenn ich mir den großen Einfluß vergegenwärtige, den diese Männer auf die Geschichte meines Volkes hatten, kann ich nicht mehr so objektiv sein. Die Berichte über Jacksons brutales Vorgehen gegen die Indianer sind weithin bekannt und gut belegt. Und was Jefferson betrifft, so scheint die Zwiespältigkeit seines Vermächtnisses, die sich in seinen Worten und Taten dokumentiert, typisch für die Widersprüche der Indianerpolitik in den USA.

1776 schrieb Jefferson einige Gedanken über den Kampf gegen die Indianer nieder: »Ich bedauere zu hören, daß die Indianer Krieg angefangen haben«, so lesen wir. »Am besten kann man diese Schufte kleinkriegen, wenn man den Krieg bis tief in ihr Land hineinträgt. Aber damit würde ich mich noch nicht begnügen. Ich würde sie so lange verfolgen, wie einer von ihnen sich noch diesseits des Mississippi befindet... [Die Indianer] sind nutzlose, kostspielige, unbotmäßige Verbündete.« Ein Jahrzehnt später vertrat Jefferson offenbar den gegenteiligen Standpunkt, als er schrieb, »...daß den Indianern niemals ohne ihre Zustimmung ein Fuß Land fortgenommen werden...« würde.

Dieser öffentlich vollzogene Meinungswandel ist für viele Menschen immer noch verblüffend. Jefferson, jene amerikanische Ikone, die zur zentralen geistigen und politischen Triebkraft von der Zeit des Unabhängigkeitskrieges bis zu den zwanziger Jahren des 19. Jahrhunderts werden sollte, galt als Personifizierung von Weitblick, Tugend, Gelehrsamkeit und Charakterfe-

91

stigkeit. Er stellte die Quintessenz dessen dar, was man als Südstaaten-Gentleman bezeichnete – ein *weißer* Südstaaten-Gentleman, versteht sich.

Im frühen 19. Jahrhundert bezogen die meisten Männer im Norden und Süden der USA das Konzept der »Gleichheit« ausschließlich auf weiße Männer. Frauen oder Farbige, ganz zu schweigen von Indianern, waren darin nicht eingeschlossen. Sogenannte Modernisten ihrer Zeit, wie zum Beispiel Thomas Jefferson, betrachteten die Natur als etwas, das es zu erobern galt und hielten die Indianer für eine unterschiedslose Masse, die »zivilisiert« werden mußte. Die Gentlemen der weißen, herrschenden Klasse hatten eine paternalistische Haltung gegenüber Schwarzen, Frauen, einfachen Bürgern und vor allem Indianern. Jean-Jacques Rousseau, der französische Moralist und politische Theoretiker des 18. Jahrhunderts, der niemals einen Indianer zu Gesicht bekam, bezeichnete die amerikanischen Ureinwohner gönnerhaft als »edle Wilde«. Obwohl viele Amerikaner meinten, daß die europäischen Intellektuellen eine romantisierende Sicht der Indianer hatten, teilten Jefferson und die gebildeten Südstaaten-Gentlemen seines Kreises zweifellos Rousseaus Auffassung.

In Präsident Jefferson, dessen Amtszeit von 1801 bis 1809 dauerte, fand die im späten 18. Jahrhundert eingeleitete Indianerpolitik ihren rationalsten und überzeugendsten Vertreter, der gleichzeitig ihre katastrophalen Schwächen offenbar werden ließ. Er sah die Indianer weitgehend mit den Augen der Philosophen des 18. Jahrhunderts. So bemerkte er schon 1785, daß »...die Beweise für die geistigen Fähigkeiten der nordamerikanischen Indianer sie auf eine Ebene mit Weißen stellen, die sich in demselben unkultivierten Zustand befinden... Ich halte den Indianer dem weißen Manne körperlich und geistig für ebenbürtig.« Und doch glaubte Jefferson, daß es im ureigenen Interesse der Indianer läge, die Kultur der Weißen zu übernehmen. Diese Auffassung äußerte er bei wiederholter Gelegenheit. Als Präsident plädierte er dafür, den Indianern die »Zivilisation« zu bringen. Er schrieb, daß »...die Menschheit es uns [den Weißen] zur Pflicht

macht, sie [die Indianer] den Ackerbau und häusliche Fertigkeiten zu lehren; sie zu jener Betätigung zu ermutigen, welche
allein es ihnen erlaubt, sich ihren Platz im Leben zu sichern, und
sie rechtzeitig auf jenen gesellschaftlichen Entwicklungsstand
vorzubereiten, der neben leiblichen Annehmlichkeiten eine geistige und moralische Verfeinerung beschert.«

Um dieses Ziel zu erreichen, drängte Jefferson alle indianischen Männer, Ackerbau zu treiben, und die indianischen Frau-
en, sich im Weben und Spinnen zu üben. Er befürwortete sogar
Ehen zwischen Weißen und Indianern als letztendliche Lösung
für das »Indianerproblem«. Die Assimilierung, so argumentierte
er, sei der einzig moralische Weg, den man einschlagen könne.

Bezeichnet man die Übernahme oder Nachahmung der Sitten
und Gebräuche des weißen Mannes als Zivilisation, dann sind
es möglicherweise die Cherokee, die die größten Fortschritte
gemacht haben.

WILLIAM BARTRAM, 1789

So machte Jefferson 1809 gegenüber einer Indianerdelegation,
die bei ihm vorstellig geworden war, eine kühne Prophezeiung:
»Ihr werdet Euch mit uns vereinigen und an unseren großen
Ratssitzungen teilnehmen und ein Volk bilden, und wir werden
alle Amerikaner sein. Ihr werdet Euch durch Heirat mit uns
vermischen. Euer Blut wird in unseren Adern fließen und sich
mit uns über dieses große Land verbreiten.« Damals wiesen
solche Worte Jefferson unzweifelhaft als großen Liberalen aus;
heute ist offensichtlich, daß aus ihnen ein Paternalismus spricht,
der den kulturellen Genozid der Indianer förderte.

Ihr sagt zum Beispiel: »Warum bestellen die Indianer nicht
den Boden und leben so wie wir?« Können wir nicht mit
gleichem Recht fragen: »Warum jagen und leben die Weißen
nicht so wie wir?«

OLD TASSEL, *ein Cherokee*

93

Und tatsächlich erwies sich Jeffersons Idee einer Vermischung und Assimilation als zutiefst problematisch. Zum Beispiel hatten er und seine Anhänger nicht begriffen, daß es für die Indianer unmöglich, wenn nicht absurd war, von einem Tag auf den anderen eine völlig neue Lebensweise anzunehmen. Ein weiteres Problem bestand darin, daß die Regierung und die meisten weißen Amerikaner die rasche Inbesitznahme von Land für weit wichtiger hielten als die »Zivilisierung« ihrer »roten Brüder und Schwestern«.

Für den einfachen Mann waren die Indianer im frühen 19. Jahrhundert keineswegs jene edlen Wesen, die Rousseau und andere europäische Philosophen verherrlicht hatten. Für die Weißen an der »Indianergrenze« verkörperten sie eine ständige unberechenbare Gefahr. Sie wurden zum Störfaktor, als Horden von Siedlern, die die »Wildnis bezwingen« und das Land »zivilisieren« wollten, nach Westen vordrangen. Die Weißen wollten sich alle Salzlecken, Goldvorkommen, alten Waldbestände, Flüsse und Ströme, saftigen Prairieweiden, Biberfelle und Büffelhäute aneignen; sie wollten das Land und alles, was es zu bieten hatte, *besitzen*. Nichts und niemand – vor allem nicht die »gottlosen Wilden« – sollte ihnen dabei im Wege stehen. Das sei, so argumentierten sie, das Recht des weißen Mannes, der Wille seines Gottes, seine Bestimmung.

Bei ihrem unaufhaltsamen Marsch durch den nordamerikanischen Kontinent hatten diese Siedler nicht das geringste Interesse, Indianerinnen zu heiraten oder mit Indianerstämmen Freundschaft zu schließen. Sie verlangten im Gegenteil von der Regierung, daß diese sie vor den Indianern schütze, die ihnen im Weg standen, als sie unaufhörlich in Scharen in das Mississippi-Tal und weiter vordrangen, immer auf der Suche nach noch mehr Land. Jefferson erkannte, daß sein politisches Überleben von der Unterstützung der Weißen an der »Indianergrenze« abhing, insbesondere der wahlberechtigten weißen Männer – und nicht etwa von meinen Cherokee-Vorfahren oder anderen Indianern, die keinerlei politisches Stimmrecht besaßen.

94

Obwohl er weiterhin über die Vereinigung von Weißen und Indianern sprach und schrieb, gab Jefferson die Hoffnung auf eine utopische Lösung des »Indianerproblems« im wesentlichen schon 1802 auf. Nachdem Frankreich 1800 das riesige Louisiana-Territorium erworben hatte, fürchtete er offenbar, daß das napoleonische Reich die Kontrolle über den Mississippi und das Land westlich davon zurückgewinnen könnte – Land, das er und andere patriotische weiße Amerikaner für die Expansionsbestrebungen der US-Bürger offenhalten wollten. Zweifellos aus diesem Grund drängte Jefferson William Henry Harrison, den Gouverneur des Indiana-Territoriums und späteren Präsidenten, die Indianer dazu zu bewegen, ihr Land so rasch wie möglich aufzugeben. Er schlug sogar vor, daß die mächtigeren Indianerhäuptlinge ermuntert werden sollten, ihre Stämme bei den regierungseigenen Handelshäusern zu verschulden, so daß sie ihre finanziellen Verpflichtungen durch Landabtretungen begleichen mußten.

Im Jahre 1803 schrieb Jefferson in einem Brief an Harrison: »Unser Vorhaben ist es, in beständigem Frieden mit den Indianern zu leben, eine herzliche Zuneigung zu ihnen zu pflegen durch alles Gerechte und Freiheitliche, was wir im Rahmen der Vernunft für sie tun können...« Und im gleichen Jahr lesen wir in einem an Andrew Jackson gerichteten Brief Jeffersons: »Ich selbst neige dazu, mit ehrenhaften und friedlichen Mitteln Land von den Indianern zu erwerben... Ich vertraue darauf und glaube, daß wir zu ihrem Besten handeln.«

Jeffersons Besorgnis über die Präsenz Frankreichs in Nordamerika zerstreuten sich, als die USA im Jahre 1803 für 15 Millionen Dollar den Louisiana-Purchase tätigten: Napoleon war nun, unter der Last seiner Feldzüge in Europa, bereit, das in französischem Besitz befindliche riesige Territorium zu verkaufen, das fast die gesamten Great Plains zwischen den Rocky Mountains und dem Mississippi umfaßte. Durch eine einzige Transaktion wurde das Staatsgebiet der USA zu einem Preis von 7 Cents pro Hektar praktisch verdoppelt. Das Geschäft machte der Bedrohung durch fremde Feinde auf amerikanischem Boden ein Ende und beschaffte genug Land für fünfzehn weitere Bundesstaaten. Eine weitere Expansion nach Westen war möglich geworden, und die Binnenwanderung weißer Siedler konnte sich nun über Generationen fortsetzen. Der Louisiana-Purchase war ein Akt von weitreichender Bedeutung.

Die Chance, daß die Indianer in Zukunft autonom und unbehelligt würden leben können, wurde noch geringer, als Jefferson entschied, daß es erforderlich sei, die Ausdehnung des neu erworbenen Territoriums zu erforschen. Er beauftragte seinen Nachbarn Meriwether Lewis und einen »Indianerkämpfer« namens William Clark, das riesige Gebiet zu erkunden und ihm darüber Bericht zu erstatten. Lewis' und Clarks Reise bis an den Pazifik sollte achtundzwanzig Monate dauern.

Vor ihrer Abreise sandte Jefferson eine Nachricht an Lewis, der gerade in St. Louis die Expedition ausrüstete. Der Brief enthielt Instruktionen, wie sich die beiden Reisenden gegenüber den Indianern, denen sie begegneten, verhalten sollten: »... so daß wir künftig ihre Väter und Freunde werden... Wir werden uns bemühen, sie so rasch wie möglich kennenzulernen, und [hoffen], daß sie uns als zuverlässige Freunde und Beschützer ansehen werden.« An anderer Stelle äußerte Jefferson, daß es für Indianer wie die Cherokee und andere Stämme im Südosten der USA vorteilhafter sei, wenn sie in das neu erworbene Territorium umgesiedelt würden. Das von ihnen abgetretene Land könne dann von weißen Siedlern übernommen werden.

Während der Indianer sich in Würde fortbewegte, nichts in Unordnung brachte und die Natur so beließ, wie er sie vorgefunden hatte, während er keine anderen Spuren hinterließ als einen Fußabdruck oder einen zerbrochenen Zweig, plünderte, verschwendete und brüllte der weiße Mann, erschreckte die Stille mit seinem lärmenden Lachen und seinen Flüchen.

JOHN JOSEPH MATTHEWS
Wah' Kon-Tah, 1932

Einige Cherokee hatten ihr Heimatgebiet im Südosten schon verlassen, lange bevor Jefferson seinen Plan zur Umsiedlung der Indianer offenbarte. Es läßt sich nicht mehr genau feststellen, wann die ersten Angehörigen unseres Volkes den Mississippi überquerten, doch laut unserer überlieferten Geschichte gab es, soweit die Erinnerung zurückreicht, bei uns schon immer Krieger und Jäger, die sich über den breiten Strom wagten.

Bereits im späten 18. Jahrhundert waren einige Cherokee nach Westen, in das Gebiet jenseits des Mississippi gezogen. Es waren Stammesangehörige, die nicht die Kultur der Weißen übernehmen und auch nicht als Farmer leben wollten. Die meisten von ihnen gehörten zu den standhaften Chickamaugan, die während des Unabhängigkeitskrieges auf seiten der Briten gekämpft hatten. Vom spanischen Gouverneur in New Orleans hatten sie die Erlaubnis erhalten, in den unberührten Jagdgründen in der Region des heutigen Arkansas zu siedeln, die sich damals in spanischem Besitz befand.

Bald schon folgten ihnen andere Angehörige unseres Stammes. 1794 verließ eine Gruppe von Cherokee aus dem heutigen Alabama ihr Siedlungsgebiet am Tennessee und ließ sich westlich des Mississippi nieder. Grund hierfür war eine Auseinandersetzung, die als »Muscle-Shoals-Massaker« bekannt wurde. Je nachdem, welcher Version der Geschichte man Glauben schenkt, handelte es sich um einen Streit zwischen den Cherokee und einer Gruppe weißer Bootsführer über ein mißglücktes Geschäft, der auf beiden Seiten Verletzte und Tote forderte.

Diese Gruppe von Cherokee wurde von einem Mann namens »the Bowl« (»die Schüssel«, was die wörtliche Übersetzung seines indianischen Namens Diwa-li ist) angeführt, der im Jahre 1756 geboren worden war. Zunächst verurteilten unsere Stammeshäuptlinge das Vorgehen dieser Kriegergruppe. Später wurde sie jedoch wieder rehabilitiert, was aber ohne Belang war, denn sie hatte ihr Herkunftsgebiet bereits seit längerer Zeit verlassen und beabsichtigte nicht zurückzukehren. »The Bowl« führte seine Leute in eine reizvolle Gegend im Tal des St. Francis

River im südöstlichen Missouri. Später folgten vereinzelt weitere Cherokee, und die Gruppe lebte dort bis zu einem Erdbeben im Dezember 1811, das als das schwerste in Amerika seit Menschengedenken gilt. So heftig waren die Erdstöße, daß der Mississippi mehrere Stunden lang nach Norden floß und die Erschütterungen in einem Umkreis von 777 000 Quadratkilometer spürbar waren. Aus Furcht vor neuen Naturkatastrophen und in der Überzeugung, daß ihr Land »dem Bann des Großen Geistes« unterlag, wie der Anthropologe James Mooney es später ausdrückte, zogen diese Cherokee weiter nach Westen.

Schließlich ließen sie sich im heutigen Arkansas nieder, zwischen dem White River und dem Arkansas River, und wurden später als Cherokee Nation West bezeichnet. In den Jahren 1819 und 1820 zog »the Bowl« mit sechzig Familien in ein Gebiet an den Flüssen Sabine und Neches in der mexikanischen Provinz Texas, welches ihnen von den spanischen Behörden versprochen worden war, aber die meisten Cherokee blieben in Arkansas. Diese Angehörigen unseres Stammes wurden als »Alte Siedler« bezeichnet.

Einige der Cherokee, die so früh ihre Heimat verlassen hatten, erhielten von der Regierung der USA die Zusage, daß sie als Gegenleistung für das aufgegebene Land im Osten in Zukunft unbehelligt auf dem neuen Territorium würden siedeln können. Im Vertrauen auf dieses Versprechen gründeten sie Städte, trieben Landwirtschaft und begannen ein neues Leben, fern von dem ihnen vertrauten politischen, gesellschaftlichen und wirtschaftlichen Gefüge. Doch sie mußten bald erkennen, daß die USA ihr Versprechen erneut brechen und auch in ihre neue Heimat eindringen würden. Verrat von seiten der amerikanischen Regierung war damals für die Cherokee nichts Neues mehr.

Die Unantastbarkeit ihrer [der Indianer] Rechte wird von allen denkenden Menschen in Amerika ebenso wie in Europa empfunden.

THOMAS JEFFERSON, 1786

TEIL II
AUFRUHR

5.

SCHWERE ZEITEN

Als die Cherokee 1721 die ersten Gebietsverkäufe an die Weißen tätigten, stieß dies bei einem Teil des Stammes auf erbitterten Widerstand. Wenn die Indianer bereit wären, auch nur einmal einen Teil ihres Landes abzutreten, so die Gegner der Verkäufe, dann würden sich die Weißen damit nicht zufriedengeben, sondern immer mehr verlangen, bis kein Land mehr für die Indianer übrigbliebe. Als sie aber erkannten, daß ihre Argumente bei der Mehrheit unseres Volkes kein Gehör fanden, beschlossen sie, ihre Heimat für immer zu verlassen und weit nach Westen zu ziehen, über den großen Fluß, wohin der weiße Mann ihnen niemals folgen könnte. Sie schenkten den Bitten ihrer Stammesgenossen, doch zu bleiben, keine Beachtung, und begannen sich auf den langen Marsch vorzubereiten. Die anderen Cherokee begriffen schließlich, daß sie ihre Stammesbrüder und -schwestern nicht zurückhalten konnten. Daraufhin bemühten sie sich nach Kräften, ihnen zu helfen, und stellten ihnen Packpferde zur Verfügung, die mit Brot, getrocknetem Fleisch und anderen Vorräten beladen waren.

Als alles bereit war, brachen die abwanderungswilligen Cherokee unter der Führung ihres Häuptlings auf. Sie wurden von einer Gruppe ausgewählter Krieger begleitet, die ihnen bei der Überquerung des Flusses helfen sollten. Bevor sie den Fluß erreichten, wurden jede Nacht Läufer zwischen beiden Parteien hin- und hergesandt, die Botschaften überbrachten, um beide Seiten zu informieren, wie der jeweils andere Teil des Stammes zurechtkam. Schließlich gelangten die Cherokee an den Mississippi und überquerten ihn mit Hilfe der Männer, die mit

ihnen gekommen waren. Diese kehrten dann wieder zum Stamm zu-
rück, während die anderen weiter nach Westen zogen. Es bestand nun
keinerlei Kontakt mehr zwischen beiden Gruppen; die Zurückgebliebe-
nen hörten nie mehr von den Abgewanderten. Bald geriet die Geschichte
von den verschwundenen Cherokee in Vergessenheit oder lebte nur in
alten Legenden fort.

Doch die Weißen drangen immer weiter in das Gebiet der Cherokee
vor, die ein Stück Land nach dem anderen verkauften. Mit der Zeit
begann sich das solchermaßen beraubte Volk nach Westen zu wenden,
um neue Siedlungsräume zu finden, und kleine Trupps von Jägern
erkundeten das Gebiet jenseits des Mississippi. Eines dieser Grüppchen
stieß nach Durchquerung der Prärien und Plains bis zum Fuß der
großen Berge – der Rocky Mountains – vor, und dort entdeckten die
Kundschafter einen Stamm, der die alte Sprache der Cherokee benutzte
und gemäß jener alten Traditionen lebte, die lange vor der Begegnung
mit dem weißen Mann und seinen Sitten Geltung hatten.

Als junges Mädchen erlebte ich meinen eigenen »Weg der Tränen«. Niemand bedrohte mich oder meine Familie mit einem
Gewehr; keine rohe Gewalt wurde angewendet. Gleichwohl versuchte die amerikanische Regierung mit Hilfe des *Bureau of Indian Affairs* das »Indianerproblem« wieder einmal durch Umsiedlung zu regeln. Durch diese schwere Prüfung lernte ich die
Angst und die Qualen kennen, die Menschen erleiden, wenn sie
ihr Haus, ihre Heimatstadt und alles, was ihnen vertraut ist,
verlassen müssen, um an einen fremden, weit entfernten Ort zu
ziehen. Ich weinte tagelang, fast wie jene Kinder, die vor so vielen
Jahren den »Weg der Tränen« entlanggestolpert waren. Meine
Tränen entsprangen meiner Geschichte, der Vergangenheit meines Stammes. Es waren Cherokee-Tränen.

Menschen, die nichts auf den Ausspruch geben, daß die Geschichte sich immer wiederholt, kennen zweifellos keine Cherokee. Obwohl die meisten Indianer in der Vergangenheit bittere
Lektionen lernen mußten, scheint es, daß wir dazu verdammt
sind, immer wieder einen der düstersten Momente der Geschich-

te unseres Stammes neu zu durchleben. Und meist spielen dabei Landbesitz und Eigentumsrechte eine zentrale Rolle.

Ein Volk ohne Geschichte ist wie der Wind im Büffelgras.

Sprichwort der Sioux

Seit unseren ersten Kontakten mit den Weißen haben auf deren Druck hin immer wieder große Teile unseres Volkes ihre Siedlungsorte verlassen. Die Vertreibung der Cherokee war mit den Strafmaßnahmen Andrew Jacksons und dem grausamen »Weg der Tränen« keineswegs abgeschlossen, denn auch in jüngerer Zeit finden sich bezeichnende Beispiele für die unglaubliche Willkür, mit der die amerikanische Regierung über die Geschicke unseres Volkes entschied.

1942, drei Jahre vor meiner Geburt, wurden die Cherokee ein weiteres Mal Opfer einer Umsiedlungsaktion, die zwar insgesamt nicht die verheerenden Auswirkungen der Tragödie von 1838/39 hatte, aber für die betroffenen Indianer eine persönliche Katastrophe darstellte. Anlaß für die Vertreibung war, daß die US-Armee im Zweiten Weltkrieg beschloß, Camp Gruber zu vergrößern, eine Militärbasis, die bei einem ausgedehnten Reservationsgebiet in der Nähe von Muskogee in Oklahoma lag. Zu diesem Zweck beschlagnahmte die Regierung achtzig Grundstücke in Cherokee-Besitz. Enteignet wurden unter anderem die Farmen von fünfundvierzig Cherokee-Familien, von denen sechzehn Viehzucht oder Subsistenzlandwirtschaft betrieben. Ihnen allen gewährte man nur fünfundvierzig Tage Zeit, um ihre Habe zu packen und ihre Häuser zu verlassen.

Die betroffenen Familien hatten niemanden, den sie um Hilfe bitten konnten, sahen keine Möglichkeit, Einspruch zu erheben. Obwohl der Fall gegenwärtig von einem Anwalt der Cherokee betreut wird, weigert sich die amerikanische Regierung trotz des eindeutigen Unrechts, das diesen Cherokee zugefügt wurde, angemessenen Schadensersatz zu leisten. Die zwangsumgesiedelten Familien erhielten keinerlei finanziellen Ausgleich für die

103

Wertsteigerung des von ihnen erschlossenen Landes und keine Hilfen für die Umsiedlung. Insgesamt verloren die Cherokee rund 13 000 Hektar Land. Während des Krieges wurden viele feindliche Soldaten nach Camp Gruber gebracht, eines der acht Kriegsgefangenenlager in Oklahoma. Ironischerweise wurden diese Männer, unter denen sich auch Angehörige des deutschen Afrikakorps befanden, weit besser behandelt als die Indianer, die ihre Häuser und Farmen verloren hatten. Es war offensichtlich, daß die Belange der amerikanischen Ureinwohner für die Bundesregierung immer noch einen sehr geringen Stellenwert besaßen.

In den fünfziger Jahren wurde ein Regierungsprogramm zur Lösung des damals noch so genannten »Indianerproblems« lanciert, dem sich auch meine Familie widerstandslos fügte. Das Programm war Teil einer heimtückischen Politik, die vom *Bureau of Indian Affairs* ersonnen worden war und in Wahrheit nichts anderes als einen erneuten, direkten Angriff auf die Rechte und die Stammesidentität der Indianer darstellte. Diese Politik erhielt einen Namen, der meist Todeslager, Schlachthäuser und Strafanstalten evoziert: Es war die Politik der *Termination**.

Letztendliches Ziel der Regierung war es, alle Reservate in den USA aufzulösen und die dort lebenden Indianer durch ein »Umsiedlungsprogramm« aus ihren Heimatgebieten fortzulocken. Auch meine Familie gehörte zur Hauptzielgruppe dieses Programms, obwohl wir nicht in einem Reservat lebten.

Architekt des wahnwitzigen Vorhabens war Dillon S. Myer, der in den frühen fünfziger Jahren das Amt des Regierungskommissars im *Bureau of Indian Affairs* (BIA) bekleidete. Ich glaube, die meisten Indianer würden heute erschauern, wenn sie auch nur einen flüchtigen Blick auf Myers zweifelhafte Beamtenkarriere werfen würden. Damals allerdings hatten sie keinen Einfluß auf seine Ernennung.

---

* A.d.Ü.: Nach dem *Termination Act* (»Beendigungs-Gesetz«) von 1953, welches bestimmte, daß alle Belange der verschiedenen Reservate in die Zuständigkeit der jeweiligen Bundesstaaten fielen; siehe auch »Begleitresolution 108« S. 109 f.

Die meisten Indianer sind immer noch primitiv.

DILLON S. MYER,
unveröffentlichte Autobiographie, 1970

Myer, ein klassisches Beispiel für einen lebenslangen Bürokraten, der wenig Achtung für Nicht-Weiße aufbrachte, wurde als Anerkennung für seine Tätigkeit als Direktor der *Japanese War Relocation Authority* (WRA), einer Behörde, die die Internierung japanischstämmiger amerikanischer Staatsbürger zu organisieren hatte, zum Leiter des BIA ernannt. Drei Jahre lang hatten Myer und seine Mitarbeiter in der WRA als eifrige Wächter über mehr als 120 000 Männer, Frauen und Kinder japanischer Abstammung gewirkt. Mindestens zwei Drittel der »Evakuierten«, wie die Regierung sie nannte, waren in den USA geboren worden. Sie waren unbescholtene Bürger der Vereinigten Staaten, die aus ihrer Heimat an der Westküste verschleppt und in den Baracken der WRA-Lager eingesperrt wurden, welche verstreut im Westen der USA lagen.

Die elf Internierungslager für amerikanische Bürger japanischer Abstammung, die man hastig in abgelegenen Landstrichen – zwei davon in Indianerreservaten in Arizona – errichtet hatte, waren mit Stacheldraht umzäumt. Einige der Lagerleiter waren ehemalige Reservataufseher des BIA; auf den Wachttürmen standen Militärpolizisten mit Maschinengewehren, die den Befehl hatten, jeden, der einen Fluchtversuch unternahm, zu erschießen. Im Grunde waren diese *War Relocation Centers* nichts anderes als Konzentrationslager.

Ich bin der aufrichtigen Überzeugung, Gentlemen, daß wir, wenn wir dieses Problem nicht dadurch regeln, daß wir diese Menschen während des Krieges so gut wir können absorbieren, nach dem Krieg möglicherweise etwas Ähnliches haben werden wie die Indianerreservate.

DILLON S. MYER,
Bericht an den Kongreß, 20. Januar 1943

Keiner der Inhaftierten war irgendeines Verbrechens angeklagt worden, und es lagen keine stichhaltigen Beweise für einen einzigen Fall von Spionage durch japanischstämmige Amerikaner während des Krieges vor. Doch in den Monaten nach dem japanischen Angriff auf Pearl Harbor reichte ihre bloße ethnische Abstammung aus, um ihre Loyalität zu den USA in Zweifel zu ziehen. Damit wurde diese Bevölkerungsgruppe zum Opfer kriegsbedingter Hysterie, Rassismus und Gier. Viele Historiker vertreten heute die Auffassung, daß die wiederholten Rechtsverletzungen, die diese Menschen erdulden mußten, zu den schlimmsten Verstößen gegen die Verfassung der USA zählen.

Die Internierungslager wurden 1945 aufgelöst, nachdem der Krieg durch die Bombardierung von Hiroshima und Nagasaki beendet worden war. Desillusioniert und erniedrigt kehrten viele Häftlinge in ihre Heimatorte zurück und mußten dort feststellen, daß ihre Farmen und ihr Besitz in die Hände von Bodenspekulanten gefallen waren. Einige fanden ihre Häuser mit haßerfüllten Parolen beschmiert vor wie *No Japs wanted* (»Japsen unerwünscht«).

1982 kam eine Bundeskommission zu dem Schluß, daß die Internierung ein Unrecht gewesen sei und nicht mit der Sorge um die nationale Sicherheit begründet werden könnte. Erst 1988 aber entschuldigte sich der Kongreß förmlich für die Lager. Er verabschiedete außerdem ein Gesetz, das ehemals internierten Personen das Recht auf Entschädigung garantierte, und 1992 trat ein Zusatzgesetz in Kraft, das eine Erhöhung der finanziellen Zuwendungen für die noch lebenden Anspruchsberechtigten vorsah.

Die Cherokee und andere Indianerstämme hätten erkennen können, daß all die »Wege der Tränen«, die unsere Vorfahren gegangen waren, weitgehend als Vorbild für die Internierung der japanischen Einwanderer und der japanischstämmigen Amerikaner in den vierziger Jahren dienten. Der Unterschied bestand darin, daß die Regierung in letzterem Fall Busse und Lastwagen einsetzte, so daß niemand zu einem Gewaltmarsch gezwungen wurde. Die ganze Operation war äußerst effizient organisiert; Andrew Jackson und die Indianerjäger Kit Carson und Phil Sheridan wären stolz auf Dillon Myer gewesen.

Myer wurde für den abscheulichen Dienst, den er während des Krieges leistete, sogar besonders geehrt. Um seine erfolgreiche Tätigkeit an der Spitze der *War Relocation Authority* zu würdigen, verlieh ihm Präsident Harry S. Truman 1946 eine renommierte nationale Auszeichnung, die *Medal of Merit*. Obendrein bot Truman Myer den Posten des Gouverneurs von Puerto Rico an, den dieser jedoch ablehnte. Statt dessen blieb er in Washington und bekleidete verschiedene Ämter auf Regierungsebene, bis er im Mai 1950 die Leitung des BIA übernahm, nachdem er dieses Angebot Trumans zunächst zweimal ausgeschlagen hatte. Meiner Meinung nach lag dieser Ernennung eine ganz einfache Überlegung zugrunde: Jemand, der das »Japanerproblem« in den Griff bekam, würde gewiß in der Lage sein, die Indianerfrage zu bewältigen, auch wenn es den meisten Zählungen zufolge viermal so viele Indianer gab wie japanischstämmige Amerikaner.

Nachdem Myer von Truman und Innenminister Oscar L. Chapman personalpolitisch freie Hand erhalten hatte, verfügte er die Entlassung vieler erfahrener BIA-Mitarbeiter, denen die Belange der Indianer am Herzen gelegen waren und die sich für unsere Landrechte und die Selbstverwaltung der Stämme eingesetzt hatten. Die reformfreudigen unter den BIA-Leuten warteten nicht auf ihre Entlassung, sondern reichten selbst ihre Kündigung ein. An ihre Stelle setzte Myer unter anderem seine Freunde vom WRA, bei denen es sich meist um karriereorientierte – ausnahmslos weiße – Regierungsbürokraten handelte, die nichts über die die Indianer betreffende Politik oder Gesetzgebung wußten, aber bewährte »Ja-Sager« waren.

Bald nach seiner Amtsübernahme kündigte Myer mehrere wichtige Veränderungen in der Politik des BIA an. Er erklärte, daß die Förderung der Subsistenzlandwirtschaft, die zur Zeit des New Deal unter Präsident Franklin D. Roosevelt zu den Grundpfeilern der Strategie des BIA gehört hatte, in der Nachkriegszeit nicht mehr tragbar sei. Jene Politik stammte noch aus der Zeit, als das BIA unter der Leitung von John Collier stand, einem engagierten Schützer der indianischen Kultur. Laut Myer sei die hohe Arbeitslosenquote in den Reservaten darauf zurückzuführen, daß 113 000 Indianer, die ihr Land während des Krieges verlassen hatten, dorthin zurückgekehrt seien. Diese Probleme würden nicht dadurch gelöst, so Myer, daß weiterhin Entwicklungsgelder in die Reservate flössen. Statt dessen ermunterten er und seine Mitarbeiter Zehntausende von jungen Indianern und ihre Familien, in die urbanen Ballungszentren und Industriegebiete zu ziehen.

Für Myer waren die Indianerreservate und -siedlungen kaum etwas anderes als die Gefangenenlager für die japanischstämmigen Amerikaner, die er während des Krieges verwaltet hatte. Er behandelte die Reservationsindianer, die er als »verschlagen« bezeichnete, fast wie die Insassen jener Internierungscamps. Aber obwohl ihm bewußt war, daß einige der Indianer in den Reservaten durchaus klug und listenreich waren, befürchtete er von ihrer Seite keine Sabotageakte. Er behauptete statt dessen, daß die indianischen Ureinwohner von den Fesseln der Stammesgemeinschaften, wo ihr Besitz von der Regierung vor raffgierigen Weißen geschützt wurde, befreit werden müßten. Myer war der Auffassung, daß der staatliche Gesundheitsdienst, die Schulen und andere Sonderrechte den Indianern nicht die Chance gäben, sich wie eigenverantwortliche Individuen zu verhalten. Es wäre daher besser für uns, so meinte er, wenn wir umgesiedelt und in die übrige Bevölkerung der USA »integriert« würden. Es bedeute für uns einen Fortschritt, wenn wir unsere alten Stammesgebiete verlassen und in die großen Städte ziehen würden, wo wir »wie Weiße« arbeiten könnten. Um die Indianer in die Gepflogenheiten des weißen Wirtschaftslebens einzuweihen, erschwerte Myer den Zugang zu den ohnehin schon sehr begrenzten Krediten aus dem Fonds des BIA und forderte sie auf, sich um Darlehen bei privaten Banken und Geldgebern zu bemühen.

1951 hatte Myer das, was er »Rückzugsplanung« nannte, zur zentralen Strategie erkoren. Als von indianischer Seite verschiedentlich Klagen über seine Entscheidungen laut wurden, wies Myer die Mitarbeiter seiner Behörde an, diese Politik auch bei fehlender Kooperation der Indianer fortzuführen.

Dwight Eisenhower, der 34. Präsident der USA, wurde 1953 Trumans Amtsnachfolger. Zwar hatte dies einen Führungswechsel an der Spitze des BIA zur Folge – Myer mußte seinen Hut nehmen –, doch änderte sich dadurch nichts am Vorgehen der Behörde. Die während der Truman-Ära konzipierte Politik der *Termination* und Umsiedlung wurde während der Regierungszeit Eisenhowers in die Tat umgesetzt.

Glenn L. Emmons, ein Bankier und Rancher aus Gallup in Neu-Mexiko, löste Myers ab. Der neue Regierungskommissar für Indianische Angelegenheiten unterschied sich in nichts von seinem Vorgänger. Er teilte auch dessen Auffassung, daß Probleme wie die Arbeitslosigkeit unter den Indianern sich am allerbesten lösen ließen, wenn die Bundesbehörden ihre Verantwortlichkeiten für diese Bevölkerungsgruppe abgäben und ein Großteil der in ländlichen Gebieten ansässigen Indianer in die Industrie- und Ballungszentren umgesiedelt würde. Dies, so Emmons, würde der Überfüllung der Reservate entgegenwirken und eine rasche Assimilierung aller Indianer fördern, die nicht in Reservaten lebten.

Am 1. August 1953 verabschiedete der 83. Kongreß der Vereinigten Staaten die Begleitresolution 108, die den Sonderstatus der Indianer aufhob. Das Gesetz bestimmte unter anderem: »Der Kongreß verfolgt das politische Ziel, die Indianer in den Vereinigten Staaten auf schnellstmöglichem Wege der gleichen Gesetzgebung zu unterstellen, die auch für alle anderen Bürger der Vereinigten Staaten Gültigkeit hat, und ihnen die gleichen Sonderrechte und Verantwortlichkeiten zu übertragen wie diesen, ihren Status als Mündel der Vereinigten Staaten zu beenden und ihnen alle mit der amerikanischen Staatsbürgerschaft verbundenen Rechte und Vorrechte zu gewähren.«

Ich kann dies ohne Zögern als eine der seit Jahren sinnvollsten und nützlichsten gesetzlichen Maßnahmen des Kongresses im Bereich der Indianischen Angelegenheiten bezeichnen.

REGIERUNGSKOMMISSAR GLENN L. EMMONS
Würdigung der Begleitresolution 108

Alsbald sorgte Senator Arthur V. Watkins aus Utah, der den Senatsunterausschuß für Indianische Angelegenheiten leitete und ein energischer Befürworter der Politik der *Termination* war, für die Verabschiedung weiterer Gesetze, die die Anwendung dieser Politik auf einzelne Stämme sicherstellten. Watkins bezeichnete die *Termination* als »das Programm für die Freiheit der Indianer«. Zwischen 1954 und 1962 wurden einundsechzig Stämme und indianische Gemeinwesen Opfer dieser Maßnahmen, die ihnen die Unterstützung und den Schutz der Bundesbehörden entzogen. Erst 1970 mißbilligte der Kongreß diese verachtenswerte Politik – zu spät für die meisten Stämme, die bereits nicht mehr als selbständige Gemeinwesen existierten. Einige Indianervölker wie unter anderem die Menominee im Bundesstaat Wisconsin wurden dennoch in den siebziger Jahren von der amerikanischen Regierung wieder als rechtliche Einheit anerkannt und ihr Land in den Status eines Reservats zurückgeführt.

Die Verabschiedung und Umsetzung der *Termination*-Gesetze in den fünfziger Jahren alarmierte viele Indianerführer, die sofort begriffen, daß die US-Regierung hier wieder einen Versuch unternahm, die Selbstverwaltung der Stämme abzuschaffen. Sie erkannten auch, daß die indianischen Gemeinwesen aufgelöst und die staatliche Treuhandschaft über das Stammesland und die dort geltende Steuerfreiheit aufgehoben werden sollte, um das Land auf dem freien Markt zu verkaufen. Die Indianer würden bald jegliche Kontrolle über ihren Besitz verlieren. Die *Termination* bedeutete auch, daß sie der Zivil- und Strafgerichtsbarkeit des Staates unterstellt und alle öffentlichen Sonderprogramme für die Stämme gestrichen wurden. Es würde für sie immer schwerer werden, ihre Unabhängigkeit zu bewahren.

Die Umsiedlungspolitik wurde jedoch erst Mitte der fünfziger Jahre in die Tat umgesetzt. In Scharen verließen die Indianer die Reservate oder ihren ererbten Landbesitz und zogen in speziell ausgesuchte Ballungsgebiete in der Hoffnung auf Berufsausbildung, Schulbesuch und ein neues Zuhause. 1955 lebten bereits 3000 Indianer, die zumeist aus den Reservaten im Südwesten stammten, in Wohnsiedlungen in Chicago. Andere bezogen billige Appartements oder Sozialwohnungen in weiteren großen Städten wie Los Angeles, Detroit, St. Louis und Seattle.

Bald wurde auch meine eigene Familie ein Opfer der Umsiedlungspolitik der Regierung. Es war das Jahr 1956, einen Monat vor meinem elften Geburtstag. Die Zeit für unseren »Weg der Tränen« war gekommen.

Zwar wurden wir in keiner Weise zu etwas gezwungen, doch spielte das in diesem Fall keine Rolle – nicht für mich, nicht, als unsere Familie Mankiller Flats verlassen und das Land aufgeben mußte, das für unsere Vorfahren seit Generationen ein Zuhause gewesen war, um an einen fremden Ort zu ziehen. Damals gewann ich eine Ahnung davon, was es für unsere Vorfahren bedeutet haben mußte, als die Regierungstruppen sie aus ihren Häusern und von ihrem Besitz vertrieben. Ich verspürte eine große Traurigkeit.

Ein Beweggrund dafür, daß wir Oklahoma verließen, war unsere Armut. Zum ersten Mal sprach mein Vater 1955 mit Beamten des BIA über die verschiedenen Möglichkeiten staatlicher Unterstützung und Förderung für die Cherokee. Eine davon war die Umsiedlung. Ich erinnere mich daran, daß das Umsiedlungsprogramm damals als großartige Chance für indianische Familien dargestellt wurde, gutbezahlte Arbeitsplätze und eine qualifizierte Ausbildung für ihre Kinder zu erlangen und die Armut endgültig hinter sich zu lassen. In Wahrheit war das Programm für die Regierung der perfekte Weg, den Indianern ihre Kultur und ihr Land zu nehmen. Im Vergleich zum 19. Jahrhundert waren ihre Methoden zwar subtiler geworden, doch das Endergebnis blieb für uns das gleiche. Anstatt Gewehre und

Bajonette setzte das BIA Werbebroschüren ein, welche gestellte Photos mit lächelnden Indianern zeigten, die ein »glückliches Zuhause« in den großen Städten gefunden hatten.

Einige BIA-Vertreter kamen mehrmals zu uns nach Hause und unterhielten sich mit meinem Vater. Sie erläuterten das Programm, erklärten, daß die Regierung »sich aus den Angelegenheiten der Indianer zurückziehen« wolle und daß ein Mittel dazu Hilfen zur Umsiedlung der Indianer in die großen Städte seien. Mein Vater hörte sich die Geschichte an, die sie ihm »auftischten«. Ich vermute, daß er ursprünglich Oklahoma und unser Land nicht verlassen wollte. Als Junge war er gegen seinen Willen von zu Hause fortgeholt worden, um die Sequoyah Boarding School zu besuchen. Er wollte nicht noch einmal von seinem Heimatort und seinem Volk getrennt werden. Nachdem er den Gedanken jedoch mit einigen befreundeten Cherokee besprochen hatte, kam er zu dem Schluß, daß eine Umsiedlung für uns nur vorteilhaft sein konnte. Er muß der aufrichtigen Überzeugung gewesen sein, daß er dadurch die Chance bekam, seinen Kindern in einer fernen Stadt eine bessere Zukunft mit allen Annehmlichkeiten des modernen Lebens zu bieten.

Mir graute davor, Mankiller Flats zu verlassen. Ich erinnere mich, wie ich mich in einem der Schlafzimmer unseres Hauses versteckte und mit meinen Geschwistern hinter der Tür lauschte, um zu hören, wie mein Vater, meine Mutter und mein ältester Bruder im Nebenraum die Vor- und Nachteile einer Umsiedlung diskutierten. Wir waren entsetzt über das, was sie sagten. Sie erwähnten mögliche Zielorte, Städte, deren Namen wir kaum kannten – Chicago, New York, Detroit, Oakland und San Francisco. Kalifornien schien ihnen am meisten zu entsprechen, und schließlich entschieden sie sich für San Francisco, weil zu dieser Zeit unsere Großmutter Sitton dort lebte: Nachdem sie Oklahoma nach dem Tod ihres Mannes verlassen hatte, hatte sie wieder geheiratet und war 1943 nach Riverbank gezogen, einer Gemeinde in dem Farmgürtel um das Ballungsgebiet, etwa 140 Kilometer östlich der Stadt gelegen.

Keines von uns jüngeren Kindern hatte eine Vorstellung von Kalifornien. Auf einem Schulausflug waren wir nach Muskogee gefahren, um dort den Jahrmarkt zu besuchen, und wir kannten Stilwell und Tahlequah. Die mir bekannte Welt beschränkte sich auf einen Umkreis von etwa 15 Kilometern um unser Haus auf Mankiller Flats. Mein Vater und mein ältester Bruder waren zur Sorghumernte nach Colorado gefahren, und meine Mutter hatte ihre Schwester in Arkansas besucht, sich aber darüber hinaus niemals weiter von zu Hause entfernt. Der Gedanke, nach Kalifornien zu ziehen, machte ihr angst. Es war anfangs vor allem sie, die sich gegen eine Umsiedlung sträubte. Weil jedoch ihre Mutter in der Nähe von San Francisco lebte und sie glaubte, daß dort auf uns alle eine bessere Zukunft wartete, ließ sie sich überzeugen, mit meinem Vater mitzugehen.

Trotz der Entscheidung meiner Mutter war ich noch nicht bereit, Oklahoma zu verlassen, und meine Schwester Frances ebensowenig. Wir fragten, ob wir nicht bleiben und bei Freunden unterkommen könnten, doch dies wollten unsere Eltern nicht erlauben. Dann überlegten wir, ob wir davonlaufen sollten, um nicht nach Kalifornien gehen zu müssen, doch setzten wir diese Idee niemals in die Tat um. Bis zum Abreisetag gaben wir die Hoffnung nicht auf, daß irgend etwas geschehen würde – eine Art Wunder – und wir in Oklahoma bleiben könnten. Zwar verfügten wir nur über wenig materiellen Besitz, doch benötigten wir nicht viel zum Leben. Wir waren immer mit dem ausgekommen, was wir hatten. Aus meiner Perspektive als Kind sah ich keinen Sinn darin, unser Zuhause zu verlassen. Wenn das Leben auch nicht idyllisch war, so war es zumindest vertraut.

Schließlich kam jener Tag im Oktober 1956, an dem wir nach Kalifornien aufbrachen, ein Tag, der mir ins Gedächtnis eingebrannt ist. Wir waren damals neun Kinder; die beiden jüngsten waren noch nicht geboren. Meine älteste Schwester Frieda besuchte die Sequoyah High School und blieb deshalb zunächst in Oklahoma. Meine Eltern hatten ihre ganze bewegliche Habe verkauft, auch ihr altes Auto. Wir zwängten uns alle in den

Wagen eines Nachbarn, der uns nach Stilwell fuhr, wo wir den Zug nach Kalifornien besteigen konnten. Im Fortfahren sah ich noch einmal unser Haus, den Drugstore, meine Schule. Ich versuchte mir die Silhouetten der Bäume, die Stimmen der Tiere und Vögel im Wald einzuprägen. Ich wollte alles im Gedächtnis behalten. Und der Rest der Familie tat das gleiche. Wir wollten nichts vergessen.

Dann erreichten wir Stilwell, wo Vater mit uns in ein Restaurant ging und für uns Chili bestellte. Wir waren keine sehr glückliche Reisegesellschaft – zwei Erwachsene und acht Kinder, die alles hinter sich ließen, um an einen unbekannten Ort aufzubrechen. Allein schon in den Zug einzusteigen machte meinen jüngsten Geschwistern angst. Es war eine ganz neue Erfahrung für uns. Im Zug legten wir Kinder uns teils auf den Boden, um zu schlafen, teils kauerten wir uns auf den Sitzen zusammen oder krochen darunter. Meine jüngste Schwester bekritzelte eine Rückenlehne mit einem Stift. Wir waren ein wilder Haufen, der vermutlich wie eine schlimmere Ausgabe der Joad-Familie in John Steinbecks Roman *Früchte des Zorns* wirkte.

Meine Mutter empfand immer noch Beklommenheit über den Umzug, und auch mein Vater war besorgt, doch dachte er gleichzeitig voller Hoffnung an die Chance, seiner Familie ein besseres Leben zu bieten. Kurz nach Abfahrt des Zuges sagte er zu meiner Mutter: »Ich glaube, das nächste Mal, wenn ich hierher zurückkomme, wird es in einem Sarg sein.« Er sollte recht behalten – erst vierzehn Jahre später, nach seinem Tod, kehrte er in das Land seiner Geburt zurück, um dort begraben zu werden.

Sobald wir alle im Zug saßen, begann meine Schwester Frances zu weinen. Es schien, als ob sie auf der ganzen Fahrt von Oklahoma nach Kalifornien unaufhörlich schluchzte, obwohl das sicher nicht so gewesen sein kann. Der Zugbegleiter kam herbei und fragte sie, was ihr fehle, doch sie konnte ihm keine Antwort geben. Auch ich weinte, wir alle konnten die Tränen nicht zurückhalten. Der Zug fuhr zunächst nach Norden; in Kansas City mußten wir umsteigen. Die Reise dauerte zwei Tage und zwei Nächte. Schließlich erreichten wir Kalifornien, fuhren durch Riverbank, wo meine Großmutter wohnte, und stiegen in San Francisco aus.

Meine Eltern hatten von den BIA-Beamten Lebensmittel- und Mietgutscheine erhalten. Am Zielort angekommen, mußten wir jedoch feststellen, daß keine Wohnung für uns zur Verfügung stand. Wir wurden daher zwei Wochen lang in einem alten Hotel in einem verrufenen Stadtviertel namens Tenderloin untergebracht. Des Nachts flimmerten in der Umgebung die Neonreklamen, grell herausgeputzte Prostituierte standen auf den Gehwegen, und überall hörte man lautes Gelächter. Am Morgen waren die Straßen voller Glasscherben, man sah Menschen, die in Hauseingängen schliefen, und Männer mit harten Gesichtern. Das Hotel selbst war nicht viel besser als die Umgebung.

Die Geräusche der Stadt waren verwirrend, besonders in der Nacht. Wir waren mit den Stimmen von Hähnen, Hunden, Kojoten, Rotluchsen, Eulen, Grillen und anderen Tieren des Waldes aufgewachsen. Wir kannten die Geräusche der Natur. Nun aber hörten wir das Tosen des Verkehrs und anderen fremden Lärm. Am schlimmsten waren die Sirenen von Polizeiautos und Krankenwagen. In unserer allerersten Nacht in San Francisco verkrochen wir uns unter unseren Bettdecken und hörten in den Straßen die Sirenen heulen. Noch niemals hatten wir einen solchen Klang vernommen; ich glaubte, es handele sich um irgendeine schreiende, wilde Kreatur, fühlte mich an Wölfe erinnert.

Meine Mutter schien traurig und verloren. Als wir das erste Mal frühstücken gingen, waren uns die angebotenen Speisen fremd. In Oklahoma hatten wir gewöhnlich jeden Morgen *biscuits* und *gravy** gegessen. Das einzige Gericht mit *gravy*, das meine Mutter auf der Speisekarte entdecken konnte, war jedoch ein heißes Roastbeef-Sandwich, und so bestellte sie für uns jeden Morgen das gleiche. Mein Vater verließ das Hotel früh am Morgen, um nach Arbeit und einer Wohnung zu suchen – all das, was

---

* A.d.Ü.: *gravy* ist Bratensoße.

das BIA uns versprochen hatte. Wir Kinder erkundeten währenddessen unsere Umgebung. Alles war völlig neu für uns, denn niemand hatte sich die Mühe gemacht, uns auf das Leben in der Großstadt vorzubereiten.

Keine Hunde, keine Indianer.
In den fünfziger Jahren häufig anzutreffendes Schild in Gaststätten

So standen mein Bruder Richard und ich eines Tages neben dem Treppenaufgang im Erdgeschoß des Hotels und sahen, wie einige Leute zu einer bestimmten Stelle an der Wand der Hotelhalle liefen und dort warteten. Plötzlich tat sich die Wand auf, und man sah eine leere Kammer. Die Menschen gingen hinein, die Kammer schloß sich wieder, und die Menschen waren verschwunden! Nach einer oder zwei Minuten öffnete sich die Kammer plötzlich erneut, und ganz andere Leute kamen heraus. Natürlich hatten wir nie zuvor in unserem Leben einen Aufzug gesehen. Wir waren uns ganz sicher, daß wir uns niemals in diese Apparatur hineinbegeben würden. Wir benutzten lieber die Treppen.

Nach einigen Wochen gelang es dem BIA endlich, für uns eine dauerhafte Bleibe zu finden. Wir verließen das Hotel und bezogen eine Wohnung in einem Arbeiterviertel in einem alten Stadtbezirk namens Potrero Hill. Die Wohnung war ziemlich klein und eng, aber die Lage schien günstig: Mein Vater hatte eine Stelle in einer nicht allzu weit entfernten Seilfabrik gefunden. Sein Wochenlohn belief sich auf die großartige Summe von 48 Dollar; schon damals konnte ein Mann in San Francisco damit keine große Familie ernähren. Deshalb suchte sich mein Bruder Don ebenfalls Arbeit. Er und mein Vater liefen jeden Morgen in die Fabrik und leisteten dort viele Stunden harter Arbeit. Aber auch mit zwei Gehaltsschecks war es für uns eine schwere Zeit, und unsere Familie bekam dann sogar noch Zuwachs; mein Bruder James Ray wurde geboren, als wir im Potrero-Hill-Bezirk in San Francisco lebten.

In unserem Viertel lebten viele Hispanics, und bald verband uns eine herzliche Freundschaft mit einer benachbarten mexikanischen Familie namens Roybal. Sie nahm uns sorgsam unter ihre Fittiche und machte es sich zur Aufgabe, uns die Eingewöhnung in die neue Umgebung so gut wie möglich zu erleichtern. Wir hatten zum Beispiel noch nie ein Telefon gehabt, und die Roybals zeigten uns, wie es funktionierte. Wir hatten auch noch nie auf einem Fahrrad gesessen, und so lehrten sie uns Radfahren und Rollschuhlaufen.

Dennoch gefiel mir das Leben in der Stadt nicht. Besonders in der Schule fühlte ich mich unglücklich. Die anderen Kinder schienen uns sowohl von ihrem Wissen als auch von ihren sozialen Fähigkeiten her weit voraus. Meine Geschwister und ich hatten zwar aufgrund der Förderung durch unsere Eltern einen Vorsprung im Lesen, aber die anderen Schüler waren in Mathematik und Fremdsprachen viel weiter fortgeschritten. Die meiste Zeit war ich damit beschäftigt, den Unterricht möglichst ohne aufzufallen zu überstehen.

Ich wurde in die fünfte Klasse geschickt und spürte sofort, daß ich von allen als Fremdling betrachtet wurde. Wenn der Lehrer morgens die Anwesenheitsliste überprüfte, erschall jedesmal lautes Gelächter, wenn mein Name aufgerufen wurde. In Adair County in Oklahoma war Mankiller ein ganz gewöhnlicher Name gewesen, in San Francisco erschien er den Menschen jedoch äußerst eigentümlich. Die anderen Kinder neckten mich auch wegen meines Zungenschlags und meiner Kleidung. Zwar war ich kaum ärmer als sie, doch entstammte ich eindeutig einer anderen Kultur.

Meine Schwester Linda und ich saßen bis spät abends beisammen und lasen uns gegenseitig laut vor, um unseren Akzent abzutrainieren; wir versuchten uns die Sprechweise der anderen Kinder in der Schule anzugewöhnen. Mit Frances unterhielt ich mich über unser altes Zuhause in Oklahoma, und wir versuchten uns zu erinnern, wo dieser oder jener Baum gestanden und wie alles ausgesehen hatte. Dies munterte mich etwas auf, doch bereitete mir die Eingewöhnung in die neue Umgebung immer noch große Schwierigkeiten. Letztlich waren wir auf die Umsiedlung überhaupt nicht vorbereitet worden.

Ich war nicht die einzige, der es so erging. Ich habe viele Indianer anderer Stämme kennengelernt, die aus weit entfernten Gegenden kamen und feststellten, daß das »bessere Leben«, das uns das BIA versprochen hatte, in Wahrheit ein Überlebenskampf in einem rauhen Großstadtghetto war. Viele Menschen fanden keine Arbeit oder höchstens schlecht entlohnte Tätigkeiten. Später erfuhr ich auch, daß viele Indianer unter großer Armut, psychischen Problemen und Krankheiten litten, nachdem sie ihr Heimatgebiet, ihre Familien und Stammesgemeinschaften verlassen hatten. Vor allem Kinder schienen ohne den Rückhalt der traditionellen großen Familien sehr verwundbar. Die Indianer in den Städten schlossen sich daher zusammen, gründeten Indianerzentren, veranstalteten Picknicks und indianische Feste und versuchten, inmitten der riesigen Stadtbevölkerung eigene Gemeinwesen zu bilden. Dennoch verspürten sie eine unablässige Sehnsucht nach Hause. »Ich war von mir selber so weit entfernt wie der Mond von der Erde«, beschrieb James Welch, ein indianischer Schriftsteller, das Gefühl der Entfremdung, das er in einer städtischen Umgebung empfand.

Die Politik der *Termination* und Umsiedlung in den fünfziger Jahren hatte das »Indianerproblem« eindeutig nicht lösen können. Die meisten Umgesiedelten kehrten in ihre Stammesgemeinschaften zurück und bemühten sich zum Teil noch intensiver als vorher um die Stärkung der indianischen Gemeinwesen und ihre Selbstverwaltung.

Wir hatten überlebt.

6.

»DER WEG, WO SIE WEINTEN«

Einmal fingen einige Wölfe das Kaninchen und wollten es fressen. Das Kaninchen erbot sich jedoch, ihnen seinen neuesten Tanz zu zeigen. Die Wölfe wußten, daß das Kaninchen ein guter Vorsänger war und wollten daher diesen Tanz kennenlernen. So stimmten sie zu und stellten sich um ihre Beute herum auf, wobei sie einen größeren Platz freiließen. Das Kaninchen schlug mit den Füßen den Takt und begann, singend im Kreis herumzutanzen:

> Tlage situn gali sgi sida ha
> Ha nia lil! Ha nia lil! lil!

> Am Rande des Feldes
> tanze ich umher
> Ha nia lil! Ha nia lil!

»Wenn ich singe ›am Rande des Feldes‹«, sagte das Kaninchen, »dann tanze ich so herum.« Und es tanzte in dieser Richtung. »Und wenn ich singe ›lil! lil!‹, dann müßt ihr alle fest mit den Füßen stampfen.«

Die Wölfe waren einverstanden. Das Kaninchen begann erneut mit dem Tanz und sang das gleiche Lied, wobei es sich ein Stückchen weiter zum Feldrand hin bewegte, während die Wölfe mit den Füßen auf den Boden stampften. Es sang immer lauter und näherte sich immer mehr dem Feldrand, bis es das Lied viermal wiederholt hatte. Die Wölfe stampften, so fest sie konnten, und dachten nur an das Lied. Da tat das

Kaninchen einen Sprung und rannte durch das hohe Gras davon. Sofort setzten ihm die Wölfe nach, aber das Kaninchen lief zu einem hohlen Baumstamm und kletterte im Innern nach oben. Als die Wölfe dorthin gelangten, steckte einer von ihnen den Kopf in den Stamm, um zu schauen, wo sich das Kaninchen befand. Dieses aber spuckte ihm in die Augen, so daß der Wolf seinen Kopf wieder herausziehen mußte. Die anderen Wölfe waren daraufhin nicht mehr bereit, es ihm nachzutun, und zogen ab, obwohl das Kaninchen immer noch in dem Baumstumpf saß.

Nachdem meine Familie nach San Francisco umgesiedelt war, wo die Polizeisirenen von den Wänden der Lagerhäuser widerhallten, fühlte ich mich fast wie das Kaninchen, das in die Fänge der Wölfe geraten war. Aber anders als der schlaue Nager aus der Cherokee-Legende kannte ich keine Lieder oder Tänze, um die Wölfe abzulenken, die mich bedrohten. Auch gab es keinen hohlen Baumstamm, in den ich hätte hineinkriechen können, und kein hohes Gras, das mir Deckung geboten hätte.

Ich war von Wölfen umgeben, doch hatten meine Verfolger weder vier Beine noch Fangzähne noch einen Pelz. Es handelte sich um eine ganz eigene Spezies: Was mir zu schaffen machte, waren Zweifel und Furcht, die lautlos mit dem dicken Nebel der Bucht von San Francisco aus den dunklen Ecken der Stadt heraufkrochen und sich auf Fensterbänken und Türschwellen festsetzten. Die gedämpften Stimmen der Menschen waren furchteinflößender als die Schreie der Tiere. Ich konnte meinen Dämonen nicht in die Augen spucken, um sie zu vertreiben. Es war unmöglich, ihnen zu entkommen.

Vor allem war ich die Gesellschaft so vieler unterschiedlicher Menschen nicht gewohnt – Menschen, die meine fremdartige Kleidung und noch fremdartigere Sprechweise meist nicht akzeptierten. Es gab für mich buchstäblich keinen Ort, an dem ich mich verstecken konnte. In jener Anfangszeit in San Francisco, als wir alle versuchten, uns irgendwie zurechtzufinden, gab es keine echte Zufluchtsstätte für mich. Wir waren so weit entfernt von Mankiller Flats und dem Waldland, das ich kannte und liebte.

Die meiste Zeit fühlte ich mich einsam und traurig. Es war keine erfreuliche Erfahrung für ein junges Cherokee-Mädchen aus dem provinziellen Oklahoma, gleichzeitig mit den Sorgen und Zwängen des Großstadtlebens und der Pein des Erwachsenwerdens kämpfen zu müssen. Ich kannte nur das ländliche Leben und seine Gewohnheiten und litt unter unheilbarem Heimweh, das, so empfand ich es, durch eine fortwährende Melancholie noch verschlimmert wurde. Ich glaubte, meine Verzweiflung würde niemals enden; alles erschien hoffnungslos.

Ich würde lieber mitten in der Wildnis aufwachen als in irgendeiner Stadt der Welt.

STEVE MCQUEEN

Meine Eltern und der Rest meiner Familie halfen mir zu überleben. Wir alle taten unser Bestes, um einander zu unterstützen, und es gelang uns auf irgendeine Weise, die schlimmste Zeit zu überstehen. Und noch ein anderer Trost bot sich mir: Wenn ich das Leben als allzu schwierig empfand, ließ ich meinen Geist zurück in die Vergangenheit schweifen – ein Mittel, das manchmal den Kummer eines Menschen lindern kann.

Diese »Technik« entwickelte ich später weiter fort, als ich mehr über die Geschichte meines Stammes erfahren hatte. Auch heute versuche ich oft, mir die Vergangenheit der Cherokee zu vergegenwärtigen, denke an den »Weg, wo sie weinten«, an die Zwangsumsiedlung unseres Volkes und anderer Stämme aus dem Südosten der USA. Ich vergleiche ihren Aufstand in den dreißiger Jahren des letzten Jahrhunderts mit der Umsiedlung unserer Familie im Jahre 1956. Der Gedanke an jene Cherokee und andere Indianer, die aus ihrer Heimat in das Indianerterritorium vertrieben wurden, verschaffte mir zumindest eine gewisse Erleichterung, wenn ich betrübt war oder Angst hatte.

Wir werden nun das Land unserer Geburt verlassen und ihm
Lebewohl sagen, jenem Land, das der Große Geist unseren
Vätern gab, wir werden fortgehen aus jenem Land, das uns
hervorgebracht hat ... wir empfinden Trauer darüber, daß wir
durch die Macht des weißen Mannes gezwungen werden, den
Schauplatz unserer Kindheit zu verlassen ... wir sagen Lebewohl zu all dem und allem, was uns lieb ist.

GEORGE HICKS,
Cherokeeführer auf dem » Weg der Tränen«
4 .November 1838

Ich besinne mich auch immer wieder auf das Leben meiner
Vorfahren, auf jene frühen Umsiedler, die die Cherokee Nation
West gründeten, lange bevor 1835 der Vertrag von New Echota
geschlossen wurde – jenes umstrittene Dokument, das die
schändliche Vertreibung der Cherokee aus dem Land unserer
Vorfahren besiegelte. Die Erfahrungen jener unserer Stammesangehörigen, die freiwillig nach Westen in das Gebiet des späteren Indianerterritoriums zogen, bleiben ein unvergleichliches
Beispiel für Mut und Hoffnung.

Ich denke auch an jene Zeit, bevor der weiße Mann und die
Regierung der Vereinigten Staaten anfingen, über unser Leben
zu bestimmen; jene Zeit, als die Cherokee sich in ihren alten
Siedlungsgebieten, aus denen später Georgia, Alabama, Tennessee, North Carolina, South Carolina und Virginia werden sollten,
ungestört entfalten konnten. Ich sehe vor meinem geistigen Auge
das unablässige Vordringen der Europäer und vergegenwärtige
mir, wie die uralten Bräuche und Sitten der Cherokee durch die
Neuerungen der Weißen verdrängt wurden. Erinnerungen können uns eindrucksvolle Lehren vermitteln. Wenn wir den Blick
auf unsere Vergangenheit richten, können wir vermeiden, dieselben Fehler noch einmal zu begehen. Vielleicht wird sich dann
unsere Geschichte, und insbesondere die schlimmen Ereignisse,
nicht unausweichlich wiederholen.

Die Geister der Cherokee und der Männer und Frauen anderer Stämme, die in jenen bitteren Jahren des 19. Jahrhunderts lebten, sind noch nicht zur Ruhe gekommen. Ihre Stimmen sprechen zu uns, weisen uns auf die Gefahren hin, die uns in Zukunft bedrohen. Sie fordern uns auf, das Kleingedruckte in Verträgen zu lesen und nach dem zu suchen, was zwischen den Zeilen steht. Sie schärfen uns ein, uns vor den Scharen von Bundesbeamten in acht zu nehmen, die mit Indianern gern umgehen wie jene wohlmeinenden »Gott-segne-euch«-Ladies in Oklahoma, die mich in ihre großen, funkelnden Autos einluden, als ich als Kind auf einer schmutzigen Landstraße zur Schule lief.

Die Geister mahnen uns zur Vorsicht. Sie sprechen aufgrund ihres Wissens und ihrer Erfahrungen, eingedenk der Fallstricke, die die »Zivilisierung« unseres Volkes, der Kampf um die Bewahrung einer gewissen Würde und die Bemühungen um ein gutes Einvernehmen mit der weißen herrschenden Klasse in sich bargen. Wir werden uns bewußt, daß diese Anpassung unserem Stamm viel mehr geschadet als genützt hat.

Obwohl eine große Zahl von Cherokee ihre alten Bräuche lebendig zu erhalten versuchten, vor allem die Clantänze und das überlieferte medizinische Wissen, übernahmen manche zumindest die anscheinend besten Elemente der Kultur des weißen Mannes. Sie wurden Farmer, Kaufleute und Händler; sie kleideten sich wie die Weißen, lebten in Blockhütten, schickten ihre Kinder in Schulen, besuchten christliche Gottesdienste und gaben sich schriftliche Gesetze. Meist legten sie viele ihrer alten Traditionen und Bräuche ab, die von den Weißen mißbilligt und als gottlos und anstößig betrachtet wurden.

Manche Cherokee, vor allem die wohlhabenden mischblütigen Stammesangehörigen, begannen, Frauen als Menschen zweiter Klasse zu betrachten, hielten schwarze Sklaven und bewirtschafteten sogar große Plantagen. Einige Cherokee-Führer glaubten, daß wir auch in Zukunft als Stamm in unserem Heimatgebiet leben dürften, wenn wir die Überzeugungen und die Lebensweise der weißen Amerikaner übernähmen. Vielleicht würden uns die Weißen in Frieden lassen; vielleicht würden das richtige Lied und der richtige Tanz Wirkung zeigen, und die Wölfe würden das Kaninchen entkommen lassen. Dies erwies sich jedoch als folgenschwerer Irrtum.

Bereits 1820 wurden die Cherokee, die Chickasaw, die Choctaw und die Creek von den Weißen als »zivilisierte Stämme« bezeichnet; später wurden auch die Seminolen dazugerechnet. Um 1860, lange nachdem alle Stämme auf ihrem jeweils eigenen »Weg der Tränen« in das Indianerterritorium umgesiedelt waren, legten diese Völker ihre alten Streitigkeiten zum größten Teil bei. Man sprach nun von den »Fünf zivilisierten Stämmen«, ein abwertender Name, der heute immer noch gebräuchlich ist und auch von einigen Indianern verwendet wird.

Die Cherokee waren fähig, sowohl in ihrer eigenen Kultur als auch in der Welt der Weißen zu leben. Für diese war unser Volk damit weitgehend akkulturiert, obwohl sie uns deshalb noch nicht – und so ist es bis heute geblieben – als gleichwertig ansahen. Allerdings waren die mischblütigen Cherokee bei den Weißen in vielen Kreisen akzeptiert. Sie trugen Familiennamen wie Adair, Ward, Rogers, Vann, Lowery und Ross, die in unserem Stamm bald weit verbreitet waren.

Gegen 1820 besaßen die mischblütigen Cherokee, von denen manche sogar blaue Augen und blonde Haare hatten, den größten Teil des Stammesvermögens. Obwohl sie ihre Macht noch mit den Vollblut-Cherokee teilen mußten, hatten sie mindestens 40 Prozent der leitenden Ämter in der Stammesverwaltung inne. Die Mehrheit der weißen Stammesangehörigen waren zwar Männer, doch wurden im Jahre 1824 bei einer Volkszählung in der Cherokee Nation neben 147 weißen Ehemännern von Cherokee-Frauen auch 73 weiße Frauen registriert, die einen Cherokee geheiratet hatten.

Der Einfluß der mischblütigen Stammesangehörigen und der christlichen Missionare machte sich immer stärker bemerkbar. Charles Hicks, einer unserer mischblütigen Stammesführer und Verfasser der ersten schriftlich niedergelegten Gesetze, die 1808 vom Stammesrat verabschiedet wurden, war jener Häuptling, der seine Zustimmung zum Bau von Kirchen und Schulen in den Cherokee-Gemeinden gab. »Dies ist für uns eine Existenzfrage«, soll er zu einem Missionar gesagt haben.

Im frühen 19. Jahrhundert waren verschiedene weiße Missionare für das spirituelle Wohl unseres Volkes tätig, angefangen bei einer kleinen Gruppe von Herrnhutern, die 1801 in Georgia eine Missionsstation errichteten. Bald ließen sich noch andere weiße christliche Missionare – Presbyterianer, Baptisten, Methodisten und Quäker –, die alle eifrig um die »Rettung der Wilden« bemüht waren, in unserem Heimatgebiet nieder. Sie bauten Kirchen und Missionsschulen, in denen meist neben allgemeinbildendem Unterricht auch das Singen von Kirchenliedern, gemeinsame Gebete und Bibellektüre auf dem Stundenplan standen.

Wie könnten wir euch trauen? Als Jesus Christus auf die Erde kam, habt ihr ihn getötet und an ein Kreuz genagelt.

TECUMSEH,
Häuptling der Shawnee, 1810

Im Rahmen der Regierungspolitik zur »Zivilisierung« der Indianer bewilligte der Kongreß dem Kriegsministerium 1819 einen jährlichen Betrag von 10 000 Dollar, um »befähigte Personen mit gutem moralischem Charakter« einzustellen, die die Indianer »die ihrer Situation angepaßte Art der Landwirtschaft lehren und ihre Kinder im Lesen, Schreiben und Rechnen unterrichten« sollten. Regelmäßig erhielt unser Stamm den größten Teil dieser Summe. Die Zahl der staatlich finanzierten Schulen in der Cherokee Nation stieg von fünf im Jahre 1809 auf achtzehn im Jahre 1825, die Zahl der Schüler von 94 auf 314; daneben gab es natürlich weiterhin viele Missionsschulen. Absolventen dieser letzteren Einrichtungen, die meist mehr weißes als Cherokee-Blut in den Adern hatten, wurden häufig auf Colleges und höhere Internatsschulen in Neuengland geschickt.

Ein typisches Beispiel für die Missionsliteratur dieser Tage war eine Abhandlung mit dem Titel *A Discourse or Lecture on the*

Subject of Civilizing the Indians, in Which is Exhibited a New Plan to Effect Their Civilization and to Meliorate Their Condition (»Diskurs oder Vortrag über das Thema der Zivilisierung der Indianer, in dem ein neuer Plan für ihre Zivilisierung und die Verbesserung ihrer Lage dargelegt wird«). Das sechsunddreißig Seiten umfassende Pamphlet stammte von Reverend J. Darneille, dem ehemaligen Rektor von Amherst Parish in Virginia, und erschien 1826 in Washington, D.C.; es war zum damals stattlichen Preis von einem Dollar pro Exemplar zu erwerben. In seiner Einleitung erklärt der Verfasser verkaufsstrategisch geschickt: »... mag der für dieses Werk veranschlagte Wert auch zu hoch erscheinen, so werden Sie doch die Freude haben, diese kleine Spende zur Zivilisierung und Bildung der Indianer zu leisten; sie zu entlohnen und ihnen auf diese Weise eine gewisse Entschädigung für das schöne und fruchtbare Land zukommen zu lassen, das Sie nun an den Küsten des Atlantik besitzen und genießen und welches im Grunde ihr rechtmäßiges Erbe ist, von dem ihre Vorfahren von den unseren vertrieben wurden und für das Ihr Mitgefühl für ihre Leiden und Ihre Mildtätigkeit zu ihrer Unterstützung niemals fehl am Platze sein kann.«

Die Veröffentlichung des schmalen Bändchens sollte vor allem der Beschaffung finanzieller Mittel für eine Missionsschule und -farm bei den »Alten-Siedler«-Cherokee in Arkansas dienen. Darneille erbot sich auch, mit seiner eigenen Familie dorthin zu ziehen, um die Leitung der Indianerschule zu übernehmen und um den »Heiden« das Evangelium zu predigen. Hätte der Reverend eine Zeitmaschine zur Verfügung gehabt und wäre in das Oklahoma der fünfziger Jahre unseres Jahrhunderts gereist, dann hätte er sich fraglos gut mit jenen »Gott-segne-euch«-Ladies in Adair County verstanden. Und mit Sicherheit hätten diese – piekfein gekleideten – Damen jeden Sonntagmorgen auf der vordersten Bank in seiner Kirche gesessen. Wie jene überheblichen Frauen aus Oklahoma handelte der fromme Reverend tatsächlich aus reinem Mitgefühl für die Cherokee, aus seiner gönnerhaften Sorge über unser »Elend«.

126

Darneille und die anderen scheinheiligen Wohltäter jener Zeit hatten keinerlei Vorstellung vom Wesen der Kultur und des Glaubenssystems der nordamerikanischen Indianer. »Die Pein ihres Lebens verfolgt und quält sie offenbar noch nach ihrem Tod«, schrieb Darneille in seiner Abhandlung. »Die Natur treibt die Überlebenden dazu, ihre Toten zu begraben, doch bleibt ihnen dies verwehrt, weil sie keine Werkzeuge besitzen, um die Erde aufzugraben. Sie hüllen den Leichnam in Rinde und hängen ihn so hoch wie möglich an einem Baum auf.«

Darneilles Pamphlet wurde nicht in der Cherokee-Sprache veröffentlicht, obwohl das Cherokee-Silbenalphabet, das einige Jahre zuvor der Öffentlichkeit präsentiert worden war, bereits 1826 zum ersten Mal gedruckt wurde.

Die meisten Historiker schreiben die Erfindung des Silbenalphabets Sequoyah zu, dem berühmtesten Mitglied unseres Stammes. Laut mündlicher Überlieferungen sollen die Cherokee schon lange davor eine Schriftsprache besessen haben, aber selbst wenn dies zuträfe, so war sie verloren, als Sequoyah das Silbenalphabet entwickelte. Es sollte zu einem der Faktoren werden, die einen tiefgreifenden Einfluß auf die zukünftige Geschichte unseres Stammes hatten und stellte eine außergewöhnliche Leistung dar – der einzige bekannte Fall einer individuellen Schöpfung eines völlig neuen Schriftsystems.

Sequoyah, der um 1770 in dem Cherokee-Dorf Tuskegee am Tennessee geboren wurde, war ein Halbblut, dessen Mutter, Wureth, zum Paint-Clan gehörte. Der junge Mann war auch unter einem englischen Namen, George Gist oder Guess, bekannt, den er von seinem weißen Vater erhalten hatte. Sequoyah wuchs gemäß den alten Sitten und Gebräuchen unseres Stammes auf und wurde Jäger und Fellhändler. Er war auch ein geschickter Silberschmied, doch lernte er die englische Sprache niemals sprechen, lesen oder schreiben. Gleichwohl faszinierte ihn die Fähigkeit der Weißen, miteinander durch auf Papier aufgemalte Zeichen zu kommunizieren – was manche Indianer als »sprechende Blätter« bezeichneten.

Nachdem er einen Jagdunfall erlitten hatte, der eine bleibende Behinderung verursachte und ihm mehr Zeit für Besinnung und Studium ließ, begann Sequoyah vermutlich 1809 sein eigenes Schriftsystem zu entwickeln. Die folgenden zwölf Jahre widmete er dieser Aufgabe, nur unterbrochen von der Teilnahme am Krieg von 1812 und an der Auseinandersetzung mit den Creek. Trotz fortwährenden Spotts und Kritik von seiten seiner Freunde und sogar Familienmitglieder, trotz Vermutungen, er sei verrückt oder praktiziere Hexerei, ließ ihn der Plan, eine Schrift für die Cherokee-Sprache zu erarbeiten, nicht mehr los.

Es heißt, daß in alter Zeit, als angefangen wurde zu schreiben, ein Mann namens Mose Zeichen auf einen Stein ritzte. Ich kann auch Zeichen in einen Stein ritzen. Ich kann mit euch übereinkommen, welcher Name mit diesen Zeichen ausgedrückt werden soll, und das ist dann Schrift und kann verstanden werden.

SEQUOYAH *zugeschrieben*

Manche Historiker meinen, daß es letztlich Sequoyah war, der definierte, aus welchen Lautgruppen unsere Sprache bestand. Die fünfundachtzig Buchstaben des Silbenalphabets decken alle Kombinationen von vokalischen und konsonantischen Lauten ab, die in unserer Sprache vorkommen. Als Sequoyah das System 1821 einer Versammlung von staunenden Stammesführern präsentierte, wirkte das Konzept so überzeugend, daß das Silbenalphabet sofort offiziell anerkannt und eingeführt wurde.

Innerhalb weniger Monate, nachdem Sequoyah seine Erfindung bekanntgemacht hatte, sollen eine beträchtliche Anzahl von Cherokee gelernt haben, ihre Sprache zu lesen und zu schreiben. Viele mischblütige Cherokee konnten zwar Englisch lesen und schreiben, doch das Silbenalphabet erlaubte es tatsächlich jedem Angehörigen der Cherokee Nation, ob jung oder alt, unsere Sprache innerhalb relativ kurzer Zeit auch in Schriftform zu meistern.

Die christlichen Missionare lehnten das neue Silbenalphabet zunächst ab, erkannten dann aber, daß es bei der Bekehrung der Indianer hilfreich sein könnte. Bald schon wurden mühsam von Hand gefertigte Abschriften von Übersetzungen der Bibel und anderer religiöser Schriften unter den Angehörigen unseres Volkes verteilt. Unser Stammesrat war entschlossen, das Silbenalphabet noch für andere Zwecke zu nutzen. Die Cherokee machten aufgrund dieser Erfindung große Fortschritte, sehr zum Leidwesen jener Weißen, die die Indianer, auch wenn sie über »Bücherweisheit« verfügten, immer noch als Störfaktor betrachteten, der den Zielen der europäischen Einwanderer im Wege stand.

1827 bewilligte der Cherokee-Rat Mittel für die Herausgabe einer stammeseigenen Zeitung. Zu Beginn des darauffolgenden Jahres wurden eine Handpresse und Lettern in Cherokee-Schrift von Boston aus per Schiff und anschließend 320 Kilometer zu Lande in einem Wagen in unsere Hauptstadt New Echota transportiert, die zwei Jahre zuvor in Georgia gegründet worden war. Elias Boudinot, der eigentlich Buck (der »Bock«) Watie oder Galagina hieß, wurde zum Herausgeber bestimmt. Watie, der in Connecticut eine Universität besucht hatte, nannte sich Elias Boudinot, nachdem er sich mit einem Helden des Unabhängigkeitskrieges gleichen Namens angefreundet hatte, der Autor eines Buches war, in dem er behauptete, die Cherokee seien einer der zehn verlorenen Stämme Israels.

Die Erstausgabe der Zeitung, die den Namen *Tsa la gi Tsu lehisannuhi* oder *Cherokee Phoenix* erhielt und zweisprachig, in Cherokee und Englisch, gedruckt wurde, erschien am 21. Februar 1828. Es war die erste von Indianern herausgegebene Zeitung der USA.

Der Name *Cherokee Phoenix* war gut gewählt. Die Macht dieses mythischen Vogels – der von Flammen verschlungen wurde, aber aus seiner Asche wiederauferstand – erinnert uns an die ewige Flamme der Cherokee. Sie hat gebrochene Verträge und vergessene Versprechen, Kriege, Landraub, Epidemien und stammesinterne Auseinandersetzungen überstanden. Die Legende besagt, daß unser Volk leben wird, solange dieses Feuer brennt.

> Wir wollen nun unsere schwachen Bemühungen dem guten Willen und milden Urteil der Öffentlichkeit anvertrauen ... in der Hoffnung auf jene glückliche Zeit, in der alle Indianerstämme Amerikas wie der Phönix aus der Asche auferstehen werden und wenn die Worte »Indianerüberfall«, »Kriegsgeheul«, »Skalpiermesser« und dergleichen der Vergangenheit angehören.
>
> ELIAS BOUDINOTS *erster Leitartikel*
> *Cherokee Phoenix, 21. Februar 1828*

Am 26. Juli 1827 verabschiedete eine Versammlung von gewählten Cherokee-Delegierten aus acht Verwaltungsbezirken, deren Vertreter in New Echota zusammengekommen waren, eine geschriebene Cherokee-Verfassung, die in zwei Sprachen auf der neuen staatlichen Handpresse gedruckt wurde. Nach dem Vorbild der Verfassung der USA sah das Dokument drei voneinander unabhängige Staatsgewalten vor, zwei gesetzgebende Kammern, ein Rechtsprechungssystem, das ein Oberstes Gericht und Geschworenengericht umfaßte, sowie eine nationale Polizei, die die Einhaltung der schriftlich niedergelegten Gesetze sichern sollte. Kühn proklamierte die Verfassung die Existenz einer unabhängigen Nation der Cherokee, die volle Souveränität über unser Stammesland in Georgia, Tennessee, North Carolina und Alabama besaß.

Manche Angehörigen unseres Volkes sehen in den vielen positiven Ereignissen der späten zwanziger Jahre des 19. Jahrhunderts den Höhepunkt einer Cherokee-Renaissance, die von 1814, als unsere Auseinandersetzungen mit den Creek ein Ende fanden, bis etwa 1835 dauerte. Aufgrund ihrer Lebensweise und Kultur stellten die Cherokee eine hochentwickelte Gesellschaft dar, die sich deutlich von dem ignoranten weißen Pöbel abhob, der sich an der Indianergrenze im Süden niedergelassen hatte, die Indianer um das von ihnen Erreichte beneidete, ihr Land begehrte und sie meist als Wilde behandelte. Die große Mehrheit der weißen politischen Führer und Bürger Georgias – wo das Herz der Cherokee Nation schlug – hatten keine Achtung vor Indianern. Ihnen war die Vorstellung von »zivilisierten« Indianern und der Gedanke, daß die Cherokee eine eigene Republik gründeten, ein Greuel, denn solche radikalen Konzepte untergruben die geplante Umsiedlungspolitik der amerikanischen Bundesregierung.

Der schwelende Konflikt spitzte sich zu, als im Juli 1828 bei Ward's Creek nahe der heutigen Stadt Dahlonega (die nicht weit von New Echota liegt) Gold entdeckt wurde. De Sotos Traum schien wahr zu werden; die Region erlebte einen erneuten Ansturm von Siedlern. Lauter denn je forderten die weißen Bewohner Georgias daher eine Zwangsumsiedlung der Indianer, woraufhin die Regierung des Staates die ersten Gesetzesentwürfe erarbeitete, die die Rechte unseres Stammes einschränkten. Obwohl unsere politischen Führer es nicht auszusprechen wagten, war das Schicksal der Cherokee Nation besiegelt. Die alte Legende vom Kaninchen und den Wölfen hatte auf einmal an Bedeutung gewonnen. Aber nun waren die Wölfe überall, und das Kaninchen konnte sie nicht mehr durch Singen und Tanzen ablenken. Sogar wenn es sich wie die Wölfe verhielt, ihre Lebensweise nachahmte, konnte es ihnen nicht mehr entkommen.

Und noch eine weitere Gefahr für unser Volk zog am Horizont herauf – die Wahl Andrew Jacksons zum Präsident der Vereinten Staaten im Jahre 1828. Dieser extrem ehrgeizige, geschickte Tennessianer und stolze Sohn eines Grenzsiedlers aus dem Süden war ein erfahrener »Indianerkämpfer« und entschiedener Befürworter einer Umsiedlung der Indianer (und altbekannter Gegner der Cherokee).

Nur einen Monat, bevor »Old Hickory« die Präsidentenwahl im November 1828 gewann, wurde John Ross – der Hauptautor unserer Verfassung und nimmermüde Verteidiger der Rechte unseres Stammes – zum obersten Häuptling der Cherokee Nation gewählt, ein Amt, in dem er bis zu seinem Tode im Jahre 1866 mehrmals bestätigt werden sollte. Obwohl er nur zu einem Achtel Cherokee war, wird Ross uns immer als einer unserer bemerkenswertesten Häuptlinge im Gedächtnis bleiben, ein engagierter und populärer Führer, der zum Hoffnungsträger für die Cherokee wurde, als die Weißen unser Volk für immer aus ihrem angestammten Land vertrieben.

Ross wurde 1790 in Turkeytown auf dem Gebiet des heutigen Alabama geboren. Seine Mutter war Molly McDonald, eine Viertelblut-Cherokee und Tochter eines Tory-Agenten bei den Chickamauga. Sein Vater, Daniel Ross, ein schottischer Einwanderer, war vor dem Amerikanischen Unabhängigkeitskrieg als Handelsbeauftragter durch das Land der Cherokee gereist und dabei auf Dragging Canoe gestoßen, den furchtlosen Chickamauga-Krieger, der mit seinen Männern auf Kriegspfad war. Die Chickamauga schonten Ross' Leben und nahmen ihn in die Cherokee Nation auf. Zwei Jahre später heiratete er Molly. John war ihr ältester Sohn, das dritte von neun Kindern.

Obwohl John Ross zu sieben Achtel Schotte war und die Regierung der USA nach dem Grad der Blutsverwandtschaft bestimmte, wer als Indianer galt, betrachteten die Cherokee Ross als Stammesmitglied. Für sie war lediglich die Clanzugehörigkeit von Belang. Ross' mischblütige Mutter war per definitionem eine Cherokee, weil sie und ihre Schwestern in den Bird-Clan hineingeboren waren. Und da Cherokee-Kinder lebenslang dem Clan ihrer Mutter angehören, war Ross ebenfalls ein Mitglied des Bird-Clans.

Ross' Cherokee-Name war Guwi Sguwi, was meist »Cooweescoowee« geschrieben wurde und einen legendären weißen Vogel bezeichnete. Zwar wurden Ross und seine Geschwister von ihrem Vater »wie weiße Aristokraten« erzogen, wie ein Autor einmal schrieb, doch waren sie im Herzen leidenschaftliche Cherokee. Nach dem Tod der Mutter zog die Familie nach Georgia, wo Hauslehrer und Schulen dem kleingewachsenen

Ross, der eine helle Haut, rötliches Haar und blaue Augen hatte, eine gehobene Bildung vermittelten. Er wurde ein geschliffener Gentleman und eloquenter Redner und heiratete eine Cherokee namens Quatie, deren englischer Name Elizabeth Brown Henley lautete. Ross gründete einen Handelsposten, betrieb eine Fähre und wurde zum erfolgreichen Kaufmann und Pflanzer. Auch diente er unseren Stammesführern als Berater und Vertrauter.

Während des Krieges von 1812 schlugen sich Ross und Hunderte anderer Cherokee auf die Seite der Amerikaner und kämpften gegen die Engländer und die mit ihnen verbündeten Creek. Zusammen mit dem Texaner Sam Houston, der von unserem Stamm als Mitglied adoptiert wurde, und dem Pfadfinder Davy Crockett nahm er 1814 an der Schlacht von Horseshoe Bend teil, wo ein Cherokee-Krieger Jackson das Leben rettete. Houston und Crockett bewahrten sich ein freundschaftliches Verhältnis zu unserem Volk und protestierten später heftig gegen die Zwangsumsiedlung unseres Stammes nach Westen. Jackson hingegen erwies sich als wenig dankbar für die Hilfe, die er von den Cherokee erhalten hatte.

> Ich halte die Verträge mit den Indianern schon seit langem für eine Absurdität, die nicht mit den Prinzipien unserer Regierung zu vereinbaren ist.
>
> ANDREW JACKSON,
> *Brief an Präsident James Monroe, 1817*

Ross war schon 1817 als Mitglied des Nationalrates der Cherokee in der Stammespolitik aktiv, trat für die Einheit unseres Stammes ein und wandte sich gegen weitere Landabtretungen an die Weißen. Später leitete er den Nationalausschuß der Cherokee und hatte 1827 in seiner Eigenschaft als Vorsitzender der Verfassunggebenden Versammlung maßgeblichen Anteil an der Erarbeitung unserer Verfassung. Ross hatte sich für den »Weg des weißen Mannes« entschieden, weil er hoffte, daß eine Beschleunigung der kulturellen Anpassung die Cherokee Nation stärken würde, indem sie ihr größeren Respekt bei den weißen Amerikanern verschaffte.

Leider erwies sich diese Strategie als Fehlschlag, denn die Beschwichtigungspolitik befriedigte keine Seite. Sie hatte eine Schwächung unseres Stammes zur Folge, die besonders durch den wachsenden Einfluß der mischblütigen Bevölkerungsteile bedingt war, welcher außerdem einschneidende Veränderungen für die Stellung der Frauen mit sich brachte. Das Clansystem und das altehrwürdige matrilineare Abstammungsprinzip verloren an Bedeutung. Die Verfassung beschnitt zudem die Rechte der Frauen noch weiter, indem sie ihnen den Zugang zu allen Regierungsämtern und das Wahlrecht verwehrte. Die Cherokee-Frauen sollten so unterwürfig und domestiziert werden wie weiße Frauen, für die Haus und Familie Lebensmittelpunkt waren.

Als Ross 1828 zum Obersten Häuptling der Cherokee Nation gewählt wurde, bemühte er sich sofort, den Weißen zu demonstrieren, daß unser Gemeinwesen »ein Land zivilisierter und religiöser Gesinnung« war, wie der *Cherokee Phoenix* schrieb. Doch stand Ross vor dem Dilemma, daß er sich mit den erbosten weißen Bewohnern Georgias auseinandersetzen mußte, die die in unserer Verfassung niedergelegten Ansprüche der Cherokee als schamlose Anmaßung betrachteten. Diese Bürger fanden in der Person von Präsident Andrew Jackson, der im März 1829 sein Amt antrat, einen energischen Fürsprecher in Washington, D.C.

In seiner ersten Ansprache vor dem Kongreß setzte Jackson die Cherokee ohne Umschweife davon in Kenntnis, daß sie keinerlei Unterstützung für die in ihrer Verfassung formulierten Ansprüche zu erwarten hätten. Er behauptete, daß die Indianer kein Recht auf Land in den Vereinigten Staaten besäßen und daß sie es nur der Großzügigkeit der Regierung zu verdanken hätten, wenn sie überhaupt auf dem Boden der USA siedeln dürften. Er und seine Anhänger forderten die rasche Verabschiedung gesetzlicher Maßnahmen, die eine baldige Umsiedlung der südöstlichen Stämme in den Westen ermöglichten.

Nach heftigen parlamentarischen Auseinandersetzungen verabschiedete der Kongreß mit knapper Mehrheit den *Indian Removal Act* (»Gesetz über die Umsiedlung der Indianer«) von 1830, das den Präsidenten ermächtigte, westlich des Mississippi Gebiete zu schaffen, die den Indianern im Tausch für ihr Land im Südosten der USA zugewiesen werden sollten. Durch Jacksons Unterschrift wurde das Gesetz sofort rechtskräftig. Der Jahre zuvor von Thomas Jefferson für die Umsiedlungspolitik vorbereitete Boden trug Früchte. Die Cherokee Nation – Jacksons ehemaliger Verbündeter – und andere Indianer der »Fünf Stämme« sollten nun die bittere Ernte einbringen.

Das Umsiedlungsgesetz wurde trotz des Einspruchs von Davy Crockett verabschiedet, dessen Widerstand gegen Jacksons Indianerpolitik ihn vermutlich seine Wiederwahl zum demokratischen Kongreßabgeordneten im gleichen Jahr kostete. Obwohl er zwei Jahre später als Whig wieder für eine Legislaturperiode in den Kongreß einzog, ging er schließlich auf der Suche nach neuen Abenteuern nach Texas, wo er 1836 durch seinen Tod bei der Belagerung von Alamo zur unsterblichen Legende wurde. Neben der zum Mythos gewordenen Person Crocketts sprachen sich noch andere Politiker gegen die beabsichtigte Vertreibung der Indianer aus, zu denen so bemerkenswerte Persönlichkeiten wie Henry Clay und Daniel Webster gehörten.

Nachdem das Umsiedlungsgesetz rechtskräftig geworden war, lud Jackson die südlichen Stämme zu einer Zusammenkunft ein, da er hoffte, sie dazu zu bewegen, sich dem Gesetz freiwillig zu beugen. Die Cherokee lehnten eine Teilnahme ab, aber die Creek, Choctaw und Chickasaw entsandten Delegationen zu dem Treffen. In den darauffolgenden beiden Jahren unterzeichneten diese drei Stämme jeweils individuelle Umsiedlungsverträge, mußten ihre Heimat in Mississippi und Alabama verlassen und durchlitten ihren eigenen Weg der Tränen und des Elends, der sie in das Indianerterritorium führte und auf dem viele Angehörige dieser Stämme den Tod fanden.

Die Seminolen wehrten sich mit Waffengewalt gegen die Zwangsumsiedlung und versteckten sich in den Everglades in

Florida, wo sie einen fast acht Jahre währenden Guerillakrieg gegen die Armee der Vereinigten Staaten führten. Einige Seminolen wurden schließlich nach Westen umgesiedelt; die in den Everglades verbliebenen weigerten sich, einen offiziellen Frieden mit der Regierung zu schließen. Sie wurden als »der Stamm, der niemals kapitulierte« bekannt. Die Cherokee wollten den Forderungen der Weißen ebensowenig nachgeben, jedoch Krieg vermeiden. Unsere Stammesführer waren überzeugt, daß wir unsere Unabhängigkeit unbedingt mit friedlichen Mitteln verteidigen müßten.

Schon vor Verabschiedung des Umsiedlungsgesetzes hatte das Parlament von Georgia eine Reihe von Maßnahmen verfügt, die gegen die Cherokee gerichtet waren. Das härteste dieser Gesetze annullierte alle Rechtsnormen, die sich unser Volk gegeben hatte, sah die Beschlagnahmung des Eigentums und des Goldes der Cherokee vor und sprach ihnen das Recht ab, vor Gericht auszusagen. Es verbot außerdem allen Weißen, bei den Cherokee zu leben, wenn sie nicht zuvor einen Treueeid auf Georgia geschworen hatten, untersagte den Indianern, gegen die Zuwanderung von Siedlern zu protestieren und sah eine Vermessung des in Cherokee-Besitz befindlichen Gebietes vor sowie ein Losverfahren, um dieses Land an weiße Bürger Georgias zu verteilen.

Die meisten unserer Stammesführer, vor allem Häuptling John Ross, waren entschlossen, Widerstand gegen diese Politik zu leisten. Sie reisten nach Washington und wandten sich an Präsident Jackson, doch ohne Erfolg. Dennoch gaben sie nicht auf, ließen nichts unversucht, um die Wunden unseres Volkes zu heilen und sein Gleichgewicht wiederherzustellen.

Zu unseren alten Stammeshonoratioren jener Zeit gehörte Gulkalaski, ein großer Krieger, der Präsident Jackson seit der blutigen Auseinandersetzung mit den Creek bei Horseshoe Bend kannte. Er war jener Cherokee, dem Jackson vermutlich sein Leben verdankte, weil er einen Creek tötete, der Jackson überwältigt hatte. Häuptling Ross wollte sich diesen Umstand zunutze machen und sandte Gulkalaski nach Washington, damit dieser bei Jackson für die Belange seines Stammes eintrat. Aber auch dieser Schachzug blieb erfolglos. Nachdem Gulkalaski Jackson sein Anliegen vorgetragen hatte, soll dieser ihn angefahren haben: »Sir, die Anhörung ist beendet, ich kann nichts für Sie tun.« Einer anderen Version zufolge rief Gulkalaski nach dem Scheitern seiner Mission aus: »*Detsinulahungu*«, was soviel bedeutet wie: »Ich versuchte, aber ich konnte nicht.« Seit dieser Zeit gab man ihm den Namen Tsunu Iahunski – »Einer der versucht, aber scheitert«.

> Hätte ich gewußt, daß Jackson uns aus unserem Land vertreiben würde, dann hätte ich ihn bei Horseshoe getötet.
>
> Tsunu Iahunski, *auf dem »Weg der Tränen«, zugeschrieben*

Der *Cherokee Phoenix* veröffentlichte mehrere Artikel zu diesem Thema, die in anderen Zeitungen in den USA und Europa abgedruckt wurden. Geistliche in Boston, New York und anderen großen Städten hielten flammende Predigten, in denen sie auf diese Beiträge Bezug nahmen. Einige der wortgewandtesten Redner unseres Stammes machten den Fall der Cherokee durch Vorträge in den nördlichen Bundesstaaten einer breiten Öffentlichkeit bekannt. Häuptling Ross, der in politischen und rechtlichen Angelegenheiten bewandert war, konferierte in Washington mehrmals mit führenden Politikern und öffentlichen Persönlichkeiten des Landes wie Jackson, John Quincy Adams, James Monroe und John Calhoun. Aber all das half nichts; Jackson ließ sich nicht umstimmen. Schließlich konnten unsere Stammesführer sich nur noch an das Oberste Bundesgericht der USA wenden. Ross und seine Anhänger vertrauten darauf, daß das Gericht zugunsten der Cherokee Nation entscheiden und die Pläne Jacksons und anderer Widersacher der Indianer vereiteln würde.

1831 wurde der Fall »Cherokee Nation gegen Georgia« vor dem Obersten Bundesgericht verhandelt. Unser Stamm wurde von Rechtsanwälten vertreten, die die erfahrenen Richter aufforderten, unsere Rechte zu schützen. Sie argumentierten, daß die Gesetze Georgias auf dem Gebiet der Cherokee keine Gültigkeit besäßen und daß Jackson und die Regierung nicht befugt seien, unser Volk gewaltsam aus seinem Land zu vertreiben. Da unser Stamm nach Auffassung der Anwälte eine souveräne Nation war, beantragten sie eine gerichtliche Verfügung gegen die Übergriffe Georgias auf indianisches Eigentum, die eine Verletzung vertraglich zugesicherter Garantien darstellten.

Am 18. März 1831 verkündete der vorsitzende Richter John Marshall die Entscheidung des Gerichts, die der eigentlichen Frage jedoch auswich. Er machte deutlich, daß er und seine Kollegen die Cherokee Nation als »ein eigenes, von anderen verschiedenes politisches Gemeinwesen« ansähen, »das sich selbst verwalten und regieren« könne. Aber obwohl er Verständnis für die Forderungen der Cherokee hatte, war sich Marshall ebenso bewußt, daß ein Urteil des Obersten Bundesgerichts zugunsten des Stammes ein entsprechendes Gewicht hatte und daß die Autorität des Gerichts beeinträchtigt würde, wenn es seine eigene Entscheidung nicht durchsetzen könnte. Daher besagte das von Marshall verkündete Mehrheitsvotum des Gerichts, daß die Cherokee Nation eine »inländische, abhängige Nation« sei beziehungsweise unter der Vormundschaft der Bundesregierung stehe und folglich nicht vor Bundesgerichten Klage erheben könne.

Die Gesetze des Staates Georgia hatten für unser Volk also nach wie vor Geltung.

Unsere Führer waren über diese Entscheidung zwar enttäuscht, doch resignierten sie keineswegs und glaubten weiterhin, daß das Oberste Bundesgericht der beste Garant der Stammesrechte der Cherokee sei. Diese Überzeugung wurde jedoch schwer erschüttert, als Reverend Samuel Austin Worcester und Elizur Butler, zwei weiße Missionare, die bei den Cherokee in Georgia lebten, sich weigerten, den Treueeid auf den Bundesstaat zu leisten, verhaftet, angeklagt und zu vier Jahren Zwangsarbeit verurteilt wurden und daraufhin vor dem Obersten Bundesgericht Berufung einlegten.

1832 hob das Oberste Bundesgericht in dem berühmten Streitfall »Worcester gegen den Staat Georgia« unerwartet sein erstes Urteil auf. Diesmal befand das Gericht, daß die indianischen Nationen fähig seien, Verträge zu schließen und daß diese Verträge nach der Verfassung der Vereinigten Staaten oberstes Recht seien.

Die Richter entschieden, daß innerhalb der Grenzen der Cherokee Nation ausschließlich Bundesrecht gelte. Die von Georgia erlassenen Gesetze seien daher verfassungswidrig.

Die Vertreter Georgias waren äußerst erzürnt und weigerten sich, das Urteil anzuerkennen. Eine Sonderanordnung des Obersten Bundesgerichts, die Worcesters Entlassung aus dem Gefängnis verfügte, wurde ebenfalls ignoriert. Der engagierte Geistliche, der später noch vor der Vertreibung der Cherokee aus dem Südosten in das Indianerterritorium ging, mußte fast ein ganzes weiteres Jahr in einem Gefängnis in Georgia verbringen, bevor er freigelassen wurde.

Die Bundesregierung, die sich bei der Durchsetzung des Urteils von formalen Problemen blockieren ließ, war handlungsunfähig. Jackson verweigerte natürlich jede Unterstützung. Er setzte sich über die Entscheidung des Gerichts hinweg und erklärte, daß es sich um »eine Totgeburt« handele und die Richter »Georgia nicht zwingen können, ihrer Anordnung Folge zu leisten«. Von Jackson stammt vermutlich auch die sarkastische Bemerkung: »John Marshall hat sein Gesetz gemacht; nun soll er es durchsetzen.«

Die Cherokee und andere Indianer blieben weiterhin der Willkür der Weißen ausgeliefert, die sich ihres Landes bemächtigten, es in Parzellen von 64 Hektar und in Claims aufteilten und per Losverfahren an weiße Bürger Georgias vergaben. Im Frühjahr 1834, während John Ross für unser Volk eine seiner vielen Reisen nach Washington unternahm, wurde sein Landbesitz konfisziert; er und seine kranke Frau zogen daraufhin mit ihren

Kindern und ihrer Habe in eine kleine Hütte jenseits der Grenze in Tennessee.

Der unglückliche Verlauf der beiden Verfahren vor dem Obersten Bundesgericht und Andrew Jacksons Wiederwahl im Jahre 1832 führte bei manchen Cherokee zu der Überzeugung, daß jeder weitere Widerstand gegen eine Umsiedlung zwecklos sei. Einige Stammesmitglieder zogen freiwillig nach Westen zu den »Alten Siedlern«. Als die Moral unsere Volkes immer mehr sank, begann eine kleine Gruppe eine offizielle Abtretung unseres Stammeslandes an Georgia zu befürworten, solange wir noch in der Lage waren, einen Handel mit den Weißen zu machen.

Überraschenderweise hatten die meisten Anhänger dieser Fraktion zuvor eine Umsiedlung strikt abgelehnt. Sie rückten von ihrer ursprünglichen Haltung erst ab, als sie zu der Überzeugung gelangten, daß der Stamm keine andere Wahl hätte, als sein Heimatgebiet zu verlassen oder vernichtet zu werden. Kopf dieser Gruppe war Major Ridge, ein wortgewaltiger Redner, sein ehrgeiziger Sohn John und Ridges Neffe, Elias Boudinot alias Buck Watie. 1832 hatte Boudinot seine Position als Herausgeber des *Cherokee Phoenix* auf Druck von John Ross aufgegeben, denn Boudinot befürwortete in seinen Artikeln ab einem gewissen Zeitpunkt offenbar die Zuwanderung weißer Siedler; für Ross aber widersprach eine solche öffentliche Diskussion der Umsiedlungsfrage der traditionellen Verfahrensweise der Cherokee zur Regelung politischer Auseinandersetzungen. Zu Vater und Sohn Ridge und Boudinot stieß noch Boudinots jüngerer Bruder Stand Watie, der später Brigadegeneral in der Armee der Konföderierten und politischer Rivale von John Ross werden sollte. Die Befürworter eines Umsiedlungsvertrags mit den Weißen wurden als »Ridge-Partei« oder »Vertrags-Partei« bezeichnet. Sie hielten sich selbst für echte Patrioten, während Ross und die meisten anderen Angehörigen unseres Stammes sie als Verräter ansahen.

Manche Historiker sind zu dem Schluß gekommen, daß die umsiedlungsfreundliche Haltung in der Ridge-Partei ebensosehr von den persönlichen Ambitionen ihrer Anhänger wie von ihrer Sorge um den Stamm herrührte. Grace Steele Woodward äußert in ihrem Buch *The Cherokees* die Vermutung, daß es eine Art Verschwörung zwischen der Ridge-Partei und den Behörden Georgias gegeben habe. Laut Woodward glaubten Ridges Anhänger zu wissen, was das Beste für die Cherokee Nation sei und waren bereit, eine Entscheidungsfindung auf Stammesebene zu umgehen, um ihren eigenen Vorteil zu wahren. Was auch immer letztlich ihre Motive gewesen sein mögen, die Ridge-Partei fand wenig Unterstützung in der Cherokee-Bevölkerung. Trotz zunehmender stammesinterner Diskussionen über die Umsiedlung blieb die Mehrheit unseres Volkes loyal gegenüber John Ross und der Ross-Partei.

Beide rivalisierenden Gruppen sandten aber weiterhin eigene Delegationen nach Washington, um ein Abkommen auszuhandeln. Nachdem die Ridge-Partei sich eindeutig für eine Umsiedlung entschieden hatte, entsandte Präsident Jackson zu Beginn des Jahres 1835 Reverend John F. Schermerhorn, einen pensionierten niederländischen Geistlichen (er wurde von den meisten Cherokee »Horn des Teufels« genannt), als Regierungsbeauftragten zu unserem Stamm. Auf diese Weise sollte so rasch wie möglich ein annehmbarer Umsiedlungsvertrag zustande kommen. Der ausgehandelte Vertragsentwurf wurde jedoch im Oktober desselben Jahres von einer repräsentativen Vertretung der Cherokee Nation abgelehnt. Die Anhänger der Ridge-Partei zogen sich daraufhin zurück, um sich neu zu formieren. Wenig später bereitete John Ross eine weitere Reise in die Hauptstadt vor, um günstigere Vertragsbedingungen für den Stamm zu erwirken.

Während eines heftigen Unwetters am Abend des 5. Dezember 1835 überschritten fünfundzwanzig Mitglieder der Georgia Guard – eine Gruppe berittener Weißer, die kurz zuvor die Druckerei des *Cherokee Phoenix* beschlagnahmt hatten – die Grenze nach Tennessee und drangen in die Hütte von John Ross' Familie ein. Sie verhafteten Ross und seinen Hausgast, John

Howard Payne, den Dramatiker und Verfasser von *Home, Sweet Home*, der gerade Material für ein Buch über die Cherokee sammelte. Die Angehörigen der Truppe nahmen Paynes Manuskript und Ross' persönliche Dokumente an sich und verschleppten die beiden Männer in eine schmutzige Blockhütte in Georgia, die als Gefängnis diente. Dort war auch der Sohn des Sprechers des Cherokee-Stammesrates eingesperrt. Ross und Payne wurden fast zwei Wochen lang in Ketten gefangengehalten, ohne daß irgendeine Beschuldigung gegen sie vorgebracht wurde. Nach seiner Freilassung begab sich der unerschrockene Ross nach Washington, doch während seiner Abwesenheit organisierte Schermerhorn in New Echota eine Zusammenkunft von Stammesratsmitgliedern, die zu den Umsiedlungsbefürwortern gehörten und die den zuvor abgelehnten Vertrag unterzeichnen sollten.

Am 29. Dezember 1835 fanden sich nicht einmal 500 Angehörige der mindestens 17 000 Menschen zählenden Stammesbevölkerung in New Echota ein. Entgegen dem früheren Votum der Mehrheit unseres Volkes unterzeichneten einundzwanzig Befürworter der Umsiedlung, zu denen Major Ridge, John Ridge, Elias Boudinot und Stand Watie gehörten, das umstrittene Dokument mit ihrem Namen oder einem Kreuz. Unter ihnen befand sich kein einziger gewählter Repräsentant des Stammes. Durch den auf betrügerischem Wege zustande gekommenen Vertrag von New Echota überließ die Cherokee Nation den Vereinigten Staaten für 5 Millionen Dollar den Rest des ihr noch verbliebenen Landes östlich des Mississippi. Die Ridge-Partei erklärte sich auch bereit, den Südosten innerhalb von zwei Jahren nach Ratifizierung des Vertrags zu verlassen und nach Westen in das Indianerterritorium zu ziehen, welches uns für immer zugesprochen wurde.

Ross erhob »im Namen Gottes und der Cherokee Nation« Einspruch gegen den Vertrag; der Nationalrat der Cherokee prangerte ihn als arglistigen Betrug an. Ross reiste erneut nach Washington, um ein von mehreren tausend Cherokee unterzeichnetes Protestschreiben zu überbringen. Aber Jackson blieb hart. Trotz der eindeutigen Tatsache, daß die verfassungsmäßigen Organe der Cherokee Nation und der größte Teil der Stammesbevölkerung das Abkommen strikt ablehnten, ratifizierte der Kongreß den Umsiedlungsvertrag am 23. Mai 1836 mit einer Mehrheit von nur einer Stimme. Daraufhin zogen ein Teil unseres Volkes, darunter die Führer der Ridge-Partei, und einige christliche Missionare nach Westen. Häuptling Ross und seine Anhänger, die die Mehrheit des Stammes ausmachten, blieben im Südosten. Sie wehrten sich weiterhin gegen die Umsiedlung und protestierten gegen den Vertrag, den sie als Schande bezeichneten.

Als die von der amerikanischen Bundesregierung gesetzte Frist, innerhalb derer unser Volk sein Heimatgebiet verlassen mußte, im Frühjahr 1838 ablief, waren nur sehr wenige Cherokee »freiwillig« gegangen. Das Kriegsministerium, das die Umsiedlung so rasch wie möglich durchführen wollte, entsandte Truppenkontingente, die bei der gewaltsamen Vertreibung der noch verbliebenen Cherokee mitwirken sollten. Martin Van Buren, Jacksons Amtsnachfolger, unterschied sich in keiner Weise von früheren Präsidenten. »Kein Staat kann ungestört eine richtige Kultur und Zivilisation aufbauen und Fortschritte erzielen, solange er Indianer auf seinem Territorium duldet«, äußerte Van Buren. Er beauftragte daher General Winfield Scott mit der Leitung der Umsiedlungsoperation.

Obwohl Scott, der seine Mission verabscheuungswürdig fand, seinen Truppen befahl, rücksichtsvoll und human vorzugehen, wissen wir aus vielen Berichten, daß die Soldaten viele Cherokee mit Bajonetten aus ihren Hütten und von ihren Feldern jagten. Häuser wurden geplündert und Ernten verbrannt, Frauen und Mädchen vergewaltigt. Mischblütige Mädchen, die für die weißen Soldaten besonders attraktiv waren, wurden wie Whiskeyflaschen von Mann zu Mann weitergereicht. Ebenso wie die anderen südlichen Stämme Tausende von Menschen durch Cholera, Lungenentzündung und Unterkühlung während ihrer Inhaftierung und der Zwangsumsiedlung nach Westen verloren hatten, wurden die Cherokee Opfer einer ungeheuren Brutalität.

Ich habe im Bürgerkrieg gekämpft und mitangesehen, wie Männer in Stücke geschossen und zu Tausenden dahingeschlachtet wurden, aber die Umsiedlung der Cherokee war das Grausamste, was ich je erlebt habe.

Äußerung von Z. A. Zele, Freiwilliger in der Armee Georgias und später Oberst der Konföderierten zur Zwangsumsiedlung von 1838

Ohne warme Kleidung oder Nahrungsmittel und Wasser wurden die Angehörigen unseres Volkes wie Vieh zusammengetrieben und in Einpfählungen gepfercht, wo sie auf ihren Abtransport in das Indianerterritorium warteten. Manche legten die Strecke in Booten zurück; kranke und ältere Menschen wurden in überfüllten Eisenbahnwaggons transportiert. Die meisten wurden jedoch gezwungen, zu Fuß zu gehen oder zu reiten. Mehreren hundert Cherokee gelang es, den Soldaten zu entkommen. Sie flüchteten in die Berge und hielten sich dort versteckt.

Aufgrund der vielen Todesfälle unter den gefangenen Stammesmitgliedern drängte Ross General Scott, die Aufsicht über die Umsiedlung von etwa 17 000 Cherokee, einigen Weißen, freigelassenen Schwarzen und Sklaven ihm selbst zu übertragen. Wir dürfen heute nicht vergessen, daß während der Zwangsumsiedlung in den Jahren 1838/39 auch mehrere hundert Menschen afrikanischer Herkunft den »Weg der Tränen« gingen. Obwohl wir um das furchtbare menschliche Leid wissen, das unserem Volk und den Angehörigen anderer Indianerstämme widerfuhr, hören wir nur selten davon, daß gemeinsam mit uns auch die Afro-Amerikaner Grausamkeiten erdulden mußten.

Da ich mit vielen Indianern bekannt war und ihre Sprache fließend beherrschte, wurde ich im Mai 1838 als Dolmetscher in die Smoky Mountains entsandt und wurde dort Zeuge der brutalsten Operation, die es in der Geschichte der amerikanischen Kriegführung jemals gegeben hat.

Ich sah, wie die wehrlosen Cherokee verhaftet, aus ihren Häusern gezerrt und mit Bajonetten in die Einpfählungen getrieben wurden. Und ich konnte beobachten, wie sie an einem frostigen Oktobermorgen im Nieselregen wie Vieh oder Schafe in ... Eisenbahnwaggons verladen wurden ...

Die Traurigkeit und der feierliche Ernst dieses Morgens bleiben unvergeßlich. Häuptling John Ross sprach ein Gebet, und als das Signalhorn erklang und der Zug sich in Bewegung setzte, standen viele der Kinder auf und winkten mit ihren kleinen Händen zum Abschied ihrer Bergheimat zu, wissend, daß sie niemals mehr zurückkehren würden.

John G. Burnett,
ehemaliger Soldat
Eightieth Birthday Story, 11. Dezember 1890

Obwohl Jackson Van Buren davor gewarnt hatte, den Forderungen von John Ross zu entsprechen, folgte der neue Präsident dem Rat von General Scott und erlaubte unserem Stammesoberhaupt, die Umsiedlung selbst zu überwachen. Im Oktober 1838 brach das erste organisierte Kontingent von 1000 Cherokee zu der 1900 Kilometer langen Reise nach Westen auf. Bis zum März 1839 folgten zwölf weitere Gruppen.

Insgesamt starben mindestens 4000 Cherokee in den Gefangenenlagern oder auf dem Weg in das Indianerterritorium. Zu den Opfern gehörte auch Quatie Ross, die Ehefrau von Häuptling Ross. Ein Zeuge berichtete später, daß sie ihre einzige Decke einem kranken Kind gegeben habe, bald darauf an Lungenentzündung erkrankt und in einer bitterkalten Nacht gestorben sei. Sie wurde fern ihrer Heimat beigesetzt.

... Mord bleibt Mord, ob er nun im Dunkeln von einem Schurken oder von Männern in Uniform begangen wird, die zu den Klängen von Marschmusik ausschreiten. Mord bleibt Mord, und es muß jemanden geben, der eine Erklärung für die Ströme von Blut hat, die im Sommer 1838 im Land der Indianer flossen. Jemand muß eine Antwort haben auf die viertausend stummen Gräber, die an jenem Weg liegen, der die Cherokee in die Verbannung führte. Ich wünschte, ich könnte alles vergessen, aber das Bild der … Eisenbahnwaggons, die mit ihrer Ladung leidender Menschen über den gefrorenen Boden rumpeln, bleibt mir ins Gedächtnis eingebrannt.

JOHN G. BURNETT, *11. Dezember 1890*

7.

EIN KIND DER SECHZIGER JAHRE

Ein Jäger streifte an einem Wintertag durch den Wald, als er auf einmal einen Puma erblickte, der sich auf ihn zu bewegte. Sogleich machte er sich bereit, um sich zu verteidigen. Der Puma kam immer näher, und der Jäger wollte gerade auf das Tier schießen, als es zu sprechen begann. Plötzlich erschien es dem Mann, als ob es keinen Unterschied zwischen ihnen gäbe, als ob sie beide von der gleichen Art seien. Der Puma fragte den Mann, wohin er gehe, und der Mann antwortete, daß er nach einem Hirsch Ausschau halte. »Gut«, meinte daraufhin der Puma, »wir bereiten uns auf einen Grünmaistanz vor, und sieben von uns versuchen, einen Bock aufzuspüren, wir können also genausogut gemeinsam jagen.«

Dem Jäger war es recht, und sie gingen gemeinsam weiter. Sie spürten einen Hirsch auf und später noch einen anderen, aber der Puma gab kein Zeichen, sondern sagte nur: »Diese sind zu klein; wir wollen etwas Besseres.« Deshalb schoß der Jäger nicht, und sie gingen weiter. Dann spürten sie einen anderen, größeren Hirsch auf, und der Puma sprang ihn an, biß ihn in die Kehle und tötete ihn schließlich nach heftigem Kampf. Der Jäger zog sein Messer heraus, um die Beute zu häuten, aber der Puma sagte, das Fell sei zu stark zerrissen und nicht mehr brauchbar; sie müßten es daher noch einmal versuchen. Sie scheuchten einen weiteren großen Hirsch auf, und diesmal tötete ihn der Puma ohne Schwierigkeiten. Dann schlang er seinen Schwanz um das Tier und warf es über seinen Rücken. »Nun komme mit zu unserem Versammlungshaus«, forderte er den Jäger auf.

Der Puma ging mit dem erlegten Hirsch voran, lief einen kleinen Flußarm hinauf, bis sie zur Hauptquelle kamen. Es schien, als ob sich am Berghang eine Tür öffne, und sie traten ein. Der Jäger stand vor einem großen Versammlungshaus mit dem schönsten detsanunli *(Kultplatz), den er je gesehen hatte. Die umstehenden Bäume trugen grünes Laub, und die Luft war warm wie im Sommer. Es war eine große Gesellschaft anwesend, die sich auf den Tanz vorbereitete, und alle waren Pumas, doch erschien dies dem Jäger in irgendeiner Weise nur natürlich. Nach einer Weile fanden sich die anderen, die ebenfalls auf der Jagd gewesen waren, mit ihrer Beute ein, und der Tanz begann. Der Jäger tanzte mehrere Runden und meinte dann, es sei spät geworden und er müsse nach Hause gehen. Die Pumas öffneten ihm die Tür, der Jäger trat hinaus und stand plötzlich wieder allein im Wald. Es war kalter Winter, Boden und Bäume waren schneebedeckt. Als er in sein Dorf zurückkam, schickte sich gerade eine Gruppe von Leuten an, ihn zu suchen. Sie fragten ihn, wo er so lange gewesen sei, und er erzählte ihnen seine Geschichte. Er erkannte nun, daß er sich mehrere Tage lang im Versammlungshaus der Pumas aufgehalten hatte und nicht nur einen kurzen Moment, wie er geglaubt hatte.*

Der Jäger starb sieben Tage nach seiner Rückkehr, denn er hatte bereits das Wesen eines Pumas angenommen und konnte nicht mehr unter Menschen weilen. Wäre er bei den Pumas geblieben, hätte er weitergelebt.

Die Umsiedlung meiner Familie nach San Francisco war in vieler Hinsicht eine schlimme Erfahrung. Anders als unsere Vorfahren jedoch, die den »Weg der Tränen« durchlitten hatten, mußten wir nicht Hunderte von Meilen in Schnee und Regen zurücklegen. Wir mußten auch nicht befürchten, von Soldaten oder Strauchdieben mit Bajonetten erstochen oder erschossen zu werden. Wir verließen unsere Heimat freiwillig und nicht auf Anordnung der Regierung. Gleichwohl gab es manche Parallelen zu dem, was den Cherokee im 19. Jahrhundert widerfahren war. Nachdem unsere Familie in das Zweifamilienhaus in Potrero gezogen war, fühlten wir uns immer noch so entfremdet wie vermutlich unsere

Vorfahren, als sie in jener unbekannten Umgebung eintrafen, die ihre neue Heimat werden sollte. Trotz der vielen Jahrzehnte, die zwischen uns lagen, empfanden wir das gleiche Gefühl der Verlorenheit wie die Cherokee vor uns.

Viele Indianer, die in den fünfziger Jahren im Rahmen des Umsiedlungsprogramms des BIA nach San Francisco gezogen waren, betrachteten Kalifornien als das Land des Neuanfangs. Sie wollten den Werbebroschüren glauben, die den Umsiedlern gute Arbeitsplätze und ein glückliches Leben verhießen. Ich war zwar erst ein Kind, doch schenkte ich dieser Regierungspropaganda kein Vertrauen. Ich war überzeugt, daß meine Eltern die falsche Entscheidung getroffen hatten.

Vor allem war die Stadt in keiner Weise besonders einladend. Am schwersten traf mich die offene Diskriminierung, der wir ausgesetzt waren. Ethnische Intoleranz gehörte in Kalifornien eindeutig zum Alltag, sogar in der urbanen und kultivierten Welt San Franciscos. Nicht nur Afroamerikaner und Hispanics bekamen den Stachel des Rassismus zu spüren, sondern auch die Indianer.

Ich erinnere mich an einen Vorfall, der mir zu Bewußtsein brachte, was Rassenvorurteile bedeuteten. Bald nach unserer Ankunft in Kalifornien sagte eine Frau meiner Mutter geradewegs ins Gesicht, daß wir alle »Nigger-Kinder« seien und sie ein »Nigger-Liebchen«. Anlaß für diese Bemerkung war die dunkle Hautfarbe meines Vaters. Meine Mutter war empört über diese widerwärtige Beschimpfung, die blinden Haß und Ignoranz ausdrückte. Obwohl ansonsten von freundlichem Naturell, war sie über diese Bösartigkeit so erregt, daß sie gegen die Frau handgreiflich wurde!

Die meisten Menschen, die unsere Andersartigkeit nicht akzeptieren konnten, sagten uns jedoch nicht offen ins Gesicht, was sie dachten. Sie machten hinter unserem Rücken abfällige Bemerkungen.

Alle ethnischen Minderheiten in Kalifornien sind immer wieder Opfer von Ungerechtigkeiten und Intoleranz geworden. Die

Ausschreitungen gegen die Indianer setzten unmittelbar mit Beginn der weißen Besiedlung ein und arteten in die grausamste Unterdrückung aus, die eine Minderheit in dieser Region jemals erdulden mußte. Obwohl es in den letzten Jahren nicht mehr zu Gewalttätigkeiten gekommen ist, sieht sich die indigene Bevölkerung Kaliforniens immer noch einer herabwürdigenden Behandlung ausgesetzt.

Einst lebten hier mehr Indianer als in jeder anderen vergleichbaren Region nördlich von Mexiko. Sie waren Jäger, Fischer und Sammler und kamen im allgemeinen miteinander aus, ohne einander zu töten. Zum Zeitpunkt der Gründung der ersten spanischen Siedlung Mitte des 18. Jahrhunderts gab es auf dem Gebiet des heutigen Kalifornien mindestens 275 000 Indianer. Bis zum Jahr 1900 war ihre Zahl auf 16 000 geschrumpft.

Während die Cherokee und die anderen »zivilisierten Stämme« sich im Indianerterritorium einlebten, wurden die kalifornischen Indianer das Opfer von Genozid, Krankheiten, Hunger und offener Unterdrückung. Die weißen Siedler, Goldgräber und bewaffneten Banden vergnügten sich auf grausame Weise mit dem wahllosen Abschlachten der indigenen Bevölkerung. Das Gesetz des weißen Mannes war im Grunde das Fehlen jeglicher Gesetzesregeln.

In vieler Hinsicht glich Kalifornien in der zweiten Hälfte des 19. Jahrhunderts dem heutigen, von Gewalt heimgesuchten Bosnien, wo »ethnische Säuberungen« an der Tagesordnung sind. Laut einer Studie der University of California wurden zwischen 1850 und 1860 mindestens 1000 indianische Frauen so brutal vergewaltigt, daß die meisten an den ihnen zugefügten Verletzungen starben. Tausende wurden außerdem von weißen Männern zum Konkubinat gezwungen. Während der gleichen Zeit wurden fast 4000 indianische Kinder entführt und in die Sklaverei verkauft. Da sie den Plänen der Weißen im Wege standen, wurden die amerikanischen Ureinwohner wie Tiere gejagt. Noch 1870 gab es in Kalifornien Gemeinden, die Prämien auf die Skalps oder Köpfe von Indianern aussetzten.

Nur ein toter Indianer ist ein guter Indianer.

GENERAL PHILIP HENRY SHERIDAN, *Januar 1869*

Es gab aber auch Weiße, die versuchten, dem Gemetzel Einhalt zu gebieten. In den frühen achtziger Jahren des 19. Jahrhunderts überreichte die aus Neuengland stammende Autorin Helen Hunt Jackson, die für ihren Einsatz zugunsten der Indianer bekannt wurde, allen Kongreßabgeordneten ein Exemplar ihres Buches *A Century of Dishonor*, das die Indianerpolitik der amerikanischen Regierung anprangerte. Diese Darstellung wurde wegweisend für weitere kritische Werke zu diesem Thema, die zwei Jahrzehnte später erschienen, und gehörte zu den einflußreichsten Büchern des späten 19. Jahrhunderts. Helen Hunt Jackson wurde in eine Sonderkommission berufen, die die Situation der Indianer in Kalifornien untersuchen sollte. Der von diesem Gremium erstellte Bericht fand im Kongreß wenig Beachtung, doch sammelte die Autorin durch ihre Tätigkeit in der Kommission Material für ihren Roman *Ramona*. Einige Kritiker bezeichneten diese 1884 erschienene Schilderung der Verbrechen an den Missionsindianern als *Onkel Toms Hütte* Kaliforniens.

Noch andere Weiße setzten sich für die Indianer ein. 1901 wurde unter der Federführung von Charles F. Lummis in Los Angeles eine Organisation gegründet, die nach dem bekannten Cherokee-Gelehrten Sequoya League benannt wurde. Ihr Ziel war, »bessere Indianer zu machen« – was auch immer das heißen mochte –, wozu sie der indigenen Bevölkerung Nahrungsmittel und Kleidung oder finanzielle und rechtliche Unterstützung zukommen ließ.

Die kalifornischen Indianer waren in einer noch schlechteren Lage als die Stämme in anderen Teilen der USA, denn nur wenige von ihnen konnten sich in Reservate flüchten. Die im 19. Jahrhundert ausgearbeiteten Verträge, die die Gründung von Reservaten vorsahen, wurden niemals ratifiziert, so daß die meisten kalifornischen Indianer jeglichen Landes beraubt wurden. Sie waren gezwungen, sich auf irgendeine Weise durchzuschlagen, was

viele von ihnen nicht überlebten. Manchen gelang es, als Landarbeiter auf den weiten kalifornischen Plantagen ihren Lebensunterhalt zu verdienen; andere glitten in Armut und Obdachlosigkeit ab, wurden herumgestoßen und als Last für die
Gesellschaft abgeschrieben.

Ich weiß, worin das Unglück der Stämme liegt. Ihr Unglück
besteht nicht darin, daß sie rothäutig sind oder nur halb
zivilisiert oder einer im Aussterben begriffenen Rasse angehören. Ihr Unglück ist, daß sie über große Flächen fruchtbaren
und an Bodenschätzen reichen Landes verfügen, das die Hab-
gier mächtiger Gesellschaften und Persönlichkeiten geweckt
hat ... Ich fürchte zutiefst, daß der Beschluß, keine Verträge
mehr mit den Indianern zu schließen, für das Indianerland
den Anfang vom Ende bedeutet. Es stellt den ersten Schritt
einer großen Plünderungsaktion dar, durch den die Indianer
alles verlieren und Konzerne und einzelne sich bereichern
werden und der Name Amerikas mit Schande bedeckt in die
Geschichte eingehen wird.

Eugene Casserly,
kalifornischer Senator, 1871

Eine der Fragen, die mir heute am häufigsten gestellt werden,
lautet, warum die Indianer so viele Probleme haben. Wo liegen
die Ursachen für die hohe Arbeitslosigkeit, das niedrige Bil-
dungsniveau, die geringe Selbstachtung und den Alkoholmiß-
brauch? Meine Antwort lautet, daß wir nur einen Blick auf die
Geschichte werfen müssen. Sie offenbart alle äußeren Einflüsse,
die dazu beigetragen haben, unser Volk dorthin zu bringen, wo
es heute steht.

Trotz aller Schwierigkeiten, mit denen sich die Indianer auseinandersetzen mußten, wurden sie in Kalifornien zu der am
schnellsten wachsenden ethnischen Minderheit in diesem Jahrhundert, obwohl sie kaum in den Genuß des außerordentlichen
Reichtums dieses Bundesstaats kamen. Während dort im Jahre

1900 die indianische Bevölkerung nur knapp 16 000 Menschen zählte, war sie 1960, wenige Jahre nach Ankunft unserer Familie in Kalifornien, auf 40 000 gestiegen. Manchen Quellen zufolge hätten bei der Volkszählung von 1960 bis zu 75 000 indianische Bürger registriert werden können, doch die Zähler identifizierten nicht alle Personen, die englische oder spanische Nachnamen trugen, als Indianer. Nur ein kleiner Prozentsatz lebte in Reservaten und *rancherias*; die meisten hatten sich in Los Angeles oder San Francisco niedergelassen.

Dieses beträchtliche Wachstum der indianischen Bevölkerung in Kalifornien, das insbesondere nach dem Zweiten Weltkrieg zu verzeichnen war, hatte mehrere Ursachen. Vor allem wurde die indigene Bevölkerung Amerikas nicht mehr so schlecht behandelt wie in der Zeit vorher. Obwohl die Indianer weiterhin mit vielen sozialen und wirtschaftlichen Problemen zu kämpfen hatten, begannen sich Ende der zwanziger Jahre manche Weiße der Situation der amerikanischen Ureinwohner bewußt zu werden; immer weitere Kreise begannen sich mit der Problematik auseinanderzusetzen. In jenen Jahren, in denen unsere Familie nach Kalifornien zog, bemühte man sich dort, im Bereich von Bildung, Sozialfürsorge und anderen öffentlichen Dienstleistungen die Unterschiede zwischen Indianern und Nicht-Indianern abzubauen. Zudem trug der in den Nachkriegsjahren einsetzende massive Zustrom von indianischen Umsiedlern aus Oklahoma, Nord- und Süddakota und dem Südwesten zum Bevölkerungswachstum bei.

Ich persönlich hatte jedoch Schwierigkeiten, mich in San Francisco einzugewöhnen, jene große Stadt, die ich als so fremd und kalt empfand. Das San Francisco, das ich als junges Mädchen in den späten fünfziger und frühen sechziger Jahren erlebte, war nicht jene vornehme, kultivierte Stadt der Luxusvillen von Nob Hill, der malerischen Straßenbahnen, schicken Restaurants und eleganten Hotels. Meine Familie nahm ihren Lunch nicht zusammen mit den Touristen in Fisherman's Wharf ein und dinierte auch nicht in Trader's Vic. Wir trafen uns nicht mit Freunden im

Crown Room auf dem Fairmont Hotel, um zu betrachten, wie der Nebel über der San Francisco Bay heraufzog. Die Leute, die so etwas taten, waren sozial und wirtschaftlich weit besser gestellt als wir. Unserer Familie weit vertrauter – und lieber – waren die Menschenmengen, die in Kaufhäusern wie Goodwill oder St. Vincent de Paul nach Sonderangeboten Ausschau hielten. Wir aßen zu Hause einfache Mahlzeiten, trugen Second-Hand-Kleidung und kamen mit dem monatlichen Familieneinkommen gerade über die Runden. Unser schmales Budget erlaubte keine Extras oder irgendwelchen Luxus.

Ein gutes Jahr nach unserer Ankunft in San Francisco hatte mein Vater mit Hilfe des Geldes, das mein Bruder Don von seinem Lohn beisteuerte, genug für eine Anzahlung auf ein kleines Haus zusammengespart. Wir verließen die viel zu enge Wohnung in Potrero Hill und zogen nach Daly City, das südlich von San Francisco auf der südlichen Halbinsel im San Mateo County lag. Daly City war nach dem Erdbeben und dem Feuer von 1906 entstanden, als viele Bewohner der Stadt zu John Dalys Ranch geflohen waren. Das Gebiet entwickelte sich zu einem Wohnviertel, das in den Jahren des Aufschwungs nach dem Zweiten Weltkrieg rasch expandierte und zu einem der fünfzig größten Gemeinden Kaliforniens wurde.

Unser neues Haus hatte kaum mehr als Spielzeuggröße. Es gab darin nur drei kleine Schlafzimmer, einen großen Raum im Erdgeschoß und keinerlei Komfort. Meine Schwestern und ich schliefen in Etagenbetten. Ich würde dieses neue Zuhause als bescheiden bezeichnen, ähnlich jenen vielen anderen billigen Häusern, die in endlosen Reihen die Hügel entlang des Pazifik und der Bucht von San Francisco überzogen.

Für unsere Familie insgesamt erwies sich der Umzug nach Daly City als positiv. Das neue Haus bedeutete eine merkliche Verbesserung gegenüber unserer ersten Bleibe; wir waren sozial aufgestiegen. Etwa zur gleichen Zeit begann sich mein Vater im *San Francisco Indian Center* zu engagieren, wo wir andere in der Region ansässige Indianer kennenlernten. Für mich persönlich änderte sich jedoch nichts. Ich war immer noch unglücklich über unsere Umsiedlung nach Kalifornien und fühlte mich vor allem in der Schule unwohl.

Ich kam mir gebrandmarkt vor, blieb eine Außenseiterin und wurde von meinen Mitschülern so behandelt, als käme ich von einem anderen Stern. Ich war äußerst unsicher und empfand die kleinsten Bemerkungen oder Blicke als verletzend, besonders dann, wenn andere mir ganz banale Alltagsdinge erklären mußten. Zudem hatte kurz nach unserem Umzug nach Daly City das neue Schuljahr begonnen, und ich mußte mich erneut mit fremden Kindern auseinandersetzen, die sich über meinen Akzent und meinen Namen lustig machten.

Außerdem vollzogen sich auch in mir selbst Veränderungen, die ich mir nicht erklären konnte und die mich sehr verwirrten. Ich durchlebte alle Nöte eines Mädchens, das zur Frau wird, war ratlos und voller Angst. Zu allem Überfluß erlebte ich einen Wachstumsschub und erreichte fast meine volle Erwachsenengröße, weshalb die Leute mich für weit älter als zwölf Jahre hielten. Ich haßte meinen Körper, haßte die Schule, die Lehrer, die Mitschüler. Aber vor allem haßte ich die Stadt.

Gegen meine Eltern und meine restliche Familie empfand ich keinen Zorn, doch war in mir alles in Aufruhr. Ich schrie stumm um Hilfe, doch konnte mich niemand hören. Mein Vater brauchte all seine Kraft, um unseren Lebensunterhalt zu sichern und gleichzeitig seine eigene Enttäuschung und Verwirrung über das Leben in einer kalifornischen Großstadt zu verarbeiten. Meine Mutter war immer bemüht, uns bei der Lösung unserer Probleme zu unterstützen, aber sehr durch die Sorge um Nahrung und Kleidung in Anspruch genommen. Schließlich verkündete mein ältester Bruder Don, daß er heiraten werde. Er hatte im *Indian Center* eine nette junge Choctaw-Frau namens La Vena kennengelernt und sich verliebt. Wir alle freuten uns über diese Neuigkeit, doch führten wir auch lange Gespräche über die Probleme, die sich ergeben würden, wenn Don die Familie verlassen und sein Einkommen uns nicht mehr zur Verfügung stehen würde.

Angesichts all dessen gewann ich den Eindruck, daß niemand Zeit für mich hatte. Ich glaubte, daß es keinen Menschen gab, dem ich mich anvertrauen und der mich wirklich verstehen würde. Mein Selbstwertgefühl war auf einem Nullpunkt angelangt. Da beschloß ich, vor allem zu flüchten, von zu Hause fortzulaufen. Damals erschien mir dies als beste und einzige Lösung.

Ich fuhr zu meiner Großmutter Sitton, die in Riverbank lebte. Sie war eine unabhängige Frau, die ich seit unserem Umzug an die Westküste besser kennengelernt und zu der ich große Zuneigung gefaßt hatte. Sie würde mich, so hoffte ich, vielleicht verstehen, mich trösten und mir bei der Bewältigung meiner Probleme helfen. Überdies mochte ich Riverbank, weil dort Cherokee-Familien lebten, die während der Dust-Bowl-Ära aus Oklahoma dorthin gezogen waren. In ihrer Umgebung fühlte ich mich wohler.

Meine jüngere Schwester Linda und ich hatten etwas Geld beiseite gelegt, das wir uns mit Babysitten während der Zusammenkünfte anderer Familien im *Indian Center* verdient hatten. Es war nicht viel, doch ausreichend für eine Busfahrkarte. Natürlich rief meine Großmutter, als ich bei ihr erschien, sofort meine Eltern an und sagte: »Pearl ist hier, bitte holt sie ab.« Meine Eltern waren sehr verstimmt, und mein Vater kam nach Riverbank, um mich zurückzuholen. Doch damit war die Sache nicht ausgestanden. Nach kurzer Zeit lief ich ein zweites Mal fort, fuhr wieder zu meiner Großmutter und wurde von meinen Eltern wieder nach Daly City zurückgebracht. Einmal tat meine Schwester Linda es mir nach und lief ebenfalls von zu Hause weg, an irgendeinen anderen Ort, der mir nicht bekannt ist. Meine Eltern fanden sie und holten sie zurück. Ich jedoch kam nicht zur Ruhe und flüchtete immer wieder zu meiner Großmutter, im Laufe eines Jahres wohl mindestens fünfmal.

Meine Eltern hatten keinen Einfluß mehr auf mich, hielten mich für unerziehbar. Sie erkannten, daß ich wirklich nicht in der Stadt leben wollte, und so gaben sie nach und erlaubten mir, zu meiner Großmutter zu gehen. Diese hatte schon ihren zweiten

Ehemann überlebt, ihr Haus verkauft und das Geld ihrem Sohn und seiner Frau geschenkt – meinem Onkel Floyd Sitton und meiner Tante Frauline. Nachdem Floyd aus dem Zweiten Weltkrieg zurückgekehrt und aus dem Militärdienst entlassen worden war, waren sie nach Kalifornien gezogen. Mein Onkel kaufte mit dem Geld meiner Großmutter eine Milchfarm nördlich von Riverbank, in der Nähe der Stadt Escalon. Als Dank für diese Hilfe bei der Erfüllung ihres »Traums« nahmen mein Onkel und meine Tante Großmutter Sitton bei sich und ihren vier Kindern auf – Tommy, Mary Louise und die Zwillinge Eddie und Teddie.

Kurz vor Beginn der achten Klasse zog ich zu meiner Großmutter und den anderen Verwandten auf der Sitton-Ranch. Wir waren übereingekommen, daß ich ein Jahr bei ihnen verbringen sollte. Obwohl diese Zeit für mich letztlich eine sehr positive Erfahrung darstellte, ergaben sich anfangs Schwierigkeiten. Zwischen meinen Cousins und Cousinen und mir kam es immer wieder zu Auseinandersetzungen, was jedoch nicht auf meine indianische Abstammung zurückzuführen war, sondern auf die Rivalität zwischen uns. Wir waren zudem typische Landkinder und wichen daher Kämpfen nicht aus. Und aufgrund meiner Überempfindlichkeit und meines fehlenden Selbstbewußtseins betrachtete ich in der ersten Zeit nach meiner Ankunft schon kleinste Bemerkungen und Gesten als Provokation.

Insbesondere erinnere ich mich an einen Vorfall, der sich ereignete, als wir zusammen mit Onkel Floyd von der Arbeit auf den Feldern zurückkehrten. Mein Cousin Teddie verspottete und neckte mich so lange, bis mir der Kragen platzte. Als er mich wieder und wieder an den Haaren zog, fuhr ich herum und verpaßte ihm einen Kinnhaken, so daß er zu Boden fiel. Meine Verwandten waren sehr verärgert und erwägten sogar, mich wieder nach Hause zu schicken. Aber die Aufregung legte sich bald, ich wurde ruhiger, und die Neckerei hatte ein Ende. Die Atmosphäre zwischen uns Kindern begann sich zu entspannen; mein Leben schien sich zum Besseren zu wenden.

Ich gewann ein wenig mehr Selbstvertrauen und trat anderen

deshalb mit weniger Mißtrauen gegenüber. Dies war zum großen Teil meiner Großmutter zu verdanken. Sie erwies sich als streng, aber nicht voreingenommen, wodurch sie mir in dieser kritischen Phase meines Lebens half, mich selbst zu akzeptieren und mich meinen Problemen zu stellen.

Sogar die Schule erschien mir einladender als früher. Als ich auf die Farm kam, hatte ich dort kein gleichaltriges Kind zum Freund. Ich schützte mich durch mein abweisendes Auftreten und schreckte damit andere ab. Meine Cousins hatten in der kleinen Gemeindeschule herumerzählt, daß meine Eltern mich hierher geschickt hätten, weil sie nicht mehr mit mir fertig würden. Mir eilte also kein guter Ruf voraus, so daß ich während der Lunch- und Erholungspausen meist allein blieb. Am Ende des Schuljahres hatte ich aber trotz dieses schwierigen Anfangs einige Freunde gewonnen, ich verstand mich besser mit meinen Cousins und meiner Cousine und hatte Freude an der Arbeit auf der Farm.

Das Jahr auf dem Land war genau das gewesen, was ich gebraucht hatte. Wir standen alle jeden Tag um fünf Uhr morgens auf, um die Kühe zu melken und die Hausarbeit zu erledigen. Mir wurde als Hauptaufgabe übertragen, die Scheune sauberzuhalten. Neben den Milchkühen hielten mein Onkel und meine Tante einige Schweine und ein Pferd; außerdem gab es einen großen Gemüsegarten. Die körperliche Arbeit und die frische Luft taten mir gut – einmal hatte ich sogar Gelegenheit, meiner Tante Frauline bei der Geburt eines Kalbes zu helfen. Neben all diesen Pflichten fanden wir aber immer noch genug Zeit, um auf den Feldern umherzustreifen und in den Bächen schwimmen zu gehen.

Während dieser gemeinsam verbrachten Zeit übte meine Großmutter einen nachhaltigen Einfluß auf mich aus. Von der vielen Zeit, die ich mit ihr verbrachte, empfand ich keinen Moment als verschwendet. Sie war trotz ihrer geringen Körpergröße eine Person von kräftiger Statur, eigenwillig, geradeheraus, zäh und sehr unabhängig. Von tiefer Religiosität erfüllt, nahm sie täglich ihr Gesangbuch zur Hand; ihr Lieblingslied war *Rock of Ages*. Sie betätigte sich gern im Garten, züchtete Hühner und pflückte Pfirsiche. Großmutter Sitton und mein Vater – beide gehörten zu jenen Menschen, die ich als junge Frau am meisten bewunderte – schätzten harte Arbeit. Ich glaube, daß vor allem ihr Beispiel mein eigenes Arbeitsethos prägte.

Nach diesem Aufenthalt besuchte ich die Farm während meiner High-School-Zeit in jeden Sommerferien. Meist kamen auch einige meiner Brüder und Schwestern, und wir halfen zusammen bei der Feldarbeit oder bei der Obsternte, um uns Geld für den Kauf von Kleidung für das neue Schuljahr zu verdienen. Außer uns gab es auch einige weiße Erntearbeiter, denen ich jedoch nicht so mißtrauisch begegnete wie anderen Weißen. Diese Leute, die von den Kaliforniern spöttisch »Okies« oder »Arkies« genannt wurden, waren gute Freunde – arbeitsam, erdverbunden und immer bereit, das wenige, das sie besaßen, mit anderen zu teilen, die noch weniger hatten. Für uns Geschwister waren diese Wochen trotz der anstrengenden Arbeit eine Zeit der Freiheit. Wir schwammen in den Kanälen, besuchten das Autokino und schlürften im örtlichen Dairy-Queen-Restaurant Kirsch-Cola oder Limonade. Manchmal fuhren wir in die nahegelegene Stadt Modesto, um die Straßen unsicher zu machen – jener Ort, aus dem der Regisseur George Lucas stammt und wo er auch seinen Film *American Graffiti* drehte, der das Leben von Teenagern im kleinstädtischen Amerika schildert.

Ich freute mich immer auf die Aufenthalte bei meiner Großmutter, und auch nach meiner Heirat besuchte ich sie oft. Ich setzte mich auf ihren Schoß, und wir neckten einander und lachten. Als Frau voller Lebensmut und Energie schloß meine Großmutter mit über achtzig Jahren ihre dritte und letzte Ehe. Nachdem sie ihren Mann kennengelernt hatte, bat sie mich sogar, ihr Haar schwarz zu färben, weil sie glaubte, so besser auszusehen. Ich half ihr auch, sich zurechtzumachen, bevor beide nach Reno in Nevada fuhren, um dort zu heiraten. Pearl Halady Sitton hat ihr Leben immer genossen; bis kurz vor ihrem Tod blieb sie eine heitere und aktive Frau. Es stimmt mich glücklich, wenn ich an sie denke und an die Zeit, die ich mit ihr verbrachte.

Geleitet von meinem Erbe der Liebe für das Schöne und dem Respekt vor Stärke – auf der Suche nach dem Garten meiner Mutter – habe ich meinen eigenen gefunden.

ALICE WALKER,
Auf der Suche nach den Gärten unserer Mütter, 1974

Nach dem Jahr bei meiner Großmutter kehrte ich wieder nach San Francisco zurück, jedoch nicht in unser Haus in Daly City, denn meine Familie lebte nicht mehr dort. Während meiner Abwesenheit hatten mein Bruder Don und seine Freundin La Vena geheiratet. Sie hatte eine Beschäftigung bei einer Telefongesellschaft gefunden, er arbeitete für Pacific Gas and Electric. Sie gründeten einen eigenen Haushalt in der Nähe von Candlestick Park. Erwartungsgemäß zwang der Verlust von Dons Einkommen meine Eltern zu finanziellen Einschnitten, und so mußte meine Familie das Haus in Daly City aufgeben. Mein Vater fand im südöstlichen San Francisco eine preisgünstigere Bleibe für uns, auf einer Landzunge, die in die Bucht hineinragte. Das Viertel hieß Hunter's Point.

Hunter's Point war nach einem kalifornischen Goldsucher benannt worden, der dort während des Goldrauschs von 1849 eine Stadt hatte gründen wollen. Schließlich waren auf der Landzunge aber eine riesige Werft und Trockendocks für die US-Kriegsmarine errichtet worden. Das Viertel erlebte im Zweiten Weltkrieg einen Boom, und dieser Aufschwung setzte sich auch noch in den ersten Nachkriegsjahren fort, als in der Region große Wohnungsnot herrschte. Ironischerweise mußten die japanisch-stämmigen Amerikaner, die nach ihrer langen Haft in den von Dillon Myer errichteten Lagern zurückkehrten, feststellen, daß aufgrund der vielen Arbeitsplätze in den Werften und Rüstungsfabriken massenhaft schwarze Arbeiter in die »Little Tokyos« der Stadt gezogen waren. Auch in den Siedlungen, die auf dem

Vorangehende Seite:
Redbird Smith, sitzend, und Dick Scott von den Nighthawk Keetoowah.
(Oklahoma Historical Society)

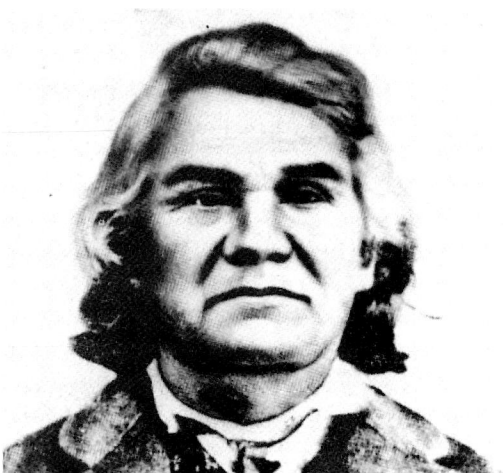

Stand Watie, Brigadegeneral der konföderierten Streitkräfte.
(Cherokee National Historical Society, Tahlequah, Oklahoma)

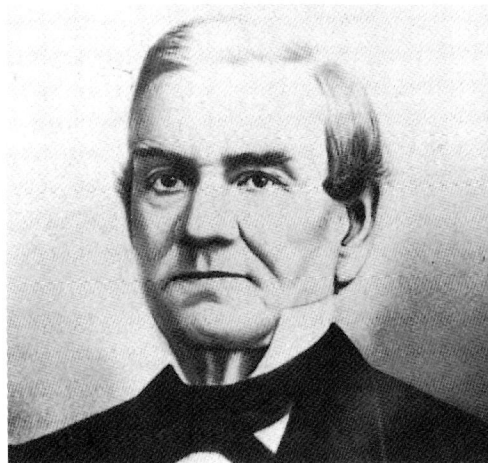

John Ross, Oberster Häuptling der Cherokee Nation von 1828 bis 1866.
(John Vaughan Library, Northeastern State University, Tahlequah, Oklahoma)

Antrittsrede von Cherokee-Häuptling Charles Thompson; Tahlequah, Oklahoma, 1875.
(John Vaughan Library, Northeastern State University, Tahlequah, Oklahoma)

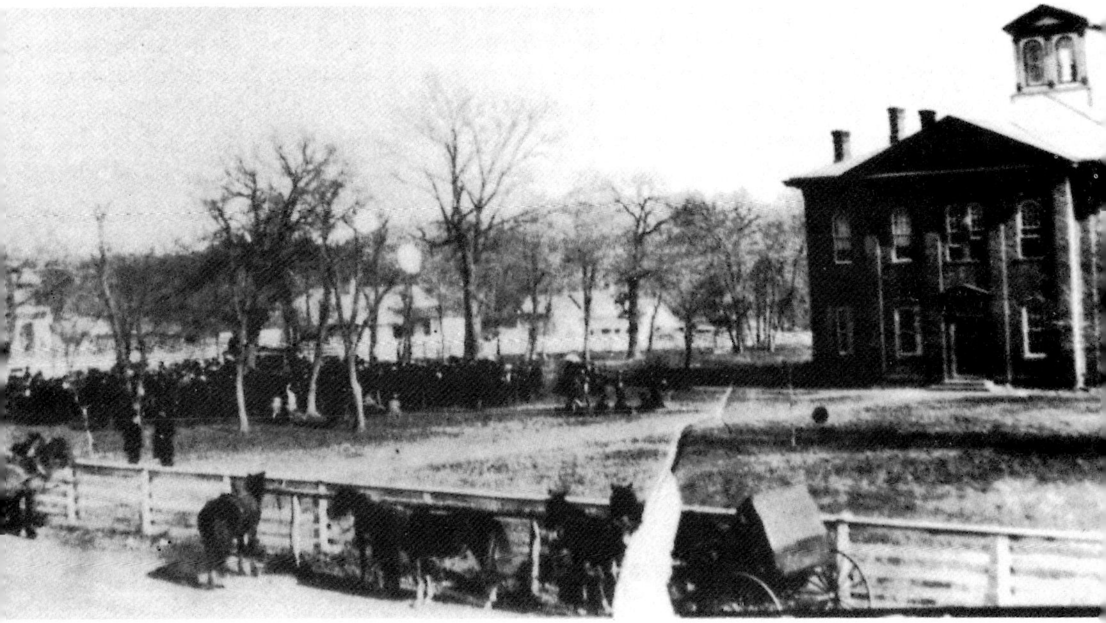

Einweihungsfeier für das wiederaufgebaute Cherokee-Frauenseminar am 7. Mai 1889.
(*John Vaughan Library, Northeastern State University, Tahlequah, Oklahoma*)

Cherokee-Senat, 1889.
(*John Vaughan Library, Northeastern State University, Tahlequah, Oklahoma*)

Janana Ballard, Lehrerin am Cherokee-
Frauenseminar, mit Schülerinnen;
um 1887. *(R. Lee Fleming)*

Zusammenkunft des Keetoowah-Bundes
am 12. September 1917.
Stehend von links nach rechts: Steve Sand, Tim Alex, Charley Scott, Bluford Sixkiller,
Redbird Smith, William Rogers, Jim Hogshooter, Sam Lacy, Steve Cary.
Sitzend: Peter Nix, Osie Hogshooter, Tom Horn. *(Oklahoma Historical Society)*

Redbird Smith von den
Nighthawk-Keetoowah.
(Oklahoma Historical Society)

RECHTE SEITE: *Ayunini* oder Swimmer, der Cherokee-Medizinmann, von dem James Mooney einen Großteil der Informationen für sein Werk bezog. (*Smithsonian Institution*)

Im späten 19. Jahrhundert entstandene Aufnahme von Rosa Hildebrand, die aus einer einflußreichen Cherokee-Familie stammte. (*Smithsonian Institution*)

Portraitaufnahme von Susan Sanders, einer Cherokee-Frau, deren Aufmachung auf die völlige Ablehnung der traditionellen Bekleidungssitten der Cherokee hindeutet; möglicherweise handelt es sich aber auch nur um eine Pose für den Photographen. (*Smithsonian Institution*)

NKS OBEN: Cherokee bei einer Mahlzeit aus
flügel und Bohnen; Anfang des 20. Jahrhunderts,
m Springs, Oklahoma. (*Western History Collections,
iversity of Oklahoma Library*)

CHTS OBEN: Ein im Jahre 1887 geborenes, ernstes
ges Cherokee-Mädchen in Gesellschaftskleidung.
mithsonian Institution)

NKS UNTEN: Eine Cherokee-Frau namens Walini,
e im späten 19. Jahrhundert lebte und vermutlich
den traditionalistisch gesinnten Angehörigen
seres Stammes zählte; Cherokee, North Carolina.
mithsonian Institution)

CHTS UNTEN: Zwei unbekannte Cherokee-Frauen
i Töpferarbeiten; Cherokee, North Carolina.
mithsonian Institution)

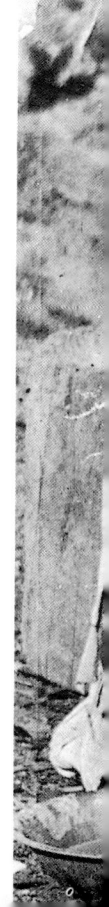

Häuptling John Ross und seine Frau Mary Stapler Ross.
(*Cherokee National Historical Society*)

Cherokee-Nationalrat, Tahlequah 1889. (*John Vaughan Library,
Northeastern State University, Tahlequah, Oklahoma*)

Zu Beginn dieses Jahrhunderts auf-
genommenes Familienphoto meiner
Verwandtschaft väterlicherseits.
Hintere Reihe: Links Maggie Mankiller,
die Tante meines Vaters, und rechts
mein Großvater, John Mankiller; in der
Mitte zwei unbekannte Frauen.
Vordere Reihe: Der zweite von links
ist mein Urgroßvater Jack Mankiller;
der vierte von links Colson; die
fünfte von links Mary Mankiller.
Die anderen Personen sind unbekannt.

RECHTE SEITE OBEN: Sadie Sitton, meine
Tante mütterlicherseits, und meine Mutter
Irene in Stilwell, Oklahoma, 1922.

RECHTE SEITE UNTEN: Familienphoto
meiner Verwandtschaft väterlicherseits,
vom Beginn dieses Jahrhunderts.
Hintere Reihe, von links nach rechts:
Jenny Mankiller-Christie, Colson (George)
Mankiller und Mary Mankiller-Hughes.
Vordere Reihe, von links nach rechts:
Sally, meine Tante väterlicherseits,
Großvater John mit meinem Vater Charley
im Arm, und meine Großmutter Betty
Bolin Canoe Mankiller.

Meine Großeltern mütter-
licherseits, Robert Bailey Sitton
und Ethel Pearl Sitton; Stilwell,
Indianerterritorium, 1902.

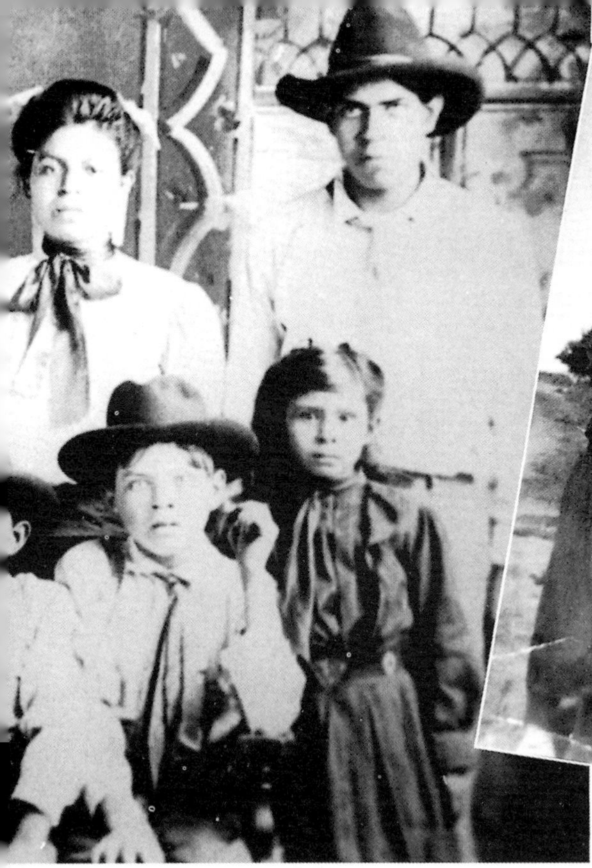

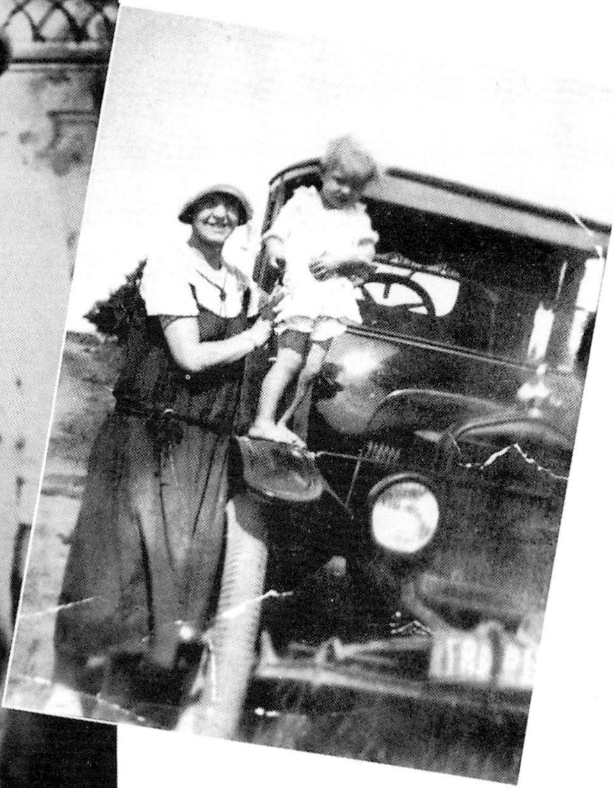

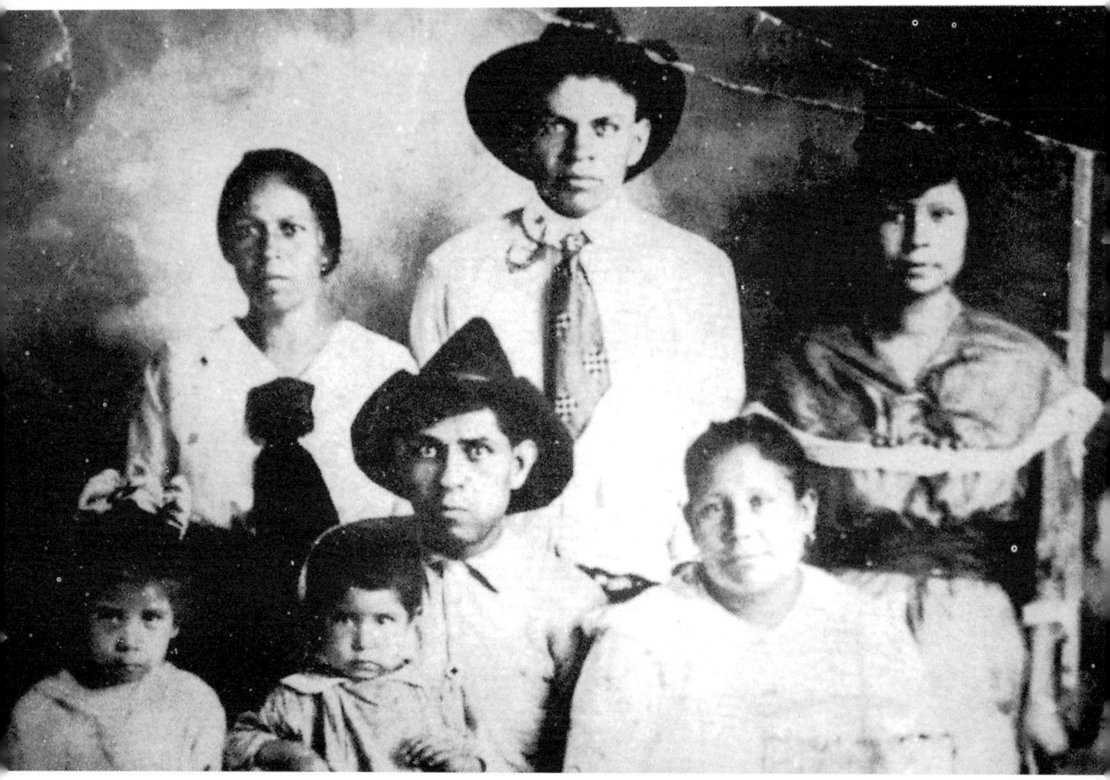

Meine Geschwister und ich auf Mankiller Flats bei Rocky Mountain, Oklahoma, 1949.
Hintere Reihe von links nach rechts: Robert (teilweise verdeckt), Louis (Don), Frieda.
Mittlere Reihe, von links nach rechts: John, Frances, Wilma. Vorne: Linda.

UNTEN: Meine älteren Geschwister
auf der Veranda unseres gemieteten
Hauses bei Stilwell, Oklahoma,
im Jahre 1945. Von links nach rechts:
John, Frances, Robert, Frieda und Don.

Eine Freundin und ich bei einem Powwow in der Region von San Francisco; ich trage ein geliehenes Wildlederkleid, 1962.

Mein Vater, Charley Mankiller, bei einem
Familienausflug Mitte der sechziger Jahre.

RECHTS UNTEN: Meine Großmutter
mütterlicherseits, Pearl Sitton, und ich
in Riverbank, Kalifornien, 1961.

LINKS AUSSEN MITTE: Mein Bruder
Robert Charles Mankiller macht sich
für eine Verabredung fein;
San Francisco, 1960.

LINKS UNTEN: Ein Familienausflug in den
Golden Gate Park in San Francisco, 1960.
Hintere Reihe, von links nach rechts:
Richard, Wilma, Linda, John, Mutter und
Vater. Vordere Reihe, von links nach
rechts: James und Vanessa.

Meine Eltern, Irene Sitton Mankiller und Charley Mankiller,
in ihrer Jugend, in Stilwell, Oklahoma.

Alle Photos ohne Quellenangaben mit freundlicher Genehmigung von Wilma Mankiller.

Schwemmland in Hunter's Point errichtet worden waren, hatten sich Tausende von schwarzen Familien niedergelassen. Viele von ihnen kamen aus Oklahoma, Texas und anderen Staaten, aus denen während der Dust-Bowl-Ära auch zahlreiche Weiße geflohen waren.

Der Name Hunter's Point läßt an eine reiche Wohngegend denken, wo Polospieler und Börsenmakler leben, doch das genaue Gegenteil war der Fall – es wohnten dort vor allem Werftangestellte und Tagelöhner. Obwohl die Werft bis 1974 bestand, wurden die Arbeitsplätze in den sechziger Jahren immer knapper, so daß die in Hunter's Point ansässigen Arbeiter zunehmend verarmten. Schließlich sank das Viertel fast zum Ghetto ab.

Wir lernten auch einige Indianer kennen, die dort lebten, darunter auch eine Cherokee-Familie. Sie stammte aus Locust Grove, einer alten Stadt der Cherokee Nation im östlichen Oklahoma, und war ebenfalls im Rahmen des Umsiedlungsprogramms des BIA nach Kalifornien gekommen.

In Hunter's Point begann ich die Realität der Welt um mich herum zu erkennen. Die meisten Polizisten, Lehrer, Politiker und anderen Autoritätspersonen waren weiß. In unserem Viertel lebten zwar einige Asiaten, Samoaner und auch ein paar Weiße, aber trotz dieser ethnischen Sprengselung war Hunter's Point vor allem eine schwarze Gemeinde. Die Kultur der amerikanischen Schwarzen hatte tiefgreifenden Einfluß auf meine persönliche Entwicklung. Während das restliche Amerika Pat Boone, den Beach Boys und Elvis lauschte, hörten ich und meine Freundinnen Etta James, Dinah Washington, Sarah Vaughan, B.B. King und andere schwarze Sängerinnen und Sänger. Ich saß lange Stunden mit meinen besten Freundinnen, Johnnie Lee und La Vada, zusammen und sprach über all die Dinge, die Mädchen unseres Alters beschäftigten – Musik, Jungen, Eltern und Erwachsenwerden. Manchmal schminkten wir uns, machten uns die Haare zurecht und tanzten zu Schallplattenmusik, wobei wir uns vorstellten, auf einer Party weit weg von Hunter's Point zu sein. Sogar heute noch, über dreißig Jahre später, empfinde ich den schwesterlichen Umgang mit schwarzen Frauen als besonders angenehm.

Meine Mutter schloß ebenfalls herzliche Freundschaften mit Menschen sehr verschiedener Herkunft, wie zum Beispiel einer Filipina, die im Haus nebenan wohnte. Mehrere Jahre lang lebten wir also in enger Nachbarschaft mit anderen Kulturen – außerhalb unseres Stadtteils wurde Hunter's Point nur »Harlem West« genannt.

Wir wohnten in einem jener für die Gegend typischen kleinen Häuser, das aber überraschenderweise im Innern akzeptabel ausgestattet war. Die Zimmer waren klein, doch das Haus hatte zwei Stockwerke und war insgesamt großzügiger gebaut als die Häuser vorher. Vor allem gab es keine Ratten. Küche und Badezimmer waren zufriedenstellend eingerichtet und der Holzfußboden insgesamt in ordentlichem Zustand.

Außerhalb des Hauses lagen die Dinge jedoch ganz anders. Es herrschte eine ungeheure Feindseligkeit zwischen den schwarzen und den samoanischen Jugendlichen in Hunter's Point. Manchmal fühlte man sich wie im Kriegsgebiet, wenn rivalisierende Gangs in den Straßen aufeinanderprallten. Hin und wieder arteten solche Zusammenstöße in gewaltige Schlachten aus. Aus unserem Schlafzimmer im ersten Stock, das ich mit meiner Schwester Linda teilte, konnten wir vom Fenster aus die Schönheit von Himmel und Wasser bewundern oder auf die Straße hinunterblicken, wo wilde Schlägereien stattfanden.

Diese ärmlichen Straßen hielten für mich Lektionen von unschätzbarem Wert bereit, sie erteilten mir einen fortlaufenden Unterricht über die Armut und Gewalt in den Städten.

In vieler Hinsicht ähnelte die Gegend den anderen Orten, an denen wir gewohnt hatten; dennoch war es auch eine ganz eigene Welt. Unterschiede bestanden vor allem darin, wie die Menschen ihre Lebenssituation wahrnahmen. In Vierteln wie Hunter's Point tobte ein ständiger Kampf gegen Rassenvorurteile. Ständig bemühte man sich mit aller Kraft, seine Kinder von der Straße und von Drogen fernzuhalten. Und all das in einer Umgebung, in der sehr verschiedene Menschen lebten, die jedoch alle zutiefst enttäuscht und dem restlichen Amerika nicht nur in räumlicher Hinsicht fern waren. Das Leben dort glich tatsächlich einem langen, heißen, langweiligen, faulen Nachmittag – man hatte nichts zu tun, konnte nirgendwo hingehen und hatte keine Aussicht auf eine bessere Zukunft.

Ich werde niemals vergessen, wie ich einmal etwas verschluckt hatte und zu ersticken drohte, so daß mein Vater einen Krankenwagen rief. Es war spät nachts, und als er der diensthabenden Person am Telefon unsere Adresse mitteilte, erfuhr er, daß nach Sonnenuntergang keine Rettungswagen mehr nach Hunter's Point geschickt würden. Schließlich gelang es ihm selbst, den Gegenstand zu entfernen. Wir sprachen aber niemals darüber, was geschehen wäre, wenn ihm dies nicht geglückt wäre. Ein anderes Mal hielt ein Polizeiauto in der Nachbarschaft, die Polizisten stiegen aus, um zu telefonieren, wobei sie das Fahrzeug unbeaufsichtigt ließen. Als sie zurückkamen, waren alle Scheiben eingeschlagen. Das war in Hunter's Point etwas ganz Alltägliches. Die gesamte Polizei wurde ausnahmslos als »der Feind« betrachtet. Niemals sah man in ihnen engagierte Menschen, die helfen konnten. Unser Stadtteil war ein »Niemandsland«, das sich ständig im Belagerungszustand befand.

Dennoch war das Viertel mein Zuhause, und ich würde auf die Erfahrungen, die ich dort machte, um keinen Preis verzichten. Dort lebten wir, als mein Bruder Bob in Washington starb, als ich beschloß zu heiraten und mein Vater die Entscheidung traf, San Francisco zu verlassen und nach Castroville in der Bucht von Monterey zu ziehen. Viele wichtige Ereignisse in meinem Leben spielten sich dort ab.

Das Leben in Hunter's Point vermittelte mir auch einen Einblick in Kulturen, die ich sonst nie kennengelernt hätte. Als ich 1991 den Film *Boyz N the Hood** sah, war ich verblüfft, wie

---

* A.d.Ü.: (Dt. Titel *Die Jungs im Viertel*.) *Hood* ist eine abgekürzte Form von *neighbourhood*, was soviel bedeutet wie »Nachbarschaft«, »Viertel«.

vertraut mir die dort dargestellten Familien erschienen, obwohl fast dreißig Jahre vergangen waren, seit ich selbst in einer solchen Gegend gelebt hatte.

Wann immer ich von Kriminalität, Drogen und Gangs in den Innenbezirken der Großstädte höre oder lese, passieren diese den Filter meiner Erfahrungen in Hunter's Point. Obwohl derartige Stadtviertel mit ungeheuren Problemen zu kämpfen haben, findet sich dort auch viel Stärke, die niemand wahrnimmt und anerkennt. Vor allem die Frauen haben eine ungeheure Kraft. Tag für Tag stehen sie in ihrem Überlebenskampf vor schier unüberwindlichen Problemen. Sie sind nicht nur die Mütter ihrer eigenen Kinder, sondern die des ganzen Viertels. Armut ist für sie nicht nur ein Wort zur Beschreibung einer sozialen Situation, sondern die gnadenlose Realität des Alltagslebens. Sie bedürfen großer Zähigkeit, ja Härte, um nicht aufzugeben, wenn sie sich ständig sorgen müssen, ob das alte Auto funktioniert und genug Geld für Benzin vorhanden ist; wenn sie in St. Vincent de Pauls in Bergen von abgelegten Kleidern wühlen müssen, um für ihre Kinder etwas zum Anziehen zu finden, womit diese in der Schule nicht ausgelacht werden; wenn sie sich ständig die bange Frage stellen müssen, ob das Essen reichen wird. Aber nie geben sie die Hoffnung auf, daß ihre Kinder eine gute Ausbildung erhalten und ein besseres Leben führen werden.

Zig Millionen von Amerikanern fallen durch die Maschen des Wohlfahrtsstaates. Alles zusammengenommen gibt es eine Kultur der Armut... schlechter Gesundheitszustand, unzureichende Wohnverhältnisse, wenig Motivation und Tatkraft und viele psychische Probleme.

MICHAEL HARRINGTON,
The Culture of Poverty, 1962

Als wir 1960 nach Hunter's Point zogen, hatte mein Vater seine Arbeit in der Seilfabrik aufgegeben und eine Stelle als Dockarbeiter angenommen. Er hatte auch begonnen, sein Einkommen durch Pokern aufzubessern. Seine Mitspieler kamen meist zu großen Spielrunden zu uns nach Hause, die bis tief in die Nacht dauerten. Am Ende hatte mein Vater fast jedesmal ein paar Dollar verdient. Er hatte sehr viel Selbstvertrauen – vor allem darauf war wohl sein Erfolg zurückzuführen.

Bei einigen seiner Mitspieler handelte es sich um Arbeitskollegen, doch viele waren Indianer, die er im *Indian Center* von San Francisco kennengelernt hatte.

Das *Indian Center*, das in einem alten Holzgebäude in der Sechzehnten Straße am Rande des rauhen Mission-Viertels untergebracht war, wurde für mich viele Jahre lang zum Zufluchtsort. Das Kaninchen aus der Legende hatte nun doch seinen hohlen Baumstamm gefunden, in den die Wölfe nicht eindringen konnten.

In vieler Hinsicht gewann das Zentrum für mich eine größere Bedeutung als die verschiedenen Schulen, die ich besuchte. Zwar war ich mittlerweile von einer Schule in einem städtischen Innenbezirk, die von Gewalttätigkeit geprägt war, an eine andere staatliche High-School gewechselt, die vorwiegend von Schülern asiatischer Herkunft besucht wurde und wo eine friedlichere Atmosphäre herrschte. Diese Veränderung half mir jedoch nicht viel. Zwar hatte ich einiges an Selbstvertrauen gewonnen, aber wie zahlreiche andere Jugendliche hatte ich kein klares Ziel vor Augen, wußte nicht, was ich nach der Schule tun wollte und mußte mich allein orientieren. Doch auf eines konnte ein launischer, mit sich selbst beschäftigter Teenager sich verlassen – am Ende des Tages würde im *Indian Center* alles freundlicher aussehen. Für mich wurde dieser Ort zu einer Oase, wo ich meine Gefühle und Frustrationen mit Gleichaltrigen teilen konnte, die sich in einer ähnlichen Situation befanden.

Das Zentrum bot für jeden etwas. Wir konnten uns dort ungestört aufhalten, auch wenn wir nichts tun oder nur fernsehen wollten. Jüngere Kinder wurden durch organisierte Veranstaltungen wie Picknicks oder Ausflüge in die indianische Gemeinschaft eingeführt. Ältere Kinder konnten an Tänzen und

Sportprogrammen teilnehmen und sich gelegentlich durch Arbeit in der Snackbar ein wenig Geld verdienen. Die Erwachsenen spielten Bingo, nahmen an stammesübergreifenden Zusammenkünften teil und diskutierten vor allem mit anderen indianischen Umsiedlern aus dem ganzen Land über aktuelle Angelegenheiten und Probleme. Wir sprangen einfach in einen Bus und fuhren ins *Indian Center* – ebenso wie heute manche Jugendlichen zum Spaß ins Einkaufszentrum gehen.

Das Zentrum hatte für jedes Mitglied unserer Familie große Bedeutung, auch für meinen Vater. Als entschlossener Mann, der seinen Prinzipien auch dann treu blieb, wenn sie zur verlorenen Sache geworden waren, gab er schließlich seine Stelle als Dockarbeiter auf und wurde gewerkschaftlicher Vertrauensmann in einem Gewürzhandelsunternehmen in San Francisco. Neben seinen gewerkschaftlichen Aktivitäten engagierte er sich auch für Projekte des *Indian Center*. Als zum Beispiel die Forderung nach einem unabhängigen Krankenhaus für die um die San Francisco Bay ansässigen Indianer laut wurde, sammelte er im Zentrum alle verfügbaren Kräfte, um das Vorhaben durchzusetzen. Um eine breitere Öffentlichkeit zu erreichen, nahm er sogar an einer Fernsehdiskussion über die Klinik teil. Vielleicht war es diese Zeit, in der er einen Einfluß auf meine zukünftige Entwicklung ausübte, den ich damals noch nicht ermessen konnte.

Wenn er an etwas glaubte, arbeitete er rund um die Uhr, um sein Ziel zu erreichen. Häufig brachte er irgendwelche Pechvögel mit nach Hause, die eine Mahlzeit und eine Unterkunft für die Nacht brauchten. Wir mußten dann sehr eng zusammenrücken, aber es fand sich dennoch immer Platz für diese Hilfsbedürftigen. Mein Vater gab einen Menschen niemals verloren, und ich glaube, daß er diese Hartnäckigkeit an mich weitergegeben hat. Wenn ich mir einmal etwas in den Kopf gesetzt habe, gebe ich niemals auf. Ich bin in einer Familie aufgewachsen, in der niemals die Rede davon war, daß ich etwas nicht tun könne, weil ich ein Mädchen oder eine Indianerin oder arm sei. Und natürlich hätte ich nicht darauf gehört.

Nur meinem Vater hörte ich immer sehr genau zu, auch wenn ich nicht mit allem einverstanden war, was er sagte. Seit meiner Kindheit war ich es gewohnt, regelmäßig alle Tagesereignisse mit ihm zu besprechen. Die besten Diskussionen führten wir über politische Themen, auch wenn es dabei manchmal recht hitzig zuging. Nach meinem politischen Erwachen als Teenager wurde ich zur Anhängerin der Partei Franklin Roosevelts, Harry Trumans und eines aufsteigenden neuen Sterns der Sechziger – John F. Kennedy. Mein Vater hingegen war Mitglied der Republikanischen Partei, was für einen älteren Angehörigen der »Fünf Stämme«, insbesondere bei den Cherokee, nichts Ungewöhnliches war, und wer unsere Geschichte kennt, ist darüber im allgemeinen nicht überrascht. Es heißt, daß ein Historiker einmal einen Cherokee aus Oklahoma gefragt habe, warum so wenige Stammesangehörige der älteren Generation Anhänger der Demokratischen Partei wurden. Die Antwort soll gelautet haben: »Glauben Sie, wir würden die Partei unterstützen, der der verdammte alte Andrew Jackson angehört hat?« Für die älteren stand die Wahl also fest – die Republikaner waren das kleinere von zwei Übeln.

Trotz unserer unterschiedlichen politischen Auffassungen genossen mein Vater und ich diese Diskussionen und vor allem die Zeit, die wir im *Indian Center* verbrachten. Viele Familien, die wir dort trafen, waren in der gleichen Situation wie wir. Sie hatten erkennen müssen, daß ihnen das BIA leere Versprechungen gemacht hatte. Wir alle kamen zu dem gleichen furchtbaren Schluß – das Umsiedlungsprogramm der Regierung bedeutete für uns eine Katastrophe, beraubte uns unserer Lebenskraft und unserer Wurzeln. Daher war das *Indian Center* so ungeheuer wichtig für uns. Es war ein sicherer, ruhiger Hort, an den wir uns im Aufruhr und der Ungewißheit der sechziger Jahre flüchten konnten.

So auch, als mein Bruder Robert 1960 ums Leben kam. Bob war erst zwanzig Jahre alt, als er starb. Er war der National Guard beigetreten, hatte sein Glück als Boxer versucht, ab und an Gelegenheitsarbeiten angenommen und schien keine langfristigen, konkreten Pläne zu haben. Mein Vater wünschte, daß er solider werden und sich einen festen Arbeitsplatz suchen solle, aber Bob war ein ruheloser Charakter. Er und sein Freund Louie Cole, der zu einem Viertel Choctaw war, beschlossen, die Stadt zu verlassen. Louie war neunzehn und mein erster richtiger Freund. Beide jungen Männer wollten auf Abenteuer ausziehen und den Rest des Landes entdecken. Zuvor aber beabsichtigten sie Geld für Ausrüstung und Verpflegung zu verdienen.

Beide gingen zunächst nach Norden, an die Küste des Bundesstaates Washington, wo sie nach zwei oder drei Wochen Arbeit als Apfelpflücker fanden. Sie wohnten in kleinen Hütten, die neben den Obstplantagen lagen. Wenn sie frühmorgens aufstanden, war es noch kalt und dunkel; daher machten sie immer ein Feuer in einem Holzofen, wobei sie Kerosin verwendeten, um das Feuer schneller zum Brennen zu bringen. Eines Morgens griff mein Bruder, noch schlaftrunken, anstatt Kerosin einen Kanister Benzin. Die Hütte ging in Flammen auf. Da die Tür mit einem defekten Bolzen verriegelt war, konnten beide nicht sofort flüchten und erlitten schwere Verbrennungen, wobei Bob noch in weit schlimmerem Zustand war als Louie.

Meine Eltern, Don und meine älteste Schwester Frieda, die noch in Oklahoma lebte, fuhren nach Washington, um meinem Bruder beizustehen. Der Doktor meinte, daß er wahrscheinlich überleben würde, wenn er die ersten sieben Tage durchhalten könnte. Bei den Cherokee hat die Zahl Sieben eine magische Bedeutung. Wir haben sieben Clans, unser heiliges Feuer wird mit Holz von sieben verschiedenen Baumarten entzündet, und wir kennen sieben Himmelsrichtungen – Norden, Süden, Osten, Westen, oben, unten und »wo es ist«. Wir hofften, daß die sieben Tage unserem Bruder Glück bringen würden.

Bob, ein attraktiver und charmanter Junge, war immer der bestaussehende in unserer Familie gewesen. Er war groß und athletisch, ein sorgloser Typ. Zu meinem Bruder Don blickte ich auf, aber Bob war immer ein strahlendes Vorbild für mich. Wir alle fragten uns, wie sein Leben aussehen würde, wenn er dies überstünde. Es war offensichtlich, daß er niemals wieder derselbe sein würde.

Als eine kleine Hoffnung zu bestehen schien, daß Bob überleben würde, kehrte mein Vater, der arbeiten mußte, wieder nach Hause zurück, während meine Mutter bei unserem Bruder blieb. Doch wie sich herausstellte, war er nicht mehr zu retten. Er lebte noch genau sieben Tage, dann starb er.

Ich bin mir nicht sicher, ob die Zahl ihm damit wirklich Unglück gebracht hatte.

Er wurde nach Kalifornien überführt und in Oakdale beerdigt, einer Gemeinde am Stanislaus River, die nicht weit entfernt vom Anwesen meiner Großmutter lag. Bobs Tod war für uns alle ein Schock. Ich erinnere mich nicht mehr, wer mir die Nachricht überbrachte; wahrscheinlich war es eine meiner älteren Schwestern. Ich weiß nur noch, daß ich dastand und anfing zu schreien. Ich schrie, so laut ich konnte, um diese grausamen Worte zu übertönen. Ich war fünfzehn Jahre alt und hatte den Tod noch niemals aus so großer Nähe miterlebt.

Auch meine Eltern waren zutiefst erschüttert. Der Verlust eines Kindes ist der schlimmste Todesfall, der einen Menschen treffen kann. Niemand rechnet damit, seine eigenen Nachkommen zu überleben. Doch nach diesem tragischen Ereignis widerfuhr meiner Familie wie zum Ausgleich ein großes Glück. In jenem Monat, in dem Bob starb, wurde meine Mutter im Alter von vierzig Jahren zur Überraschung aller noch einmal schwanger. Neun Monate später kam mein Bruder William zur Welt. Zwar kann niemand einen anderen Menschen ersetzen, doch nach diesem großen Verlust empfanden wir Bills Geburt als seliges Geschenk.

Louie Cole wurde noch mehrere Monate lang in Washington im Krankenhaus behandelt, bevor er nach Kalifornien zurückkehren durfte. Er lebte in der Nähe von Riverbank, wo ich ihn während meines Aufenthalts bei meiner Großmutter kennengelernt hatte. Wir sahen uns noch ab und zu, doch unsere enge

Freundschaft war vorbei. Gelegentlich schrieben wir uns, aber schließlich brach der Kontakt ab.

Viele Jahre später, als ich schon lange wieder in Oklahoma lebte und mich in der Stammespolitik engagierte, stattete mir Louie einen Besuch ab. Er war mehrmals verheiratet gewesen und bezog wegen seiner Brandverletzungen immer noch eine Erwerbsunfähigkeitsrente. Ich fühlte mich in Louies Gesellschaft nicht besonders wohl, denn er hatte etwas Düsteres und Grüblerisches an sich und wollte nur über die Vergangenheit sprechen, vor allem über die schlechten Zeiten. Etwa ein Jahr nach seinem Besuch erhielt ich einen Brief von seiner Mutter, in dem sie mir mitteilte, daß er von einer seiner früheren Ehefrauen bei einem Streit erschossen worden sei.

Louie war mein erster Freund, was aber nicht heißt, daß es sehr viele gegeben hat. Im Grunde war ich Jungen gegenüber eher schüchtern, obwohl ich im *Indian Center* einige junge Männer kennenlernte, die mich interessierten. Einer von ihnen war Ray Billy. Ich war etwa sechzehn, als ich mit ihm auszugehen begann. Er gehörte dem kalifornischen Indianerstamm der Pomo an, war etwas älter als ich und bewohnte ein eigenes Apartment. Wir waren etwa ein Jahr lang zusammen. Mein Vater mochte ihn, und das zählte für mich besonders. Gelegentlich lieh sich Ray ein Auto, fuhr bei uns zu Hause in Hunter's Point vor und fragte meinen Vater, ob er mich auf eine Spazierfahrt mitnehmen dürfe. Manchmal erlaubte mein Vater uns auch, unser Familienauto zu nehmen. Alle mochten Ray; er war ein Gentleman – meistens zumindest.

Er konnte sich jedoch auch äußerst gerissen zeigen. Eines Abends gingen wir am Strand spazieren. Mir wurde kalt, und so schlug er vor, daß wir zu ihm nach Hause fahren, eine Jacke holen und uns aufwärmen sollten. Es war der klassische Trick, und ich wäre beinahe darauf hereingefallen! Als wir in seiner Wohnung waren, behauptete er, er sei müde, und wir sollten uns ein wenig auf seinem Bett ausruhen. Da wurden mir auf einmal seine Absichten klar und ich weigerte mich energisch, mitzuspielen.

Er fand meine Reaktion jedoch lächerlich. Wenig später ließ er mich wegen eines Mädchens fallen, das kurz zuvor zur Miss Indian San Francisco oder dergleichen gewählt worden war. Ray und ich sahen uns nicht wieder. Ich war sehr verletzt, begann mich aber bald wieder zu trösten, machte die Erfahrung, daß man die erste Enttäuschung – und sogar die zweite oder dritte – verwinden kann.

Meine Familie und meine Freunde halfen mir über meinen Kummer hinweg. Auch die Musik, die wir damals hörten, trug dazu bei, meine Stimmung zu heben. Meine Freundinnen und ich begeisterten uns für Rock 'n' Roll und Soul, für so populäre Songs wie *Hit the Road, Jack* und *I Found my Thrill on Blueberry Hill*. Unsere bevorzugten Radiostationen waren zwei Soul-Sender, KDIA und KSAN. Wir träumten davon, wie es sein würde, wenn die Schulzeit vorbei wäre und wir frei sein würden.

Meist war ich im Unterricht nur physisch präsent. Ich war niemals eine begeisterte Schülerin und habe an jene Zeit in der High-School kaum Erinnerungen von Belang. Meine Noten umfaßten, je nach Fach und Interesse, die ganze Zensurenskala. Naturwissenschaften und Mathematik waren für mich Fußangeln, doch hatte ich eine Vorliebe für Englisch und Literatur. Meine Lehrer hinterließen bei mir so wenig Eindruck, daß ich nicht einmal mehr ihre Namen weiß. Ich war kein besonders geselliger Typ, nahm nicht am Gesangskreis, an der Redaktion der Jahrbücher, den Sportgruppen oder an sonstigen Aktivitäten teil, mit Ausnahme von *Junior Achievement**, das mir viel Freude bereitete.

Die meiste Zeit verbrachte ich im *Indian Center*, an das ich auch die lebendigsten Erinnerungen meiner Teenagerzeit habe. Es tat sich dort viel mehr als Tischtennisspiele und Tanzparties. In den

A.d.Ü.: Lehrprogramm, das in den fünfziger und sechziger Jahren von Wirtschaftsverbänden für jugendliche High-School-Besucher durchgeführt wurde. Die Schüler gründeten unter Anleitung von Geschäftsleuten Firmen, stellten ein Produkt her und vertrieben es. Auf diese Weise sollten sie frühzeitig mit dem Wirtschaftsleben vertraut gemacht werden.

frühen sechziger Jahren lagen Veränderungen in der Luft; man konnte sie beinahe greifen. Viele Menschen, darunter meine Freunde, Geschwister und ich, spürten die unruhige Aufbruchsatmosphäre. Das neue Jahrzehnt versprach eine Zeit bedeutsamer sozialer Bewegungen und offener Rebellion zu werden. Bahnbrechende Gesetze und große Fortschritte lagen vor uns, aber auch vernichtende Kriege und sinnlose Tragödien.

Schon vor 1960 war die Gegend um die Bucht von San Francisco zu einem Anziehungspunkt für Künstler und Aufrührer geworden, die sich als Vorreiter des Wandels verstanden. Eine neue Generation erhob ihre Stimme. Ich gehörte zu ihr; San Francisco war der Ort der Stunde. Wir waren bereit, uns dem Jahrzehnt und unserem Leben zu stellen.

8.

DAS INDIANERTERRITORIUM

Zur Zeit der Schöpfung wurde dem weißen Mann ein ulunsuti, *ein Kristall, gegeben und dem Indianer ein Brocken Silber. Aber der weiße Mann verschmähte den Kristall und warf ihn fort, und der Indianer tat dasselbe mit dem Silberbrocken. Später fand der weiße Mann das Silber, steckte es ein und hält es seither in hohen Ehren. Der Indianer wiederum entdeckte den Kristall, den der weiße Mann fortgeworfen hatte. Er nahm ihn an sich und bewahrt ihn seither als Talisman auf, ebenso wie das Geld dem weißen Mann als Talisman Macht verleiht.*

In den sechziger Jahren gelangten viele Menschen – von intellektuellen Regimekritikern und Bürgerrechtlern bis hin zu establishmentfeindlichen Ideologen und rebellischen Jugendlichen – zu der Überzeugung, daß in den USA ein Wandel fällig sei. Gesellschaftliche Erschütterungen und kulturelle Veränderungen, wie sie diese Zeit prägten, waren für uns, die amerikanischen Ureinwohner, aber keineswegs neu. Seit langer Zeit bemühten wir uns unablässig, unser Gleichgewicht wiederzuerlangen, und manche von uns hatten die Hoffnung beinahe aufgegeben.

Wir waren es gewohnt, unsere Lebensweise immer wieder zu verändern, und ob die Situation nun Nachgiebigkeit oder, was seltener der Fall war, offensives Verhalten erforderte, wir wußten uns anzupassen und Zugeständnisse zu machen. Dies war für uns seit dem ersten Vordringen der Weißen zur effizienten Überlebensstrategie geworden – auch dann noch, als die Bundesregierung immer wieder neue Verträge mit uns schloß und Versprechungen machte, die niemals eingehalten wurden.

Solange der Mond aufgeht,
solange die Flüsse fließen,
solange die Sonne scheint,
solange das Gras wächst.
Übliche Wendung bei der Formulierung
von Verträgen mit Indianern.

Die Nöte der Cherokee Nation hatten mit der Ankunft unseres Volkes im Indianerterritorium in den Jahren 1838/39 noch kein Ende. Viele der Angehörigen unseres Volkes, die die Strapazen des »Wegs der Tränen« überlebt hatten, wurden krank; manche Berichte sprechen von Tausenden von Menschen, die im ersten Jahr nach der Zwangsumsiedlung starben. Das schlimmste Übel waren aber vermutlich die stammesinternen Streitigkeiten.

Argwohn und Bitterkeit traten nun zwischen den drei Cherokee-Fraktionen zutage. Es gab die Arkansas-Cherokee oder »Alten Siedler«, die vor dem Vertrag von 1835 freiwillig über den Mississippi nach Westen gezogen waren und später, als sie bereits ein eigenes Regierungssystem geschaffen hatten, in das Indianerterritorium kamen. Dann die Vertrags-Partei oder Ridge-Partei, an deren Spitze Major Ridge, John Ridge, Elias Boudinot, Stand Watie und andere standen, die den Vertrag von New Echota aus dem Jahre 1835 befürwortet hatten. Schließlich die Ross-Partei, die sich aus den Anhängern von John Ross zusammensetzte, der sich dem Vertrag von 1835 heftig widersetzt hatte; diese Gruppe machte die Mehrheit der Cherokee aus. In Anbetracht der divergierenden Auffassungen der drei Fraktionen war eine Konfrontation unvermeidlich.

Nachdem die letzten Umsiedler im Indianerterritorium eingetroffen waren, forderte die Ross-Partei, daß alle Stammesmitglieder ein neues, für die gesamte Cherokee Nation gültiges Regierungs- und Gesetzessystem schaffen sollten. Aber die Alten Siedler und die Vertrags-Partei widersetzten sich gemeinsam diesem Vorschlag, wobei sie argumentierten, daß bereits eine geeignete Regierung existiere. Obwohl diese Gruppe sich gegenüber der Ross-Partei im Verhältnis drei zu eins in der Minderheit befand, bestand das Bündnis darauf, daß die »Alten Siedler« weiter die Regierungsmacht ausüben sollten, zumindest, bis im Herbst 1839 nach allgemeinem Stimmrecht ein neues Stammesparlament gewählt würde. Etwa 6000 Cherokee aller Fraktionen kamen am 10. Juni 1839 bei Ta-ka-to-ka zusammen, um über die Angelegenheit zu beraten, aber nach fast zwölf Tagen heftiger Diskussionen war keine der Parteien auch nur einen Fußbreit von ihrer Position abgerückt; eine Einigung kam nicht zustande.

Am 22. Juni, unmittelbar nach der Vertagung des Stammestreffens, wurden die drei bekanntesten Führer der Vertrags-Partei – Major Ridge, John Ridge und Elias Boudinot – ermordet. Zweifellos waren sie auch wegen ihrer Rolle bei den Vertragsverhandlungen umgebracht worden, die zum »Weg der Tränen« geführt hatten.

Die Attentate ließen die Menschen erschauern. John Ridge war in seinem Haus von einer Schar bewaffneter Männer überfallen worden. Sie zerrten ihn ins Freie, wo seine entsetzte Familie mitansehen mußte, wie mit Messern auf ihn eingestochen und ihm schließlich die Kehle durchgeschnitten wurde. Einige Stunden später wurde 64 Kilometer vom Haus seines Sohnes entfernt Major Ridge, der unweit der Grenze zu Arkansas zu Pferd unterwegs war, aus dem Hinterhalt erschossen. Von mindestens fünf Schüssen getroffen, stürzte Ridge zu Boden und wurde von seinem scheuenden Pferd zu Tode getrampelt. Auf den nichtsahnenden Boudinot gingen die Killer mit Bowiemessern und Tomahawks los und schlugen ihm schließlich den Schädel ein; die Bande hatte sich unter dem Vorwand, medizinischen Rat zu suchen, in sein Haus in Park Hill Einlaß verschafft.

Die unbekannten Attentäter sollen Sympathisanten der Ross-

Partei gewesen sein. Es heißt, sie wären übereingekommen, daß Ross niemals etwas von ihrem Vorhaben erfahren dürfe, und hätten dann ausgelost, wer den Henkersdienst zu leisten hatte. Freunde des Häuptlings, die Vergeltung fürchteten, sammelten unverzüglich Männer zu seinem Schutz und stellten eine Freiwilligengarde von 600 bewaffneten Cherokee auf, die in der Umgebung von Ross' Haus patrouillierten.

Ross, ein friedliebender Mann des Geistes, verwahrte sich heftig gegen eine Mitwisserschaft an den Morden. Seine Anhänger verwiesen auf ein von John Ridge formuliertes Gesetz der Cherokee Nation, das vor der Umsiedlung, im Jahre 1829, vom Nationalrat verabschiedet worden war. Darin wurde die Todesstrafe für Stammesangehörige gefordert, die für schuldig befunden worden waren, dem Tausch oder Verkauf von Stammesbesitz zugestimmt zu haben. Für viele Cherokee stellte der Mord an den drei Männern eine gerechte und angemessene Strafe dar und wurde als Blutrache entsprechend den Bräuchen unseres Stammes betrachtet.

Kurz nach dem Tod von Vater und Sohn Ridge und Elias Boudinot erklärte der Nationalrat die drei Männer und ihre Verbündeten posthum per Erlaß zu Geächteten. Der Rat verfügte außerdem, daß die Attentäter nicht des Mordes schuldig seien und sprach sie von jeglicher kriminellen Handlung frei.

Stand Watie, Boudinots jüngerer Bruder, hatte als Befürworter des Vertrags von New Echota ebenfalls auf der Todesliste der Attentäter gestanden. Doch wurde er von Reverend Samuel Worcester vor der Verschwörung gewarnt und konnte offenbar auf Comet, dem schnellen Pferd des Missionars, entkommen. Andere Stammesangehörige, die den Umsiedlungsvertrag unterzeichnet hatten, flohen ebenfalls in die Garnison von Fort Gibson bei Muskogee. Watie schwor Rache und sollte noch viele Jahre für Häuptling Ross ein Stachel im Fleische bleiben.

Unterdessen bemühte sich unser Stamm nach Kräften, zu jener Lebensweise zurückzufinden, die manche für immer verloren glaubten. Am 12. Juli 1839 trat im Indianerterritorium eine

Generalversammlung aller Cherokee zusammen, um einen bedeutsamen Beschluß zu fassen, der folgendermaßen lautete: »Wir, das Volk der Östlichen und der Westlichen Cherokee Nation, sind zur Nationalversammlung zusammengetreten und kommen kraft unserer ursprünglichen und unveräußerlichen Rechte hiermit feierlich und in gegenseitigem Einvernehmen überein, uns zu einem Staat zu konstituieren, unter dem Namen und dem Titel Cherokee Nation.«

Knapp zwei Monate später trat in der Siedlung Tahlequah im Indianerterritorium ein Nationalkonvent zusammen. Der erste Tagesordnungspunkt bestand darin, Tahlequah zur neuen Hauptstadt der Cherokee Nation zu erklären. Anschließend verabschiedete der Konvent sofort die neue Stammesverfassung, die weitgehend der vorher gültigen glich. Sie sah eine Gewaltendreiteilung vor, bestätigte den Cherokee-Brauch des Gemeinbesitzes, obwohl erwirtschaftete Wertsteigerungen den jeweiligen Privatpersonen als Eigentum zufielen; die Verfassung bestimmte außerdem, daß jeder, der das Territorium der Cherokee Nation verließ, sein Recht auf Stammeszugehörigkeit verwirkte. Trotz weiterer Konflikte zwischen den verschiedenen Gruppen war die Verfassung bis 1840 von vielen »Alten Siedlern« anerkannt worden. Mit Ausnahme der kleinen Schar von Cherokee, die in den Bergen North Carolinas zurückgeblieben waren, war der größte Teil unseres Volkes unter unserer eigenen Verfassung und unserem eigenen Gesetzessystem vereinigt, wobei John Ross weiterhin Oberster Häuptling blieb.

Obwohl Ross und seine Anhänger die Regierungsgewalt innehatten und eine neue Verfassung galt, kam es weiterhin zu politischen Streitigkeiten und Unruhen zwischen den verschiedenen Fraktionen unseres Stammes. Es gab immer noch zu viele Unterschiede und alten Groll. Zahlreiche Vertreter der Vertrags-Partei und der »Alten Siedler« mochten Ross nicht als Häuptling der gesamten Cherokee Nation akzeptieren.

Die Gefahr eines Bürgerkriegs hing mehrere Jahre lang wie ein todbringender Nebel über unserem Volk. Bewaffnete Banden, die sich allen politischen Gruppierungen zurechneten, machten das Land unsicher. Das innere Chaos hatte viele Morde und andere Gewaltakte zur Folge. Bei unserem Volk und auch außerhalb der Cherokee Nation wurde diese Zeit die »Herrschaft des Schreckens« genannt. Einige Outlaws wie Tom Starr und seine Sippe wurden sogar eine regelrechte Bedrohung für das Gemeinwesen, bis die Bandenführer umkamen. Allein 1845 und 1846 wurden in der Cherokee Nation mindestens vierunddreißig politisch motivierte Morde verübt. So groß war das Blutvergießen, daß viele Stammesangehörige, insbesondere treue Anhänger Stand Waties und der Vertrags-Partei, das Indianerterritorium verließen und Zuflucht in Arkansas suchten.

Zwischen 1841 und 1846 verbrachte Häuptling Ross viel Zeit in Washington, um über die Auslegung der verschiedenen Verträge zwischen unserem Volk und der Bundesregierung, einschließlich des Vertrags von New Echota, zu verhandeln. Auch Delegationen der »Alten Siedler« und der Vertrags-Partei reisten in die Hauptstadt, um ihrer Forderung nach einer Teilung des Stammes Nachdruck zu verleihen und unterbreiteten ihre Auffassungen den Beamten der Regierung von Präsident James K. Polk. Nach langen Diskussionen zwischen allen Parteien wurde ein weiteres Abkommen formuliert.

Der Vertrag von 1846 sah eine vereinigte Cherokee Nation vor und bemühte sich, die durch die langjährigen stammesinternen Kämpfe geschlagenen Wunden zu heilen. Das Dokument stellte einen Kompromiß dar. Häuptling Ross erkannte den Vertrag von New Echota an, während die »Alten Siedler« der Ross-Partei das Recht auf Land im Indianerterritorium zugestanden. Kollidierende finanzielle Forderungen und Erstattungen wurden geregelt und eine Generalamnestie für alle Vergehen verfügt, die in der Vergangenheit in der Cherokee Nation begangen worden waren.

Ich habe diesen Amnestie-Vertrag in aller Aufrichtigkeit unterzeichnet; ich beabsichtige, mich friedfertig zu verhalten, und zweifle nicht daran, daß andere, die weniger zu verzeihen haben, dem Beispiel ihrer Führer folgen werden.

STAND WATIE, *August 1846*

Trotz der stammesinternen Querelen und Kämpfe in den Jahren nach 1838/39 machte unser Volk Fortschritte beim Aufbau einer neuen Gesellschaft und in seiner kulturellen Entwicklung. Mehrere unserer alten Institutionen wurden wiederbelebt und neue geschaffen.

In Tahlequah wurde eine staatliche Druckpresse eingerichtet. Die erste Ausgabe unserer neuen Stammeszeitung, die wir *Cherokee Advocate* nannten, wurde am 26. September 1844 ausgeliefert; es war die erste Zeitung, die in der Region des heutigen Oklahoma erschien.

Wie zuvor der *Cherokee Phoenix* war die Publikation zweisprachig. Zum ersten Herausgeber wurde William Potter Ross bestimmt, ein Absolvent der Princeton University und Neffe von John Ross.

Unter der Herausgeberschaft von W. P. Ross veröffentlichte der *Cherokee Advocate* sowohl Nachrichten, die andere Stämme betrafen, als auch Artikel über innere Angelegenheiten unseres Gemeinwesens. Das Motto der Zeitung – »Unsere Rechte, unser Land, unser Volk« – drückte den Stolz und das Nationalgefühl der Cherokee aus. Es gab jedoch auch Kritiker, die die Publikation als Propagandainstrument anprangerten, das dem Onkel des Herausgebers diene und die Auffassungen der Ross-Partei verbreite.

Die große Mehrheit der Cherokee blieb unverdorben und unbestechlich. Einige wurden jedoch vom Glanz des Silbers verführt, manche wurden Trunkenbolde, manche Müßiggänger, und andere ließen sich vom Pfad der Tugend und der Unschuld abbringen.

Unter den letzteren finden sich einige jener verworfenen, aber unglücklichen Wesen, die den Gewohnheiten und den La-

179

stern der Weißen frönen und die Verbrechen begehen, die in unserem Lande geschehen.

CHEROKEE ADVOCATE, 1. Mai 1845

Neben der wiedererstandenen Stammeszeitung wurden noch andere, neue Periodika wie der *Cherokee Messenger* veröffentlicht, der bei der Park Hill Mission Press erschien. Herausgeber dieser Schrift war Reverend Samuel Worcester, der zusammen mit unserem Volk nach Westen in das Indianerterritorium gezogen war. Der unermüdliche Reverend, der 1859 nach fünfunddreißig Jahren Missionstätigkeit unter unserem Volk starb, nutzte die Mission Press zur Verbreitung solcher Bücher und Pamphlete wie *Treatise on Marriage, Cherokee Hymns* und *Cherokee Primer*. Außerdem hatte er eine Abstinenzlerbewegung ins Leben gerufen, deren Kern die von ihm so genannte »Cold Water Army« bildete, welcher Cherokee angehörten, die schriftlich gelobt hatten, dem Alkohol abzuschwören.

Großer Stellenwert wurde in jenen Jahren auch der Bildung unseres Volkes beigemessen. 1841 wurde der Grundstein für ein staatliches Schulsystem gelegt, und bereits nach wenigen Jahren gab es achtzehn Schulen in der Cherokee Nation. Aufgrund der intensiven Bemühungen von John Ross hatten bis zum Mai 1851 zwei spezielle Seminare ihre Arbeit aufgenommen, die junge Cherokee auf das College vorbereiteten – das Staatliche Cherokee-Männerseminar bei Tahlequah und das Staatliche Cherokee-Frauenseminar in Park Hill.

Die Einrichtung einer ausschließlich für Frauen bestimmten Schule galt damals als sehr revolutionär, weil die meisten weißen Amerikaner dieser Zeit glaubten, daß Frauen Männern geistig unterlegen seien, und im 19. Jahrhundert generell nur wenige Bildungsmöglichkeiten für Frauen zur Verfügung standen. Als Vorbild für unser Frauenseminar diente das Mount-Holyoke-Frauenseminar (heute Mount-Holyoke-College) in South Hadley, Massachusetts. Mount Holyoke war 1835 konzessioniert worden und damit das älteste höhere Bildungsinstitut für Frauen in den Vereinigten Staaten. Es galt als eine der fortschrittlichsten Schulen im ganzen Land und bot ein exzellentes Vorbild für unsere Bildungseinrichtungen. Mary Lyon, die Gründerin von Mount Holyoke, wirkte an der Erarbeitung des Lehrplans für das Cherokee-Seminar mit und sandte Absolventinnen ihres College ins Indianerterritorium, die zu unseren ersten Lehrerinnen zählten.

Beide staatlichen Seminare wurden von der Cherokee Nation finanziert; die Schüler zahlten nur eine geringe Jahresgebühr zur Deckung der Kosten von Unterkunft, Verpflegung und Schulbüchern. Nach einer vierjährigen Schulzeit, die Unterricht in mehreren Sprachen, in Philosophie, Astronomie und Logik einschloß, wurden die jungen Cherokee-Männer und -Frauen, die für ein Universitätsstudium geeignet schienen, auf Colleges im Osten geschickt. Viele von ihnen kehrten später ins Indianerterritorium zurück, um hier als Lehrer, Rechtsanwälte, Pfarrer und Ärzte zu arbeiten. 1852 schrieb der *Cherokee Advocate* stolz, daß »man in der Cherokee Nation die Zahl der Erwachsenen, die nicht des Lesens und Schreibens mächtig sind, an den Fingern abzählen kann«.

In den fünfziger Jahren des 19. Jahrhunderts erlebte die ins Indianerterritorium umgesiedelte Cherokee Nation eine neue Blüte. Der Wohlstand unseres Stammes, insbesondere der der mischblütigen Oberschicht, wurde auch durch erfolgreiche Farmer und Rancher vermehrt, die bei ihren Unternehmungen zum Teil schwarze Sklaven einsetzten. Ich habe mich darüber mit dem Gedanken zu trösten versucht, daß nur ein sehr kleiner Teil der Cherokee-Familien Sklaven besaß – die Wahrheit ist jedoch, daß die Sklavenhalterei immer einen Schatten auf die große Cherokee Nation werfen wird. Es überrascht auch nicht, daß sich während dieser Zeit die Stellung der Frau in unserem Volk verschlechterte.

Trotz allem erlebten die Cherokee zwischen 1850 und 1860 eine Phase der Prosperität, die eine noch glänzendere wirtschaftliche Zukunft zu versprechen schien. Diese Hoffnungen zerschlugen sich jedoch 1861 mit dem Ausbruch des Amerikanischen Bürgerkrieges, der eines der dunkelsten Kapitel in unserer Geschichte darstellt.

Verständlicherweise sympathisierten manche Cherokee, ebenso wie die anderen Stämme, die aus den südlichen Staaten vertrieben worden waren, mit den Konföderierten. Als sich aber die Kriegsgefahr immer deutlicher abzeichnete, wurde offenbar, daß sich ein tiefer Graben durch unser Volk zog.

Die alte Ridge-Partei unter der Führung von Stand Watie, die von Geheimbünden wie der *Blue Lodge* (»Blaue Loge«) und den *Knights of the Golden Circle* (»Ritter des Goldenen Kreises«) unterstützt wurde, welche eine Abspaltung von der Cherokee Nation anstrebten, schlug sich auf die Seite der Konföderierten. Als eingefleischte Befürworter der Sklaverei und allzeit loyale Verbündete des Südens sahen die Adepten der Vertrags-Partei in dem heraufziehenden Krieg eine vorzügliche Gelegenheit, John Ross zu entmachten. Ihnen gegenüber stand eine große Zahl von Vollblut-Cherokee und Traditionalisten, die für die Abschaffung der Sklaverei eintraten. Das hieß nicht, daß alle bereit waren, für die Union zu kämpfen. Auch John Ross, der durch den Schweiß seiner Sklaven zu einem Vermögen gelangt war, sympathisierte mit den Nordstaaten, wollte aber nicht in den absehbaren Konflikt hineingezogen werden.

Andererseits bestand für die Ross-Fraktion kein vernünftiger Grund, für skrupellose Südstaatler zu kämpfen, die die Zwangsumsiedlung der Cherokee gefordert hatten. Viele der Weißen im Süden, die nach Krieg riefen, waren genau jene, die unser Volk gezwungen hatten, geheiligtes Stammesland aufzugeben, wo die Gebeine unserer Vorfahren ruhten. Obwohl die Bundesregierung oft ungerecht und hart mit den Indianern umgegangen war, waren die Ausschreitungen des Südens ebenso schwer zu vergeben. Ross und seine Anhänger entschlossen sich daher, neutral zu bleiben – zumindest am Anfang.

Unsere geographische Lage und unsere Situation machen uns zu Verbündeten des Südens, während wir dem Norden verpflichtet sind, weil er in der Vergangenheit unsere Rechte verteidigt und mit großem Wohlwollen den Fortschritt unserer Zivilisation gefördert hat.

HÄUPTLING JOHN ROSS, *1861*

Um den Einfluß der *Knights of the Golden Circle* und anderer mischblütiger Cherokee einzudämmen, die für die Konföderierten Partei ergriffen, suchte Ross die Unterstützung eines sehr alten Geheimbundes, dessen Mitglieder gelobt hatten, die Unabhängigkeit der Cherokee zu verteidigen. Auf englisch wurde diese Gruppe *Keetoowah Society* (»Keetoowah-Bund«) genannt, nach dem Namen der Stadt Kituhwah in der alten Cherokee Nation, die einst das Zentrum der traditionalistischen Strömungen unseres Stammes dargestellt hatte. Kurz vor dem Bürgerkrieg lebte der Keetoowah-Bund in der Cherokee Nation West wieder auf, möglicherweise auf Betreiben der baptistischen Missionare Evan Jones und seinem Sohn John B. Jones. Die Mitglieder dieses Geheimbundes wollten nicht nur den Nationalstolz der Cherokee fördern, sondern auch dem Einfluß der wohlhabenden, sklavenhaltenden Schicht unseres Volkes entgegenwirken.

Ross und seine treuen Parteigänger mußten bald erkennen, daß sie nicht mehr zwischen beiden Seiten lavieren konnten. Eine fast fünfzehn Jahre währende Periode, in denen die Cherokee weitgehend in Frieden und Ruhe gelebt hatten, neigte sich ihrem Ende zu. Die konföderierte Artillerie eröffnete am 12. April 1861 um 4.40 Uhr morgens das Feuer auf Fort Sumter in Charleston; am darauffolgenden Tag erfolgte die Kapitulation der Unions-Garnison. Der Bürgerkrieg hatte begonnen. Auch das Indianerterritorium wurde zum Kriegsgebiet, und die alte Feindseligkeit zwischen den verschiedenen Stammesfraktionen brach wieder auf. Materieller Besitz und Vieh von ungeheurem Wert sollten vernichtet werden, und vor allem sollten auf beiden Seiten Tausende von Menschen ihr Leben verlieren. Wie bei den meisten Kriegen hielt der größte Teil der Überlebenden – in erster

Linie die Witwen und Waisen – einen solchen Preis nicht für gerechtfertigt.

Von Anfang an zeigten sich die Konföderierten am Indianerterritorium und den dort lebenden Stämmen interessiert. General Albert Pike aus Arkansas bemühte sich im Auftrag der Südstaaten, die dort lebenden Indianer als Soldaten anzuwerben. Pike verhandelte mit den Führern der Vertrags-Partei und drängte Ross, seine neutrale Position zu überdenken. Schließlich wurde der Druck so groß, daß das Stammesoberhaupt nachgeben mußte.

Als die Union ihre Truppen aus den Forts im Indianerterritorium abgezogen hatte, war Ross der von ihm geforderte Schutz der Bundesregierung entzogen. Widerstrebend entschloß er sich daher zu einem Bündnis mit den Konföderierten. Am 7. Oktober 1861 traten die Cherokee durch Unterzeichnung des Vertrags von Tahlequah der Konföderation bei. Die Creek, Choctaw, Chickasaw, Seminolen, Osage, Comanchen und einige kleinere Stämme hatten diesen Schritt bereits getan.

Zwei Cherokee-Regimenter, die als Miliz zur Verteidigung der Cherokee Nation ausgehoben worden waren, wurden unter dem Kommando von Stand Watie und eines anderen Cherokee, Oberst John Drew, in den Dienst der Südstaaten gestellt. Angehörige unseres Stammes, darunter auch einige widerstrebende Vollblut-Cherokee, nahmen unter konföderierter Flagge an Gefechten im Indianerterritorium und anderswo teil. Sie kämpften in der Schlacht von Pea Ridge, die am 7. und 8. März 1862 im nordwestlichen Arkansas stattfand und als die wichtigste Bürgerkriegsschlacht in diesem Staat gilt. Die Streitkräfte der Südstaaten erlitten bei Pea Ridge eine vernichtende Niederlage und waren daher nicht mehr in der Lage, das angrenzende Indianerterritorium vor einer Invasion der Unionstruppen zu schützen, die bald unsere Hauptstadt Tahlequah einnahmen.

Die Ross-Fraktion, vor allem die vollblütigen Cherokee, die sich nur unter großem äußeren Druck mit den Konföderierten verbündet hatte, betrachtete Pea Ridge als einen Wendepunkt.

Sie nutzten die Gelegenheit, um sich von Watie und seinen Anhängern zu trennen, wie es einige Cherokee bereits 1861 getan hatten.

In diesem Krieg kämpften nun Cherokee gegen Cherokee. Zu den Verbündeten der Union gehörten auch einige Mitglieder des Keetoowah-Bundes, die auch als *Pins* oder *Pin Indians* bezeichnet wurden, weil sie zwei gekreuzte Nadeln (*pins*) unter dem Revers ihrer Mäntel und Jagdhemden als Kennzeichen trugen. Die *Pins* kannten noch andere geheime Zeichen wie den Brauch, zum Gruß ihren Hut zu berühren, wenn sie andere Mitglieder des Geheimbundes trafen. Wenn zwei *Pins* einander nachts begegneten, fragte einer den anderen: »Wer bist du?« Worauf die Antwort lauten mußte: »Tahlequah – wer bist du?« Darauf wiederum mußte das Gegenüber sagen: »Ich bin Keetoowahs Sohn.« Es war auch bekannt, daß *Pins*, die gegen die Konföderierten rebelliert und für die Nordstaaten gekämpft hatten, sich Streifen von Maishülsen ins Haar flochten, bevor sie in die Schlacht zogen.

Furchtlos und von der Überzeugung durchdrungen, daß die Sklaverei abgeschafft werden mußte, provozierten die *Pins* immer wieder Zusammenstöße mit Watie und seinen konföderierten Cherokee und Creek. Sie überfielen die Häuser von Cherokee, die mit dem Süden sympathisierten, und steckten sie in Brand, was die Anhänger Waties mit Angriffen gegen unionstreue Stammesangehörige vergalten. Tausende von Cherokee und anderen Indianern flohen nach Kansas, wo sie – wenn auch dürftig – von den Bundesbehörden versorgt wurden. Hunderte von ihnen starben während des ersten Kriegswinters.

Unterdessen hieß Häuptling Ross, der sich niemals wirklich mit dem Bündnis mit den Südstaaten identifiziert hatte, die Unionstruppen willkommen, die 1862 in das Indianerterritorium einmarschierten. Er wurde in Schutzhaft genommen und mußte das Territorium verlassen. Während der restlichen Kriegsjahre pendelte der betagte Häuptling zwischen Philadelphia und Washington hin und her und versuchte, die Regierungen der Präsidenten Lincoln und Johnson davon zu überzeugen, daß die

Cherokee zur Unterzeichnung des Vertrags mit den Konföderierten gezwungen worden waren.

Im Februar 1863 trat der Nationalrat der Cherokee bei Cowskin Prairie zusammen und verabschiedete Gesetze, durch die die Sklaverei in der Cherokee Nation abgeschafft und der Vertrag mit der Konföderation aufgehoben wurde. John Ross überbrachte dieses Dokument im Osten den Beamten der Bundesregierung. Diese Initiative des Nationalrats erfolgte knapp sechs Wochen, nachdem Lincolns Emanzipationserklärung zur Befreiung der Sklaven in Kraft getreten war.

Während Ross' Abwesenheit ergriff Stand Watie die Chance und erklärte sich selbst zum neuen Obersten Häuptling der Cherokee. Aber die Mehrheit unseres Volkes weigerte sich, Watie und seine Regierung anzuerkennen, und zwar auch dann, als er andere aus ihren politischen Ämtern entfernt und ein Gesetz erlassen hatte, das alle Männer zum Dienst in der konföderierten Armee verpflichtete. Cherokee, die im Bürgerkrieg weiterhin neutral bleiben wollten, waren gezwungen, sich zu verstecken, um nicht für eine Sache kämpfen zu müssen, die sie ablehnten. Ihre Familien und ihr Besitz, die schutzlos zurückblieben, wurden zur leichten Beute für Plünderer aller Seiten, einschließlich der konföderierten Soldaten unter dem Kommando von Watie. Dieser war 1864 zum Brigadegeneral befördert worden und damit der einzige Indianer, der im Bürgerkrieg einen so hohen militärischen Rang erreichte.

Nichtsdestotrotz zeigte Watie sich zunehmend zynischer, auch gegenüber der Konföderation. Als er einmal das Versprechen der Südstaaten-Regierung erwähnte, das Indianerterritorium zu beschützen, nannte er dieses Bemühen »eine zwecklose und teure Scheinveranstaltung«. Dennoch setzten er und seine Männer den Kampf fort.

Ich glaube, daß es in der Macht der Indianer liegt, sofern sie vereint und entschieden vorgehen, ihr Land ohne Hilfe zu verteidigen. Dies wird zwar nicht ohne schwere Verluste und viele Prüfungen und Entbehrungen möglich sein, doch wenn wir den Geist unserer Väter besitzen und entschlossen sind, uns niemals von einer unterlegenen Rasse versklaven und uns von einem ignoranten und anmaßenden Feind mit Füßen treten zu lassen, dann werden wir, die Creek, Choctaw, Chickasaw, Seminolen und Cherokee, niemals von den Jayhawkern* in Kansas, von abtrünnigen Indianern und entlaufenen Negern besiegt werden.

GENERAL STAND WATIE, 1864

Waties Truppen überfielen Nachschubkolonnen und Versorgungszüge der Union; die *Pins* und ihre Verbündeten aus dem Norden schlugen zurück. Viele unschuldige Opfer gerieten zwischen die Fronten und verloren ihr Leben.

Der Bürgerkrieg endete offiziell am 9. April 1865, als sich General Robert E. Lee mit seiner konföderierten Armee bei Appomatox in Virginia dem Unionsgeneral Ulysses Grant ergab. Der Präsident der Konföderation, Jefferson Davis, der hoffte, den Krieg westlich des Mississippi fortführen zu können, versuchte zu fliehen, wurde aber am 10. Mai in Georgia gefangengenommen. Bis zum Ende des Monats hatten die versprengten Reste der Südstaaten-Streitkräfte aufgegeben.

Die Soldaten unter Führung von Stand Watie kämpften jedoch bis weit in den Juni hinein weiter, und damit war Watie der letzte konföderierte General, der die Waffen niederlegte. Viele Cherokee dankten dem Himmel, daß dieser Alptraum vorüber war.

Der Bürgerkrieg hatte in der Cherokee Nation schwere Verwüstungen hinterlassen. Allein der Verlust an Vieh – getötet oder fortgetrieben – wurde auf über 300 000 Stück geschätzt. Schulen, Kirchen, andere öffentliche Gebäude und Privathäuser waren niedergebrannt und Bibliotheken vernichtet worden. Am Ende des Krieges hatten 7000 Cherokee – mindestens ein Viertel der

* A.d.Ü.: Spitzname für die Bewohner von Kansas.

Stammesbevölkerung – ihr Leben verloren. Es waren so viele Menschen zu Tode gekommen, daß nach dem Friedensschluß dringend ein Waisenhaus gebaut werden mußte.

Für die Vereinigten Staaten hatten die Cherokee und die Angehörigen der anderen »Fünf Stämme« aber offenbar noch nicht genug gelitten. Ihr Bündnis mit den Südstaaten lieferte den Weißen einen passenden Vorwand, um den indianischen Völkern als Strafe für ihre Abtrünnigkeit noch mehr Land wegzunehmen. Dies wurde im September 1865 offensichtlich, als die Bundesregierung Delegierte der »Fünf Stämme« und einiger weiterer indianischer Völker nach Fort Smith in Arkansas bestellte, wo sie mit Vertretern von Präsident Andrew Johnson zusammentrafen, der seit Lincolns tragischem Tod im April desselben Jahres im Amt war. Johnson sollte für die Indianer als einer der schlimmsten Präsidenten des Landes in die Geschichte eingehen.

Wenn der Wilde Widerstand leistet, dann verlangt die Zivilisation, mit den Zehn Geboten in einer Hand und dem Schwert in der anderen, seine unverzügliche Vernichtung.

PRÄSIDENT ANDREW JOHNSON,
Botschaft an den Kongreß, 1867

Zu Beginn der dreizehntägigen Zusammenkunft in Fort Smith erklärten die Beauftragten der Bundesregierung, daß die »Fünf Stämme« alle ihre Rechte verwirkt hätten, da sie durch das Bündnis mit den Konföderierten die von ihnen geschlossenen Verträge gebrochen hätten. Allen indianischen Delegierten wurde eine Liste mit Bestimmungen übergeben, in der unter anderem festgelegt wurde, daß alle Stämme einen für alle Zeiten geltenden Friedensvertrag mit den Vereinigten Staaten schließen müßten. Diese harten Verträge, die im Rahmen der Politik der *Reconstruction** geschlossen wurden, hatten dramatische Aus-

---

* A.d.Ü.: Von Präsident Andrew Johnson befürwortete Politik, die auf eine rasche Wiedereingliederung der Südstaaten in die USA abzielte.

wirkungen auf die Republiken der »Fünf Stämme« im Indianerterritorium.

Die Verträge sahen vor, daß die Regierung andere Stämme,
vor allem Indianer aus den Plains, in die westliche Hälfte des
Indianerterritoriums umsiedeln würde. Anders als den »Fünf
Stämmen« würden den Neuankömmlingen Bundesreservate zugewiesen werden, die nicht als unabhängige Staaten anerkannt
würden.

Der Vertrag mit den Cherokee wurde am 19. Juli 1866 in
Washington, D.C., ausformuliert und »unterstellte die Cherokee
Nation wieder dem Schutz der Vereinigten Staaten«. Er verfügte
offiziell die Abschaffung der Sklaverei. Allen ehemaligen Sklaven oder Freigelassenen, die in der Cherokee Nation lebten,
wurde das Recht auf Stammeszugehörigkeit zuerkannt.

Unser Volk mußte 320 000 Hektar Land in Kansas abtreten,
die sogenannten *Neutral Lands*, die von den weißen Siedlern
begehrt wurden. Wir mußten außerdem den Eisenbahngesell-
schaften Gelände für den Bau von Bahntrassen zur Verfügung
stellen.

Die Vereinigten Staaten teilten uns zudem mit, daß sie mit
unserer Einwilligung andere Indianer auf unser Land umsiedeln
könnten. Innerhalb weniger Jahre ließen sich knapp 1000 Delawaren aus dem nördlichen Kansas und über 700 Shawnee, die
ebenfalls aus Kansas kamen, in unserem Gebiet nieder und
wurden gemäß den Bestimmungen des Vertrags Bürger der
Cherokee Nation.

Am 1. August 1866 – zehn Tage vor Ratifizierung des Vertrags – starb John Ross in Washington, D.C. Er wurde, bis zuletz
ein würdevoller und unbeugsamer Mann, fünfundsiebzig Jahre
alt. Über fünfzig Jahre seines Lebens hatte er in den Dienst der
Cherokee Nation gestellt, knapp vierzig Jahre davon hatte er als
offiziell anerkannter Oberster Häuptling der Cherokee Nation
fungiert. Er wurde in Delaware beerdigt; 1867 überführte man
seinen Leichnam jedoch in das Indianerterritorium, wo er auf
dem Ross-Friedhof in Park Hill seine letzte Ruhestätte fand. Zu

seinen Ehren erhielt einer der neun Bezirke der Cherokee Nation seinen indianischen Namen, Cooweescoowee.

Ich bin ein alter Mann und habe meinem Volk und der Regierung der Vereinigten Staaten eine lange Zeit, über fünfzig Jahre, gedient. Mein Volk hat mich in Atem gehalten, nicht weil ich darum nachgesucht hätte, sondern weil es dies so wollte. Ich habe es niemals betrogen, und nun schaue ich zurück und stelle fest, daß keine meiner Handlungen im öffentlichen Leben mir zum Tadel gereicht. Ich habe mein Bestes getan, und heute, auf diesem Krankenbett, billigt mein Herz immer noch alles, was ich getan habe. Und immer noch bin ich John Ross, derselbe unveränderte John Ross wie früher.

HÄUPTLING JOHN ROSS, *3. April 1866*

Stand Watie, der langjährige Gegenspieler von Ross, überlebte ihn nur wenige Jahre. Er starb 1871 und wird bis heute von manchen Angehörigen unseres Stammes als tapferer Krieger verehrt. Beim Ableben dieser beiden Männer standen bereits jüngere Führer bereit, die die Geschichte der Cherokee Nation bis über das Ende des 19. Jahrhunderts hinaus lenken sollten.

Nach Ross' Tod wurde sein Neffe, William P. Ross, der erste Herausgeber des *Cherokee Advocate*, dazu bestimmt, seine Position für den noch verbleibenden Rest der Amtsperiode zu übernehmen. Ab 1867 lenkte Lewis Downing, ein ehemaliger Oberstleutnant in der Unionsarmee und bis dahin stellvertretender Oberster Häuptling, die Geschicke des Stammes. Downing und seinen Anhängern gelang es, alte politische Fronten aufzubrechen und die ehemalige Ross-Partei mit den südlichen Cherokee zu einer neuen Gruppierung zu vereinigen, die sich mit den immer lauter werdenden Forderungen nach einer Öffnung des Indianerterritoriums für weiße Siedler befaßte. Die sogenannte »Downing-Partei« sollte das politische Geschehen in unserem Stamm für viele Jahre bestimmen.

1871, während der zweiten Amtszeit Downings als Oberster Häuptling, beschloß der Nationalrat, der Cherokee Nation ein Wappen zu geben, das an den Vereinigungskonvent im Jahre 1839 erinnerte. Im Zentrum des Emblems ist der siebenzackige Stern zu sehen, der die heilige Zahl unseres Volkes und die sieben matrilinearen Clans unserer alten Stammesüberlieferung symbolisiert. Ein Kranz aus Eichenblättern, um den herum der Name der Cherokee Nation in Englisch und Cherokee geschrieben steht, verheißt Stärke und ewiges Leben. Die Eiche ist ein wichtiger Baum, weil mit ihrem Holz das immerwährende heilige Feuer am Leben erhalten wird. Für unser Volk stellt das Wappen damals wie heute ein Sinnbild großer Hoffnung dar.

Nachdem Downing im Jahre 1872 gestorben war, fungierte noch einmal W. P. Ross für drei Jahre als Oberster Häuptling. Obwohl er bis zu seinem Tode 1891 verschiedene andere politische Ämter innehatte, war die Zeit der Ross-Dynastie zu Ende. Die Downing-Partei formierte sich in den späten achtziger Jahren neu und stellte bis zur formellen Auflösung der Cherokee Nation im Jahre 1907 fast alle Obersten Häuptlinge.

Nach dem Ende der *Reconstruction* erholte sich unser Volk von den katastrophalen Auswirkungen des Krieges und erlebte eine neue Phase des Wohlstands. Der Viehbestand wurde wieder aufgestockt und Tausende Hektar Land eingezäunt und kultiviert. In den Cherokee-Gemeinden, die in den Hügeln des Indianerterritoriums verstreut lagen, wurden neue Häuser errichtet und Geschäfte eröffnet. Die Schulen wurden wieder aufgebaut und unsere Hauptstadt Tahlequah entwickelte sich zu einem Zentrum der Kultur und Bildung.

Der *Cherokee Advocate*, dessen Publikation in den späten fünfziger Jahren eingestellt worden war, erschien ab 1870 wieder. Unsere Bürger fühlten sich nicht von der Welt abgeschnitten, denn die Eisenbahn begann sich in unser Stammesgebiet vorzuschieben. Die erste Strecke war die Missouri-Kansas-Texas-Linie, besser bekannt als »Katy«. Sie folgte der alten Texas-Straße und führte durch das Indianerterritorium und über den Red River nach Texas. Bald waren die Prärien kreuz und quer von einem Schienennetz durchzogen, das unser Volk mit dem übrigen Kontinent verband, und entlang der Bahnstrecken schossen Städte aus dem Boden. Aber obwohl die Eisenbahn den Cherokee eine raschere wirtschaftliche Entwicklung bescherte, verschlang sie aufgrund des Enteignungsrechts des Staates viel von unserem Landbesitz.

Neben dem Verlust von wertvollem Boden hatte die Eisenbahn außerdem zur Folge, daß Scharen von landhungrigen Siedlern* in unser Gebiet einfielen; ähnliche Auswirkungen hatten die Viehtriebe, die in Nord-Süd-Richtung durch unser Land zogen, als texanische Züchter ihre Herden zu den Eisenbahnstädten in Kansas brachten. Mit Sorge beobachteten die Stammesoberhäupter im Indianerterritorium den unablässigen Zustrom von rauhbeinigen Cowboys, Deserteuren, Landstreichern, Whiskyhändlern, Prostituierten, Spielern und Trickbetrügern. Für zweifelhafte Gestalten jeglicher Couleur war die Region das Paradies auf Erden, weil die neu zugewanderten Weißen nicht der Gerichtsbarkeit unserer Stämme unterstanden.

Man fühlt sich zutiefst angewidert, betrachtet man die wachsende Zahl von Verbrechen im Indianergebiet, ... wenn die Kriminalität weiterhin so schnell zunimmt, kann sogar ein ganzes Regiment von Hilfssheriffs nicht mehr alle Mörder festnehmen.

Fort Smith, *Arkansas,*
Zeitungsartikel, 1873

1875 ernannte die Regierung der USA Isaac Charles Parker zum neuen Richter am Bundesgericht in Fort Smith, das nur einige

---

* A.d.Ü.: Es handelte sich dabei zum einen um sogenannte *homesteaders,* die von der Regierung der USA nach dem *Homestead Act* (»Heimstättengesetz«) von 1862 Land als Eigentum zugewiesen bekamen, das sie zu bewirtschaften hatten; zum anderen um *squatters,* die auf Land siedelten, das sich nicht in ihrem Besitz befand, über das sie jedoch eine bestimmte Verfügungsgewalt hatten und das später in ihren Besitz übergehen konnte.

hundert Meter jenseits der östlichen Grenze des Indianerterritoriums lag. Als unerbittlicher Mann des Gesetzes war Parker entschlossen, im Indianerterritorium, das seiner Gerichtsbarkeit unterstand, wieder Recht und Ordnung herzustellen. Nachdem er ihnen eine ausgiebige Bibellektüre verordnet hatte, verurteilte er Dutzende von Mördern, Räubern und Vergewaltigern zum Tod durch den Strang.

Während seiner zwanzigjährigen Amtszeit wurde Parker zu einem weithin bekannten Mann. Sowohl Verbrecher als auch gesetzestreue Bürger nannten ihn den »Galgenrichter«, ein Spitzname, den er verabscheute. Er berief 200 Hilfssheriffs, denen die undankbare Aufgabe zufiel, ein Gebiet von der Größe Neuenglands zu kontrollieren, und die sich selbst als die »Männer, die für Parker reiten«, bezeichneten. Obwohl ihr Einsatzgebiet hauptsächlich aus waldigem Bergland bestand und viel zu groß war, als daß man dem Gesetz dort umfassend hätte Geltung verschaffen können, trugen sie dazu bei, die Welle von Verbrechen einzudämmen, die das Indianerterritorium während vieler Jahre heimgesucht hatte.

Trotz der Schurken und entflohenen Sträflinge, die in unserer Region ihre Schlupfwinkel hatten, machte unser Volk dank seiner bemerkenswerten Regenerationsfähigkeit in den Jahrzehnten nach dem Bürgerkrieg bedeutende Fortschritte. Es erlebte einen wirtschaftlichen Aufschwung, während gleichzeitig die Regierung der USA ihre offenkundige Unterdrückungspolitik gegen alle nordamerikanischen Indianer verschärfte. Dies galt besonders in den Prärien und Plains und den Bergen im Norden und Westen, wo die Bundesarmee sich alle erdenkliche Mühe gab, so viele Indianer wie möglich umzubringen.

Die Vorstellung, daß einer Handvoll halbnackter, stehlender, plündernder und mordender Wilder die Würde des souveränen Status von Nationen verliehen werden soll, daß sie feierlich Verträge abschließen und Anspruch auf uneingeschränktes Eigentumsrecht an einem Gebiet von 800 Kilometern

Breite und 1600 Kilometern Länge erheben können, weil sie dort einmal Büffel oder Antilopen gejagt haben, mag in den Erzählungen Coopers und in Longfellows Hiawatha erbaulich klingen; sie ist jedoch dem Verständnis und dem Gerechtigkeitsempfinden unseres Zeitalters und den natürlichen Rechten der Menschen nicht angemessen.

Urteil des Obersten Bundesgerichts,
Vereinigte Staaten gegen Lucero, 1869

Mein Volk, einige Angehörige meines Volkes, sind in die Berge geflüchtet, und sie haben keine Decken, nichts zu essen, niemand weiß, wo sie sind – vielleicht sind sie gerade am Erfrieren. Ich will Zeit haben, um nach meinen Kindern zu suchen und zu sehen, wie viele ich finden kann. Vielleicht werde ich sie unter den Toten entdecken. Hört mich an, Häuptlinge! Ich bin müde; mein Herz ist angsterfüllt und betrübt. Von da an, wo die Sonne jetzt steht, werde ich nie mehr kämpfen.

Häuptling Joseph,
Nez Percé, 7. Oktober 1877

Wir versuchten fortzulaufen, aber sie schossen uns ab wie Büffel.

Louise Weasel Bear,
Überlebende des Massakers am Wounded Knee, 1890

Trotz der Instabilität und Gesetzlosigkeit im Indianerterritorium und den Regionen westlich davon waren die Leistungen, die die Cherokee im späten 19. Jahrhundert vollbrachten, allein von ihrem Umfang her überwältigend. Senator Henry L. Dawes aus Massachusetts, der in den frühen achtziger Jahren die Cherokee Nation besucht hatte, beweist dies durch seinen Bericht: »Der Oberste Häuptling sagte uns, daß es keine Familie in seinem Volk gebe, die kein eigenes Haus besitze«, schrieb Dawes. »Es gab keine Armen in diesem Volk, und das Gemeinwesen hatte keinen

194

Dollar Schulden. Es hat seine eigene Hauptstadt erbaut... und seine eigenen Schulen und Krankenhäuser.«

Zahllos sind die Errungenschaften, auf die unser Stamm in den zweiundvierzig Jahren zwischen dem Ende des Bürgerkriegs im Jahre 1865 und der Gründung des Staates Oklahoma 1907 verweisen konnte. Sie umfaßten unter anderem die Einführung eines gebührenfreien, öffentlichen Pflichtschulsystems und die Installation des ersten Telefons westlich des Mississippi. Hinzu kommen die intellektuellen Leistungen: Unser Stamm konnte mehr Collegeabsolventen vorweisen als die Staaten Texas und Arkansas zusammen. Aber nicht alle Weißen zeigten sich beeindruckt oder verstanden, warum unser Volk so erfolgreich war.

> Die geistigen Fähigkeiten des Indianers sind höherer Art. Seine Wahrnehmungsfähigkeit ist bemerkenswert entwickelt und seine Denkfähigkeit ist nicht zu verachten, wenn sie auch ungeschliffen ist. Er beherrscht vollkommen alle Bereiche der Bildung, die zur Annehmlichkeit und Sicherheit seines wilden Lebens erforderlich sind, und stellt dadurch seine Eignung für eine höhere Art der Bildung unter Beweis ... Und wir müssen einräumen, daß der Indianer sich sehr viel besser verhält, als wir erwarten durften.
>
> OBERST RICHARD I. DODGE, 1882

Zum Unglück für die Cherokee und andere »denkfähige« Indianervölker gab es aber immer noch viele herablassende Weiße, die alle amerikanischen Ureinwohner praktisch nur als beweglichen Besitz betrachteten, was insbesondere auf unbelehrbare Militärs und infame Politiker zutraf. Sie hatten nicht nur die Macht, die Entwicklung der Indianer zu bremsen, sondern konnten auch unsere Bemühungen zunichte machen, unser Gleichgewicht wiederzufinden. Einer von diesen Männern war Senator Dawes, der die Cherokee Nation nach seinem Besuch in so überschwenglichen Worten gerühmt hatte. Doch trotz seines Lobes für unser

Arbeitsethos und unsere Fähigkeit, Häuser und Schulen zu bauen, hatte Dawes an den Wertvorstellungen, die die Grundlage unseres Weltbildes ausmachten, etwas auszusetzen.

»Die Schwachstelle ihres Systems war offensichtlich«, schrieb der Senator. »Sie sind so weit gekommen, wie es ihnen möglich war, denn ihr Land befindet sich in Gemeinbesitz ... und unter diesen Umständen gibt es keine Unternehmung, die das eigene Haus besser stellen kann als die der Nachbarn. Selbstlosigkeit ist *nicht* [Hervorhebung der Autoren] die Grundlage der Zivilisation. Solange dieses Volk nicht bereit ist, sein Land aufzugeben und es unter seine Bürger aufzuteilen, so daß jeder das Land besitzt, das er bewirtschaftet, solange wird es keine weiteren Fortschritte mehr machen.«

Dawes und seine Gefolgsleute im Kongreß redeten sich ein, daß der bei den Indianern übliche gemeinsame Landbesitz ein ungeheures Manko sei. Wenn die Regierung die Kultur der Indianer ändern – und, was viel wichtiger war, sich Zugang zu den natürlichen Reichtümern der Indianergebiete verschaffen wollte – mußte sie die Stammesregierungen beseitigen und den Gemeinbesitz von Grund und Boden abschaffen. Sie mußten unsere unerhörte »Selbstlosigkeit« bekämpfen, sie um jeden Preis ausrotten.

Wie viele andere weiße Politiker in der Geschichte, die behaupteten, immer nur das Beste für eingeborene Völker zu wollen, hatte auch Senator Dawes einen ganz bestimmten Plan, ja eine Verschwörung im Sinn. Bald hatte er sein Konzept zu Papier gebracht, und 1887 erhob Präsident Grover Cleveland dieses Dokument, das als *General Allotment Act* (»Landzuweisungsgesetz«) oder auch, nach dem Autor, *Dawes Act*, bekannt wurde, durch seine Unterschrift zum Gesetz. Es strebte vordringlich eine Assimilierung aller Indianer an die weiße Gesellschaft an, indem es sie der Bundesgerichtsbarkeit unterstellte, sie mit modernen landwirtschaftlichen Methoden und mit den Vorzugen des Privateigentums vertraut machte.

Familienoberhäupter sollten jeweils Parzellen in Größe von

64 Hektar erhalten; Einzelpersonen über achtzehn Jahre 32 Hektar und alle anderen Stammesmitglieder 16 Hektar. Alles übrige Land sollte weißen Siedlern zugänglich gemacht werden.

> Das Ziel, Oklahoma mit weißen Siedlern zu bevölkern, wird niemals und sollte niemals vernachlässigt werden, bis es verwirklicht ist ... Wir wissen, daß ein leeres Haus, auch wenn es reingefegt und möbliert ist, nicht vor Dämonen geschützt werden kann.
>
> CHARLES C. C. PAINTER
> *The Proposed Removal of Indians to Oklahoma, 1887*

Die Cherokee und die anderen zu den »Fünf Stämmen« zählenden Völker wehrten sich entschlossen gegen das gesamte Konzept der Assimilierung und der Landzuweisung. Aufgrund ihres heftigen Widerstands verfügte der Kongreß, daß das Gesetz auf die »Fünf Stämme« sowie auf die Osage und noch einige indianische Völker keine Anwendung finden sollte. Dieser Erfolg brachte jedoch nur einen Aufschub; wir hatten, wie schon oft der Fall, eine Schlacht gewonnen, waren aber langfristig dazu verurteilt, den Krieg zu verlieren. 1887, vor Inkrafttreten des Dawes-Gesetzes, umfaßte das Land der Indianer über 55 Millionen Hektar. Knapp fünfzig Jahre später, als die Landzuweisungspolitik endlich aufgegeben wurde, befanden sich nur noch rund 19 Millionen Hektar in indianischem Besitz. Es handelte sich um einen der schwersten Fälle von Diebstahl in der amerikanischen Geschichte.

Zwei Jahre nach Verabschiedung des Landzuweisungsgesetzes wurde aus der westlichen Hälfte des Indianerterritoriums das Oklahoma-Territorium gebildet – der Name *Oklahoma* war der Choctaw-Sprache entlehnt und bedeutete »rotes Volk«. Es wurde zum Aufnahmegebiet für Stämme, die aus anderen Teilen der USA umgesiedelt worden waren, in denen sich Weiße niederlassen und Vieh züchten, Landwirtschaft betreiben, Holz fällen, nach Öl bohren oder nach Bodenschätzen graben wollten.

Ganze indianische Völkerschaften wurden aus ihren Heimatgebieten vertrieben, damit die Weißen nach der Erfüllung des *Manifest Destiny* streben konnten.

Bald hatte die Bundesregierung jedem Indianer eine Parzelle zugewiesen, wobei aber etwa 1 Million Hektar übrigblieben, die von den Behörden als »überschüssiges« Land deklariert wurden. Gemäß dem Dawes-Gesetz sollte dieses Gebiet weißen Siedlern zur Verfügung gestellt werden.

Bald nach seiner Amtsübernahme erklärte Präsident Benjamin Harrison, daß dieses »unzugeteilte Land« im Oklahoma-Territorium – das Herz des ehemaligen Indianerterritoriums – ab dem Mittag des 22. April 1889 für die Besiedlung freigegeben sei, wobei das geltende Bodenrecht der USA berücksichtigt werden müsse. 50 000 Siedler standen aufgereiht an den Grenzen des Territoriums und warteten auf das Startsignal für die Inbesitznahme des Landes. Als die Hörner und die Pistolenschüsse der Soldaten ertönten, stürmten sie zu Pferd, in Planwagen, auf Fahrrädern und sogar zu Fuß vor. Bis zum Sonnenuntergang waren alle »Heimstätten« abgesteckt sowie mehrere Plätze, an denen neue Städte errichtet werden sollten. So verlief der erste der fünf dramatischen *land runs* in Oklahoma.

> Die Schöpfung! Zum Teufel! Das dauerte sechs Tage. Hier war alles nach einem Tag vorbei. Innerhalb einer Stunde wurde Geschichte gemacht – und ich war dabei.
>
> Yancey Cravat,
> *Figur aus Edna Ferbers Roman* Cimarron

Im ganzen Indianerterritorium wurde die Beschlagnahmung großer Landflächen durch die Weißen als furchtbarer Verlust empfunden. Unser Volk wußte nun, was ihm bevorstand. Neben den weißen Siedlern strömten auch viele Schwarze in das Gebiet, die sich »Heimstätten« sicherten und ausschließlich von Schwarzen bewohnte Städte gründeten. Schon nach dem ersten *land run* begannen die meisten Neuankömmlinge zu fordern, daß das

Oklahoma-Territorium zum Bundesstaat erklärt werden solle, doch erst achtzehn Jahre später, 1907, erreichten sie ihr Ziel.

Zunächst bestand Uneinigkeit, ob die »Zwillings-Territorien« getrennt oder als ein Staat der Union beitreten sollten. Letztlich setzten sich die Befürworter der zweiten Lösung durch, und das Oklahoma-Territorium und das Indianerterritorium mußten wieder vereint werden. Dies erforderte aber eine neue Landverteilung im Indianerterritorium, wo sich die »Fünf Stämme«, die von den Bestimmungen des Dawes-Gesetzes ausgenommen waren, bisher jeglichen Landzuweisungen widersetzt und ihr in Gemeinbesitz befindliches Land eigenständig verwaltet hatten.

Dies änderte sich 1893. Der Kongreß berief eine Regierungskommission, die die Möglichkeiten einer Umstrukturierung des Indianerterritoriums und einer Eingliederung der »Fünf Stämme« in die Vereinigten Staaten untersuchen sollte. Präsident Cleveland, der nach Benjamin Harrisons vierjähriger Regierungszeit für eine zweite Amtsperiode wiedergewählt worden war, ernannte Henry Dawes, der kurz zuvor sein Amt als Senator aufgegeben hatte, zum Vorsitzenden einer Gruppe von Bürokraten. Diese sogenannte Dawes-Kommission sollte ein schändliches Vermächtnis hinterlassen, dessen Auswirkungen bis heute spürbar sind. Die Mitglieder der Kommission verbrachten mehrere Jahre im Indianerterritorium und verhandelten mit den Führern der »Fünf Stämme«, um ihr Einverständnis zu Landzuweisungen und zur Auflösung der Stammesregierungen zu erlangen.

Um die Bedeutung der Dawes-Kommission zu verstehen, muß man die damit in Zusammenhang stehenden Ereignisse kennen. Im Jahre 1893 wurde mit dem Gesetz zur Einberufung der Dawes-Kommission gleichzeitig auch der Verkauf des sogenannten Cherokee Outlet beschlossen, 2,6 Millionen Hektar fruchtbaren Weidelandes, das südlich der Kansas-Linie lag. Das oft auch als Cherokee Strip bezeichnete Gebiet war am Ende des Bürgerkrieges von unserem Volk an die Vereinigten Staaten abgetreten worden, die dort Angehörige anderer Indianerstämme ansiedeln wollten. Nun aber wollte die Bundesregierung das Land für weiße Siedler freigeben.

Bis 1883, als die Cherokee Strip Live Stock Association, eine Viehzüchtervereinigung, unter dem Recht des Staates Kansas, gegründet wurde, hatte unsere Stammesregierung das Gebiet gegen Weidegebühren einzelnen Ranchern zur Verfügung gestellt. Ein 1883 ausgearbeiteter Vertrag mit der Vereinigung setzte eine jährliche Nutzungsgebühr von 100 000 Dollar fest. Dieser Pachtvertrag lief 1888 aus, und im gleichen Jahr wurde mit der Vereinigung ein neuer Pachtvertrag mit fünfjähriger Laufzeit geschlossen, der eine Verdoppelung der Gebühr vorsah. Nun aber griff die amerikanische Regierung ein, die sich immer lauter werdenden Forderungen nach einer Öffnung dieses Landstreifens für Siedler gegenübersah, und erklärte den Vertrag für ungültig. Die Rancher wurden angewiesen, ihre Tiere aus dem Gebiet zu entfernen und anderswo nach Weideland zu suchen.

Die Cherokee gaben sich schließlich mit einem Regierungsangebot von nur 3,22 Dollar pro Hektar zufrieden. Als wir 1961, nach jahrelangen Verhandlungen, eine zusätzliche Summe von 14,7 Millionen Dollar für das betreffende Gebiet erhielten, war dies immer noch zu wenig Geld und kam überdies zu spät. Nichts mehr konnte den Landraub wiedergutmachen. 1893 wurde dieser Kaufvertrag jedoch sofort vom Kongreß und vom Nationalrat der Cherokee gebilligt. Alle Voraussetzungen für die Freigabe des Landes zur Besiedlung waren erfüllt.

Am 16. September 1893 fand der größte *land run* in der amerikanischen Geschichte statt. Über 100 000 Siedler machten Jagd auf eines der 40 000 vom Staat ausgeschriebenen Teile Land.

Bald wollte sich der Kongreß auch nicht mehr mit dem Widerstand der »Fünf Stämme« gegen die Landzuweisung auseinandersetzen und ermächtigte die Dawes-Kommission, auch ohne Zustimmung der Stammesführer mit der Vergabe von Grundstücken zu beginnen. 1898 versetzte der Kongreß mit der Verabschiedung des Curtis-Gesetzes der unabhängigen Stammesselbstverwaltung der Cherokee Nation den Todesstoß. Die

Gesetzesvorlage stammte von Charles Curtis, einem konservativen Kongreßabgeordneten aus Kansas, der später unter Herbert Hoover Vizepräsident wurde. Sie verfügte nicht nur die Abschaffung der Stammesgesetze und -gerichte, sondern unterstellte die Indianer der Gerichtsbarkeit der amerikanischen Bundesgerichte. Auch sah das Gesetz die Vermessung von Orten vor, an denen Städte errichtet werden sollten, die Ausweitung des Wahlrechts auf Hunderttausende von nichtindianischen Bewohnern, während den Indianern weiterhin das Wahlrecht verwehrt blieb, sowie die Einrichtung kostenloser öffentlicher Schulen für weiße Kinder im Indianerterritorium.

Dennoch weigerte sich die Cherokee Nation immer noch, diese Politik zu akzeptieren, lehnte die Landzuweisungen und die Umwandlung des Indianerterritoriums in einen Bundesstaat ab. Nach zwei gescheiterten Abkommen billigte der Stamm jedoch am 7. August 1902 in einer Volksabstimmung eine diesbezügliche Vereinbarung, und so wurde den Cherokee und den anderen der »Fünf Stämme« letzten Endes doch Senator Dawes' Landzuweisungsplan aufgezwungen. Alle Bürger der Cherokee Nation wurden von der Dawes-Kommission ordnungsgemäß registriert und erhielten jeweils 40 Hektar Stammesland als Privatbesitz zugeteilt.

Der letzte Cherokee-Häuptling vor der Gründung des Bundesstaates Oklahoma war William Charles Rogers, der 1903 gewählt wurde. Entsprechend der Übereinkunft, die zwischen den USA und der Cherokee Nation 1902 in Muskogee getroffen wurde, handelte es sich um die letzte Häuptlingswahl; Rogers amtierte jedoch noch bis zu seinem Tode im Jahre 1917 als Oberster Häuptling der Cherokee. Dies geschah mit Einverständnis der Bundesregierung, damit ein rechtmäßiger Repräsentant der Cherokee Nation die Urkunden unterzeichnen konnte, mit denen das in Gemeinbesitz befindliche Land Einzelpersonen übertragen wurde.

In den noch verbleibenden Jahren vor der Aufnahme Oklahomas in die Union versuchten einige Bürger der »Fünf Stämme«

einen unabhängigen Staat zu gründen, der nach Sequoyah, dem berühmten Gelehrten der Cherokee, benannt werden sollte. 1905 wurde ein Konvent abgehalten, der einen Verfassungsentwurf für dieses Gemeinwesen erarbeitete, welcher jedoch vom Kongreß abgelehnt wurde.

Statt dessen verabschiedeten die Deputierten das »Oklahoma-Ermächtigungsgesetz«, das den Bewohnern des Territoriums Oklahoma und des Indianerterritoriums erlaubte, sich eine Verfassung zu geben. In Guthrie, der Hauptstadt des Territoriums Oklahoma, trat daraufhin ein Verfassungskonvent zusammen, der eine Reformverfassung entwarf, die »dem Volk die Demokratie wiedergeben« sollte – bei dieser Zusammenkunft waren jedoch nur wenige Indianer vertreten. Der erarbeitete Entwurf wurde schließlich nach Washington gesandt und dem Kongreß zur Prüfung vorgelegt.

Am 16. November 1907 erklärte Präsident Theodore Roosevelt Oklahoma zum 46. Staat der Union; Beamte in Washington telegraphierten die Nachricht nach Guthrie. Allerorten feierten die neuen US-Bürger dieses Ereignis auf feinen Gesellschaften, mit häuslichen Gartenfesten, Whiskeytoasts und Gottesdiensten.

Aber nicht alle Bewohner Oklahomas stimmten in den Jubel ein. Ich bin sicher, daß viele Cherokee-Familien in ihren Häusern auf dem Land beisammensaßen und über die unrechtmäßige Entstehung des Bundesstaates sprachen. Vielleicht erwähnten sie auch das längst vergessene Versprechen der amerikanischen Regierung, daß wir als Ausgleich für den Verlust unserer alten Heimatgebiete auf immer in Frieden im Indianerterritorium leben könnten. Die Geburtsstunde Oklahomas war ein trauriger Moment für die Cherokee Nation. Manch einer glaubte sogar fälschlicherweise, daß sie aufgehört habe zu existieren.

TEIL III
GLEICHGEWICHT

9.

REVOLUTION

Als einmal alle Krieger einer Cherokee-Siedlung auf der Jagd waren oder an einem Tanz in einem anderen Ort teilnahmen, hackte ein alter Mann, der zu Hause geblieben war, an einem Berghang Holz.

Plötzlich stürmte eine Gruppe feindlicher Krieger von einem anderen Stamm auf ihn zu. Der alte Mann warf seine Axt nach dem ersten von ihnen und lief ins Haus, um sein Gewehr zu holen und das Dorf zu verteidigen, so gut er konnte. Als er wieder herauskam, fand er zu seiner Überraschung eine große Schar unbekannter Krieger vor, die den Feind zurückdrängten. Da keine Zeit für Fragen war, gesellte er sich den Fremden zu und kämpfte mit ihnen, bis der Feind den Bach hinaufgetrieben war, aufgab und sich hinter den Berg zurückzog.

Als alles überstanden war und er wieder zu Atem kam, drehte sich der alte Mann um, weil er seinen neuen Freunden danken wollte, doch stand er auf einmal wieder ganz allein da. Die fremden Krieger waren verschwunden, als ob der Berg sie verschluckt hätte. Da wußte er, daß es sich um die Nuññehi, *die Unsterblichen, gehandelt hatte, die gekommen waren, um ihren Freunden, den Cherokee, zu helfen.*

Juni 1963. Vor knapp sechsundfünfzig Jahren war Oklahoma zum Bundesstaat der USA ausgerufen worden, und vor genau fünfundneunzig Jahren hatte Cherokee-General Stand Watie mit seinen der konföderierten Armee angehörigen Truppen kapituliert. Am 2. Juni 1963 erinnerte sich mancher in aller Stille des 39. Jahrestages der Verabschiedung des Snyder-Gesetzes, das allen in den Vereinigten Staaten geborenen Indianern das Bürgerrecht verlieh.

Juni 1963. Vor 120 Jahren hatte Häuptling John Ross eine Vertragskonferenz der Vereinten Indianernationen einberufen. 4000 Menschen, die verschiedene indianische Nationen repräsentierten, nahmen seine Einladung an und schlugen einen Monat lang in Tahlequah ihr Lager auf, um über die Beziehungen zwischen den Vereinigten Staaten und den Indianern und über andere Fragen zu beraten.

Juni 1963. Wie in so vielen anderen Monaten in den sechziger Jahren brachte jede Woche Neuigkeiten und Veränderungen. Während jener dreißig Tage verbrannte sich ein buddhistischer Mönch, um gegen seine Verfolgung durch die südvietnamesische Regierung zu protestieren – zwei Jahre, bevor die USA sich auf einen zermürbenden Krieg in Vietnam einließen. Martin Luther King jr. formulierte seine »Ich habe einen Traum«-Rede für den Marsch auf Washington im August.

In den USA war der Juni 1963 ein Monat des Aufruhrs und der Gewalt. Präsident John F. Kennedy mußte Angehörige der National Guard zum Universitätsgelände von Birmingham schicken, damit Gouverneur George Wallace – vorübergehend – von seinen Bemühungen abließ, zwei schwarze Studenten an der Einschreibung in die Universität von Alabama zu hindern. Nur wenige Tage später wurde in Jackson, Mississippi, der schwarze Bürgerrechtsführer Medgar Evers vor seinem Haus von einem Scharfschützen erschossen, was überall im Süden der USA Krawalle auslöste. Die Stimmen von Martin Luther King jr., Malcolm X und James Baldwin, die alle in der Bürgerrechtsbewegung aktiv waren, forderten Freiheit.

Während jenes Monats verbot das Oberste Bundesgericht in staatlichen Schulen das Beten des Vaterunser und das Lesen der Bibel; ein junger amerikanischer Boxer, der sich damals noch Cassius Clay nannte, wurde in London Weltmeister; eine begeisterte Menschenmenge hörte in West-Berlin, wie John F. Kennedy ausrief: »Ich bin ein Berliner.«

Juni 1963. Ich war mir in San Francisco all der bedeutsamen Ereignisse in der Welt und in den USA bewußt, doch hatte ich auch ganz andere Dinge im Sinn. Vor allem war ich glücklich, daß meine Zeit in der High-School endlich vorüber war, denn das hieß für mich, daß ich mich nicht mehr mit Menschen abgeben mußte, für die ich keine Sympathie empfand und sie nicht für mich.

Ich war bereit, mir meinen Platz in der Welt zu erobern. Ich zog bei meiner Schwester Frances ein, was mir eine gewisse Unabhängigkeit verlieh, mir das Gefühl gab, selbständig zu sein. Außerdem machte ich mich sofort daran, mir eine geeignete Arbeitsstelle zu suchen. Ich hatte niemals vor, das College zu besuchen; in meiner Familie war das einfach nicht üblich, und auch die anderen Menschen in meiner Umgebung – Freunde, Nachbarn und die Jugendlichen, die ich aus dem *Indian Center* kannte – setzten in den allermeisten Fällen ihre Ausbildung nicht fort, sondern begannen zu arbeiten.

Ich nahm eine Beschäftigung in einer Finanzierungsgesellschaft an, wo ich Routineaufgaben zu erledigen und Telefondienst zu leisten hatte. Ich war siebzehn Jahre alt und frei von allen Verpflichtungen. Siebzehn ist ein romantisches Alter. Die Kindheit mag vorüber sein, aber man ist noch nicht richtig erwachsen. Es ist eine Übergangsphase.

Ich hatte das Gefühl, daß sich die Dinge für mich positiv entwickelten. Ich verdiente mein eigenes Geld – sicherlich nicht viel, jedoch mit Sicherheit mehr, als ich jemals zuvor zur Verfügung hatte. Ich war arm, aber glücklich. Außerdem begann ich mich gerade neu zu verlieben, oder zumindest glaubte ich das.

Sein vollständiger Name lautete Hector Hugo Olaya de Bardi. Ich nannte ihn nur Hugo Olaya.

Hugo stammte aus Ecuador und war vier Jahre älter als ich. Unsere frühere Nachbarin Carmen Roybal hatte uns miteinander bekannt gemacht. Sie hatte mich zu einem Latino-Tanzfest in der Stadt mitgenommen. Es war Frühling, und Hugo kam mit einer beeindruckenden Kopfwunde in den Saal – seine Fußballmannschaft hatte gerade einen großen Sieg errungen und wurde in ausgelassener Stimmung gefeiert.

Ich fand ihn sofort sympathisch. Er war charmant und gutaussehend, in jeder Hinsicht ein klassischer Latino – ein sehr dunkler, sehr männlicher Typ mit einer gewissen Klasse. Er war kultiviert und hatte ein gewandtes Auftreten. Von Liebe auf den ersten Blick konnte bei mir allerdings keine Rede sein.

Hugos Vater war Arzt und in die USA gekommen, um ein neues Leben anzufangen. Er hatte seine Frau, seine Tochter und seine drei Söhne in Ecuador zurückgelassen; Hugo war das älteste Kind. Sein Vater wollte die Familie nachkommen lassen, wenn er sich eine Existenz aufgebaut hätte. Doch machte er dieses Versprechen niemals wahr. Soweit ich jemals beurteilen konnte, beantragte er auch niemals eine Zulassung als Arzt; ich erfuhr, ehrlich gesagt, niemals genau, was er tat, und hielt ihn für eine Art Playboy. Obwohl er seine Frau verlassen hatte, hatte er zu seinen Kindern regelmäßigen Kontakt.

Hugos Mutter stammte aus einer sehr alten italienischen Familie, die nach Ecuador ausgewandert war. Sie waren »altes Geld« – vornehm und aristokratisch. In dieser Upper-Class-Atmosphäre wuchs Hugo auf. Die Familie besaß mehrere Unternehmen – eine Baufirma, eine Apotheke, ein Hemdengeschäft und anderes. In Ecuador leben zwar viele Indianer, aber Hugo hatte eindeutig keinen Tropfen indianischen Blutes in den Adern.

Schon als Schüler verließ er seine Familie, die in der großen Stadt Guayquil an der Pazifikküste lebte, und ging in die USA, um ein Universitätsstudium aufzunehmen. Außer seinem Vater lebten noch andere Verwandte von ihm in den Vereinigten Staaten, insbesondere in der Gegend um San Francisco. Als ich Hugo kennenlernte, studierte er Betriebswirtschaft und Rechnungswesen am San Francisco State College. Er erschien mir sehr intelligent, aber auch hier wieder war ich nicht völlig hingerissen. Er war interessant und ein angenehmer Gesellschafter – der typische nette Junge.

In gewisser Weise erinnerte mich Hugo an meinen früheren

Freund Ray Billy. Ebenso wie dieser war er viel herumgekommen und weltgewandt, was auf ein echtes Ghettokind wie mich ungeheuren Eindruck machte. Ich war ein junges Mädchen, das mit einem exotischen Südamerikaner ausging, der das College besuchte und ein eigenes Auto besaß.

Hugo zeigte mir alle möglichen Orte, an denen wir Dinge taten und sahen, die für mich völlig neu waren. Nach meiner Arbeit bei der Finanzierungsgesellschaft genoß ich es, mit ihm Restaurants oder Clubs zu besuchen. Er machte mich mit verschiedenen Arten von Musik und anderen Kulturen bekannt. Es war ein stürmischer Sommer für uns beide, und während dieser ganzen Zeit hatten wir eine Art »Partybeziehung«, wie ich es bezeichnen würde. Es war wie ein einziges großes Fest. Und welche Stadt wäre dem zuträglicher gewesen als San Francisco? Es gab in der Umgebung so viel, was ich noch nie gesehen hatte, bevor ich Hugo traf. Mit ihm als meinem Führer wurde das anders.

Alles war Spaß – ein sehr harmloser Spaß, denn ich ließ nicht zu, daß unsere körperliche Beziehung zu eng wurde. Währenddessen erklärte mir Hugo fortwährend, daß er eine festere Bindung zu mir wünsche, daß er mich heiraten wolle. Ich wehrte zunächst immer wieder ab, nahm seinen Antrag aber schließlich an. Es war eine sehr plötzliche Entscheidung, die ich spontan eines Abends im Oktober traf, als wir in der Stadt ausgingen. Damals hatte ich irgendein Problem – ich weiß nicht einmal mehr genau, um was es sich handelte – und hoffte, daß sich alle Widrigkeiten in meinem Leben in Wohlgefallen auflösen würden, wenn ich Hugos Frau würde.

Ich teilte meinen Eltern mit, daß Hugo und ich heiraten wollten und bat sie um ihre Einwilligung, denn ich war immer noch erst siebzehn. Mein Vater war von meinem Vorhaben nicht allzu begeistert, denn Hugo gefiel ihm lange nicht so gut wie Ray Billy. Er hätte es lieber gesehen, wenn ich ihn geheiratet hätte. Meine Mutter fand Hugo sympathischer und hatte nichts gegen ihn einzuwenden. Über mein noch sehr jugendliches Alter äußerten sich meine Eltern nicht. Schließlich war meine Mutter erst fünfzehn Jahre gewesen, als sie gegen den Willen ihrer Familie meinen Vater geheiratet hatte. Auch Hugos Familie war mit unseren Plänen einverstanden.

Als wir unsere Eheringe aussuchten, wurde mir auf einmal bewußt, daß ich nicht einmal Hugos Nachnamen genau kannte. Es war ein sehr langer und dazu noch spanischer Name – es mußte Bardi sein, so vermutete ich. Da stand ich also mit dem Mann, den ich heiraten würde, und mußte mir von ihm seinen Namen erklären lassen.

Hugos Vater kaufte die Ringe für uns, und danach flogen wir nach Reno, um uns trauen zu lassen. Ich hatte noch nie in einem Flugzeug gesessen, und Hugo und ich waren ganz für uns allein; niemand aus unserer Familie nahm an der Zeremonie teil. Mit einem Friedensrichter gingen wir in eine der Heiratskapellen, für die Nevada so berühmt ist, und gaben uns am Nachmittag des 13. November 1963 das Jawort. Fünf Tage vor meinem achtzehnten Geburtstag wurde ich Wilma Olaya.

Gleich darauf flogen wir nach San Francisco zurück und brachen von dort in die Flitterwochen auf. Hugos Vater hatte uns 1000 Dollar für unsere Hochzeitsreise geschenkt. Wir hatten beschlossen, uns Chicago anzusehen und reisten mit dem Bus dorthin. Während der langen Fahrt über Land begann ich mir bewußt zu werden, wie überstürzt meine Entscheidung gewesen war. Ich hatte schon früher in vielen Situationen impulsiv reagiert, doch meine plötzliche Heirat mit Hugo übertraf alles andere. Ich konnte nur noch die Flucht nach vorn antreten und das Beste daraus machen.

Es war mein erster Besuch in Chicago; daher war es für mich ein beeindruckendes Erlebnis, als wir in die Stadt hineinfuhren. Wir hielten uns immer noch dort auf, als am Freitag, dem 22. November, die bestürzende Nachricht um die Welt ging, daß Präsident Kennedy am Nachmittag dieses Tages in Dallas erschossen worden war. Eines der tragischsten Ereignisse der amerikanischen Geschichte hatte sich während meiner Flitterwochen zugetragen.

Dieser charismatische junge Mann, der sich durch visionäre Kraft und außergewöhnliche Aufgeschlossenheit auszeichnete, der meine Generation inspirierte und sich der Möglichkeiten des Menschen bewußt war, war uns in einem Augenblick des Wahns entrissen worden. Ich hatte schier unbegrenzte Hoffnungen in die Präsidentschaft Kennedys gesetzt. Die Dillon-Myer-Ära verblaßte, die Zukunft erschien äußerst vielversprechend. Kennedys Tod bedeutete für mich eine tiefe Ernüchterung. Ich erinnere mich, wie in der ganzen Stadt und auf dem Land die Kirchenglocken läuteten. Wie alle anderen saßen wir wie gelähmt vor dem Fernsehgerät und verfolgten ungläubig die entsetzlichen und traurigen Ereignisse in jenen düsteren Novembertagen.

Wenn wir jene vergessen, die Großes zur amerikanischen Geschichte beigesteuert haben – wenn wir die heroische Vergangenheit der amerikanischen Indianer außer acht lassen – schwächen wir dadurch unser eigenes Erbe. Wir müssen all das berücksichtigen, was unsere Vorfahren hier vorfanden und dessen sie sich ungezügelt bedient haben.

JOHN F. KENNEDY, 1961

Amerika weint heute abend nicht nur um seinen jungen Präsidenten, sondern auch um seiner selbst willen ... In irgendeiner Weise hat das Schlechteste die Oberhand über das Beste gewonnen ... Eine Aufwallung von Wahnsinn und Gewalt hat das höchste Symbol von Recht und Ordnung zerstört.

JAMES RESTON, 1963

Als wir nach San Francisco zurückkehrten, war ich immer noch verwirrt von den Geschehnissen in Dallas. Der sinnlose Tod von John F. Kennedy sollte mich und viele andere noch lange verfolgen.

Nach unseren Flitterwochen gingen Hugo und ich zunächst wieder getrennte Wege, wenn auch nicht freiwillig. Keiner von uns beiden hatte eine Wohnung, die groß genug war, daß wir beide darin leben konnten. Ich teilte mir wieder ein Zimmer mit meiner jüngeren Schwester im Haus meiner Eltern in Hunter's Point, und Hugo wohnte weiterhin in seinem Apartment. Nach einigen Tagen der Suche und vielen Telefonanrufen fanden wir jedoch eine Bleibe: Wir zogen in das im Mission-Viertel gelegene Haus von Hugos Cousin Tito Bastidas und seiner Frau Rose, die uns großzügig bei sich aufnahmen. Hugos Cousins, die Brüder Tito und George Bastidas, standen Hugo sehr nah. Ihre Frauen, Rose und Judy Bastidas, wurden während dieser Zeit zu meinen engsten Freundinnen. Die Männer spielten alle mit Begeisterung Fußball, und wir feuerten sie an; nach den Spielen veranstalteten wir große Familientreffen. Wir erlebten gemeinsam die Geburt unserer Kinder, feierten unseren einundzwanzigsten Geburtstag und machten gemeinsam die Entwicklung vom Mädchen zur Frau durch.

Hugo und ich hatten uns sehr bald in unserer neuen Rolle als Ehepaar eingerichtet. Er begann in der Nachtschicht für die Pan American Airlines zu arbeiten und besuchte tagsüber seine Seminare an der San Francisco State University. Ich nahm meine Tätigkeit in der Finanzierungsgesellschaft wieder auf, die jedoch keine besonders herausfordernde Aufgabe darstellte. Meistens mußte ich säumige Ratenzahler aufspüren. Ich rief die Kunden an, forderte sie auf, die überfälligen Beträge zu begleichen, notierte, was sie zu mir gesagt hatten, und nahm es dann zu den Akten. All das war keine besonders angenehme Angelegenheit, und zudem empfand ich es als wenig befriedigend, tagaus, tagein die gleiche Arbeit zu tun.

Eines Abends im Januar 1964, etwa zwei Monate nach unserer Heirat, fühlte ich mich plötzlich sehr krank. Ich bekam Fieber, hatte Rückenschmerzen und mußte mich ständig übergeben. Mein Zustand verschlechterte sich immer mehr, und da ich allein zu Hause war, weil Hugo nachts arbeitete, rief ich meinen Vater an. Er brachte mich sofort in die Notaufnahme des San Francisco General Hospital. Dort wurden mehrere Untersuchungen durchgeführt, und nach mehreren Stunden bangen Wartens teilte mir ein Arzt mit, daß man die Ursache meiner Beschwerden gefunden habe.

Die Rückenschmerzen und das Fieber seien durch eine Niereninfektion verursacht, die geheilt werden könne. Als ich ihn fragte, was es mit der Übelkeit auf sich habe, lächelte der Arzt und meinte, dies habe ganz andere Gründe – ich sei schwanger.

Ich war äußerst verblüfft. Bei all meiner Ghettoerfahrung wußte ich kaum etwas über Verhütung. Wie andere achtzehnjährige Mädchen dieser Zeit litt ich wohl unter dem »Sowas-kann-mir-nicht-passieren«-Syndrom. Hugo und ich hatten zwar über das Problem gesprochen, und ich hatte beabsichtigt, zum Arzt zu gehen, um mich beraten zu lassen, letztlich aber niemals Zeit dafür gefunden.

Wie der Arzt erklärt hatte, konnte die Niereninfektion durch eine medikamentöse Behandlung geheilt werden – zumindest vorläufig. Damals wußten ich und meine Familie noch nicht, daß diese Infektion nur das Symptom einer sehr ernsten Nierenerkrankung war, die erst später voll zum Ausbruch kommen sollte. Vorläufig machte mir aber meine Schwangerschaft zu schaffen.

Es war keine leichte Zeit für mich. Ich hatte so große Beschwerden, daß ich meine Arbeit schon zu einem sehr frühen Zeitpunkt aufgeben mußte. Ich litt unter Bluthochdruck, Ödemen sowie unter Schwellungen, die durch Flüssigkeitsansammlungen in den Zellen und Körperhöhlen verursacht waren. Auch die Niereninfektionen kehrten immer wieder, so daß ich viele Tage im Bett liegen mußte. Da Hugo durch Arbeit und Studium stark belastet war, quartierte ich mich zeitweise bei meinen Eltern ein, damit meine Mutter mich pflegen konnte. Ich hatte den Eindruck, daß mein Martyrium niemals enden würde.

Am 11. August 1964 war es soweit, und ich wurde in das St. Luke's Hospital eingeliefert. Die Wehenschmerzen waren so heftig, daß weder Hugo noch meine Mutter mich trösten konnten. Ich verlangte nach meinem Vater, der ohne Zögern ins Krankenhaus kam, um mir beizustehen, obwohl er eigentlich arbeiten mußte.

Nach siebenundzwanzig strapaziösen, qualvollen Stunden leiteten die Ärzte die Geburt ein. Als Hugo und ich nachrechneten, stellten wir fest, daß das Kind fast genau neun Monate nach unserer Heirat auf die Welt gekommen war; ich war während unserer Flitterwochen in Chicago schwanger geworden. In jener Novemberwoche, in der dieses Land so Schreckliches sah, war für uns etwas Positives – neues Leben – entstanden. Ich hatte eine gesunde Tochter. Wir nannten sie Felicia, was soviel wie »Glück« bedeutet.

Kurz nach der Geburt verließen wir das Mission-Viertel, wo wir bei Hugos Cousins gewohnt hatten, und mieteten ein Haus in einem netten, ruhigen und sauberen Viertel mit guten Einkaufsmöglichkeiten. Hugo besuchte weiterhin tagsüber die Universität und arbeitete nachts. Ich blieb mit meiner Tochter zu Hause, kochte, wusch und kaufte ein. Ich wuchs in meine Rolle als junge Ehefrau und Mutter hinein. Es war Ordnung in mein Leben gekommen, vielleicht etwas von dem alten Gleichgewicht der Cherokee, so nahm ich an, doch war ich mir nicht sicher, ob ich mit meiner Lebenssituation wirklich zufrieden war – ein Gefühl, das noch lange an mir nagen sollte.

Ich war sehr mit meiner Tochter beschäftigt und pflegte weiterhin regen Kontakt zu meinen Geschwistern und ihren Familien. Im Juni 1966 kam meine zweite Tochter, Gina, zur Welt, und diesmal verlief die Entbindung für mich relativ problemlos. Ich war glücklich, zwei gesunde Kinder zu haben.

Bald darauf zog einer von Hugos jüngeren Brüdern, der bisher in Ecuador gelebt hatte, nach San Francisco. Sein Name war Santiago. Anders als Hugo benutzte er seinen vollständigen Familiennamen, Olaya de Bardi. Auf unsere Einladung hin verbrachte er die erste Zeit nach seiner Ankunft bei unserer Familie. Er war kein unangehmer Hausgast, und seine Gesellschaft tat mir gut. Mit seiner abgeklärten, entspannten Art bildete er ein gutes Gegengewicht zu seinem wenig ausgeglichenen älteren Bruder.

Zu dieser Zeit waren Hugo und ich etwa drei Jahre verheiratet. Wir hatten zwei Kinder, ein Zuhause und Sicherheit. Trotz alledem hatte ich das Empfinden, daß unsere Beziehung in irgendeiner Form Schaden genommen, daß sie Risse bekommen hatte. Dies trat zwar nicht offen zutage, aber, wie es in solchen Fällen oft vorkommt, wurden mir unsere Probleme zuerst an offenbar nebensächlichen Kleinigkeiten bewußt.

Sosehr ich meine Familie und mein Zuhause liebte, ich fühlte mich doch bald von dem eintönigen Tagesablauf einer traditionellen Hausfrau eingeengt – ich war noch nicht einmal einundzwanzig Jahre alt. Ab und zu wollte ich aus dem Haus, wollte meine Flügel ein wenig ausstrecken. Es bedurfte nicht viel, um mich glücklich zu machen; ich war vollkommen zufrieden, wenn wir einen Abend bei meinen Eltern verbrachten und Karten spielten.

Hugo genügte das nicht. Ich glaube, er vermißte Tage wie in jenem Sommer vor unserer Hochzeit, als unsere Töchter noch nicht geboren waren, und sehnte sich nach der Sorglosigkeit dieser Zeit zurück. Wenn sich eine Möglichkeit zum Ausgehen bot, wollte er nicht nur bei meiner Familie am Küchentisch herumsitzen. Unsere persönlichen Vorlieben und unser sozialer Hintergrund waren so verschieden. Er bevorzugte förmlichere Arten der Geselligkeit, besuchte lieber Clubs und Feste. Anfangs ergaben sich aus diesen Unterschieden kaum Probleme, aber je länger wir verheiratet waren, desto deutlicher wurde ich mir der Unvereinbarkeit unserer Bedürfnisse bewußt.

Immerhin waren Hugo und ich beide mit unserem Wohnviertel zufrieden, auch wenn wir manchmal mit dem Gedanken spielten, in einen der Vororte umzuziehen. San Francisco war für fast alle Menschen ein aufregender Ort, insbesondere aber für jemanden, der den Puls der Zeit spürte und für alles offen war, was um ihn herum vorging. Frank Norris, ein amerikanischer Schriftsteller, der um die Jahrhundertwende lebte, beschrieb San Francisco einmal als »eine Stadt, in der beinahe alles passieren kann«. Diese Worte hatten in den sechziger Jahren immer noch Geltung. In den ersten Jahren meiner Ehe entdeckte ich jenes San

Francisco, das ich in Daly City und Hunter's Point nicht hatte kennenlernen können. Dafür bin ich dankbar.

Die gesamte Region um die Bucht von San Francisco – von Sausalito bis Berkeley – war schon immer ein Anziehungspunkt und Experimentiergelände für Kunst und Kultur gewesen. In der zweiten Hälfte der fünfziger Jahre, als meine Familie noch den Staub Oklahomas aus den Kleidern schüttelte, begann sich eine Künstlerbewegung zu entwickeln, die als San Francisco Renaissance bekannt werden sollte. Eine Gruppe von antibürgerlichen Künstlern und Schriftstellern bildete sich heraus, die sich selbst als Beat-Generation bezeichnete. Ihre Hohenpriester waren Allen Ginsberg, Gregory Corso, Jack Kerouac, Gary Snyder und Michael McClure. Sie fanden sich im »City Lights« ein, Lawrence Ferlinghettis Verlagsbuchhandlung im North-Beach-Viertel, um zu diskutieren und ihre Werke auszutauschen.

Im »hungry i« und anderen Nachtclubs traten Folksänger, Balladenschreiber und Komiker auf. Man konnte das Kingston Trio und die Smothers Brothers bewundern; Ken Kesey und sein Bus voller Merry Pranksters – »Fröhliche Witzbolde« – gingen auf Tour; Timothy Leary propagierte inmitten einer Wolke von Marihuana die Vorzüge von LSD; Bob Dylan sang, was in den Tiefen seiner Seele vor sich ging, und aus der Gegend um Carmel und Big Sur tauchte Joan Baez mit ihren Liedern voll süßer Klage auf. Abstrakte Maler und Bildhauer erfanden einen neuen Realismus. Prosaschriftsteller, Lyriker und Dramatiker wohnten in winzigen »Buden«, experimentierten mit Pot und praktizierten Zen, abends trafen sie sich in einem der vielen Cafés der Stadt, um Espresso oder goldenen Wein aus dem Napa-Valley zu schlürfen, während sie frisch komponierte Gedichte verschlangen.

Damals wußte jeder Radikale, jeder Nonkonformist, der etwas auf sich hielt, daß San Francisco der Ort der Stunde war.

In dieser kosmopolitischen, dichtbesiedelten Metropole, die auf drei Seiten von Wasser umschlossen war, setzte in den sechziger Jahren ein gewaltiger Bauboom ein; die Skyline der Stadt erhielt einen völlig anderen Charakter, als sich die Wolkenkratzer wie Phönixe aus den Senken erhoben. Viele Bürger fanden diese Art von urbaner Entwicklung abstoßend und bezeichneten die neue Baumanie als »Manhattanisierung« ihrer geliebten Stadt.

Zu dieser Zeit war die Gegend um San Francisco zum Anlaufpunkt für Indianer aus den gesamten USA geworden, die am Umsiedlungsprogramm der Regierung teilgenommen hatten. Neu eintreffende Familien, die meist aus abgelegenen Landgemeinden stammten, wurden von anderen Umsiedlern betreut, die sich bemühten, ihnen die Anpassung an die manchmal verwirrend neue Lebensweise zu erleichtern. Die Neuankömmlinge waren ein einfaches Leben fast ohne modernen Komfort gewohnt, wobei sie aber zumindest in die Gemeinschaft von Familie, Freunden und Nachbarn integriert gewesen waren, die das Wenige, was sie besaßen, bereitwillig mit ihnen geteilt hatten. Der Umzug in den Ballungsraum von San Francisco bedeutete für diese Menschen eine Verbannung aus ihrer Heimat. Auch viele andere Menschen, die im Großraum von San Francisco lebten, begannen nun damit, bessere Lebensbedingungen für sich zu verlangen. Zu dieser Zeit gewannen im ganzen Land die ethnischen Minderheiten an Stärke, und besonders in Kalifornien war ihre Stimme laut und deutlich zu vernehmen. Sie forderten bessere Wohnbedingungen, mehr Arbeitsplätze und das Ende der Rassendiskriminierung.

Nach den verheerenden Unruhen, die im August 1965 und März 1966 im Stadtviertel Watts in Los Angeles ausgebrochen waren, kam es im September letzteren Jahres dann auch in Hunter's Point zu Ausschreitungen. Ausgelöst wurden die Krawalle, ähnlich wie in Watts, durch eine Polizeiaktion – ein Polizist hatte einen des Autodiebstahls verdächtigten Jugendlichen erschossen –, und ebenso wie in Südkalifornien ereigneten sich die Auseinandersetzungen an einem glühendheißen Tag mit geladener Atmosphäre. Viele Bewohner waren sich aber schon vorher bewußt, daß Hunter's Point einem Kessel glich, der kurz vorm

Überkochen war und daß es nur eine Frage der Zeit war, wann es zur Explosion kam.

Viel zu lange waren die schwarzen Familien, die nach dem Zweiten Weltkrieg nach San Francisco gekommen waren, in unzureichende oder heruntergekommene Behausungen in ghettoartigen Vierteln wie Hunter's Point oder Fillmore abgeschoben worden, wo die Hausbesitzer es sich erlauben konnten, horrende Mieten zu kassieren. Ich wußte aus eigener Erfahrung, daß die Bewohner dieser Stadtteile aufgrund von Armut, Massenarbeitslosigkeit und zerrütteten Familien kaum Anlaß hatten, optimistisch in die Zukunft zu blicken. Dennoch bewahrten sich manche zumindest ihren Stolz, und, wenn sie Glück hatten, ihre Träume. Dies half ihnen zu überleben.

> We shall overcome, we shall overcome,
> We shall overcome some day
> Oh, deep in my heart I do believe
> We shall overcome some day.
> *Von der Bürgerrechtsbewegung der*
> *sechziger Jahre adaptiertes altes Kirchenlied*

Glücklicherweise wurden in Hunter's Point keine Gebäude angezündet und niemand kam zu Tode. John F. Shelley, der Bürgermeister San Franciscos, verhängte mit Unterstützung der National Guard sofort eine Ausgangssperre und stellte Ruhe und Ordnung wieder her. Angesichts des in Kalifornien geltenden gesetzlichen Verbots der Diskriminierung bei der Einstellung von Arbeitskräften prangerte Shelley öffentlich die von ihm als »mittelalterlich« bezeichneten Rassenvorurteile an, die in den Gewerkschaften in der Region existierten. Hunter's Point erhielt von nun an jährlich hohe Zuschüsse aus dem Model-Cities-Programm. Es wurden neue Unternehmen gegründet und Ausbildungsprogramme bereitgestellt.

Und doch waren viele Schwarze und andere ethnische Gruppen immer noch äußerst unzufrieden mit ihrer Situation. In manchen Kreisen entwickelte sich eine zunehmende Militanz. Im Oktober 1966 – nur einen Monat nach den Unruhen in Hunter's Point und einen Monat vor der Wahl eines konservativen Republikaners namens Ronald Reagan zum Gouverneur von Kalifornien – gründeten Bobby Seale und Huey Newton in Oakland die Black Panthers. Andere leidenschaftliche Führerinnen und Führer der Schwarzenbewegung wie Angela Davis und Eldridge Cleaver begannen sich gegen die weiße bürgerliche Kultur abzugrenzen und kreierten einen Schlachtruf, der die für sie alles entscheidende Aussage enthielt – »*Black is beautiful*« (»Schwarz ist schön«). Doch über dieses eingängige Motto hinaus hatten die Black Panthers auch den eindeutigen Anspruch, die Selbsthilfe der Schwarzen zu fördern. Sie boten eine Gratis-Frühstücksverköstigung an und gründeten alternative Schulen. In den besten Tagen der Bewegung konnte man erleben, wie Huey Newton in lokalen Talk-Shows über Bürgerrechte und die Mißhandlung junger schwarzer Männer durch die Polizei sprach. Die Black Panthers waren die erste Aktivistengruppe, mit der ich mich wirklich identifizieren konnte. Sie befaßten sich mit Problemen, die ich aus eigener Anschauung kannte, und zudem hatte ich noch niemals erlebt, daß eine Minderheit sich gegen Polizisten, Richter und andere Weiße zu Wehr setzte.

Zur gleichen Zeit, als die militanten Schwarzen eine neue Lebensperspektive zu gewinnen versuchten, machten auch die Hispanics auf ihre Existenz aufmerksam. Zu viele Jahre hatten sie geschwiegen, hatten sich mit ihrem Platz in den *barrios* und den Plantagen abgefunden. Auch sie waren das Opfer von Armut und Vorurteilen und empfanden Enttäuschung und Verbitterung darüber, daß sie Generationen von Kindern in staatliche Schulen schicken mußten, wo ihre Sprache und Geschichte unterschlagen wurde. Auch sie strebten einen Wandel an, wollten nicht länger warten.

Mit Genugtuung erfüllte es mich in den sechziger Jahren immer, wenn ich aus dem San Joaquin Valley Neuigkeiten über die National Farm Workers Association, die Nationale Vereini-

gung der Landarbeiter, unter der Führung von Cesar Chavez
hörte. Diese Gewerkschaft organisierte viele erfolgreiche Kundgebungen und Streiks zugunsten der Wanderarbeiter, die von
den großen kalifornischen Weinbauern unter miserablen Bedingungen beschäftigt wurden. Mir war diese Problematik vertraut,
denn als junges Mädchen hatte ich jeden Sommer als Erntehelfe-
rin gearbeitet. Ich besuchte verschiedene Benefiz- und Informa-
tionsveranstaltungen, die die Vereinigung im Mission-Viertel
abhielt. Auch lernte ich mehrere Mitarbeiter von Chavez kennen
und machte später Bekanntschaft mit seinem Vertrauten Delores
Huerta.

Mit dem Bild des schwarzen Adlers als Symbol der Solidarität
wehrten sich die Arbeiter erfolgreich gegen die reichen Landbe-
sitzer und die von ihnen angeheuerten Schläger. Diese Form der
Gewalt erinnerte an die Einschüchterungsversuche, denen sich
Zuwanderer aus Oklahoma ausgesetzt sahen, die nach den Dust-
Bowls nach Kalifornien gekommen waren, um ein neues Leben
anzufangen. In den Sechzigern fanden sich in San Francisco
jedoch solidarische Dockarbeiter, die sich weigerten, Trauben zu
verladen, welche auf bestreikten Gütern gepflückt worden waren, und es gelang, landesweite Boykottaktionen zu organisieren.
Die Chicanos hatten ihre Macht unter Beweis gestellt.

Natürlich erfaßte diese Unruhe auch verschiedene Gruppen
der weißen Bevölkerung. Die von dem Wunsch nach Veränderung angetriebenen Bürgerrechtler kamen nicht nur aus den
Ghettos, *barrios* und den Innenstadtbezirken, sondern auch aus
der amerikanischen Mittelklasse und von den Universitäten.

Als Präsident Lyndon Johnson 1965 immer mehr Truppen
nach Vietnam entsandte, erkannten viele junge Menschen, die
sich bereits in der Bürgerrechtsbewegung engagierten, daß der
Wahnsinn dieses von manchen Menschen so bezeichneten »un-
moralischen Krieges« in den inneren Problemen unseres Landes
wurzelte. Die Aktionen der Bürgerrechtsbewegung in Selma und
Montgomery waren bedeutende Siege, aber die Greuel, die sich
im Mekong-Delta und bei Da Nang ereigneten, stellten große

Rückschläge dar. Unser Land hatte die falschen Prioritäten gesetzt; es tat sich eine tiefe Kluft auf zwischen den Bürgern, die nach Frieden und sozialem Fortschritt strebten, und den falschen Patrioten und Anhängern des Status quo.

Wenn wir zulassen, daß die Kommunisten diesen Krieg gewinnen, dann laufen wir Gefahr, daß wir für den Rest unseres Lebens weiterkämpfen müssen und eine Million junger Menschen verlieren.

Bob Hope, 1969

Krieg ist für Kinder und andere Lebewesen ungesund.

Populäres Poster der sechziger Jahre

Stell dir vor, es ist Krieg, und keiner geht hin.

Populärer Slogan der sechziger Jahre

Kritik an der Führung der USA ging auch von der Universität von Kalifornien in Berkeley aus, die zum Zentrum der »Free-Speech«-Bewegung* und vieler anderer Protestströmungen des Jahrzehnts werden sollte. Wenn San Francisco in den sechziger Jahren die große Bastion des Liberalismus war, dann war Berkeley am gegenüberliegenden Ufer der Bucht die Keimzelle des Studentenprotests.

Ein breites Spektrum der Söhne und Töchter Amerikas wagte das Establishment in Frage zu stellen. Viele dieser jungen Leute sammelten sich in ihrem Mekka San Francisco. Die meisten von ihnen waren in meinem Alter oder etwas jünger und hatten die Schule und ihre zur oberen Mittelklasse gehörigen Familien verlassen, um sich der Gegenkultur anzuschließen.

Sie schmückten sich mit Perlen und Federn und trugen Batik-T-Shirts und Lederwesten mit Fransen, was ihnen einen »Zu-

---

* A.d.Ü.: Die Vertreter dieser Bewegung nahmen sich das Recht, alles, was sie dachten, laut auszusprechen, um damit Tabus zu brechen und zu provozieren.

rück-zur-Natur«-Look verlieh, der eindeutig indianische Reminiszenzen aufwies. Häufig lebten sie in familienähnlichen Gemeinschaften oder »Stämmen« zusammen und bewohnten Gelegenheitsquartiere in einem alten viktorianischen Viertel. Die Gegend lag nicht weit vom Golden Gate Park entfernt, der unter dem Namen *Panhandle* (»Pfannenstiel«) bekannt war, und erstreckte sich auf das Gebiet um die Kreuzung zweier Straßen, der Haight Street und der Ashbury Street. Als geistige Nachfahren der Beat-Generation und verwandter Gruppen erhielten die neuen Bewohner dieser Straßenzüge den von *hipster** abgeleiteten Namen *hippies* – ein Begriff, der vermutlich eine Schöpfung des Schriftstellers Norman Mailer ist.

Im Frühherbst 1966 strömten täglich neue Adepten der Bewegung nach Haight-Ashbury. Auch Rockmusiker ließen sich dort nieder, die den musikalischen Rhythmus der Hippie-Bewegung prägten und dem Viertel einen Hauch von Prominenz verliehen. Die Grateful Dead wohnten in der Ashbury Street 710, und die Jefferson Airplane waren in der nahegelegenen Fulton Street anzutreffen. Gegen Ende des Jahrzehnts war das Viertel jedoch bereits wieder im Niedergang begriffen; seine Glanzzeit erlebte Haight-Ashbury 1966 und in den ersten Monaten des darauffolgenden Jahres. Tausende junger Menschen, mit Blumen im Haar und von Patschuli-Duft umweht, überfluteten die Stadt. Ihre liebsten Schlagworte waren »Frieden«, *spare change*** und »Freiheit«.

Damals ging ich mit meinen kleinen Töchtern häufig nach Haight-Ashbury. Rückblickend vermute ich, daß die Menschen dort uns ebenso neugierig betrachteten wie wir sie. Meine Töchter trugen Lackschuhe und adrette Kleider, und ich war natürlich sofort als junge Hausfrau erkennbar, die beobachten wollte, was

*A.d.Ü.: Alter amerikanischer Slangbegriff, der einen Beatnik der fünfziger und frühen sechziger Jahre bezeichnet und im erweiterten Sinne eine Person, die jede neue Mode mitmacht.
**A.d.Ü.: Eigentlich »Kleingeld«, womit ausgedrückt werden sollte, daß man nach Gemeinsamkeit strebte, bereit war, sich mit einem einfachen Leben zufriedenzugeben.

um sie herum vorging, ohne jedoch wirklich daran teilzunehmen, denn in jedem Falle hatte diese sich frei entfaltende Kultur der psychedelischen Kunst und der Rockpoeten zumindest eine Zeitlang etwas Entspanntes, Einladendes an sich.

Wir bummelten über die Straßenmärkte und stöberten in den überfüllten Geschäften, die bis obenhin mit Räucherstäbchen und anderen Utensilien der *love generation* gefüllt waren. Wir besuchten Konzerte und hörten den Straßenmusikanten zu, die ihre feingesponnenen Balladen über Hoffnung und Frieden vortrugen. Auch zog es mich zur Glide Memorial Church, einem berühmten Hort der Gegenkultur in San Francisco, wo Reverend Cecil Williams in einem farbenfrohen Dashiki residierte. Ich denke manchmal noch an ihn und hoffe, daß er sich nicht verändert hat, nicht seine radikalen Überzeugungen verloren hat, wie es bei vielen von uns, die an den Ereignissen dieser Zeit teilhatten, der Fall ist.

Heute wird mir immer wieder bewußt, daß viele meiner Hoffnungen und Bestrebungen während jener wundervoll traurigen und verrückten Jahre in San Francisco geprägt wurden. Alles, was damals in der Welt geschah – der Vietnamkrieg, die Friedensdemonstrationen, die Bürgerrechtsbewegung und das Aufkeimen der Indianerbewegung – sollte einen dauerhaften Einfluß auf mich haben. Ich begann mir über vieles in meinem Leben Gedanken zu machen, auch über meine Ehe. Wenn ich nach einem Nachmittag in Haight-Ashbury oder nach einem Besuch bei meinen politisch aktiven Brüdern und Schwestern nach Hause zurückkam, dann fragte ich mich, was ich eigentlich mit meinem Leben anfing und was die Zukunft für mich bereithielt.

Obwohl ich spürte, daß meine Beziehung zu Hugo keineswegs in Ordnung war, wollte ich sie nicht aufgeben. Wir dachten über Veränderungen nach und erwägten auch einen Umzug. Vielleicht, so hofften wir, würden wir uns in einem der Vororte wohler fühlen. Wir besichtigten sogar einige Häuser, aber irgend etwas hielt mich von diesem Schritt ab.

Ich erinnere mich genau, wie wir einmal eine Familie in einem Vorort nordöstlich von Oakland besuchten. Ich hatte nichts gegen diese Menschen, doch vermeinte ich dort gleichsam zu ersticken. In der Stadt waren wir von Leuten – interessanten Leuten – umgeben, die über Politik, Musik, Theologie und das Weltgeschehen diskutierten; in diesem Vorort jedoch sprachen wir über Rasenmäher und saßen in einem Haus, das genauso aussah wie alle anderen in der Straße.

So wollte ich nicht leben. Ich wollte nicht die Art von Frau werden, die später als »*Stepford wife*«* bezeichnet werden sollte. Wenn wir in einen Vorort gezogen wären, dann wäre dies unausweichlich gewesen. An jenem Abend mußte ich während der Heimfahrt unaufhörlich weinen, denn ich erkannte, daß ich in meinem Leben einiges grundlegend verändern mußte.

In den späten sechziger Jahren tat ich einen wichtigen Schritt in Richtung Unabhängigkeit: Ich entschloß mich, aufs College zu gehen. Zunächst belegte ich einige Kurse am Skyline Junior College in San Bruno, das südlich von San Francisco lag. Anfangs war ich sehr zaghaft, weil Schulen für mich niemals eine angenehme Erfahrung gewesen waren. Andererseits wußte ich, daß ich mich unbedingt weiterbilden mußte, wenn ich wirklich meinen Platz im Leben finden wollte. Ich suchte mir Fächer aus, die mich besonders interessierten, wie Literatur und Soziologie, und belegte sogar einen Kurs in Strafrecht. Als ich die Kurse erfolgreich abschließen konnte, war meine Abneigung gegen Schulen und Unterricht zum großen Teil dahingeschmolzen. Neben dem Collegebesuch nahm ich auch hin und wieder Gelegenheitsarbeiten an, so zum Beispiel als Hilfskraft in Anwaltskanzleien, wo ich Briefe und Testamente schrieb.

Bald war mir dies aber nicht mehr genug. Eine Klamath-Indianerin namens Gustine Moppin, die ich kurz nach der Umsied-

---

* A.d.Ü.: Nach dem Roman *The Stepford Wives* von Ira Levin, in dem er das Schicksal einer Gruppe von Hausfrauen in einer kleinen Ortschaft schildert, die in ihrer traditionellen Rolle verharren und ihr Leben gänzlich von ihren Männern bestimmen lassen.

Meine enge Freundin Gustine Moppin,
Klamath-Indianerin und »Mutter« aller
Alcatraz-Besetzer, mit meinem Bruder
James Mankiller auf Alcatraz im Jahre 1970.

Meine Schwester,
Vanessa Mankiller,
während der Besetzung
von Alcatraz, 1970.

LINKS: Meine Schwester
Linda und mein Bruder
Richard auf Alcatraz, 1970.

Bei einem meiner Besuche bei
meinen Geschwistern während
der Alcatraz-Besetzung, 1970.

Der Aktivist Bill Wahpapah, Angehöriger der Stämme der Kickapoo und Sauk
und Fox, und ich zu der Zeit, als wir zusammen die American Indian Community
School in Oakland gründeten.

Mitglieder der indianischen Gemeinde der Region
von San Francisco sind um die Trommel versammelt.
Ich bin die dritte von rechts in der hinteren Reihe;
Felicia steht in der mittleren Reihe ganz links; Oakland, 1975.

Eine traditionalistische Hopi-Führerin und ich vor dem Bundesgericht in
San Francisco. Sie war auf der Ladefläche eines Pritschenwagens aus
dem Südwesten angereist, um den Anwälten ihres Stammes, die Mitte der
siebziger Jahre in einem Bundesprozeß um die Rechte der Hopi kämpften,
moralische Unterstützung zu leisten.

Die Schwestern Debbie und Peanut Steele mit Chemasi
auf der Kashia-Rancheria Mitte der siebziger Jahre.

Junge Männer der Pit River Nation, die bei einem Stammes-
fest Vorbereitungen treffen, um Fleisch in der Erde zu garen;
Pit River Nation bei Shasta, Kalifornien, 1975.

Eine Zusammenkunft des für das Bell-Projekt
verantwortlichen Ausschusses von Einwohnern
der Gemeinde Bell, Oklahoma, 1982.

Häuptling Swimmer und ich bei einer Veranstaltung für die Gemeinde Belfonte bei
Sallisaw, Oklahoma, im Frühsommer 1983.

Amtseid am Tage der Einführung in das Amt des stellvertretenden Häuptlings
der Cherokee Nation, 14. August 1993, Tahlequah, Oklahoma.

Meine Töchter, meine Mutter
und ich in der Ruhmeshalle
der Frauen von Oklahoma,
Oklahoma City, 1986.

RECHTS: Mary Ross, eine
Ingenieurin, Lehrerin und
direkte Nachfahrin von
Häuptling John Ross mit
mir beim CERT-Education-
Dinner in Denver, Colorado,
im Jahre 1987.

Charlie Soap bei einem Powwow
in Spavinaw, Oklahoma, Mai 1986.

RECHTS: Charlie Soap und ich in
traditioneller Tracht bei einem
Powwow anläßlich meiner Wahl
zum Obersten Häuptling;
Tahlequah, 1987. Im Hintergrund
Bertha Alsenay.

Meine Rückkehr nach San Francisco anläßlich der Verleihung des *Alumni of the Year*, 1988.

OBEN LINKS: Stellvertretender Häuptling John Ketcher und ich am Tage der Amtseinführung am 14. August 1987; im Hintergrund Tom Bearpaw.

UNTEN LINKS: Führer des »Stammesübergreifenden Rates der Fünf Stämme«. Von links nach rechts: Choctaw-Häuptling Hollis Roberts, Muscogee-Creek-Häuptling Claude Cox, ich, Seminolen-Häuptling Ed Tanyan, Chickasaw-Gouverneur Overton James, Tahlequah, 1987.

Eine bekannte Cherokee-Hebamme;
Cherokee, North Carolina, 1988.
(*Smithsonian Institution*)

Verleihung der Ehrendoktorwürde
der Universität Yale; New Haven,
Connecticut, Mai 1990.
(*Universität Yale*)

Einige Mitarbeiterinnen und ich nach Abschluß
des Wahlkampfs im Jahre 1991. Von links
nach rechts: Lynn Howard, Gwen Grayson
und ihre Tochter, Mary Charlotte.

Auf dem Weg zu einer Gemeindesitzung;
bei Sallisaw, Oklahoma, 1989.

Aufnahme der ersten Anleihe der Cherokee
Nation in Tulsa, Oklahoma, im Jahre 1992.

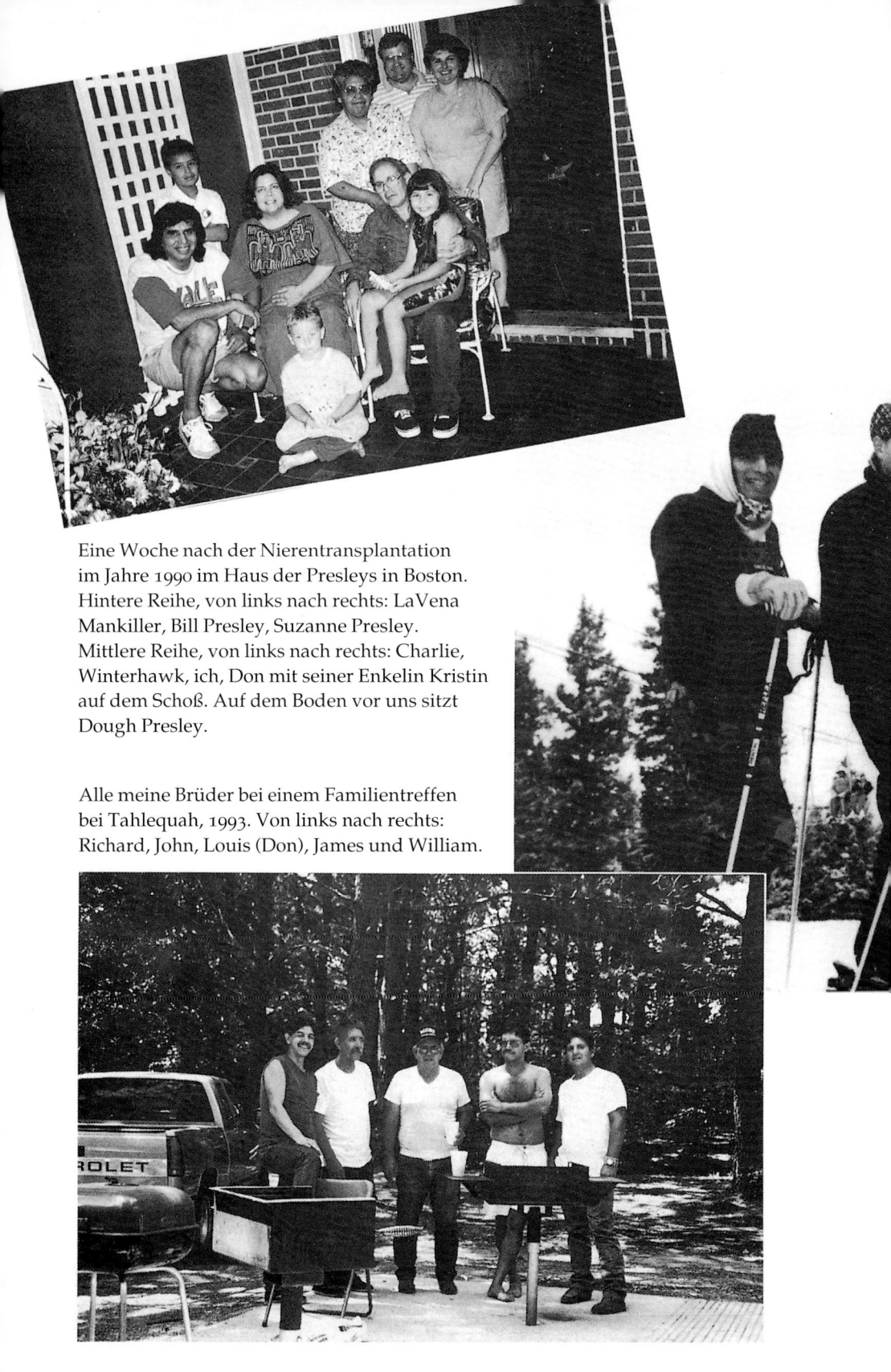

Eine Woche nach der Nierentransplantation
im Jahre 1990 im Haus der Presleys in Boston.
Hintere Reihe, von links nach rechts: LaVena
Mankiller, Bill Presley, Suzanne Presley.
Mittlere Reihe, von links nach rechts: Charlie,
Winterhawk, ich, Don mit seiner Enkelin Kristin
auf dem Schoß. Auf dem Boden vor uns sitzt
Dough Presley.

Alle meine Brüder bei einem Familientreffen
bei Tahlequah, 1993. Von links nach rechts:
Richard, John, Louis (Don), James und William.

Ich halte in Tahlequah, der alten Hauptstadt der Cherokee, im September 1992 die traditionelle Ansprache zur »Lage der Nation«.

MITTE: Charlie Soap und seine Söhne beim Skifahren. Von links nach rechts: Charlie, Chris, Cobey und Winterhawk. Angel Fire, Neu-Mexiko, 1991.

Beim Umarrangieren von Kunstgegenständen und Kunsthandwerk in unserem Haus. Von links nach rechts: Winterhawk, Gina, ich, Charlie und mein Enkel Kellen.

Drei meiner vier Enkelkinder. Hinten: Aaron Swake; vorne: Jaron und Breanna Swake.
Stilwell, Oklahoma, 1993.

lung unserer Familie nach Kalifornien kennengelernt und deren Kinder ich schon damals als Elfjährige betreut hatte, weckte mein Interesse für das San Francisco State College. Sie informierte mich über ein Bildungsförderungsprogramm für ethnische Minderheiten, woraufhin ich beschloß, mich einzuschreiben.

Als ich am San Francisco State College zu studieren begann, war ich zunächst von den ungeheuren Ausmaßen der Universität überwältigt. Als erstes bemühte ich mich, mir das nötige Rüstzeug zu beschaffen, um »das Rennen durchzustehen«. Ich ging direkt in die Bibliothek und ließ mir zeigen, wie das Unterrichtsmaterial richtig benutzt wurde. Dann las ich alle verfügbaren Informationen über Notizen- und Recherchetechniken. Schließlich nahm ich an einer kurzen Einführungsveranstaltung über Wortbildung teil, um mein Vokabular zu erweitern und mich mit der Etymologie von Fachbegriffen vertraut zu machen.

Als ich zunehmend selbständiger wurde, mich in meinem Studium und bei gemeinnütziger Arbeit engagierte, wurden die Spannungen in meiner Ehe immer größer. Früher war ich für Hugo die Frau gewesen, die er vor einem tristen, ereignislosen Leben bewahrt hatte. Er war der Mann, der mir so vieles gezeigt hatte. Wir waren in den USA herumgereist und hatten seine Heimat Ecuador besucht, waren nach Europa geflogen und hatten Rom gesehen. Nun aber konnte er seine Rolle als Retter nicht mehr aufrechterhalten.

Hugo erkannte zwar, daß ich nicht mehr in sein Schema paßte, doch wollte er dies nicht wahrhaben. Als er schließlich akzeptiert hatte, daß ich mich weiterbildete, und merkte, wieviel Freude mir meine Literaturkurse bereiteten, kaufte er mir Bücher und eine Schreibmaschine. Als er sah, wie gern ich Musik mochte, schenkte er mir eine Gitarre. Er hoffte, daß mich all das zu Hause halten würde, denn meine Welt sollte sich auf unsere vier Wände beschränken, und mein gesellschaftliches Leben sollte sich nur mit ihm und nach seinen Vorstellungen abspielen. Aber damit wollte ich mich nicht länger abfinden. Ich wollte mir meine eigenen Grenzen setzen und über mein Schicksal selbst bestimmen; ich war nicht mehr bereit, ein Leben zu führen, das nach den Träumen anderer gestaltet war.

Kein Mädchen sollte heute ausschließlich zur Hausfrau erzogen werden. Persönlichkeit und Lebensweg eines Menschen werden schon viel zu lange von seinen Geschlechtsorganen abhängig gemacht. Schließlich haben wir alle ein menschliches Gehirn.

BETTY FRIEDAN, 1968

1968 wird wahrscheinlich zu Recht als Wendepunkt bezeichnet, als das Jahr, das eine Generation prägte. Jene zwölf Monate begannen mit dem Schock der vom Vietcong lancierten Tet-Offensive. Diese Invasion zerstörte nicht nur den Neujahrswaffenstillstand, sondern machte auch alle Hoffnungen auf ein baldiges Ende des Massakers in Vietnam zunichte, des längsten Krieges in der amerikanischen Geschichte.

In den ersten Monaten des Jahres 1968 fanden sich in den Städten im ganzen Land auch kleine Gruppen von kühnen Kämpferinnen für die Befreiung der Frau zusammen, um neue Schlachtpläne zu entwerfen. Ich entdeckte in San Francisco, daß viele von ihnen Ehefrauen, Mütter, Studentinnen oder intelligente Aussteigerinnen waren, die miteinander ihre Sexualität, die Arbeitsmarktsituation von Frauen und die Tyrannei der Männer diskutierten. Der Aufstieg der Frauenbewegung war mit Sicherheit eine der wichtigsten Entwicklungen des Jahres, denn sie leitete eine neue Phase des Feminismus ein, die unsere Kultur veränderte und mein Leben und das vieler anderer Menschen entscheidend beeinflußte.

1968 markierte einen Scheideweg zwischen Vergangenheit und Zukunft, und ein solcher Bruch ist immer schmerzhaft. In diesem Fall war der Einschnitt besonders tief und daher die Verletzungen um so größer. Und noch ein drittes Urteil über das Jahr 1968 wurde gefällt: Für viele Menschen war es das schlimmste des Jahrhunderts. Wer diese Zeit miterlebt hat, konnte dies natürlich damals noch nicht ermessen, aber wenige von uns werden wohl die Schrecken vergessen, die diese 365 Tage für uns bereithielten.

So das Schicksal von 567 unbewaffneten vietnamesischen Zivilisten, die am Ende der Tet-Offensive in dem Dorf My-Lai ermordet wurden. Dieses grausame Verbrechen, das von einer Einheit von US-Soldaten begangen wurde, erinnert an die Brutalität, mit der gegen die nordamerikanischen Indianer bei der Schlacht am Wounded Knee im Jahre 1890 vorgegangen wurde. Die amerikanische Öffentlichkeit erfuhr erst ein Jahr später von My-Lai, aber schon 1968 gab es genug Anlaß zu Trauer und Wut.

Die Universitäten waren in Aufruhr und wurden mancherorts gar von protestierenden Studenten geschlossen. Als im April Martin Luther King jr., der wortgewandteste Führer der gewaltfreien Bürgerrechtsbewegung, ermordet wurde, kam es in vielen Städten zu Massenkrawallen. Und im Juni wurden wir Zeuge eines weiteren sinnlosen Todes – Senator Robert Kennedy wurde in Los Angeles erschossen.

Dieser idealistische und hoffnungsvolle Mann hatte mich noch mehr beeindruckt als sein älterer Bruder. Als Bobby Kennedy für die Präsidentschaft kandidierte – er hätte die Wahl sicherlich gewonnen –, begann ich mich wirklich für die etablierte Politik zu interessieren. Kurz vor dem Attentat äußerte Kennedy gegenüber einer Gruppe von Reportern im Ambassador Hotel von Los Angeles: »Wir können die Spaltung der Vereinigten Staaten überwinden, die Gewalt beenden.« Sein Tod war ein großer Schmerz für uns. Er hatte die Probleme angesprochen, die mich und andere Indianer belasteten. Er hatte Cherokee-Gemeinden besucht, war durch das Land gereist und hatte die entwürdigende Armut der indianischen Bevölkerung und die fehlende Hilfe der amerikanischen Regierung angeprangert.

... eine nationale Tragödie und eine nationale Schande.
ROBERT KENNEDY *über den Umgang*
der amerikanischen Regierung mit den Indianern

227

Nur Sekunden, bevor Kennedy den dunklen Durchgang in der Hotelküche betrat, wo der Tod auf ihn wartete, versuchte er einen besorgten Leibwächter zu beruhigen: »Es ist alles in Ordnung.« Aber er irrte sich. Nichts war in Ordnung, weder für ihn noch für uns. Alles war aus dem Gleichgewicht geraten.

Etwas später in diesem Sommer blickte die Welt auf Chicago, wo auf der Parteiversammlung der Demokraten heftige Auseinandersetzungen über den Vietnamkrieg geführt wurden. Auf den Straßen der Stadt ging die Polizei in Gestapomanier mit Schlagstöcken und Tränengas gegen Demonstranten und Passanten vor.

Nein, in Ordnung war das alles nicht.

Am 8. November 1968 triumphierten Richard M. Nixon und Spiro T. Agnew über die Demokratische Partei unter der Führung von Hubert Humphrey. Amerikas Wähler hatten entschieden, daß sie das Land regieren sollten.

Nichts war in Ordnung. Es schien, als ob Amerika in den blutigen Reisfeldern Vietnams versank, in den Tränengaswolken Chicagos erstickte, in dem dunklen Todesgang des Ambassador Hotels gefangen war. Wir mußten einen Ausweg finden, mußten das lähmende Schweigen des Establishments durchbrechen. Die Musik von Janis Joplin, Jimi Hendrix, den Rolling Stones, Creedence Clearwater Revival und allen anderen, die später in Woodstock auftraten, gab uns eine weithin hörbare Stimme. Scharen von energischen Frauen, langhaarigen Jugendlichen, Armen, Studenten, Arbeitern, Schwarzen und Hispanics brachten den erforderlichen Mut mit.

[Diese] verlogenen Intellektuellen ... begreifen nicht, was wir mit harter Arbeit und Patriotismus meinen ... Wenn Sie ein Ghettoviertel gesehen haben, dann kennen Sie sie alle.

SPIRO T. AGNEW, *1968*

Die große schweigende Mehrheit steht hinter uns.

RICHARD M. NIXON, *1968*

Auch die Indianer wurden von der Welle des Protests und dem Wunsch nach Wandel mitgerissen. Der Zorn, der anderen Minderheiten Kraft verlieh, sprang auf die indianische Bevölkerung über wie ein Präriefeuer im Frühling. Und ebenso wie nach den Bränden neues Leben aus der Erde sprießt und das hohe Präriegras gedeiht, entfalteten wir neue Energien und entdeckten neue Ziele.

Meine Familie und andere Indianer, mit denen wir uns in San Francisco anfreundeten, betrachteten die in den fünfziger Jahren lancierte Politik der *Termination* und das Umsiedlungsprogramm der Bundesregierung als Fehlschlag. Sie hatte niemandem größere Freiheit verschafft, sondern die indianische Bevölkerung nur noch tiefer in Unglück und Verzweiflung gestürzt. Auch für die Regierungsbeamten, ob sie es zugaben oder nicht, muß das Projekt eine Enttäuschung gewesen sein. Obwohl Tausende von Indianern umgesiedelt worden waren, wurden die Bindungen der Indianer an ihr Stammesland entgegen den Zielen des Umsiedlungsgesetzes Gott sei Dank nicht zerstört. Viele Umsiedler kehrten den urbanen Ballungszentren wieder den Rücken zu und zogen in ihre ursprünglichen Heimatgebiete zurück.

Nachdem der Astronaut Neil Armstrong im Juli 1969 den Mond betreten hatte, machte unter den Indianern in San Francisco ein Witz die Runde: Die Regierung hätte den Plan gehabt, so lautete die Geschichte, einen Menschen zum Mond zu schicken. Die Wissenschaftler hätten zwar die nötige technische Ausrüstung entwickelt, doch seien sie nicht sicher gewesen, wie man die Person wieder zur Erde zurückbefördern könnte. Da sei ihnen eine weitere glänzende Idee gekommen. Warum sollte man nicht einen Indianer in eine Rakete setzen und ihm erzählen, er würde umgesiedelt? Wenn er auf dem Mond angekommen wäre, würde er von selbst einen Weg zurück finden, ohne daß die Regierung dafür einen Cent zahlen müßte.

Doch erzählten sich die Indianer 1969 nicht nur Witze. Alte Vorstellungen, wie wir wirklich etwas an unserem Leben ändern und verbessern könnten, wurden mit unglaublicher Geschwindigkeit über Bord geworfen. Ebenso wie das voraufgehende Schlüsseljahr wurde 1969 zu einem entscheidenden Wendepunkt für die nordamerikanischen Ureinwohner, insbesondere was ihr Selbstbewußtsein, ihren sozialen Protest und den Kampf gegen Ungleichheit und Intoleranz betraf.

1968 war mit der Gründung des *American Indian Movement* (AIM), der Amerikanischen Indianerbewegung, durch den Chippewa Clyde Bellecourt in Minnesota eine neue Ära des indianischen Widerstands angebrochen. Bald bildeten sich in den Reservaten und in Städten im ganzen Land regionale Gruppen. Die Anhänger der Bewegung organisierten Demonstrationen und Sit-ins, um gegen den Raub von Stammesland und von Naturschätzen zu protestieren. Energisch wiesen sie auf die lange Liste von Menschenrechten hin, die uns verwehrt worden waren.

Meine Familie hatte den Kontakt zum *Indian Center* in San Francisco nie abreißen lassen, und in den späten sechziger Jahren frischte ich meine Beziehungen zu alten Freunden auf, die ich von dort kannte. Das Zentrum war eine Keimzelle des Aufruhrs, denn obwohl viele Indianer die Großräume um San Francisco und Los Angeles wieder verließen, um in ihre Heimatgebiete und Reservate zurückzukehren, wies Kalifornien immer noch einen beachtlichen Prozentsatz an indianischer Bevölkerung auf. Jene von uns, die in Kalifornien geblieben waren, gewannen ein neues Selbstwertgefühl. Im *Indian Center* konnten wir über unsere Probleme diskutieren und unsere Aktionen planen. Bald wandten sich indianische Delegationen an den Staatlichen Bildungsausschuß, um eine angemessene Berücksichtigung der Indianer in Schulbüchern und Lehrplänen zu fordern. In San Francisco wurde eine Gesellschaft für Indianische Geschichte gegründet, die eine Zeitschrift herausgab.

Robert Kennedys letzte Worte an seinen Leibwächter erwiesen sich letztlich als zutreffend. Vielleicht *würde* alles in Ordnung kommen. Ich wurde vom Idealismus, von den sozialen Bewegungen, von der Unruhe dieser Periode mitgerissen, fühlte mich als ein »Kind dieser Zeit«. Dennoch verspürte ich das Bedürfnis, mich noch stärker zu engagieren, wußte aber nicht genau, wie oder wo.

Dann geschah etwas, das mir die Richtung wies, mir den Anhaltspunkt bot, den ich suchte: Im November 1969 besetzte eine Gruppe von Indianern zwanzig verschiedener Stämme eine verlassene Insel in der Bucht von San Francisco. Unter Hinweis auf eine vergessene Bestimmung in den Verträgen mit den nordamerikanischen Ureinwohnern, derzufolge ungenutztes Land in Bundesbesitz an die Indianer zurückfiel, machten sie mit ihrer Aktion auf der 4,8 Hektar großen Insel auf die schändliche Behandlung von Generationen von Indianern durch die Bundesregierung aufmerksam. Auf diese Weise wollten sie die Weißen daran erinnern, daß das Land ursprünglich uns gehört hatte.

Vielleicht waren die *Nuñnehi*, die Unsterblichen aus unserer alten Legende, an diesen Ort gekommen, um nicht nur den Cherokee, sondern auch den anderen Indianervölkern zu helfen. Vielleicht würden die Unsterblichen so lange hierbleiben, bis das Gleichgewicht wiederhergestellt war.

Der Name der Insel war Alcatraz. Sie gab meinem Leben eine völlig neue Wendung.

10.

SUCHE NACH GLEICHGEWICHT

Vor langer Zeit hatte ein Mann einen Hund, der jeden Tag zum
Fluß hinunterlief, ins Wasser blickte und jaulte. Schließlich wurde
der Mann ärgerlich und schalt den Hund, der daraufhin zu ihm sagte:
»Sehr bald wird eine große Flut kommen, und das Wasser wird so hoch
steigen, daß alle ertrinken werden; aber wenn du ein Floß baust und
dich darauf flüchtest, wenn der Regen kommt, kannst du gerettet
werden. Aber zuerst mußt du mich ins Wasser werfen.«

Der Mann glaubte dem Hund nicht, und daraufhin sagte dieser:
»Wenn du einen Beweis dafür willst, daß ich die Wahrheit spreche,
dann werfe einen Blick auf mein Genick.« Das tat der Mann und sah,
daß die Haut am Genick des Hundes durchgescheuert und die Knochen
sichtbar waren.

Da glaubte er dem Hund und begann ein Floß zu bauen. Bald kam
der Regen, und der Mann bestieg zusammen mit seiner Familie und
vielen Vorräten das Floß. Es regnete lange Zeit, und das Wasser stieg,
bis die Berge nicht mehr zu sehen und alle Menschen auf der Welt
ertrunken waren.

Dann hörte der Regen auf, und das Wasser fiel wieder, bis man das
Floß gefahrlos verlassen konnte.

Niemand war mehr am Leben, außer dem Mann und seiner Familie.
Aber eines Tages hörte er von der anderen Seite des Berges her die
Geräusche von Tanz und Gesang. Der Mann kletterte auf den Berg und
blickte auf der anderen Seite hinunter; alles war ruhig, aber unten im
Tal sah er große Haufen von Knochen, die von den Ertrunkenen

stammten. Da wußte er, daß es die Geister gewesen waren, die getanzt hatten.

Es ist gar nicht so skurril, daß Alcatraz, jenes winzige Eiland in der Bucht von San Francisco, das bei mir und so vielen anderen amerikanischen Ureinwohnern einen Bewußtwerdungsprozeß auslöste, einmal ein Zuchthaus beherbergt hatte. Viele Indianer haben lange Zeit unter gefängnisähnlichen Bedingungen gelebt; daher erschien Alcatraz als durchaus angemessenes Symbol des Protests.

Ende der sechziger Jahre waren zahlreiche Stammesaktivisten zu der Überzeugung gelangt, daß wir unser Verhalten ändern müßten. Schon viel zu lange lebten die meisten Indianer wie Geiseln auf dem Boden, den ihre Vorfahren vor Ankunft der Europäer seit Ewigkeiten in Ehren gehalten hatten.

Aus Erfahrung wußten wir, daß wir den Weißen nicht trauen konnten. Nie würden wir die zahllosen Verträge und Versprechen vergessen, die meist so wertlos und heuchlerisch waren wie die Politiker, die sie formuliert hatten..

Alle unsere Bürger im ganzen Land – mit Ausnahme der Vollblut-Indianer – sind Einwanderer oder Nachkommen von Einwanderern, auch jene, die auf der *Mayflower* hierherkamen.

FRANKLIN DELANO ROOSEVELT, 1944

Meine Vorfahren sind nicht auf der *Mayflower* hierhergekommen, aber sie haben das Schiff gesehen.

WILL ROGERS

Ich bin nicht so gut auf den alten Andy [Andrew Jackson] zu sprechen. Er war es, der uns Cherokee aus Georgia und North Carolina vertrieb ...

[Die Indianer] hatten einen Vertrag, in dem es hieß: »Ihr sollt dieses Land besitzen, solange das Gras wächst und Wasser fließt.« Das war nicht nur ein schöner Vers, sondern erschien auch als sehr guter Vertrag. Und das war auch so, bis sie Öl gefunden hatten. Dann nahm uns die Regierung das Land wieder weg.

So verloren die Indianer eine weitere Wette.

WILL ROGERS

Als Oklahoma 1907 zum Bundesstaat erklärt wurde, bedeutete dies meiner Auffassung nach einen der dunkelsten Momente nicht nur in der Geschichte der Cherokee, sondern auch der USA. Der Schaden, der unserem Volk in den Jahren zwischen 1893 und 1907 zugefügt wurde, war gewaltig – es war die Zeit der Politik der *Termination*, deren Höhepunkte das Curtis-Gesetz und die Einberufung der Dawes-Kommission darstellten.

Man schloß nicht nur unsere Schulen, löste unser Rechtssystem auf und zerstörte beinahe unsere zentrale Regierungsform, sondern teilte auch unser Land, das sich bisher in Gemeinbesitz befunden hatte, in Parzellen auf. Obwohl unsere mischblütigen Führer schon seit langem die Auffassung der Weißen übernommen hatten, daß privater Landbesitz und sogar Sklavenhaltung akzeptabel seien, teilte die Mehrheit unseres Volkes diese Überzeugung nicht, woran auch die Ausrufung des Bundesstaates Oklahoma nichts änderte.

Dem Denken vieler Cherokee der damaligen Zeit verleiht wohl ein Brief von W. A. Duncan am besten Ausdruck, der am 5. Oktober 1892 im *Cherokee Advocate* veröffentlicht wurde. Duncan schrieb: »Der Begriff ›Landzuweisung‹, der bei uns verwendet wird, ist lediglich ein anderes Wort für ›Recht auf Eigenbesitz an Land‹. Wenn der Eigenbesitz von Land dazu führt, daß so vielen Menschen bei den Weißen ein eigenes Heim vorenthalten bleibt, so scheint mir, daß ein solches System bei den Cherokee bald viele von uns ihrer Heimstatt berauben würde. Die Geschäftswelt ist gnadenlos und nur dann auf Gerechtigkeit bedacht, wenn ihr dies Nutzen verspricht. Wenn sie Macht über die Elemente hätte, würde sie Wasser, Sonnenschein und Luft mit ihren eisernen Klauen greifen und sie abgemessen und zu unverschämten Preisen an Millionen ausgehungerter Männer, Frauen und Kinder verkaufen. Ich möchte nicht erleben, daß Cherokee ohne Zuhause dastehen. Der Gemeinbesitz unseres Landes ist die beste Garantie gegen die Obdachlosigkeit vieler unserer Stammesangehörigen.«

Für die »Fünf Stämme« bedeutete die Ausrufung Oklahomas zum Bundesstaat das bittere Ende eines jahrzehntelangen Kampfes gegen die Versuche, das Indianerterritorium zu einem weißen Gemeinwesen zu machen. Obwohl die Cherokee Nation vermeintlich aufgehört hatte zu existieren, gab es zwei Faktoren, die dafür sorgten, daß unser Stamm überlebte: zum einen die Umständlichkeit der für die Landzuweisung erforderlichen Verfahren, zum anderen die Zähigkeit der Cherokee – obwohl viele Weiße annahmen, daß sich unser Volk im Laufe der Jahre vollkommen an den angelsächsischen Lebensstil angepaßt hätte.

Die Cherokee, bekannt als einer der »Fünf zivilisierten Stämme«, sind vielleicht das intelligenteste und zivilisatorisch am weitesten fortgeschrittene Indianervolk. Seit vielen Jahren sind die Cherokee zumindest nominell Christen. Aus diesen Gründen ist besonders lehrreich, wie die Regierung mit ihnen umgeht, denn hier fallen viele Schwierigkeiten fort, die das Hauptproblem leicht verschleiern können. Wir haben hier einen Stamm mit einer ähnlichen Regierungsform wie die Vereinigten Staaten; mit eigenen Zeitungen, Schulen, Kirchen, Irrenanstalten; mit politischen Führern, deren Fähigkeiten sich mit denen vieler großer Männer der Vereinigten Staaten messen können.

Thomas Valentine Parker, Ph.D., 1907

Die Cherokee sind ein kluges, intelligentes Volk, die besser dazu geeignet sind, »den Weg des weißen Mannes einzuschlagen«, als alle anderen Indianer.

Theodore Roosevelt

Die weißen Professoren und Anthropologen vermeinten unser Volk gut zu kennen, aber sie irrten. Und ebenso irrte die Regierung der Vereinigten Staaten. Die Bundesbürokraten waren nicht auf die schwierigen rechtlichen Transaktionen vorbereitet, derer es bedarf, um ein Staatswesen zu zerstören. Rechtsverbindlich wurden viele Dokumente erst durch die Unterschrift eines Stammesvertreters, und diese wurde im Falle der Cherokee von Häuptling W. C. Rogers geleistet.

1914, als mein Vater in Oklahoma geboren wurde und die oben zitierte Voraussage W. A. Duncans sich bewahrheitet hatte, begann das *Bureau of Indian Affairs* die Angelegenheiten unseres Stammes in diktatorischer Weise zu verwalten, und dies sollte sich auch in den folgenden Jahrzehnten nicht ändern. Als das ungesetzliche Vorgehen der BIA-Beamten 1976 untersucht wurde, kam ein Bundesgericht zu dem Schluß, daß die Haltung dieser Regierungsbeamten »nur als bürokratischer Imperialismus bezeichnet werden könne«.

Obwohl seit der Gründung der Behörde immer wieder Versuche zur Reform des BIA unternommen wurden, würde ich dem ehemaligen Creek-Häuptling Claude Cox zustimmen, der meinte, daß diese Bemühungen etwa so ergiebig seien, wie wenn man vier abgefahrene Reifen an einem alten Auto rotieren ließe. Das Ergebnis wäre gleich null.

Unter den Cherokee, die die Landzuweisungen ablehnten, befanden sich auch die Führer von zwei Geheimbünden, der stammesübergreifenden *Four Mothers Society* (»Vier-Mütter-Bund«) und des »Keetoowah-Bundes«. Letzterer verfügte über einen charismatischen Führer, Redbird Smith, der 1850 in der Nähe von Fort Smith in Arkansas geboren wurde, als seine Eltern auf dem Weg ins Indianerterritorium waren. Schon als Junge bestimmte ihn sein Vater, Big Redbird Smith, gemäß der alten Bräuche zum Dienst am Volk der Cherokee. Der ältere Smith hatte vor dem Bürgerkrieg eine Schlüsselrolle in der Organisation der Keetoowah gespielt. Er sorgte dafür, daß Redbird im Alter von zehn Jahren an den Ratsfeuern über den Geheimbund instruiert wurde. Später trat Redbird, ein leidenschaftlicher Traditionalist, in die Fußstapfen seines Vaters und wurde Mitglied des »Keetoowah-Bundes«.

Auch heute noch besteht ein gutes Verhältnis zwischen der Cherokee Nation und den Mitgliedern und Führern des »Keetoowah-Bundes«. Ich selbst nehme häufig an ihren Veranstaltungen teil, einschließlich den die ganze Nacht dauernden Tänzen auf den Kultplätzen des Geheimbundes. Der »Keetoowah-Bund« genießt immer noch großen Respekt bei unserem Volk und hier vor allem bei jenen, die seine historische Rolle in der Cherokee Nation kennen und sich bewußt sind, wie wichtig die Fortführung von Stammestraditionen wie beispielsweise der Tanzzeremonien ist.

Aber auch der hochgeehrte »Keetoowah-Bund« war nicht gegen eine Spaltung gefeit. Neben der ursprünglichen Geheimgesellschaft gab es noch kleinere Gruppen wie eine von der amerikanischen Bundesregierung anerkannte Gruppe namens *United Keetoowah Band* (»Vereinigte-Keetoowah-Gruppe«). Diese Vereinigung behauptete, daß sie selbst, und nicht etwa die Cherokee Nation von Oklahoma, die Interessen der Westlichen Cherokee vertreten sollte. Sie wurde auch immer wieder mit dem ursprünglichen »Keetoowah-Bund« verwechselt, der in öffentlichen Stellungnahmen klarstellte, daß er keinerlei Verbindung zur »Vereingten-Keetoowah-Gruppe« habe.

Nach 1890 wurde Redbird Smith zum Vorsitzenden eines Ablegers des »Keetoowah-Bundes« gewählt, den sogenannten *Nighthawk Keetoowah*. Die Mitglieder dieser Gruppe nannten sich *Nighthawks* (»Nachteulen«), weil sie ihre Versammlungen nach Einbruch der Dunkelheit abhielten und Boten zu den verschiedenen »Feuern« oder Cherokee-Kultplätzen sandten. Sie gehörten zu denen, die auch noch nach der Gründung des Staates Oklahoma gegen die Landzuweisung und die Auflösung der Stammesregierung protestierten. Smith wurde von der Bundespolizei festgenommen und eine Zeitlang inhaftiert, als er sich weigerte, sich für die Landzuweisung registrieren zu lassen. Die stärker traditionalistisch Eingestellten unter den Keetoowah zogen sich in die Berge im östlichen Oklahoma zurück, um gemäß ihren spirituellen Überzeugungen zu leben. Auch sie lehnten es ab, den ihnen zugewiesenen Landbesitz anzunehmen und sich dort niederzulassen. Sie waren sicher, daß nur die Macht, die hinter der Sonne lebte, ihnen eine Hoffnung auf Überleben bot.

1908 wurde Smiths Position als Vorsitzender vom Rat der *Nighthawk Keetoowah* offiziell in die eines Häuptlings umgewandelt, und die Mitglieder wählten ihn einstimmig auf Lebenszeit in dieses Amt. Bis zu seinem Tode im November 1918 diente er als aufrechter und gewandter Führer dieses Geheimbundes. In seinen letzten Lebensjahren galt all sein Bemühen der Förderung des Gemeinschaftsgeistes zwischen den verschiedenen Gruppen unseres Volkes; er wollte unserem Stamm seinen Stolz zurückgeben und forderte die finanziell besser gestellten Cherokee auf, die weniger vermögenden zu unterstützen.

Nach meiner Wahl zum Häuptling wurde ich mir der ernsten und großen Verantwortung eines Mannes, der andere Menschen führt, bewußt. Ich blickte um mich herum und erkannte, daß ich mein Volk einen tiefen, steilen Berghang hinuntergeführt hatte und daß es nun meine Pflicht war, es wieder hinaufzuführen und zu retten. Das Verhängnisvolle an den Fehlern und Irrtümern der Regierenden liegt darin, daß ihre unschuldigen und treuen Anhänger den Preis dafür zahlen müssen. Mein höchstes Ziel war immer, das Richtige zu denken und zu tun. Ich bin überzeugt, daß dies dem Gesetz des Großen Schöpfers entspricht. Für mein Volk habe ich das Ziel, daß wir auf den richtigen geistigen Weg kommen und wirtschaftlich stark sind.

Ich habe immer geglaubt, daß der Große Schöpfer große Pläne mit meinem Volk, den Cherokee, hat. Das lehrte man mich schon in meiner Kindheit, und nun, im reifen Mannesalter, erkenne ich es als wahr. Unsere Kräfte wurden durch äußere Gewalten zersplittert; vielleicht war das nur eine Vorübung, aber nun müssen wir uns als Volk sammeln und unseren Beitrag zur Menschheit leisten.

Wir sind mit Verstand ausgestattet, wir sind arbeitsam, loyal und voller Glauben, aber wir übersehen die besondere Mission der Cherokee auf Erden, denn kein Mensch und kein Volk erhält solche Fähigkeiten verliehen, ohne daß eine bestimmte Absicht dahinterstünde. Arbeit und die richtige Bildung ist die Lösung meiner Anhänger. Wir tappen als Gruppe immer noch in vieler Hinsicht im dunkeln, aber eines wissen wir genau, nämlich, daß wir arbeiten müssen. Ein gütiger Mann kann seinem Nachbarn nicht helfen, wenn er nichts übrig hat, und er hat nur etwas übrig, wenn er arbeitet. Es ist so einfach, und doch müssen wir unser Volk ständig daran erinnern.

Unsere mischblütigen Stammesangehörigen sollten bei diesem Programm für das Erwachen unseres Volkes nicht vergessen werden. Unser Stolz auf das Erbe unserer Vorfahren ist uns ein großer Ansporn, der Nachwelt etwas Lohnendes zu hinterlassen. Es ist der Stolz auf ihre Herkunft, der den Menschen die Stärke und Standfestigkeit verleiht, zu ihren Prinzipien im Leben zu stehen. Es ist der gleiche Stolz, der die Menschen befähigt, alles für ihre Regierung aufzugeben.

REDBIRD SMITH

1917, nach dem Tode von W. C. Rogers, dem offiziell gewählten Obersten Häuptling der Cherokee, entschied die Bundesregierung, daß fortan allein der Präsident der USA berechtigt sei, einen Cherokee-Häuptling zu ernennen. In den darauffolgenden zwanzig Jahren machten die verschiedenen Regierungen von diesem Recht ausgiebig Gebrauch. Verschiedene Häuptlinge wurden nach Bedarf ernannt, um Verträge und Gesetze zu unterzeichnen. Der erste war A. B. Cunningham im Jahre 1917, gefolgt von Ed M. Frye im Jahre 1923, Richard B. Choate 1925, Charles J. Hunt 1928, Oliver P. Brewer 1931 und W. W. Hastings 1936.

Unsere traditionalistisch gesinnten Stammesangehörigen fanden sich jedoch mit dieser Einmischung der Bundesregierung nicht ab. Sie bemühten sich an der Basis, die Cherokee zu einen, und leisteten Widerstand gegen die Versuche der Bundesregierung, unser Volk vollständig zu assimilieren.

Während dieser Zeit gab es keine demokratisch gewählten Stammesvertreter. Ohne den Schutz einer zentralen Cherokee-Regierung wurde unser Volk, und hier vor allem die Kinder, von habgierigen Scharlatanen ausgeplündert, die es auf unser Land abgesehen hatten. Früher hatte unser verfaßtes Gemeinwesen Gesetze erlassen und Programme bereitgestellt, um Kinder zu unterstützen und zu betreuen. Es war ein umfassendes Bildungssystem geschaffen und sogar ein Waisenhaus für Kinder eingerichtet worden, die im Bürgerkrieg ihre Eltern verloren hatten. Nun aber konnten die Überreste der einstigen Cherokee Nation kaum mehr etwas tun, um zu verhindern, daß unseren Nachkommen Land und Zukunft gestohlen wurde.

Zwar setzten sich Redbird Smith, seine Anhänger sowie andere Einzelpersonen und Gruppen unseres Stammes mit aller Kraft für die Erhaltung unseres Landbesitzes und den Schutz von Familien ein, doch nur mit geringem Erfolg. Immerhin gelang es – in einer Zeit, in der die Cherokee unter einem ungeheuren Anpassungsdruck standen –, die uralte Spiritualität unseres Volkes, die Tanzzeremonien und das Konzept des gemeinsamen Landbesitzes und seiner kollektiven Nutzung zu bewahren. Auch konnten der Glaube an persönliches Verantwortungsbewußtsein und die Überzeugung, daß alle Mitglieder der Gemeinschaft aufeinander angewiesen seien, lebendig erhalten werden. Stoke Smith, Redbirds Sohn und Häuptling der *Nighthawk Keetoowah*, setzte den Kampf gegen die Politik der Assimilierung fort. 1948 stellte er fest: »Wir können ihre [der Weißen] Religion und ihre Pläne nicht hinnehmen. Wir sind damit zufrieden, so wie wir sind, hierzubleiben und werden keinerlei Übereinkunft unterzeichnen, durch die unsere Lebensweise verändert oder unser Siedlungsraum gefährdet wird.«

Neben diesen Bemühungen um die Erhaltung der Identität unseres Volkes hielt der Exekutivrat der Cherokee weiterhin Regierungssitzungen ab und prozessierte gegen die Vereinigten Staaten. Die US-Regierung weigerte sich natürlich, den Rat anzuerkennen und akzeptierte nur die vom Präsidenten ernannten Häuptlinge als Ansprechpartner.

Angie Debo, die kluge Schriftstellerin und Universitätslehrerin, die mit Vehemenz die unfaire Behandlung der Indianer anprangerte, beschrieb, wie die Generationen vor uns – unsere Großeltern und Eltern – gezwungen worden waren, »das heikle Geschenk der amerikanischen Staatsbürgerschaft« anzunehmen. In ihren sorgfältig recherchierten Abhandlungen legte Debo offen, daß die Liquidierung der Vermögenswerte der unabhängigen indianischen Republiken der Cherokee, Choctaw, Chickasaw, Creek und Seminolen durch die Bundesregierung ein einziger riesiger Betrug war.

Nachdem die Indianer Oklahomas Bürger der USA geworden waren, fielen sie einer »Orgie der Ausbeutung« zum Opfer, wie Debo es formulierte. Innerhalb einer einzigen Generation verloren viele Indianer in diesem Bundesstaat durch die Machenschaften der Weißen ihren Besitz; viele konnten von nun an nur mit staatlicher Unterstützung überleben.

Unbestreitbar hat jene Politik, die die Institutionen der Indianer zerstörte und ihnen jene Eigenheiten nahm, die einst ihre Stärke ausgemacht hatten, der überwältigenden Mehrheit der vollblütigen Indianer schwer geschadet. Doch wird der Einfluß der Weißen, der das Flachland überschwemmte, auch bald in diese einsamen Hügel vordringen, und die Überlebenschancen der Indianer hängen davon ab, wie sie diesem Einfluß begegnen werden. Wenn der gegenwärtige Versuch gelingt, ihre Stärken und Eigenheiten zu verstehen und für ein gemeinsames Vorgehen zu nutzen, wenn die Wiederbelebung des Stammesbewußtseins durch freie Beratung anstatt durch willkürliche Vorschriften glückt, wenn sie durch Erlernen der Wirtschaftsweise des weißen Mannes wieder die Hoffnung und das Vertrauen früherer Tage zurückgewinnen, dann könnten die verlorenen Vollbluts in den Bergen vielleicht gerettet werden.

ANGIE DEBO
And Still the Waters Run, 1940

In den zwei Jahrzehnten zwischen 1914, als mein Vater geboren wurde, und 1934, als der *Indian Reorganization Act* (»Gesetz zur Reorganisation der indianischen Angelegenheiten«) in Kraft trat, der endlich der Politik der Landzuweisungen ein Ende setzte, änderte sich kaum etwas an der Lage der Indianer. Da das unter Stammesverwaltung stehende Schulsystem 1913 aufgelöst worden war, wurden viele Jungen und Mädchen wie beispielsweise mein Vater und seine Schwester in Internate geschickt, wo sie mit den Sitten der Weißen vertraut gemacht werden sollten. Manche Kinder waren dort der Willkür ihrer Betreuer ausgeliefert, die eigentlich nur das Beste für ihre Schützlinge im Sinn haben sollten, was jedoch allzu oft nicht der Fall war. In der Öffentlichkeit wurde von keiner Seite ein Eingreifen gefordert, und es gab auch fast keine Unterstützung für Reformmaßnahmen. Auch fanden sich nur wenige im Staatsdienst befindliche Personen, die wirklich um das Wohlergehen dieser Kinder und Jugendlichen besorgt waren. Eine Ausnahme bildete eine bemerkenswerte Frau namens Kate Barnard.

In ihrer Eigenschaft als Oklahomas Regierungsbeauftragte für Wohlfahrt und Strafvollzug war sie eine der wenigen öffentlichen Bediensteten, die gegen die Mißhandlung indianischer Kinder protestierten. Seit den Tagen vor der Auflösung des Indianerterritoriums bis zu ihrer Pensionierung aus gesundheitlichen Gründen im Jahre 1915 trat diese zerbrechliche, aber energische Frau für die Rechte ausgebeuteter Waisen ein und bezog Stellung gegen das an den Indianern begangene Unrecht.

Kate Barnard reiste unermüdlich durch Oklahoma und forderte Reformen, wobei sie nach Bedarf zu schmeicheln verstand, aber immer bereit war zu drohen, wenn es erforderlich erschien. Die staatliche Presse war, wie viele andere Institutionen, an der Verschwörung des Schweigens beteiligt und ignorierte schlicht das Leid der Indianer. Daher versuchte Barnard die Öffentlichkeit vor allem durch ihre mitreißenden Reden anzusprechen und die politischen Kräfte davon zu überzeugen, daß die Angehörigen der »Fünf Stämme« eines besseren Schutzes durch die Bundesbehörden bedurften.

Ich mußte mitansehen, wie man Waisenkinder des Geldes wegen beraubte, aushungerte und umbrachte. Ich habe die Namen der verantwortlichen Männer genannt und alle Unterlagen und eidlichen Erklärungen geliefert, die zu ihrer Verurteilung nötig sind, doch ohne Ergebnis. Mir ist seit langem bewußt, daß es keinen Bürger Oklahomas kümmert, ob eine Waise ausgeraubt, ausgehungert oder getötet wird – denn die Ansprüche eines Toten sind leichter zu übergehen als die eines Lebenden.

KATE BARNARD

Doch außer Kate Barnard und jenen Cherokee, die sich in den ersten Jahrzehnten des 20. Jahrhunderts zur Verteidigung der Rechte unseres Volkes zusammenschlossen, fanden sich nicht viele aufgeklärte Persönlichkeiten, die bereit waren, für unsere Belange einzutreten. In jener unglückseligen Zeit zwischen dem Ende des Ersten Weltkriegs und dem Beginn der Weltwirtschaftskrise deutete nur wenig darauf hin, daß unser Volk sein Gleichgewicht auch nur teilweise wiedererlangen könnte.

1924 verabschiedete der Kongreß den *Indian Citizenship Act* (»Gesetz über die Staatsbürgerschaft der Indianer«). Dieses Gesetz sah vor, daß alle »Indianer, die auf dem Territorium der Vereinigten Staaten geboren werden, hiermit zu Bürgern der Vereinigten Staaten erklärt werden, vorausgesetzt, die Gewährung dieser Staatsbürgerschaft beeinträchtigt in keiner Weise das Recht eines Indianers auf Stammesbesitz oder anderen Besitz«.

Vom Gesetz her gaben die Indianer also nicht ihre Stammesrechte auf, weil sie Bürger der USA wurden. Damit unterstanden
sie offiziell drei souveränen Gemeinwesen – ihrem Stamm, dem
Bundesstaat, in dem sie lebten, und den Vereinigten Staaten.
Nicht alle nordamerikanischen Ureinwohner begrüßten diese
neue gesetzliche Regelung; gleichwohl wurden insgesamt wenige Stimmen für oder wider das Gesetz laut. Nur einige der
Irokesen-Stämme wandten sich gegen den *Indian Citizenship Act*,
weil er ihnen, so argumentierten sie, gegen ihren Willen aufgezwungen worden war. Sie behaupteten, daß das Gesetz ihre
eigene Stammes-Bürgerschaft und ihr Regierungssystem über-
gehe. Ihr Protest fand jedoch kaum Beachtung.

Trotz der neuen Gesetzeslage waren die Indianer in vielen
Bundesstaaten weiterhin einer eklatanten Diskriminierung ausgesetzt. Insbesondere wurde ihnen verweigert, vor Gericht als
Zeuge auszusagen, als Geschworener aufzutreten und ihr Wahlrecht wahrzunehmen. Einige dieser Mißstände sollten erst durch
die Bürgerrechtsbewegung der sechziger Jahre unterbunden
werden.

1926, nur zwei Jahre nach dem Inkrafttreten des *Indian Citizenship Act*, begann die Regierung der USA endlich einzusehen,
daß die seit dem späten 19. Jahrhundert betriebene Indianerpo-
litik ein Fehlschlag war. Sie gab eine auf zwei Jahre ausgelegte
Regierungsstudie in Auftrag, die vom *Institute for Government
Research*, heute *Brookings Institution* genannt, durchgeführt wur-
de. 1928 wurden die höchst aufschlußreichen Ergebnisse dieser
Untersuchung veröffentlicht, die die soziale und wirtschaftliche
Situation der nordamerikanischen Ureinwohner darlegten.
Dieser sogenannte Merriam-Bericht leitete einen Prozeß des
Umdenkens ein, was die Belange der Indianer betraf.

Zum ersten Mal in der Geschichte der USA räumte eine weiße
Regierung ein, daß den Indianern niemals die Möglichkeit gewährt worden war, tatsächlich über ihr Schicksal mitzubestim-
men. Endlich wurde man sich bewußt, daß die Kultur und die
Werte der indigenen Völker erhalten und gefördert werden muß-

ten. Der Bericht legte die zahlreichen Übel offen, unter denen die Indianerstämme jahrzehntelang gelitten hatten, wie Hunger, Krankheit und Armut. Als erstes wurde die Forderung laut, daß die Internatsschulen humanisiert und das *Bureau of Indian Affairs* (BIA) reformiert werden müsse – vor allem, was seine Politik im Bereich von Bildung und medizinischer Versorgung betraf. Auch mußte die Landzuweisung eingestellt werden, in deren Folge die indianische Bevölkerung zunehmend verarmte. So viele von uns hatten beinahe jede Hoffnung verloren, wurden zu Menschen mit leerem Blick und gebrochenem Herzen. Diese Entwicklung galt es umzukehren.

1929 stürzte der Börsenkrach das ganze Land in ein wirtschaftliches Chaos. Im ländlichen Oklahoma war die Krise schon einige Jahre früher spürbar geworden, so daß der Schock für die Menschen in dieser Region weniger groß war. Nach drei langen Jahren des ökonomischen Niedergangs schöpften die in Not geratenen Amerikaner 1932 neue Hoffnung, als Franklin D. Roosevelt, der tiefgreifende Reformen ankündigte, zum Präsidenten gewählt wurde. Neben vielen anderen Veränderungen kam es auch zu einem personellen Wechsel an der Spitze des BIA. Am 21. April 1933, sieben Wochen nach seinem Amtsantritt, ernannte Roosevelt John Collier zum Regierungskommissar für Indianische Angelegenheiten.

Collier, ein ehemaliger Sozialarbeiter und großer Freund der Navajo und Pueblo, sollte sich als energischer, reformfreudiger Mann mit festen Überzeugungen erweisen. Er hatte einen unverbrüchlichen Respekt vor allen indianischen Völkern, förderte ihre traditionelle Kunst und trat für die Bewahrung ihrer Religionen und Kulturen ein.

Collier hatte ein offenes Ohr für unsere verzweifelten Hilferufe. Mit Nachdruck setzte er sich für eine Verbesserung der Situation der amerikanischen Ureinwohner ein, und hier insbesondere für ihre materielle Existenzgrundlage, denn ihr von der Regierung treuhänderisch verwalteter Landbesitz schrumpfte immer stärker zusammen. Es war Collier, der sicherzustellen versuchte, daß auch die Cherokee und andere Indianer von Roosevelts New Deal* profitierten.

Der neue Regierungskommissar schuf ein Klima der kulturellen und bürgerlichen Freiheit und bemühte sich, den Indianern bessere Bildungsmöglichkeiten zu verschaffen. Er wollte das BIA grundlegend reformieren und das System von den »alten Übeln« befreien, wie er es ausdrückte. Sehr früh engagierte er sich für den *Indian Reorganization Act* (IRA), das erste große Gesetzeswerk, das die Konsequenzen der im späten 19. Jahrhundert eingeleiteten repressiven Indianerpolitik wiedergutzumachen versuchte. Insbesondere sollte diese Maßnahme den wirtschaftlichen Schaden eingrenzen, der den Indianern durch das Dawes-Gesetz von 1887 zugefügt worden war. Einige Kritiker sind allerdings der Ansicht, daß das Gesetz trotz guter Absichten speziell dieses Ziel verfehlt habe. Nahezu unumstritten ist hingegen, daß es der katastrophalen Praxis der Landzuweisungen ein Ende bereitete. Das Gesetz sollte die Selbstverwaltung der Stämme fördern, indem es ihnen erlaubte, sich eigene Verfassungen zu geben – obwohl es dem US-Innenminister gleichzeitig weitreichende Kontrollbefugnisse über die Stammeswahlen und -regierungen verlieh. Außerdem wurde den Indianern ein Mitspracherecht bei der Auswahl der BIA-Mitarbeiter eingeräumt und ein Darlehensfonds für Studenten bewilligt, um den Angehörigen indianischer Völker den Besuch von Colleges und Handelsschulen zu ermöglichen.

Leider erwies sich die Umsetzung dieses ehrgeizigen Gesetzeswerkes, das auch als *Wheeler-Howard Act* bekannt wurde, als sehr problematisch. Ein geplanter Fonds für den Kauf von Land wurde niemals eingerichtet, und bis Mitte der siebziger Jahre hatten die Stämme lediglich 238 062 Hektar Land erworben, während die Regierungsbehörden 724 404 Hektar Stammesland enteignet hatten.

---

* A.d.Ü.: Bezeichnung für die Reformpolitik, die von Präsident Franklin D. Roosevelt nach seiner Amtsübernahme eingeleitet wurde und eine Wiederbelebung der Wirtschaft und eine größere Chancengleichheit für alle Bürger zum Ziel hatte.

Außerdem wurde dem BIA durch das IRA noch mehr Macht über die Angelegenheiten der Indianer zugesprochen. In Anbetracht der Zeitumstände muß man gerechterweise feststellen, daß das Gesetz ein wirklich ernstgemeinter Reformversuch war. Es hätte sich aber gewiß als viel wirkungsvoller erwiesen, wenn seine ursprünglichen Ziele beibehalten worden wären und ein voll finanziertes Landerwerbsprogramm beschlossen worden wäre.

Obwohl der IRA eine Phase einleitete, in der die Indianer auf bessere Beziehungen zur Bundesregierung hoffen durften, fand das Gesetz keine ungeteilte Zustimmung, wobei zu den Kritikern auch zahlreiche weiße Bürger Oklahomas und einige Cherokee gehörten. Dies lag zum Teil daran, daß Regierungskommissar John Collier nicht von allen Seiten uneingeschränkt akzeptiert wurde. Zu Beginn von Roosevelts Amtszeit hatten die Demokraten aus Oklahoma gehofft, daß der neue Präsident jemanden aus ihrem Staat in dieses Amt einsetzen würde. Da sich die Mitglieder der Partei aber nicht auf einen Kandidaten einigen konnten, entschied sich Roosevelt für Collier.

Die Kongreßabgeordneten aus Oklahoma gingen meist gemeinsam vor, wenn es darum ging, den IRA zu bekämpfen. Unser ehemaliger Stammesanwalt W. W. Hastings – ein Cherokee, der 1915 in den Kongreß gewählt worden war und der nach Angie Debos Worten »in einer mischblütigen Gesellschaft Ansehen errungen hatte« – hielt die in dem Reformwerk geforderten Veränderungen für überflüssig. Nachdem er den Wortlaut der Gesetzesvorlage studiert hatte, kam er zu dem Schluß, daß unser Volk sich dadurch herabgewürdigt fühlen und unsere weitere Assimilierung erschwert würde.

Die Presse in Oklahoma machte ebenso gegen das Gesetz mobil wie Wirtschaftsvertreter und prominente Rancher; ein Gleiches taten christliche Gruppen und religiöse Eiferer. Letztere lehnten den Plan ab, weil Collier die indianischen Religionen bewahren wollte, welche von den Missionaren und Priestern als heidnisch verurteilt wurden. Allerdings fand der IRA die Billigung vieler Cherokee, Choctaw, Chickasaw, Creek und Angehörigen anderer Stämme.

Letztendlich wurde die Umsetzung des IRA sowohl durch politische Flügelkämpfe als auch aufgrund der mangelnden Unterstützung skeptischer Stammesführer und mischblütiger Indianer verzögert, die sich in die Welt der Weißen eingefügt hatten. Die erbosten Attacken weißer Geschäftsleute, Rancher und Farmer trugen ebenfalls nicht dazu bei, das Vorhaben voranzubringen. Sogar Versuche zur Änderung der Gesetzesvorlage, mit der alle Seiten zufriedengestellt werden sollten, trafen in Oklahoma auf erbitterten Widerstand – das Parlament des Bundesstaates verabschiedete Resolutionen, in denen die zentralen Bestimmungen des Textes verurteilt wurden. Rechtsextreme Kreise und Pseudopatrioten brachten Collier in Mißkredit, indem sie ihn als Atheisten und als »Roten« – das heißt, als Kommunisten – bezeichneten, was in den USA viele Jahre lang die schlimmste Beschimpfung war, die man sich vorstellen konnte. 1935 mußte Collier sogar vor dem Kongreßausschuß für Indianische Angelegenheiten erscheinen und die gegen ihn erhobenen falschen Beschuldigungen widerlegen.

Nachdem aufgrund der Einwände der Reformgegner aus Oklahoma eine Flut von Änderungen an dem ursprünglichen Text vorgenommen worden war, verabschiedete der Kongreß 1936 den sogenannten *Oklahoma Indian Welfare Act* (»Gesetz zur Förderung der Indianer Oklahomas«). Ebenso wie der IRA erlaubte dieses Gesetz den Stämmen, sich eine Verfassung zu geben, die der indianischen Bevölkerung des Staates das Recht verlieh, Handel und Gewerbe zu treiben, das Stammesvermögen zu verwalten und Amtsträger zu wählen. Die Cherokee Nation sah sich jedoch aufgrund unserer historischen Beziehung zu den Vereinigten Staaten und gemäß der Auffassung, daß wir als Volk über eine inhärente Souveränität verfügten, nicht an dieses Gesetz gebunden.

1938 trat ein Rat aus Vertretern mehrerer Cherokee-Organisationen zusammen und wählte einen Kandidaten für das Amt des

Obersten Häuptlings, womit das Gremium die von der Bundesregierung etablierte Regelung überging, derzufolge der amerikanische Präsident einen »Häuptling für einen Tag«, wie manche Cherokee ihn nannten, als nominellen Stammesführer ernennen konnte. Der Rat bestimmte J. Bartley Milam aus Clarence in Oklahoma zum neuen Obersten Häuptling unseres Stammes. Am 16. April 1941 festigte Präsident Roosevelt die Beziehung zwischen beiden Regierungen, indem er Milam als Obersten Häuptling der Cherokee Nation bestätigte. Es war ein historischer Moment: Zum allerersten Mal handelte es sich bei dem vom Rat gewählten und dem vom Präsidenten ernannten Häuptling um ein und dieselbe Person. Und dieser Stammesführer amtierte nicht nur für kurze Zeit. Milam, der von Roosevelt und später Truman wiederernannt werden sollte, stand bis zu seinem Tode im Jahre 1949 an der Spitze unseres Stammes. Nach ihm wurde zunächst einige Jahre lang wieder das System der Ernennung durch den Präsidenten praktiziert.

Obwohl der Zweite Weltkrieg für die USA drastische Ausgabenkürzungen im Inland mit sich brachte, die insbesondere das Indianerprogramm des New Deal trafen, setzte sich Häuptling Milam mit aller Kraft für die Stärkung unseres Stammes ein. Während der ersten Jahre seiner Amtszeit blickte die Öffentlichkeit vor allem auf die Ereignisse im kriegszerrissenen Europa und im Pazifik, doch Milam zwang die Vereinigten Staaten, sich weiterhin mit den Cherokee auseinanderzusetzen. Dies war von wesentlicher Bedeutung, da die Reform aufgrund der Kriegsanstrengungen des Landes viel von ihrer Stoßkraft verloren hatte.

Neben seinem Engagement für seine administrativen Aufgaben zeigte Milam auch großes Interesse für unsere Kultur und Geschichte sowie die Förderung unseres Bildungswesens. Es war zum Teil ihm zu verdanken, daß in verschiedenen Schulen unsere Stammessprache als Unterrichtsfach eingeführt wurde. Milam spielte auch eine Schlüsselrolle bei der Gründung der *Cherokee National Historical Society*, einer Institution, die die Geschichte unseres Stammes erforscht. Darüber hinaus initiierte er die Verhandlungen über den Kauf des Geländes des alten Cherokee-Frauenseminars, an dem ein nationales Gedenkzentrum für unser Volk errichtet werden sollte.

Ebenso wie im Ersten Weltkrieg folgten die Cherokee im Zweiten Weltkrieg dem Ruf der USA zu den Waffen. Viele von ihnen meldeten sich freiwillig zum Militär und kämpften in Nordafrika, Sizilien und im Pazifik. Einer unserer berühmtesten Soldaten war Thomas Bearpaw, ein Cherokee aus Stilwell, der bei den Darby's Rangers diente, einer Eliteeinheit der US-Streitkräfte. Er geriet 1943 bei der Schlacht von Anzio in Gefangenschaft und wurde nach Polen und später Norditalien verlegt, wo er bis 1944 inhaftiert blieb.

Bearpaw wurde der *Bronze Star* verliehen, die Tapferkeitsmedaille des Staates Oklahoma, sowie mehrere andere Auszeichnungen.

Die weiten Reisen in neue, fremde Länder waren für unsere jungen Cherokee eine sehr beeindruckende Erfahrung, da sie Menschen anderer Rassen und ethnischer Herkunft kennenlernen konnten.

An der Heimatfront stellten die Stammesführer im ganzen Land jedoch fest, daß die Lage der Indianer immer noch prekär war, wenn es um grundlegende Menschenrechte ging. Daher kamen 1944 zahlreiche Häuptlinge in Denver zusammen, um den *National Congress of American Indians* (NCAI), den »Nationalkongreß Amerikanischer Indianer«, zu gründen. Einer der Geburtshelfer dieser Organisation war Häuptling Milam. Der NCAI, der heute als die älteste und repräsentativste Organisation der nordamerikanischen Ureinwohner gilt, sollte den Indianern helfen, ihr Land und ihre vertraglich festgelegten Rechte zu schützen und ihre kulturellen Werte zu bewahren.

Wir, die Angehörigen der Indianerstämme der Vereinigten Staaten von Amerika, bitten um die göttliche Führung des Allmächtigen Gottes, um für uns selbst – die Indianer der Vereinigten Staaten und die Ureinwohner Alaskas – und für unsere Nachkommen die Rechte und Vorrechte zu sichern, die uns nach den Gesetzen der Vereinigten Staaten und ihrer Bundesstaaten zustehen; um der Öffentlichkeit ein besseres Verständnis der Indianer zu vermitteln; um die Rechte aus unseren Verträgen oder Übereinkünften mit den Vereinigten Staaten zu wahren; um das allgemeine Wohlergehen der amerikanischen Indianer zu fördern und ihre Loyalität und ihren Gehorsam zur Flagge der Vereinigten Staaten zu stärken, darum gründen wir diese Organisation und beschließen die folgende Satzung.

Präambel der Satzung des
National Congress of American Indians

Nachdem Häuptling Milam von der historischen Zusammenkunft zur Gründung des NCAI nach Oklahoma zurückgekehrt war, begann er auf einen gewählten Stammesrat für die Cherokee Nation hinzuarbeiten, um die Legitimation unserer Regierung zu stärken und um zu erreichen, daß die Regierung die Bedürfnisse der Stammesbevölkerung stärker berücksichtigte.

Als John Collier sein Amt als Leiter des BIA 1944 aufgab, ging eine Ära zu Ende. Alle Fortschritte, die in der Folge des *Indian Reorganization Act* erzielt worden waren, wurden durch das veränderte politische Klima wieder weitgehend zunichte gemacht. 1946 versuchte Milam dem fortschreitenden Landverlust Einhalt zu gebieten, indem er begann, Grund und Boden aufzukaufen, der von den Bundesbehörden treuhänderisch für die Cherokee Nation verwaltet wurde. Am Ende des Jahres hatte er 8581 Hektar Land erworben. In Anbetracht unserer früheren Erfahrungen mit der amerikanischen Regierung hatte Milam den richtigen Schritt getan: Bereits durchgeführte Reformmaßnahmen wurden von der neuen Regierung ignoriert; die von Collier angestrebte Stärkung der Stammesregierungen wurde erst verwirklicht, nachdem die katastrophalen Folgen der Politik der *Termination* und des Umsiedlungsprogramms der Bundesregierung offensichtlich geworden waren.

Am 30. Juli 1948 berief Milam, nachdem er sich der Zustimmung unserer »Beschützer« vom BIA versichert hatte, in Tahlequah eine Nationalversammlung ein. Die Zusammenkunft verlief sehr kontrovers; einige Teilnehmer erhoben den Vorwurf, daß das Treffen von weißen Rechtsanwälten beherrscht werde. Aufgrund der Unzufriedenheit mit der Durchführung der Versammlung schloß der Keetoowah-Bund Milam während einer Sondersitzung am 13. August 1948 aus.

Dennoch wählte die Nationalversammlung einen ständigen Ausschuß mit sieben Mitgliedern, dem der Oberste Häuptling kraft seines Amtes angehörte. Jeder der neun Verwaltungsbezirke der alten Cherokee Nation entsandte einen Vertreter; außerdem gab es ein Mitglied, das das gesamte Gemeinwesen vertrat, sowie einen Repräsentanten der Texas-Cherokee. Damit war ein großer Schritt getan, um in der Cherokee Nation die Stammesräte als Regierungsorgan wiedereinzuführen. Es war auch eine der letzten wichtigen Amtshandlungen Bartley Milams, der am 8. Mai 1949 starb.

Noch im gleichen Jahr ernannte Präsident Harry Truman William Wayne Keeler, einen mischblütigen Cherokee und wohlhabenden Mann, der einen hohen Posten in einer Mineralölgesellschaft bekleidete, zu Milams Nachfolger. Keeler sollte von den folgenden Präsidenten immer aufs neue wiederernannt werden, bis 1971 schließlich der *ganze* Cherokee-Stamm zum ersten Mal seit der Gründung des Staates Oklahoma seinen Häuptling selbst wählen durfte.

Keeler war der Enkel von George Keeler und Nelson Carr, die beide bekannte weiße Pioniere im Indianerterritorium gewesen waren und Frauen geheiratet hatten, die zu einem Achtel Cherokee waren. William Keeler wuchs in der Region von Bartlesville im östlichen Oklahoma auf. Dort war allseits bekannt, daß Keelers väterlicher Großvater, der erwähnte George Keeler, im Jahre 1897 die erste kommerzielle Ölquelle im Indianerterritorium erschlossen hatte. Sie wurde »Nellie Johnstone« getauft, nach der Frau eines Geschäftspartners von Keeler.

Um zu verstehen, welche Rolle William Wayne Keeler für unseren Stamm spielte, muß man sich mit seiner Herkunft befassen, die sich beträchtlich von dem familiären und sozialen Hintergrund seiner Vorgänger unterschied. Keeler wurde während einer Geschäftsreise seiner Eltern in Dalhart in Texas geboren und wuchs im Milieu der Ölindustriellen auf. Nach seiner High-School-Zeit studierte er mit einem Harry-E.-Sinclair-Stipendium Ingenieurwissenschaften an der Universität von Kansas. Als jedoch Sinclair Oils Verwicklung in den berüchtigten Teapot-Dome-Skandal ans Tageslicht kam, blieb auf einmal das Geld aus, und Keeler war gezwungen, die Universität zu verlassen. 1929 nahm er eine Stelle in der Phillips Petroleum Company an, einer der wichtigsten Ölgesellschaften des Landes, deren Hauptsitz in Keelers Heimatstadt Bartlesville lag.

Zwanzig Jahre später, als Truman ihn zum ersten Mal zum Häuptling der Cherokee ernannte, war Keeler Vizepräsident der Raffinerieabteilung von Phillips und einer der hoffnungsvollsten Manager des Unternehmens. Er stieg rasch in der Firmenhierarchie auf und wurde 1956 geschäftsführender Vizepräsident, 1962 Vorsitzender des Exekutivausschusses und 1968 Präsident und *Chief Executive Officer**. Er pflegte freundschaftlichen Umgang mit mehreren amerikanischen Präsidenten und einigen ausländischen Würdenträgern und saß in vielen Verwaltungsräten und Vorständen. In den fünfziger und sechziger Jahren leitete Keeler außerdem Sonderausschüsse, die die Arbeit des BIA beobachteten, sich mit den Landrechten der Indianer befaßten und die verschiedenen Probleme angingen, vor denen indianische Völker standen, die die Politik der *Termination* und die rigorosen Umsiedlungsprogramme der Bundesregierung zu überleben versuchten.

Obwohl seine zahlreichen Anhänger gerne darauf verweisen, daß er im wesentlichen dieselben Ziele verfolgte wie sein Vor-

---

* A.d.Ü.: Position, deren Status dem eines Vorstandsvorsitzenden entspricht, jedoch zum Teil andere Aufgaben beinhaltet.

gänger Milam, war seine Politik jedoch auch heftiger Kritik ausgesetzt. Seine Gegner übersehen gern seine Erfolge und behaupten, daß Keelers vornehmlich weiße Abstammung und seine engen Kontakte zum weißen Establishment sich negativ auf die Cherokee Nation auswirkten. Sie erwähnen mit Genuß, daß er sich auf dem Golfplatz oder einer Cocktailparty viel wohler fühlte als bei einer Tanzzeremonie auf einem abgelegenen Kultplatz. Ich erinnere mich an einen Artikel, der 1971 in *Ramparts* erschien und in dem davon die Rede war, daß Keeler nur zu einem Sechzehntel Cherokee und »... sowohl geistig wie in seinen Taten ein Nachkomme jener Weißen ist, die das Indianerterritorium überrannten und den Indianern das geheiligte Land fortnahmen, das ihnen als Geschenk gegeben wurde und auf dem ihre Vorfahren beerdigt worden waren«.

Jene unter meinen Verwandten, die eine traditionelle Lebensweise pflegen, haben jedoch große Achtung vor Bill Keeler, und viele ältere Menschen in den ländlichen Gebieten erinnern sich noch gut daran, wie er ihre Gemeinden besuchte.

> Die Geschichte ist eine große Lehrerin. Zwar muß sie in Frage gestellt, muß mit analytischem Blick erforscht werden, doch können wir niemals über sie hinweggehen.
>
> WILLIAM WAYNE KEELER

Der Schutz unseres Landes, unseres Wassers und anderer natürlicher Reichtümer ist von höchster Bedeutung für uns. Unsere Kultur hat nicht nur Vergangenheit, sondern existiert auch im Raum. Wenn wir unser Land verlieren, sind wir so wurzellos wie totes Laub auf einem See, das ziellos hin und her treibt, sich auflöst und verschwindet.

Unser Land ist für uns mehr als der Boden, auf dem wir stehen und schlafen und in dem wir unsere Toten begraben. Das Land ist unsere geistige Mutter, die wir nicht leichter verkaufen können als unsere leibliche Mutter.

Wir sind das Produkt von Armut, Verzweiflung und Diskriminierung, die unserem Volk von außen aufgezwungen wurden. Wir sind das Produkt von Chaos. Chaos in unseren Stämmen, Chaos in unserem persönlichen Leben.

Wir sind auch das Produkt einer alten, reichen Kultur, die fortbesteht und die Unterdrückung, unter der wir leiden, erträglicher macht. Wir glauben, daß unsere grundlegende Identität durch unseren Stamm bestimmt werden sollte. Wir glauben an die Stammesgemeinschaft, sind überzeugt, daß sie uns das Überleben ermöglicht hat.

Politische Stellungnahme der
National Indian Youth Conference, 1961

Die traditionalistisch eingestellten Angehörigen unseres Stammes, die meist vollblütige oder zumindest halbblütige Cherokee waren, lebten bis in die jüngere Vergangenheit auf abgelegenen, felsigen Grundstücken oder in kleinen Ortschaften, die über die Hügel des östlichen Oklahoma verstreut lagen. Keine dieser Siedlungen stellte ein verfaßtes Gemeinwesen dar und die meisten waren nicht einmal auf Landkarten verzeichnet.

Zumeist lebten diese Cherokee auf dem Land, das ihnen einst zugeteilt wurde, und bestritten ihren Lebensunterhalt mit Saisonarbeit, mit dem Ertrag ihrer Obst- und Gemüsegärten und mit Jagen und Fischen. Bei besonderen Gelegenheiten kamen sie in einer nahegelegenen Kirche, Schule oder auf einem Kultplatz zusammen. Die meisten sprachen in erster Linie Cherokee, manche beherrschten sogar gar kein Englisch. In den über hundert Siedlungen dieser Art bewahrten die Menschen das alte Gemeinschaftsgefühl unseres Stammes. Sie teilten das Wenige, das sie besaßen, miteinander und freuten oder amüsierten sich über scheinbar geringfügige Dinge. Ungeachtet aller Entwicklungen und Neuerungen um sie herum, erhielten sie die traditionelle Medizin und die Riten unseres Stammes lebendig.

Die Stammesältesten erzählten uns über diese Zeiten, sprachen davon, wie einige Politiker in Washington sich ernsthaft bemüht hatten, uns zu helfen. Und doch wurden unsere Stammeshäuptlinge schon seit viel zu langer Zeit von der Bundesregierung ernannt.

Die Stammesältesten erzählten auch, daß sie in ihrer Jugend niemals den Traum von einer Wiederbelebung der Cherokee Nation aufgegeben hätten. Die Menschen in jenen kleinen, ländlichen Gemeinden besuchten einander, saßen auf der Veranda ihrer Häuser und erörterten, wie unsere Kultur und unser Regierungssystem gerettet werden könnten. Sie ritten auf Pferden zu weit entfernten Gemeindetreffen, sprachen von der Vergangenheit unseres Stammes und erzählten alte Legenden, um unser Bewußtsein als Cherokee zu stärken.

Diese alten Geschichten enthielten alle eine Lehre. Sie berichteten von der Sintflut, wie beispielsweise in der Parabel von der großen Flut und dem Hund, der seinen Herrn warnte, oder der Legende von den Geistern, die nach dem Weichen der Fluten tanzten. Eine andere Version dieses Motivs erzählt von einem Feuerschweif, der vom Himmel stürzt und sich in einen Mann mit langem Haar verwandelt, der die Menschen vor der kommenden Katastrophe warnt. Ähnliche Legenden existieren auch bei anderen Stämmen, und manchmal erscheinen darin Kraniche oder Wölfe als Warner vor dem alles verschlingenden Wasser.

Manch einer fühlt sich bei diesen Mythen zumindest teilweise an die Bibel erinnert. Andere wissen jedoch, daß die große Flut, von der in den Legenden der Cherokee berichtet wird, ganz anderer Natur war. Sie wurde ausgelöst, weil die Erde sich aufbäumte und kippte, wodurch das Wasser das Land überflutete und alles verschlang. Die Flut kam, weil die Erde aus dem Gleichgewicht geraten war.

11.

DER KREIS SCHLIESST SICH

Vor langer Zeit beschlossen einige junge Männer, den Ort zu finden, wo die Sonne lebte, und zu erkunden, von welcher Art sie war. Sie schulterten Pfeil und Bogen, packten gedörrten Mais und ein paar zusätzliche Mokassins ein und zogen nach Osten. Zunächst trafen sie Stämme, die sie kannten, und dann Stämme, von denen sie nur gehört hatten, und schließlich noch andere, die ihnen völlig unbekannt waren.

Sie begegneten einem Stamm, der Wurzeln aß, und einem anderen, der sich von Eicheln ernährte und bei dem sich große Haufen von Eichelschalen neben den Häusern türmten. Bei einem weiteren Stamm fanden die jungen Männer einen kranken, im Sterben liegenden Mann und erfuhren, daß es dort Brauch war, einen toten Mann zusammen mit seiner Frau zu beerdigen. Als der Mann gestorben war, ließen seine Freunde seinen Leichnam in eine Grube hinab, die so tief und dunkel war, daß man von oben den Grund nicht erkennen konnte. Dann schlang man der Frau ein Seil um den Leib, wobei noch ein Bündel Kiefernäste zwischen Körper und Seil gesteckt und der Frau noch ein brennender Kiefernast in die Hand gegeben wurde. Sie wurde in die Grube hinabgelassen, wo sie in der Dunkelheit sterben sollte, wenn der letzte Kiefernast abgebrannt war.

Die jungen Männer reisten weiter, bis sie den Ort erreichten, an dem die Sonne aufging und der Himmel die Erde berührt. Sie entdeckten, daß der Himmel ein Bogen oder eine Wölbung aus hartem Fels war. Er schwang auf und ab, so daß immer wieder eine Öffnung zwischen

Himmel und Erde entstand. Aus diesem Tor trat im Osten die Sonne und wanderte an der Innenseite des Himmelsbogens hoch. Sie hatte ein menschliches Gesicht, doch war sie so gleißend hell, daß sie sie nicht allzu genau anschauen, und so heiß, daß sie sich ihr nicht allzu weit nähern konnten. Sie warteten, bis die Sonne aus dem Tor getreten war und versuchten dann hineinzugelangen, doch als der erste junge Mann in der Öffnung stand, sauste der Fels hernieder und zerquetschte ihn. Die anderen sechs wagten daraufhin nicht mehr, es ihrem Gefährten nachzutun. Da sie am Ende der Welt angelangt waren, beschlossen sie, wieder nach Hause zurückzukehren, doch waren sie so weit gereist, daß sie erst als alte Männer wieder ihre Heimat erreichten.

Es war Alcatraz, jener unförmige, öde Sandsteinbuckel in der Bucht zwischen San Francisco und Sausalito, auf dem einige Indianer begannen, unser Gleichgewicht wiederherzustellen.

Alcatraz war der denkbar beste Ort für solch ein epochemachendes Unterfangen, denn die ersten Menschen, die auf die Insel blickten, waren die Ohlone-Indianer. Lange bevor die ersten Europäer in die Bucht segelten, pflegten die Ohlone und andere Küstenstämme bereits auf der Insel Rast zu machen, um ihre Position zu bestimmen, wenn sie in ihren schlanken Kanus durch die unruhigen Gewässer fuhren. Die amerikanischen Ureinwohner benutzten das Eiland weder als Beerdigungsstätte, noch bauten sie ihre kuppelförmigen Rinden- und Fellhäuser auf das zerfurchte Felsgestein. Sie hatten erkannt, daß dieser Ort viel besser als Rastplatz für Seevögel geeignet war, die sich dort in der Sonne das Gefieder putzen konnten.

Als die Spanier in die Region vorstießen, fanden sie andere Verwendungsmöglichkeiten für die Insel und bauten sie zur Festung aus. Gegen Ende des 18. Jahrhunderts gaben sie ihr auch einen Namen – *Isla de los Alcatraces*, »Insel der Pelikane«, nach jenen großen, weißen Vögeln, die sich dort in Scharen versammelten. Als viele Jahre später angloamerikanische Siedler nach Kalifornien strömten, machte die US-Armee Alcatraz zu einem Militärgefängnis, das nicht nur für Gefangene der konföderierten

Streitkräfte und straffällig gewordene Soldaten bestimmt war, sondern auch für die von den Weißen versklavten Indianer.

Zu Beginn der siebziger Jahre des letzten Jahrhunderts wurden zwei Indianer dort eingewiesen, die im Modoc-Krieg in Nordkalifornien gekämpft hatten. Ihr Stammeshäuptling Kintpuash, der bei den Weißen als Captain Jack bekannt war, hatte sein Volk in einen aussichtslosen Kampf geführt, um seine Umsiedlung in ein Reservat zu verhindern. Am »Guten Freitag«, dem 11. April 1873, erschoß Captain Jack den einzigen General der US-Streitkräfte, der jemals in den sogenannten »Indianerkriegen« ums Leben kommen sollte. Dafür wurde er zusammen mit drei seiner Hauptleute gehängt. Zwei jugendlichen Modoc-Kriegern blieb der Galgen erspart, doch wurden sie zu Zuchthausstrafen verurteilt und in Alcatraz inhaftiert, was beinahe eine noch schlimmere Strafe darstellte. Einer von ihnen starb bald an Tuberkulose, und der andere wünschte sicherlich, tot zu sein, denn außer unter Krankheiten und katastrophalen hygienischen Bedingungen hatten die Häftlinge auch unter dem Wachpersonal zu leiden.

Im späten 19. Jahrhundert wurden viele kalifornische Indianer in Alcatraz eingesperrt, wie zum Beispiel Angehörige der Paiute und der Chiricahua-Apachen, darunter auch ein Vertrauter von Geronimo. Es heißt, daß die Apachen aus Arizona bis heute ein Klagelied kennen, in dem die Geschichte eines ihrer tapferen Krieger erzählt wird, der sich dem weißen Mann entgegenzustellen wagte und mit gefesselten Händen nach Alcatraz, der »einsamen Insel«, gebracht wurde.

Nach dem großen Erdbeben von San Francisco im Jahre 1906 wurden die Insassen des städtischen Gefängnisses nach Alcatraz verlegt; während des Ersten Weltkriegs pferchte man Wehrdienstverweigerer, die zuvor in Fort Leavenworth in Kansas inhaftiert waren, in die wabenartigen Zellen. Als die Armee 1933 keine Verwendung für die Anlage mehr hatte, wurde Alcatraz dem amerikanischen Bundesamt für Haftanstalten unterstellt. Es wurde zu einem Hochsicherheitsgefängnis für die schlimmsten

Verbrecher des Landes umgebaut – jene, die man für Monstren, für unverbesserlich und verderbt hielt. Die ersten dieser neuen Insassen wurden im Herbst 1934 eingeliefert, und auf den Häftlingslisten sollten im Laufe der Jahre so berüchtigte Namen erscheinen wie Al Capone, Alvin Karpis, »Maschinengewehr«-Kelly und Robert Stroud, der berühmte »Vogelmensch von Alcatraz«.

Diese wurden jedoch nicht anders behandelt als die vielen unbekannten Häftlinge auf *the Rock* (»der Fels«), wie Alcatraz im Volksmund genannt wurde: Es wurden ihnen keinerlei Erholungsmöglichkeiten und Rehabilitationsmaßnahmen geboten; die meisten Insassen bekamen niemals Besuch. Sie verbrachten im Durchschnitt täglich zwischen sechzehn und dreiundzwanzig Stunden in einer rund vier Quadratmeter großen Zelle. Jede kleinste Verfehlung wurde sofort streng bestraft. Eine Flucht war aufgrund der starken Strömung und dem eisigen Wasser in der Bucht praktisch unmöglich. Doch bei einigen Strafgefangenen war die Verzweiflung so groß, daß sie sich von diesen Umständen nicht abhalten ließen, einen Fluchtversuch zu unternehmen und auf diesem Wege das Festland zu erreichen. Dreien davon gelang vermutlich die Flucht, doch hörte niemand je wieder von ihnen.

Der einstige Zufluchtsort der Seemöwen und Pelikane war zu einer menschenunwürdigen Verwahranstalt für lebende Tote geworden. Alcatraz hatte sich in eine Insel des Hasses verwandelt. Aufgrund zunehmender Finanzierungsschwierigkeiten und wachsendem öffentlichen Druck ordnete Justizminister Robert Kennedy 1963 die Schließung des Bundesgefängnisses an. Nachdem der letzte Insasse die Anstalt verlassen hatte, lag Alcatraz wie ein aufgegebenes Schiff im Wasser, ein Symbol für altertümlichen Strafvollzug und rohe Gewalt. Touristen, die San Francisco besuchten, standen am Fisherman's Wharf und spähten zu »dem Felsen« hinüber oder umrundeten ihn in Ausflugsbooten. Bei Sonnenuntergang, wenn der Nebel über der Bucht von San Francisco heraufzog, wirkte die Insel wie eine Fata

Morgana. All das, was sie einst gewesen war, als freidenkende indianische Ureinwohner sich dort als Gäste der Natur aufgehalten hatten, war unwiederbringlich verloren.

An einem kühlen Novembertag im Jahre 1969 setzten eben diese amerikanischen Ureinwohner auf dem blanken Felsen mit seinen verfallenden Gefängniszellen ein Zeichen des Widerstands. Unsere Zeit an der Sonne war gekommen.

Schon vorher hatten die Indianer in diesem Jahrzehnt einige Siege errungen, als durch die Bürgerrechtsbewegung ein gesellschaftlicher Wandel eingeleitet wurde und die Stimmung im Lande sich veränderte. Langsam, sehr langsam schien die weiße Bevölkerung zu begreifen, daß die Indianer auch Probleme und Bedürfnisse hatten. In den frühen sechziger Jahren war die Politik der *Termination* in Verruf geraten, denn das durch die Umsiedlungsprogramme und durch andere Maßnahmen verursachte Leid war nicht zu übersehen.

In diesem Jahrhundert haben wir den alles beherrschenden Paternalismus der Jahre zwischen 1880 und 1900 nach und nach hinter uns gelassen und entwickeln allmählich die gebührende Achtung vor der Menschenwürde der Indianer und den Werten ihrer uralten Stammeskulturen.

PHILLIEO NASH, *Regierungskommissar für
Indianische Angelegenheiten, 6. Dezember 1962*

Ich habe einen Traum, daß meine vier kleinen Kinder eines Tages in einer Nation leben werden, in der man sie nicht nach ihrer Hautfarbe, sondern nach ihrem Charakter beurteilen wird.

MARTIN LUTHER KING JR., *28. August 1963.*

Ein wichtiges Gesetz, das in diesem Jahrzehnt verabschiedet wurde, war der *Economic Opportunity Act* (»Gesetz zur Erweiterung der wirtschaftlichen Möglichkeiten«) von 1965. Dadurch erhielten indianische Organisationen und Stämme die Möglichkeit, ohne Einwilligung des BIA eigene Initiativen im sozialen, wirtschaftlichen und im Bildungsbereich zu planen und umzusetzen. Für einige indianische Gemeinden und Reservate bedeutete dies den Beginn wirtschaftlicher Selbstbestimmung.

Weitere Reformen und Gerichtsurteile folgten. Am 6. März 1968 richtete Präsident Lyndon Johnson – im Geiste der Versprechen, die während der Kennedy-Ära gemacht worden waren – eine Botschaft an den Kongreß, die sich zum ersten Mal seit über einem Jahrhundert mit den Angelegenheiten der amerikanischen Ureinwohner befaßte. Er sprach davon, daß den Indianern freigestellt werden müsse, »in ihren Heimatgebieten zu bleiben, *wenn* sie es wünschen, ohne dadurch ihre Würde zu verlieren; daß sie die Möglichkeit haben müssen, in die Städte Amerikas zu ziehen, *wenn* sie es wünschen, und dazu mit den Fertigkeiten und Kenntnissen ausgestattet sein müssen, um dort gleichberechtigt und in Würde zu leben«.

Johnson wies darauf hin, daß die meisten Indianer nicht über angemessenen Wohnraum verfügten, daß die Arbeitslosigkeit unter den amerikanischen Ureinwohnern alarmierende 40 Prozent betrug und daß nur die Hälfte der indianischen Jugendlichen einen High-School-Abschluß hatte. Er bezeichnete uns als die »vergessenen Amerikaner«. Anstatt der bisherigen bevormundenden Politik müsse die Bundesregierung den »ersten Amerikanern« die Möglichkeit verschaffen, selbstbestimmt zu leben, und müsse »ihr Recht schützen, Indianer zu bleiben, und dabei gleichzeitig ihre Rechte als Amerikaner wahrzunehmen«.

Der Kongreß verabschiedete daraufhin 1968 den *Indian Civil Rights Act* (»Gesetz über die Bürgerrechte der Indianer«), der jedoch den Bundesbehörden noch größeren Einfluß auf Stammesregierungen und -gerichte einräumte. Das Gesetz dehnte zwar den Schutz der *Bill of Rights* auf die Indianer aus, erlegte den Stammesverwaltungen aber auch auf, im Zweifelsfall die den alten indianischen Traditionen entsprechenden Regeln und Sitten zugunsten der Prinzipien der amerikanischen Verfassung zurückzustellen.

Die Mühlen der Bürokratie mahlten jedoch sehr langsam, und so wurden einige Punkte der Vorlage erst nach einem Jahrzehnt zum rechtskräftigen Gesetz. Indianische Einzelinitiativen bereiteten in den sechziger Jahren zwar den Boden für mehr Unabhängigkeit, doch erst durch die gesetzgeberischen Triumphe der Siebziger erlangten wir das so heftig ersehnte Recht auf Selbstverwaltung zurück. Die Indianerpolitik der Bundesregierung ließ immer noch sehr zu wünschen übrig; die ständigen Verzögerungen steigerten unseren Ärger und unsere Frustration. Bevor wir irgendein Gleichgewicht oder eine Harmonie erlangen konnten, mußte unser uraltes Gemeinschaftssystem, auf das unser Leben ursprünglich ausgerichtet war, vollständig wiederhergestellt werden. Diese Reform mußte von uns kommen. Wir wollten sicherstellen, daß die Regierung dies erkannte und unseren Problemen gebührende Aufmerksamkeit entgegenbrachte.

Deshalb wurden die Aktionen der Indianer in den sechziger Jahren zunehmend militant. Deshalb waren die Protestkundgebungen und Demonstrationen so wichtig. Deshalb besetzten wir Alcatraz.

Letzteres Vorhaben war keine ganz neue Idee. 1964, nur ein Jahr nach Schließung des Gefängnisses, hatten fünf Sioux, die in der Umgebung von San Francisco lebten, einen ersten Besetzungsversuch unternommen. In voller Stammestracht waren sie nach Alcatraz übergesetzt und hatten die Insel für ihr Volk in Besitz genommen. Damals war sofort die Bundespolizei eingeschritten, und die »Landnehmer« mußten ihre Aktion abbrechen.

In den Jahren danach wurde der Vorstand der Stadtverwaltung von San Francisco mit Vorschlägen für eine kommerzielle Nutzung von Alcatraz bombardiert – unter anderem dachte man an Urlaubshotels, nationale Gedenkstätten, öffentliche Parks und Spielkasinos. Von den über 500 Projekten, die von den städtischen Beamten geprüft wurden, machte das Vorhaben des texanischen Ölmagnaten Lamar Hunt am meisten Eindruck. Er soll 2 Millionen Dollar für die Insel geboten haben und wollte darauf ein Einkaufs- und Touristenzentrum errichten, mit Gartenanlagen, einem unterirdischen Weltraummuseum und einem futuristischen Turm, an dessen Spitze ein Restaurant eingerichtet werden sollte, das sich um die eigene Achse dreht. Hunt versprach, den Zellenblock des Haupttraktes als Touristenattraktion zu erhalten. Ende September 1969 erhielt er von der Stadtverwaltung den Zuschlag.

Diese Entscheidung schreckte die indianische Gemeinde in der Region auf, insbesondere die Mitglieder des *Bay Area United Native American Council*, des »Vereinigten Indianischen Rates der Region der Bucht von San Francisco«, und andere Aktivisten, die mit dem *American Indian Center* in Verbindung standen. Beide Organisationen hatten die gescheiterte Besetzung der Insel im Jahre 1964 unterstützt, und auch 1969 hatte Alcatraz immer noch große symbolische Bedeutung. Daher wurde sogleich mit der Planung einer neuen Besetzungsaktion begonnen, die im Sommer 1970 stattfinden sollte.

Doch bevor irgendwelche Schritte eingeleitet werden konnten, geschah weiteres Unheil. Am Abend des 28. Oktober 1969 wurde das *American Indian Center*, das in einem Gebäude im Mission District untergebracht war, durch ein Feuer ungeklärter Ursache vernichtet. Über zehn Jahre lang war das Zentrum für viele von uns, wohl an die 30 000 Menschen, die fern von ihren Heimatgebieten lebten, ein Zuhause gewesen.

Wenige Wochen nach dem Feuer, als Alcatraz wieder in die Schlagzeilen geriet, bemühten sich die Regierungsbeamten, die aufgebrachte indianische Bevölkerung zu beschwichtigen, indem sie uns auf Presidio, der wuchernden Militärbasis der US-Streitkräfte, ungenutzte Flächen als den idealen Ort für ein neues *Indian Center* anpriesen. Ich vermute, ihnen war gar nicht bewußt, daß die Indianer das Angebot, sich auf einen Armeestützpunkt zurückzuziehen, als Hohn empfinden mußten. Der Vorschlag wurde daher abgelehnt und ein provisorisches Zentrum an einem anderen Ort im Mission-Viertel errichtet. Mochte auch das ursprüngliche Gebäude zu Asche zerfallen sein, der Geist des *Indian Center* konnte nicht zerstört werden.

Der Brand hatte die indianische Gemeinde in der Region aufgeschreckt. Die Zeit drängte; wir mußten Stellung beziehen – und zwar nicht mehr nur durch Worte, sondern endlich auch durch Taten. Es reichte nicht, vor den Trümmern des *Indian Center* zu sitzen und zu klagen. Wir mußten uns aufraffen und weitermachen. Die Besetzung von Alcatraz konnte nicht bis zum nächsten Sommer warten, sondern mußte sobald wie möglich stattfinden.

Am 9. November 1969 ließen sich vierzehn Indianer von dem Skipper einer Yacht aus Sausalito nach Alcatraz übersetzen. Die meisten von ihnen waren Studenten aus Berkeley, Santa Cruz und vom San Francisco State College. Ihre Anführer waren ein visionärer junger Mohawk namens Richard Oakes und Adam Nordwell, ein Chippewa aus Minnesota.

Um 6 Uhr abends legten sie an der Insel an und nahmen sie »im Namen der Indianer aller Stämme« in Besitz. Für sie symbolisierte »der Fels« unser verlorenes Land. Sie erklärten Alcatraz gemäß den Bestimmungen des Vertrages von Fort Laramie aus dem Jahre 1868 zum indianischen Eigentum. Jenes Dokument hatte festgelegt, daß jeder männliche Indianer über achtzehn Jahre, dessen Stamm den Vertrag unterzeichnet hatte, berechtigt war, eine Heimstätte auf verlassenem oder ungenutztem Land in Bundesbesitz zu beantragen. Auf diese Klausel hatten sich auch die fünf Sioux berufen, die 1964 einen Besetzungsversuch unternommen hatten.

Über den Vertrag hinausgehend wollten die Aktivisten der Regierung Alcatraz sogar abkaufen. Zu diesem Zweck griffen sie auf die 60 Dollar enthaltende gemeinsame Kasse des Studienprogramms für Indianer des San Francisco State College zurück. Dann kauften sie für 24 Dollar Glasperlen und rotes Tuch, das sie im Tausch für die Insel anboten. Schließlich hätten die Weißen, so argumentierten sie, den amerikanischen Ureinwohnern ein ähnliches Angebot unterbreitet, als sie vor über 300 Jahren eine größere Insel kauften, die sie Manhattan nannten.

Diesmal wurde der Handel jedoch ausgeschlagen. Nach

neunzehn Stunden erschienen Boote der Küstenwache an den Anlegeplätzen der Insel, und die Indianer wurden aufs Festland zurückgebracht.

Aber wir gaben nicht auf. Wir mußten wieder auf »den Felsen« zurück. In den frühen Morgenstunden des 20. November setzten erneut 89 Indianer – Männer, Frauen und Kinder, die verschiedenen Stämmen angehörten – nach Alcatraz über. Sie brachten nicht nur Nahrungsmittel, Wasser und Schlafsäcke mit, sondern auch die Hoffnungen, Ziele und Träume der gesamten indianischen Gemeinschaft – und sie waren voller Entschlossenheit.

Dieser Aufenthalt auf der Insel sollte nicht neunzehn Stunden, sondern neunzehn Monate dauern. Manchmal befanden sich bis zu 1000 Menschen gleichzeitig auf Alcatraz, die von überall her kamen. Sie stammten aus winzigen Eingeborenendörfern in Alaska, es fanden sich Angehörige der großen Irokesen-Nation darunter, Indianer von der Nordwestküste, aus Oklahoma, Süd-Dakota, Montana, den umliegenden Regionen in Kalifornien, aus jedem Teil der USA. Manche kamen mit Geschenken wie frischem Lachs oder getrocknetem Fleisch; andere brachten ein besonderes Lied, einen Ritus oder ein Gebet als Gabe. Vine Deloria jr., jener Sioux, der das Buch schrieb, welches zu unserem Manifest werden sollte – *Custer Died for Your Sins* – stattete den Besetzern einen Besuch ab. Ebenso Anthony Quinn, Jane Fonda, Jonathan Winters, Ed Ames und Merv Griffin. Candice Bergen verbrachte eine Nacht in ihrem Schlafsack auf dem Boden des Klinikgebäudes. Es kamen Boote mit Politikern, Reportern und Photographen, und zahlreiche Neugierige umfuhren die Absperrungen der Küstenwache. Kirchen und Synagogen, Frauenverbände, Gewerkschaften und die Black Panthers sandten Nahrungs- und Kleiderspenden und bekundeten ihre Solidarität; Pfadfindergruppen brachten Weihnachtsgeschenke für die Kinder auf der Insel.

Obwohl Alcatraz letztlich kein unabhängiges indianisches Gemeinwesen blieb, war uns das gewaltige öffentliche Interesse, das die Besetzung auslöste, von großem Nutzen, um auf die Ungerechtigkeiten hinzuweisen, die die heutigen Indianer durch das weiße Amerika erlitten. Alcatraz bestärkte uns in der Hoffnung, daß alles möglich war – vielleicht sogar Gerechtigkeit für die amerikanischen Ureinwohner.

Wir werden den Bewohnern dieser Insel ein Stück Land zu eigen geben, das für alle Zeiten zu treuen Händen von der Stelle für die Angelegenheiten der Amerikanischen Indianer und vom Amt für Kaukasische Angelegenheiten verwaltet werden soll – solange die Sonne aufgeht und die Flüsse ins Meer fließen. Wir werden die Bewohner in der richtigen Lebensweise unterrichten. Wir werden ihnen unsere Religion, unsere Bildung, unsere Arten zu leben nahebringen, um ihnen zu helfen, unser Zivilisationsniveau zu erreichen, damit sie und ihre weißen Brüder aus ihrem unglückseligen Zustand der Wildheit befreit werden. Wir bieten diesen Vertrag in gutem Glauben an und beabsichtigen, in unseren Beziehungen zu allen Weißen fair und ehrenhaft zu handeln.

Erklärung der Indianer auf Alcatraz
an die Vereinigten Staaten vom 20. November 1969

Vier meiner Brüder und Schwestern und ihre Kinder nahmen an der Besetzung der Insel teil. Auch ich selbst begann mich unter dem Einfluß dieser Aktion intensiv in der indianischen Bewegung zu engagieren. Merkwürdigerweise bedeutete die Besetzung dieser ehemaligen Gefängnisinsel eine ungeheure Befreiung für mich. Ganz bewußt beschritt ich damals einen Weg, den ich bis heute nicht verlassen habe, da ich immer noch für die Wiederbelebung der Stammesgemeinschaften arbeite.

Die wertvollen Erfahrungen, die ich durch jene unvergeßlichen, kometenhaft aufleuchtenden Ereignisse jener Jahre gemacht habe, habe ich ebenso zu nutzen versucht wie die mir verbliebenen Reste unverbrauchter jugendlicher Kühnheit. Ich hoffe, daß es mir gelungen ist, den damaligen Idealismus mit jenem Realitätssinn zu verschmelzen, den man glücklicherweise mit zunehmendem Alter gewinnt. Diese ausgereifte Mischung half mir, allen Widrigkeiten zu trotzen, allen echten und eingebildeten Feinden und sogar dem Tod selbst.

Aber wohin mich mein Weg auch führt, ich werde niemals vergessen, wo alles anfing: Es war in San Francisco, auf Alcatraz ebenso wie im *American Indian Center*, und bei mir zu Hause, wo etwa zur gleichen Zeit oft andere Indianer zu Besuch kamen und wir beim Kaffeetrinken Pläne schmiedeten und unzerstörbare Träume sponnen. Die Besetzung von Alcatraz rüttelte mich auf wie kein Ereignis zuvor. Sie half mir, mich zu orientieren und mich auf mein eigenes, reiches Cherokee-Erbe zu konzentrieren.

Mein sechs Jahre jüngerer Bruder Richard war der erste von uns Geschwistern, der nach Alcatraz ging. Dort wurde er nach einiger Zeit Mitglied des Alcatraz-Rates, eines Gremiums von Männern und Frauen, die versuchten, eine gewisse Ordnung auf der Insel aufrechtzuerhalten. Nach Richard folgten meine Schwester Vanessa und mein Bruder James.

Schließlich wollte auch meine Schwester Linda an der Besetzung teilnehmen. Obwohl erst zwanzig Jahre alt, hatte sie bereits drei kleine Kinder und lebte von ihrem Mann getrennt; Hugo und ich hatten sie vorübergehend bei uns aufgenommen. Ich begleitete sie und ihre Kinder zur Insel, und an der Anlegestelle trafen wir viele Bekannte und Freunde. Das Boot, mit dem wir übersetzten, war von Creedence Clearwater Revival gestiftet worden und trug den Namen *Clearwater*. Von uns vier Mankillers, die an der Aktion auf Alcatraz teilnahmen, harrte Linda am längsten aus. Sie ging erst im Juni 1971, als die Bundespolizei die letzten indianischen Besetzer von der Insel holte.

Ich werde immer sehr stolz darauf sein, daß meine Brüder und Schwestern durch ihre Anwesenheit auf der Insel Stellung bezogen. Ich selbst kehrte während der Besetzung immer wieder aufs Festland zurück, weil ich glaubte, von größerem Nutzen sein zu können, wenn ich die Maßnahmen zur Unterstützung der Aktion mitorganisierte. So verbrachte ich viel Zeit im *American Indian*

Center, welches als Schaltstelle fungierte, wo die Aktivitäten zur Geldbeschaffung organisiert wurden und über das fast alle Kontakte zwischen Insel und Festland liefen.

Die Besetzung war eine der wichtigsten Phasen in meinem Leben. Mit jedem Tag wuchs mein Selbstwertgefühl, und zum Großteil war dieses Erwachen den jungen Männern und Frauen zu verdanken, die als erste nach Alcatraz gingen und auf diese Weise vielen von uns den Weg zurück zu unseren Wurzeln wiesen. Zu den einflußreichsten unter ihnen gehörte Richard Oakes.

Oakes war Student am San Francisco State College. Er hatte in New York als Stahlbauer gearbeitet, bevor er nach Kalifornien kam, wo er seinen Lebensunterhalt als Lastwagenfahrer verdiente. Dann ging er zurück aufs College und arbeitete während dieser Zeit im »Warren's«, einer indianischen Bar im Mission Distrikt. Er hatte wesentlichen Anteil an der Einführung eines Programms für Indianische Studien am San Francisco State College und wurde bald zu einem der herausragendsten Aktivisten und Wortführer des sozialen Protests im *American Indian Center*.

Ich lernte Richard Oakes während der Besetzung von Alcatraz näher kennen. Obwohl erst Ende zwanzig, wußte er überzeugend über die vertraglichen Rechte der Indianer zu sprechen und davon, daß Amerika seine gesetzlichen Verpflichtungen gegenüber den Ureinwohnern einhalten müsse. Er erzählte von der Geschichte der verschiedenen Stämme, von ihrer Kultur und davon, was die heutige amerikanische Gesellschaft ihnen verdankt. Seine Worte, die in den siebziger Jahren als äußerst radikal galten, erinnern verblüffend an die Ausdrucksweise relativ moderater Stammesführer der Gegenwart.

Alcatraz wurde für viele Menschen zum Symbol und für viele andere zum realen Erfolg. Viele alte Prophezeiungen besagen, daß die jüngeren Menschen sich erheben und für die Indianer eine Möglichkeit finden würden, wie sie leben könnten. Die Hopi, die spirituellen Führer der Indianer, kennen eine Prophezeiung, die mindestens 1200 Jahre alt ist. Dieser zufolge würden die Indianer von Osten nach Westen von ihrem Land vertrieben werden, und wenn sie am westlichsten Ende Amerikas stünden, würden sie anfangen, sich das Land, das ihnen gestohlen wurde, zurückzuholen.

Nach Alcatraz kam auch ein alter Mann, der wohl achtzig oder neunzig Jahre war. Als er an Land ging, war er von Freude überwältigt. Er stand eine Minute lang unbeweglich da und rief dann aus: »Endlich bin ich frei.«

Alcatraz war ein Ort, an dem Tausende von Menschen gefangengehalten wurden, darunter auch Indianer. Wir spürten den Geist der Häftlinge. Manchmal war es unheimlich, aber meist empfanden wir eine Atmosphäre der Gnade. Die Geister waren frei. Sie mischten sich unter die Geister der Indianer, die auf die Insel kamen und auf eine bessere Zukunft hofften.

RICHARD OAKES, 1972
aus Ramparts, *das er kurz vor seinem Tode verfaßte*

Richard und seine Frau Anne, eine Pomo-Indianerin, hatten fünf kleine Kinder und betreuten außerdem noch mehrere fremde Kinder. Im Januar 1970, als sie sich bereits seit drei Monaten auf der Insel aufhielten, fiel ihre Tochter Yvonne beim Spielen in einem verlassenen Gefängnistrakt einen drei Stockwerke tiefen Treppenschacht hinunter. Zwar wurde sie sofort aufs Festland gebracht, doch war sie nicht mehr zu retten und starb zwei Tage später. Anne hatte eine Vorahnung gehabt, daß ihrer Familie ein Unglück drohte.

Der Tod des Mädchens warf einen traurigen Schatten über die Insel. Obwohl Richard meinte, daß seine Tochter auch noch nach ihrem Tod Teil des Lebenskreislaufs sei, war der Kummer für das Paar zu groß. Er und Annie packten ihre wenige Habe zusammen und verließen die Insel mit ihren anderen Kindern. In der folgenden Zeit unterstützte Richard die Pit-River-Indianer, die mit einem mächtigen Energieversorgungsunternehmen um ihr Land stritten. Er erduldete Tränengas, Polizeiknüppel und wurde ins Gefängnis geworfen. Später schlugen ihn bei einer Rauferei in einer Bar in San Francisco zwei Männer mit Billardstöcken so schwer zusammen, daß er sein politisches Engagement nicht wieder voll aufnehmen konnte. Er verließ die Region von San Francisco und ließ sich weiter im Norden, bei Santa Rosa in der Heimatregion der Pomo, nieder. Im September 1972 wurde er vom Verwalter eines YMCA-Camps*, der später behauptete, Richard habe ihn mit einem Messer bedroht, erschossen. Er war nicht einmal dreißig Jahre alt.

Annies Leben kam nach Richards Tod aus dem Tritt. Sie zog sich immer mehr aus der gemeinnützigen Arbeit zurück, und obwohl ich sie anfangs einige Male besuchte, verloren wir schließlich den Kontakt zueinander. Aber immer, wenn ich irgendwo ihren Namen höre oder eine Cherokee-Frau sehe, deren Auftreten mich an sie erinnert, schweifen meine Gedanken zu jener energiegeladenen Pomo-Indianerin und ihren Kindern, zu ihrer Tochter, die auf Alcatraz ums Leben kam. All das stimmt mich sehr traurig, und ich bitte inständig darum, daß es Annie gutgehen möge. Ich denke auch an Richard Oakes, jenen weitblickenden jungen Mann, dessen Ungestüm und Kraft uns allen half, Harmonie zu finden.

> Wir sangen viel in jenen Tagen. Ich erinnere mich an die Feuer in der Nacht, an die Kälte, an die Lieder, die die Weißen nicht verstehen ... die Lieder von Freundschaft, von Verständnis. Wir sangen viel. Wir sangen bis in die frühen Morgenstunden. Es war schön anzusehen und anzuhören.
>
> RICHARD OAKES, 1972

Ein anderer wortgewaltiger Führer der indianischen Bewegung, der durch die Besetzung von Alcatraz bekannt wurde, war John

---

* A.d.Ü.: YMCA – Young Men's Christian Association : Amerikanisches Pendant zum »Christlichen Verein Junger Männer«.

Trudell, ein drahtiger, junger Lakota und einer der scharfsinnigsten Denker, denen ich je begegnet bin. Auch heute noch zeigt John Trudell, ein äußerst kreativer und geistig vollkommen unabhängiger Mensch, bei allem, was er tut, ein hundertprozentiges Engagement.

John, seine Frau Lou und ihre beiden Töchter Maurie und Tara waren aus Los Angeles gekommen, um sich den »Indianern aller Stämme« anzuschließen, wie die Besetzer von Alcatraz genannt wurden. Ich empfand die beiden als das ungleichste Paar, das mir jemals begegnet war. John war hyperaktiv und ernsthaft, während Lou ein ruhiges, ausgeglichenes Naturell hatte, aber einen sehr ausgeprägten Sinn für Humor besaß. Auf Alcatraz wurde sie für alle Besetzer und später für die gesamte indianische Gemeinde im östlichen Teil der Bucht von San Francisco zur vollendeten »Erdmutter«.

John und Lou hatten ein gemeinsames Interesse – Politik. Ihr drittes Kind, ein Sohn, den sie nach dem Paiute-Medizinmann, der die Geistertanz-Bewegung initiiert hatte, Wovoka nannten, wurde auf der Insel geboren.

Während der Besetzung fungierte John als Sprecher von Radio Free Alcatraz, das jeden Abend dreißig Minuten lang über die Sendestation KPFA in Berkeley ausgestrahlt wurde. Er erläuterte oft, wie er sich die zukünftige Nutzung von Alcatraz vorstellte: Es sollte dort ein Zentrum für Indianische Studien, historische Archive und ein Museum sowie ein spirituelles Zentrum eingerichtet werden. Grace Thorpe, eine Sauk-und-Fox-Indianerin und Tochter des Olympiasiegers Jim Thorpe aus Oklahoma, und viele andere Aktivisten waren in seiner Sendung zu Gast.

Lou und ich wurden gute Freundinnen, und auch für John empfand ich immer große Zuneigung und Respekt. Auch als die Bundesregierung alle Ansprüche der Indianer auf Alcatraz zurückwies und vorschlug, daß auf der Insel ein Park angelegt werden solle, rückten John und die anderen nicht von ihren Forderungen ab.

Wir wollen nicht länger Ausstellungsstücke, Touristenattraktion und Spielball der Politiker sein. Auf dieser Insel wird es keinen Park geben, weil dies in keiner Weise den Zielen entspricht, deretwegen wir hier sind.

JOHN TRUDELL
New York Times, 9. April 1970

Auf Alcatraz und in der Zeit danach lernte ich noch viele Angehörige anderer Stämme kennen, die einen bleibenden Einfluß auf mich hatten und mein Selbstverständnis als Frau und als Stammesangehörige der Cherokee ändern sollten.

Gustine Moppin – jene Klamath-Indianerin, die ich schon als Schulmädchen kannte und die mich ermutigt hatte, mich weiterzubilden – verkörperte genau das, was wir Cherokee uns unter einem Menschen »guten Sinnes« vorstellen.

Gustine war überzeugt, daß ich das Potential hatte, mehr aus meinem Leben zu machen. Sie unterstützte mich während der Jahre, als meine Ehe zerfiel und ich um meine Unabhängigkeit kämpfte. Dafür war ich ihr sehr dankbar und freute mich, sie auf Alcatraz wiederzusehen. Als bei ihr Jahre später Diabetes ausbrach, unterhielten wir uns oft darüber, wie viele Todesopfer diese Krankheit unter der indianischen Bevölkerung forderte. Als Folgeerscheinung des Diabetes verlor sie einen Arm und litt unter Nierenversagen, so daß sie sich regelmäßig einer Dialyse unterziehen mußte. Schließlich konnte sie sich nur noch im Rollstuhl fortbewegen. Als ich sie im Winter 1990 das letzte Mal sah, war sie bereits sehr schwach, doch immer noch unentwegt bemüht, anderen Menschen zu helfen. Sie beriet andere Amputierte, wie sie weiterhin ein selbständiges Leben führen könnten, und saß in den Vorständen verschiedener indianischer Institutionen. Bald nach meinem Besuch verließ Gustine Moppin diese Welt. Ich verlor eine Schwester und die indianische Gemeinde um San Francisco ihre Matriarchin.

Ein anderer Umsiedler, den ich Ende der sechziger Jahre in Kalifornien kennenlernte, war Bill Wahpepah, der den Stämmen der Kickapoo und Sauk und Fox angehörte. Ich arbeitete bei verschiedenen Projekten eng mit ihm zusammen, wie der Gründung einer alternativen Schule, der Einrichtung von Jugendbetreuungsstellen und eines indianischen Erwachsenenbildungszentrums. Bei Bill zu Hause verkehrten einige der AIM-Führer der ersten Stunde – Dennis Banks, Carter Camp sowie Vernon und Clyde Bellecourt. Letzterer war ein besonders sympathischer Mann; er war zusammen mit einer Gruppe indianischer Kinder nach San Francisco gekommen, und jeder konnte erkennen, wie sehr er sich um sie sorgte und bemüht war, ihnen zu helfen.

Leonard Crow Dog, eine andere wichtige Persönlichkeit der indianischen Bewegung, war ebenfalls öfter bei Wahpepah anzutreffen. Er hatte eine Ausstrahlung, die mich an die Cherokee-Stammesältesten erinnerte, die ich in meiner Kindheit in Oklahoma kennengelernt hatte. Einmal leitete er eine beeindruckende Lakota-Zeremonie im Erwachsenenbildungszentrum von Oakland. Er reiste mit seiner Frau Mary, seinem jungen Sohn und einigen anderen Indianern in einem großen Lastwagen umher, wobei sie überall einen geheiligten Büffelschädel mit sich führten.

Bill Wahpepah war immer für uns da. Sein Haus stand allen offen, vor allem den indianischen Kindern. Die meisten von ihnen waren Umsiedler der zweiten Generation, die ohne Bills Betreuung auf der Straße gelandet wären. Einmal erlebte ich, wie er aus Enttäuschung über einen jungen Mann weinte, der nicht von seiner Schnüffelsucht loskam. Ich wußte, daß seine Tränen echt waren, denn er war ein Mann, der Alkoholismus und Heroinabhängigkeit überwunden hatte, bevor er in den siebziger Jahren zu einem unserer brillantesten Fürsprecher für die Rechte der Indianer wurde. Er reiste in der ganzen Welt umher und berichtete jedem, der es hören wollte, über die Probleme der nordamerikanischen Ureinwohner, während er gleichzeitig nach Antworten und Lösungen suchte.

Bill hatte es im Leben nicht leicht gehabt und starb viel zu früh.

Er war erst Ende vierzig und auf dem Höhepunkt seines Engagements für die Belange der Indianer angelangt, als er nach einer plötzlichen Krankheit ins Land der Geister hinüberging. Wie so viele andere Umsiedler hatte er immer davon gesprochen, eines Tages nach Oklahoma zurückzukehren und dort unter seinem Volk zu leben. Dies sollte ihm jedoch nicht mehr beschieden sein. Er wurde in Shawnee in Oklahoma nach Stammessitte beigesetzt.

Das gleiche Schicksal sollte meinen Vater ereilen.

Sein Tod traf mich wie ein Blitz während der Besetzung von Alcatraz. Zu dieser Zeit hatten meine Eltern San Francisco und Hunter's Point bereits lange verlassen. Das Gewürzhandelsunternehmen, in dem mein Vater beschäftigt war, hatte sich in einer anderen Stadt niedergelassen, und so zogen meine Eltern weiter nach Süden, in einen kleinen Ort unweit von Salinas und Monterey, denen John Steinbeck in seinen Werken ein Denkmal gesetzt hat. Endlich verlief das Leben meines Vaters und meiner Mutter in ruhigeren Bahnen. Sie erlebten nun die beste Zeit ihres gemeinsamen Lebens: sie hatten ein schönes Zuhause; die meisten ihrer Kinder waren erwachsen und fanden sich in der Welt zurecht, und einige von uns engagierten sich mit aller Kraft für die Rechte der Indianer.

Gerade als alles in Ordnung schien, kündigte sich erneutes Unglück an. Mein Vater begann unter Bluthochdruck und Nierenbeschwerden zu leiden. Die Diagnose war bedrückend – eine Zystenniere im Endstadium. Zu dieser Zeit waren die Behandlungsmöglichkeiten für diese Krankheit noch ziemlich begrenzt. Nierentransplantationen, wie sie heute in großem Umfang durchgeführt werden, befanden sich damals noch in der Erprobungsphase und wurden nicht an Personen über 55 Jahre vorgenommen. Mein Vater hatte diese Altersgrenze gerade überschritten. Dialyseeinrichtungen standen zwar ausreichend zur Verfügung, doch war diese Behandlungsmethode damals lange nicht so effizient wie heute.

Als unsere Familie sich gerade von dem Schock erholt hatte,

den die Krankheit meines Vaters bei uns ausgelöst hatte, mußte ich selbst mit neuen gesundheitlichen Problemen kämpfen. Wie während meiner ersten Schwangerschaft litt ich unter langwierigen Harnwegs- und Niereninfektionen. Nach gründlichen medizinischen Untersuchungen wurde bei mir ebenfalls eine polyzystische Niere diagnostiziert. Ich hatte das Leiden also von meinem Vater geerbt. Wir alle waren niedergeschmettert, als wir diese negative Nachricht mitgeteilt bekamen.

Die Ärzte erklärten mir, daß in unserem Fall eine genetische Disposition für die Entstehung von Nierenzysten bestehe, die so stark wachsen könnten, daß das gesunde Gewebe absterbe und es zu Nierenversagen komme. Sie erläuterten auch, daß es in leichteren Fällen nicht unbedingt zu einem Verlust der Nieren kommen müsse und manche Menschen gar nicht wüßten, daß sie von der Krankheit betroffen seien, weil sie ihr ganzes Leben lang symptomfrei blieben.

Weitere Untersuchungen ergaben jedoch, daß ich ebenso wie mein Vater unter der schweren Form der Krankheit litt, die fortschreitend und unheilbar war. Bei mir hatte sie noch lange nicht das Stadium erreicht, in dem sich mein Vater befand, doch den Prognosen der Ärzte nach würde es bei mir vermutlich zwischen Anfang und Mitte dreißig zu einem Nierenversagen kommen. Nach dieser Diagnose empfand ich beinahe so etwas wie Erleichterung. Zumindest hatte ich jetzt eine Erklärung für die ständigen Infektionen, die manchmal mehrtägige Krankenhausaufenthalte erforderten.

Mein Arzt riet mir, meine Proteinaufnahme zu reduzieren, meine Nierenfunktion regelmäßig untersuchen zu lassen und Anstrengungen möglichst zu vermeiden. Nach diesem Gespräch fragte mich meine Nachbarin im Krankenzimmer, die alles mitgehört hatte, ob sie etwas für mich tun könne, woraufhin ich sie um eine Zigarette bat. Ich hatte seit einem Jahr nicht mehr geraucht, doch ab diesem Zeitpunkt fing ich wieder an, bis ich diese Gewohnheit 1980 endgültig aufgab.

Da die Krankheit erblich war, ließ ich sofort meine beiden

Töchter auf Anzeichen einer Nierenstörung untersuchen und war sehr dankbar, als bei ihnen keinerlei Symptome festgestellt wurden. Dann entschloß ich mich zur Sterilisation, denn ich wollte nicht riskieren, ein Kind zur Welt zu bringen, das mit einer tödlichen Krankheit belastet war.

Die Gesundheit meines Vaters verschlechterte sich zusehends, doch bemühten wir uns, ihm das Leben so angenehm wie möglich zu machen. Seine Zustimmung und Unterstützung waren für mich immer sehr wichtig gewesen, sogar noch als erwachsene Frau mit eigenen Kindern. Wir beide hatten uns immer für Politik, für die Gesellschaft um uns herum und für Bücher interessiert. Nun waren wir auch beide von dieser Erbkrankheit betroffen.

Es tat sehr weh, mitanzusehen, wie mein Vater uns langsam verließ. Er haßte es, krank zu sein, haßte es, seine Arbeit aufgeben zu müssen, haßte es, Medikamente zu nehmen. Meine Mutter mußte ihn praktisch zu regelmäßigen Arztbesuchen zwingen. Wir Kinder besuchten ihn so oft wie irgend möglich. Er hatte volles Verständnis für unser Engagement auf Alcatraz, für unseren Kampf für die Rechte der Indianer. Als konservativer Vollblut-Cherokee zeigte er sich sehr befriedigt, daß seine Kinder Widerstand leisteten. Ich erinnere mich sehr deutlich an einen Besuch beim Thanksgiving-Fest. Er war bettlägerig, und während die anderen in der Küche damit beschäftigt waren, die jüngsten Familienmitglieder zu verköstigen, servierte ich ihm sein Essen. Wir nahmen gemeinsam, nur wir beide, unsere Mahlzeit ein, was in einer so großen Familie wie der unseren nur selten vorkam. Er lächelte mir zu und sagte, es erfülle ihn mit Stolz, eine Tochter zu haben, die zur Revolutionärin geworden sei. Wie sich später herausstellte, sollte dies das letzte Thanksgiving-Fest meines Vaters gewesen sein.

Das Ende war sehr traurig. Da meine Eltern nicht krankenversichert waren, brachten wir Kinder Vater in das General Hospital von San Francisco, wo die Möglichkeit zur Dialyse bestand. Er vertrug diese Prozedur jedoch äußerst schlecht und mußte sich einer Herzoperation unterziehen, um Flüssigkeit entfernen zu lassen, die sich im Brustraum angesammelt hatte. Als ich ihn danach in seinem Krankenzimmer besuchte, sah ich den großen Verband um seine Brust. Mein Vater blickte auf und sagte: »Schau, was sie mit mir gemacht haben!«

Nach dieser Operation schwanden seine Kräfte sehr rasch, so daß wir entschieden, nach unseren Brüdern und Schwestern zu schicken, die sich auf Alcatraz befanden. Die Ärzte waren sehr bemüht und taten alles Erdenkliche, um ihm zu helfen, aber das war nicht genug. Im Beisein seiner Frau und seiner Kinder starb mein Vater im Alter von 56 Jahren. Es war Februar 1971.

Wir dachten keinen Augenblick daran, ihn in Kalifornien zu beerdigen, sondern brachten Charley Mankiller nach Hause in die Hügel von Oklahoma. Don und meine Mutter veranlaßten alles Nötige für die Überführung und Beerdigung. Einige von uns flogen nach Oklahoma, andere fuhren die ganze Strecke über Land. Mittlerweile waren wir alle unsere eigenen Wege gegangen; der Tod meines Vaters führte uns wieder zusammen. Wir geleiteten ihn zum Echota-Friedhof, der nur wenige Meilen von meinem jetzigen Haus entfernt liegt. Dort warteten auf ihn die Gräber und die Geister seiner Eltern, Großeltern, Cousins, Tanten und alten Freunde, die schon vor langer Zeit in die andere Welt eingetreten waren. Es war ein kalter Februartag. In unseren Autos und Pick-Ups folgten wir hintereinander dem Leichenwagen, der von der Leichenhalle in Stilwell zum Friedhof fuhr.

Sogar in meiner Trauer empfand ich die Landschaft als völlig vertraut. Ich war wieder zu Hause. In Rocky Mountain leben nicht viele Menschen, doch als sich unsere Fahrzeugkarawane durch den Ort wand, kamen die Leute aus ihren Häusern, um uns vorbeifahren zu sehen. Man konnte beinahe hören, wie sie sagten: »Das ist Charley Mankiller. Sie bringen Charley Mankiller nach Hause.«

Der Tod kommt immer zur Unzeit.
GROSSER ELCH, HÄUPTLING DER OMAHA

Unsere Unsterblichkeit wurzelt in unserer Beziehung zur Mutter Erde. Wir sind in ganz realem Sinne ein Teil des Landes. Unsere Vorfahren wurden in diesem Land beerdigt und wurden zu Erde. Wir sind in dem Staub unserer Vorfahren aufgewachsen. Unser Kampf für die Bewahrung der indianischen Lebensweise ist untrennbar verbunden mit unserem Kampf um die Erhaltung des ökologischen Gleichgewichts. Beide sind fast dasselbe.

CARTER CAMP, *AIM-Führer*
Oklahoma Today, Mai-Juni 1992

Die meisten Personen, die am Begräbnis meines Vaters teilnahmen, sprachen Cherokee. Manchmal kamen sie buchstäblich aus dem Wald, um der Zeremonie beizuwohnen. Andere waren sogar aus Kansas und North Carolina angereist. Mein Vater wurde neben seinen Eltern und einem Kind beerdigt, das zwischen meiner und Lindas Geburt tot auf die Welt gekommen war. Es erschien so natürlich, ihn in dieser Erde zur Ruhe zu betten, neben den Menschen, die er liebte. Es war so friedlich, und ich wußte, daß die Bäume ihn beschützen würden.

Als wir nach Kalifornien zurückkreisten, waren wir jedoch alle wie gelähmt. Der Anker, der unsere Familie zusammengehalten hatte, war verloren. In vieler Hinsicht würden wir alle nicht mehr dieselben Menschen sein wie vorher.

Meine Mutter durchlitt eine furchtbare Zeit. Ein Teil ihrer Seele war mit meinem Vater gestorben. Sie hatten gemeinsam um sein Leben gekämpft. Als er nun nicht mehr da war, schien ihre letzte große Schlacht geschlagen. Beide waren so eng miteinander verbunden gewesen. Sie hatte, so gut es ging, versucht, sich auf diesen Verlust vorzubereiten; dennoch war es ungeheuer schwer, das Schicksal zu akzeptieren. Sie hatte ihn als fünfzehnjähriges Mädchen geheiratet, und im Verlauf von über dreißig Jahren hatten sie so viel gemeinsam durchlebt. Sie hatten Kinder großgezogen und Kinder beerdigt, hatten gemeinsam die harte Zeit der Umsiedlung bewältigt. Meine Mutter hatte meinen Vater nicht nur geliebt, sondern auch wahrhaft respektiert und gemocht. Wenn ein Mensch, der einem so teuer ist, seine letzten Tage unter so entwürdigenden Umständen erlebt, ist das schwer zu ertragen. Doch ebenso wie wir Kinder lernte sie, mit dem Tod unseres Vaters fertigzuwerden.

Ich selbst suchte Trost in meinem Einsatz für die indianische Bewegung. Die Besetzung von Alcatraz fand einige Monate nach dem Tod meines Vaters ein Ende, und ab diesem Zeitpunkt begann ich mich noch intensiver für gemeinnützige Vorhaben zu engagieren. Mit einem Leben als Hausfrau, das stand für mich fest, würde ich mich nie mehr zufriedengeben.

Hugo war mit meinem Einsatz für Alcatraz und mit den anderen Projekten, für die ich tätig war, überhaupt nicht einverstanden. Es war ihm sichtlich unangenehm, wenn bei uns zu Hause Zusammenkünfte abgehalten wurden, und er wollte ebensowenig, daß ich ohne ihn irgendwohin verreiste, sei es auch nur für kurze Zeit. Dabei vergaß er natürlich, daß ich mich damit hatte abfinden müssen, als ihn selbst einige Jahre zuvor das Fernweh gepackt hatte und er mit seinen Cousins, die bei der Handelsmarine waren, mehrere Wochen lang in der Welt herumgereist war.

Unsere Beziehung hatte sich grundlegend verändert. Ich war eine sehr viel stärkere Persönlichkeit geworden und fest entschlossen, mir meine Freiheit zu erkämpfen. Als Hugo mir eröffnete, daß ich kein Auto haben dürfte, nahm ich das nicht mehr hin. Ich ging geradewegs zur Bank, hob Geld ab und kaufte einen billigen Mazda. Und nach einer Weile hatte ich auch herausgefunden, wie ich an den steilen Hängen San Franciscos die Kupplung betätigen mußte.

Dieses kleine, rote Auto, das ich ohne Zustimmung und Wissen meines Mannes erworben hatte, war mein erster Akt der Rebellion gegen einen Lebensstil, den ich als viel zu beschränkt und einengend empfand. Ich wollte all die Veränderungen miterleben, die sich um mich herum vollzogen – in Politik, Literatur, Kunst, Musik und in bezug auf die Rolle der Frau. Doch bis zu diesem Autokauf war ich nicht bereit gewesen, irgendwelche Risiken einzugehen, um mehr Unabhängigkeit zu gewinnen. Nun aber konnte ich viele Veranstaltungen und Feste von Stämmen in ganz Kalifornien und sogar in Oregon und Washington besuchen.

Die Beseitigung der patriarchalischen und rassistischen Basis des herrschenden Gesellschaftssystems erfordert eine Revolution, nicht nur eine Reform.

Erstausgabe der Zeitschrift Ms., *1971*

Um mich herum geschah so viel Neues, war so viel Arbeit zu erledigen. So übernahm ich die Leitung des Zentrums für Indianische Jugendliche in East Oakland. Ich hatte das Gebäude, in dem die Einrichtung untergebracht werden sollte, an der Kreuzung der Fruitvale Street und der East Fourteenth Street entdeckt. Mit Hilfe einiger Freiwilliger und etwas Farbe waren die Örtlichkeiten bald hergerichtet; dann stellte ich einige Unterrichtspläne und ein Kulturprogramm zusammen und eröffnete das Zentrum. Zu diesem Zeitpunkt hatte ich keine Vorstellung davon, wie eine solche Einrichtung zu leiten war, doch lernte ich rasch durch die praktische Arbeit. Meine Begeisterung schien meine mangelnde Fachkompetenz wettzumachen: So veranstalteten wir Exkursionen und organisierten Besuche bei verschiedenen Stammesinstitutionen in ganz Nordkalifornien; wenn die Kinder sich im Zentrum aufhielten und ihre Hausaufgaben erledigten, konnten sie solch talentierten indianischen Sängern und Musikern wie Paul Ortega und Jim Pepper zuhören, die dort auftraten. All unsere Aktivitäten sollten den Stolz der jungen Leute auf unsere indianische Geschichte und unser Erbe wecken und ihnen dadurch die Stärke verleihen, im rauhen Klima der Straßen von East Oakland zu überleben.

Wir versuchten auch, einen grundlegenden Bildungsbedarf zu decken. So bemühte ich mich sehr, eine junge Klamath-Indianerin dazu zu bewegen, weiter die Schule zu besuchen. Um sie zu unterstützen, beschäftigte ich sie im Zentrum als bezahlte Bürohilfe. Bei der Erledigung von Botengängen erwies sie sich als sehr zuverlässig; wenn es jedoch darum ging, Telefongespräche zu notieren oder die Postablage zu machen, schien sie vollkommen überfordert. Eines Tages brach sie dann schließlich in Tränen aus und gab zu, daß sie kein Wort lesen und schreiben konnte, woraufhin ich sie sofort für ein Alphabetisierungsprogramm einschrieb.

Im Jugendzentrum lernte ich auch einiges Wertvolle über die Möglichkeiten indianischer Selbsthilfe. Als ich mir einmal keinen Rat wußte, wie ich das Geld für ein Renovierungsvorhaben beschaffen sollte, ging ich in eine Bar namens »Chicken's Place«, die etwa einen Häuserblock entfernt vom Jugendzentrum lag. Die Besitzerin war die Schwester meiner Freundin Gustine, und viele der in East Oakland lebenden Indianer pflegten dort zu verkehren. Als ich hier nach freiwilligen Helfern fragte, sprangen zu meiner großen Überraschung und Freude sofort mehrere Personen auf, die bereit waren zuzupacken. Und noch verblüffter war ich, als ich feststellte, wie kompetent und zuverlässig sich diese Leute dann zeigten. Seit dieser Zeit ging ich immer zu »Chicken's Place«, wenn wir finanzielle Unterstützung für Exkursionen oder rührige Arbeitskräfte brauchten, denn dort ließ man mich nie im Stich.

In Oakland gelangte ich zu der Überzeugung, daß arme Menschen und hier vor allem Indianer über ein sehr viel größeres Potential zur Bewältigung ihrer Probleme verfügen, als gemeinhin angenommen wird. Das unbegrenzte Vertrauen in unsere Fähigkeiten, das ich in East Oakland langsam entwickelte, sollte mir später nach meiner Rückkehr nach Oklahoma von Nutzen sein.

Neben meiner Arbeit im Jugendzentrum unterstützte ich als ehrenamtliche Mitarbeiterin den Pit-River-Stamm, der mit der mächtigen Pacific Gas and Electric Company einen erbitterten Rechtsstreit um Millionen Hektar Stammesland in Nordkalifornien führte. Es war jener Stamm, für den sich auch mein alter

Freund Richard Oakes eingesetzt hatte. Ich hatte in den Sechs-Uhr-Nachrichten einen Bericht über dieses Volk gesehen, das mutig um sein rechtmäßiges Eigentum kämpfte – in gewisser Weise erinnerten sie mich an die Cherokee. Nachdem ich den Rechtsanwalt des Stammes in der Nachrichtensendung gehört hatte, setzte ich mich telefonisch mit ihm in Verbindung und bot meine Hilfe an. Er akzeptierte meinen Vorschlag, womit eine fast fünfjährige Zusammenarbeit mit dem Pit-River-Stamm begann, die erst ein Ende finden sollte, als ich mich von Hugo trennte und Kalifornien verließ.

Während jener Zeit erfuhr ich vieles über die Geschichte und Kultur der kalifornischen Indianervölker. Die meiste Zeit war ich im Rechtsbüro des Stammes in San Francisco tätig und wirkte an der Beschaffung der Mittel für einen Hilfsfonds zur Finanzierung der Prozeßkosten mit. Oft besuchte ich aber auch mit meinen Töchtern die Stammesfüher auf ihrem Land. Immer wenn wir in das Gebiet der Pit-River-Indianer fuhren, logierten wir in einer kleinen Hütte unweit des Grundstücks von Raymond und Marie Lego.

Raymond war ein traditionalistischer Stammesführer, und das Haus des Ehepaares wurde zum Treffpunkt für alle, die sich im Kampf um das Land engagierten. Oftmals saßen wir abends auf der Veranda und hörten zu, wie Raymond und Marie uns von den langjährigen Auseinandersetzungen um den Stammes-besitz erzählten. Manchmal holte Raymond eine alte Papp-schachtel hervor und zeigte uns Urkunden und Dokumente seines Stammes, mit denen er wie mit Heiligtümern umging. Es war ein großes Privileg, solche Dinge sehen zu dürfen und Zeit mit diesen Menschen zu verbringen. Ich fühlte mich dort zu Hause, denn die Legos hatten einen Garten, gingen auf die Jagd und führten ein einfaches Leben. Vieles bei ihrem Volk erinnerte mich an die Cherokee im östlichen Oklahoma.

Auch während der Zeit, in der ich für den Pit-River-Stamm arbeitete, lernte ich Dinge, die für mich später nützlich werden sollten, wie zum Beispiel die Grundlagen des Vertragsrechts und

Völkerrechts. Alle Orte, die ich mit meinen Töchtern in den siebziger Jahren in Kalifornien besuchte, vermittelten uns neue Erfahrungen. Wir fuhren nach Mendocino, das am Nordufer einer halbmondförmigen Bucht lag, und reisten an der Pazifikküste entlang. Wir besuchten die Pomo-Indianer, die ich auf Alcatraz kennengelernt hatte, und sammelten mit ihnen – es handelte sich dabei um ein jahreszeitlich wiederkehrendes Ritual – an der Küste Seetang, wozu wir Körbe benutzten, die als Erbstücke in jeder Familie von einer Generation zur nächsten weitergegeben wurden. Der Seetang wurde kurz in heißem Fett ausgebacken und ergab zusammen mit dicken Brotscheiben eine köstliche Mahlzeit.

Wir fuhren auch nach Kashia, einer *rancheria* der Pomo in den Bergen bei Santa Rosa. Dort hatten einige Aktivisten der AIM Zuflucht gesucht, nachdem die Besetzung der Siedlung Wounded Knee im Pine-Ridge-Reservat in Süd-Dakota im Jahre 1973 ein Ende gefunden hatte. Wounded Knee war der Schauplatz des Massakers von 1890 gewesen, wo, wie es heißt, der heilige Ring der Lakota Nation zerbrochen wurde und viele Träume mit den dort ermordeten Indianern untergingen. Einige der weißen Soldaten, die für das grausame Gemetzel verantwortlich waren, wurden sogar von der amerikanischen Regierung mit Orden ausgezeichnet.

Russell Means, John Trudell und andere entschlossene Kämpfer der AIM hatten die Besetzung von 1973 initiiert, um der Forderung nach Selbstverwaltung der Reservats-Indianer Nachdruck zu verleihen. Die Aktion endete nach zweiundsiebzig Tagen mit einer Schießerei, bei der es sowohl auf seiten des FBI als auch der Indianer Tote gab. Die Aktion machte die Öffentlichkeit wieder einmal auf die immer noch ungerechte Behandlung der Indianer aufmerksam.

Auch mein Bruder Richard ging nach Wounded Knee. Nach Alcatraz hatte er bei einem Fernsehsender in San Francisco gearbeitet, doch nun glaubte er, daß er bei den Lakota eher gebraucht würde. Meine Mutter hatte große Angst um sein Leben, doch

Richard blieb unverletzt. Wie viele andere junge indianische Männer dieser Zeit folgte er dem Hilferuf der Menschen im Pine-Ridge-Reservat. Ob die Besetzung von Wounded Knee für sie von Nutzen war oder ihnen eher schadete, bleibt jedoch besonders unter ihnen selbst bis heute umstritten.

Das Blutvergießen von Wounded Knee war immer noch zentrales Gesprächsthema, als meine Töchter und ich uns in Kashia einfanden. Wir wohnten dort bei den Eltern meiner Freundin Maxine Steele. Ihr Bruder Charles hatte ebenfalls an der Besetzung teilgenommen. In Kashia bereiteten wir unsere Mahlzeiten im Freien zu und plauderten lange Stunden. Wir empfanden die *rancheria* als magischen Ort, und das ist sie bis heute geblieben: Seit langem lebten dort Medizinmänner und -frauen, wir konnten an Tanzzeremonien in einem traditionellen Rundhaus der Pomo teilnehmen und unter den Sternen den Erzählungen über die Geschichte des Stammes, über seine Medizin und seine Riten lauschen.

All diese Jahre bescherten mir bemerkenswerte Erfahrungen. Die Reisen und Besuche, die Musik und die Tänze, die harte Arbeit, der Kampf um Alcatraz, die Tätigkeit für das Jugendzentrum und den Pit-River-Stamm vermittelten mir kostbares Wissen. Die Menschen, denen ich begegnete – die Aktivisten, die weisen Alten, die Heiler, die Geschichtenerzähler – wurden ausnahmslos meine besten Lehrer. Ich war mir bewußt, daß ich niemals genug lernen konnte. In gewisser Weise hatte ich gerade erst angefangen. Ich fühlte mich wie ein neugeborenes Kind, das zum ersten Mal die Augen öffnet.

Ich begann den Blick vom Meer und von der untergehenden Sonne abzuwenden und nach Osten zu schauen, wo die Sonne ihre tägliche Reise beginnt. Dorthin mußte ich gehen – und zwar nicht nur, um mich nach einer Auseinandersetzung mit meinem Mann zu erholen oder einen geliebten Menschen zu Grabe zu tragen, sondern um auf Dauer dort zu leben. Ich mußte zurück in das Land meiner Geburt, zurück auf jenen Boden und zu jenen

Bäumen, die mein Großvater berührt hatte, zurück zu den Tieren, deren Stimmen ich mir als Mädchen eingeprägt hatte, als wir vor so langer Zeit unsere Habe zusammengepackt hatten und mit dem Zug nach Westen aufgebrochen waren. Der Kreis mußte sich schließen. Es war so einfach, so leicht.

Ich ging nach Hause.

12.

HEIMWÄRTS

Bevor die Cherokee fremde Sitten übernahmen, brachten sie Frauen große Achtung entgegen.

Wenn ein Mann heiratete, ließ er sich bei dem Clan seiner Frau nieder. Die Frauen aller sieben Clans wählten ihre eigenen Führerinnen. Diese traten als Frauenrat zusammen und überstimmten zuweilen die Entscheidungen der Häuptlinge, wenn sie glaubten, daß das Wohlergehen des Stammes davon abhinge. In alter Zeit war es bei den Cherokee außerdem Brauch, daß alle wichtigen Fragen, die Krieg und Frieden betrafen, von den Frauen entschieden wurden.

Es gab tapfere Cherokee-Frauen, die mit ihren Männern und Brüdern in die Schlacht zogen. Diese weiblichen Krieger wurden »Kriegsfrauen« oder »Schöne Frauen« genannt und galten als Würdenträgerinnen des Stammes, wobei viele von ihnen in den Ratsversammlungen ebenso machtvoll auftraten wie im Kampf.

Bei den Cherokee war es auch Sitte, eine bestimmte Frau entscheiden zu lassen, ob schweren Verbrechern Gnade gewährt oder sie bestraft werden sollten. Diese Frau wurde ebenfalls als »Schöne Frau« bezeichnet, aber manchmal auch als »Höchstgeehrte Frau« oder »Geliebte Frau«.

Die Cherokee glaubten, daß der Große Geist Botschaften durch ihre »Geliebte Frau« sende. Ihre Macht war so groß, daß sie ein vom Stammesrat gefälltes Todesurteil abmildern konnte.

Eine Ghigau, die unter ihrem späteren Namen Nancy Ward bekannt wurde, wird häufig als die letzte »Geliebte Frau« bezeichnet. Sie *erhielt diesen Titel, der die höchste Ehre darstellt, die einer Cherokee-Frau zuteil werden kann, weil sie ihren Stamm im Jahre 1755 in eine Schlacht gegen die Creek führte. Als »Kriegsfrau« des Wolfclans zog sie mit ihrem ersten Ehemann, Kingfisher, in den Kampf. Auf dem Schlachtfeld bereitete sie ihm sein Essen und kaute seine Kugeln, damit sie eine tödliche Wirkung entfalteten, wenn sie ihr Ziel trafen. Als Kingfisher während des hitzigen Gefechts fiel, ergriff sie seine Waffe und kämpfte so tapfer, daß die Cherokee unter ihrer Führung mutig voranstürmten und die Creek besiegten.*

Als Anerkennung für ihre Tapferkeit im Kampf wurde Nancy der ehrenvolle Titel Ghigau *verliehen. Für den Rest ihres Lebens trat sie als leidenschaftliche Anwältin für den Frieden zwischen den Cherokee und allen anderen auf.*

Es ist klug, aus der Vergangenheit zu lernen und gleichzeitig den Blick in die Zukunft zu richten. Aber oft ist es besser, daß wir nicht wissen, was letztere für uns bereithält. Während all meiner Aktivitäten in der ersten Hälfte der siebziger Jahre hatte ich kaum eine Vorstellung davon, wie mein Leben einmal aussehen würde.

Manche Ereignisse, wie die Scheidung von Hugo, waren zweifellos absehbar. Doch wußte ich nicht, daß andere, leidvolle Erfahrungen auf mich warteten, daß mir mehrere Begegnungen mit dem Tod bevorstanden, jedoch auch ein großes Maß an Glück und Erfüllung. Da ich keine Wahrsagerin oder Medizinfrau bin, hatte ich nur manchmal gewisse Vorahnungen.

Später erfuhr ich, daß andere meine Zukunft sehr klar sehen konnten. Während ich mir selbst Mitte der siebziger Jahre kaum vorstellen konnte, daß ich in knapp einem Jahrzehnt nicht nur wieder in Oklahoma leben und für meinen Stamm tätig sein, sondern auch als erster weiblicher Oberster Häuptling der Cherokee Nation amtieren würde, sah ein spiritueller Führer unseres Volkes all dies in einer Vision voraus:

Ich bin ein spiritueller Mensch und wurde mit einer Gabe geboren, die ich von meinen Vorfahren geerbt habe ... Einer unserer Propheten ist eine Frau, die »Erste Frau« ... Eine Frau kam aus dem Ort heraus, der vom heiligen Geist ergriffen worden war. Sie war eine ideale Frau, eine ideale Cherokee-Frau, und sie war freundlich und sie lächelte. Und ich dachte, hier habe ich es nicht mit Göttern zu tun. Sie ist ein Mensch, ich kann zu ihr sprechen.

In dem Augenblick, als sie mich anlächelte, wußte ich, daß sie die Rote Lady der ewigen Flamme war. Daß sie sich in der dritten Gestalt unserer Götter, unserer alten Götter befand... Dann begaben wir uns auf eine höhergelegene Ebene, wo ich einen breiten Laubengang sah. Und in diesem Laubengang befanden sich alle Menschen, die uns verlassen hatten. Sie waren frei von allen Lasten und Sorgen ... Und dann lächelte sie. Wieder sprach ich zu einer spirituellen Vertreterin unseres Volkes. Und in diesem Moment erwachte ich aus dieser Vision oder diesem Traum ... Ich wußte sofort, fünf Jahre vor der Zeit, daß sie, Wilma Mankiller, Häuptling werden würde. Aufgrund dieser Erfahrung wußten wir, daß sie ein außergewöhnliches Geschenk für uns ist. Sie ist jemand Besonderer.

Aussage eines spirituellen Führers
der Cherokee über eine Vision

Später erfuhr ich von diesem Mann, daß er sehr verwirrt gewesen sei, als er mir das erste Mal begegnete und mich aus der Vision wiedererkannte.

Ich kehrte erst 1977, etwa zum Zeitpunkt der Vision, endgültig nach Oklahoma zurück. Bei einem Besuch im Jahr davor hatte ich lediglich altvertraute Orte aufgesucht und Erinnerungen aufgefrischt.

Die letzten Jahre in Kalifornien waren voller Unruhe und Unsicherheit. Meine Ehe mit Hugo war vollkommen zerrüttet. Ich erinnere mich, wie ich ratlos diesem gutaussehenden Mann gegenüberstand, den ich direkt nach Abschluß meiner High-School-Zeit geheiratet hatte, der der Vater meiner Kinder war, der mich vor Hunter's Point gerettet und dann so unterdrückt hatte. Wir hatten uns ungeheuer weit auseinanderentwickelt. Ich wußte, daß ich unsere Beziehung nicht länger aufrechterhalten konnte; ich konnte nicht mehr einfach das Radio aufdrehen, zur Musik mitsummen und mich fortträumen.

Eine Zeitlang fand ich Zuflucht bei Lou Trudell. Sie und ihre drei Kinder lebten in einem Häuserkomplex in der East Fourteenth Street in Oakland. Er lag in der Nähe einer alternativen Schule der Black Panthers und nur wenige Straßenzüge entfernt von einer Erwachsenenbildungsstätte für Indianer, die sich zu einem beliebten Treffpunkt für indianische Aktivisten entwickelt hatte.

Die Wesensunterschiede zwischen Lou und ihrem Mann John waren schließlich unüberbrückbar geworden, und sie hatten sich getrennt. Er heiratete bald eine lebhafte Paiute-Indianerin namens Tina Manning und zog nach Nevada. Nach einigen Jahren statteten beide Lou mit ihren gemeinsamen Kindern einen Besuch ab. Dort traf ich sie an, als ich mich kurz vor meiner Rückkehr nach Oklahoma von Lou verabschieden wollte. Wenig später erfuhr ich, daß Tina Manning, die schwanger war, und drei ihrer Kinder – die sechsjährige Ricarda, die dreijährige Sunshine und der einjährige Eli – bei einem mysteriösen Brand im Duck-Valley-Reservat der Paiute in Nevada ums Leben gekommen waren. Auch Tinas Mutter Leah Manning fand dabei den Tod, und ihr Vater Arthur Manning, ein ehemaliger Stammesvorsitzender, erlitt schwere Verletzungen. John hatte zu diesem Zeitpunkt an einer Demonstration in Washington, D.C., teilgenommen. Bis heute sind er und viele andere überzeugt, daß das Feuer durch Brandstiftung verursacht wurde, und John äußerte wiederholt die Vermutung, daß das FBI seine Hände im Spiel gehabt habe.

Den Schmerz, den John empfunden haben muß, kann wohl niemand nachvollziehen. Um seine Trauer zu verarbeiten, nutzte er schließlich sein ungeheures Talent und seine Energie zur Schöpfung von Musik und Lyrik; eine seiner Balladen trägt den

Titel »*Tina smiled*«. Zusammen mit Robert Redford drehte er den beeindruckenden Dokumentarfilm *Incident at Oglala* und spielte eine der Hauptrollen in *Thunderheart**. Die Handlung dieses Spielfilms basiert auf der Geschichte von Leonard Peltier, einem indianischen Aktivisten, der 1975 wegen Mordes an zwei FBI-Agenten verurteilt wurde und eine lebenslange Freiheitsstrafe verbüßt. Viele Indianer – und diese Auffassung teile ich – halten Peltier für unschuldig und betrachten ihn als politischen Gefangenen, der entweder freigelassen werden oder zumindest die Chance eines neuen Gerichtsverfahrens erhalten sollte.

Vor einigen Jahren besuchte John Trudell mich im Verwaltungshauptsitz der Cherokee Nation in Oklahoma. Es lag mir immer viel an John, und so war ich erfreut, ihn wiederzusehen und mich mit ihm unterhalten zu können. Er war barfuß, trug eine Art Irokesen-Haarschnitt und einen langen, baumelnden Ohrring – bis heute gestaltet er sein Leben gänzlich nach seinen eigenen Vorstellungen. Als wir uns hinsetzten, um Kaffee zu trinken, bemerkte ich ihm gegenüber, daß er einer meiner sonderbarsten Freunde sei. Daraufhin lachte er nur und meinte: »Du hast den Nerv, mir zu sagen, daß ich sonderbar bin? Du sitzt in diesem Gebäudekomplex und leitest eine riesige, bürokratische Organisation. Was ist also mit dir? Ich finde, du bist es, die hier sonderbar ist.« Seit dieser Zeit denke ich an Johns Worte, wenn die politischen Probleme meines Häuptlingsamtes einen fast surrealen Charakter annehmen. Seine Freundschaft hat auch heute noch große Bedeutung für mich.

Gern denke ich auch an jene Tage in Oakland zurück, die ich mit Lou verbrachte, die von allen als warmherzig, geistreich und sehr großzügig empfunden wurde. Ihr Haus war ein Ort der Zuflucht und des Trostes. Besonders wohl fühlte ich mich in ihrer Küche, in der wir uns mindestens einmal in der Woche mit einigen anderen Frauen trafen, um uns über alles zu unterhalten,

---

* A.d.Ü.: 1992 unter der Regie von Michael Apted entstandener Film; dt. Titel »Halbblut«.

was uns bewegte. Wir waren ein sehr bunt zusammengewürfeltes Grüppchen.

Da war meine alte Klamath-Freundin Gustine, die immer optimistisch blieb, auch wenn sie gerade von ihrem letzten Liebhaber verlassen worden war oder ihre Miete nicht mehr bezahlen konnte. Sie pflegte dann nur zu lächeln und meinte, daß noch jemand Besserer auf sie warten und sie irgendwoher die nötige Summe für die Miete beschaffen werde, bevor ihr die Kündigung ins Haus flattere. Und wie durch Zauber behielt sie immer recht.

Dann war da Susie Steel Regimbal, eine selbstsichere Pomo-Frau mit beißendem Witz. Sie stammte aus einem Volk, bei dem Frauen eine spirituelle Führungsrolle hatten. Durch sie lernte ich, daß es Stammessysteme gab, in denen Frauen traditionell eine vorherrschende Stellung genossen, und gelangte zu der Überzeugung, daß die Wertesysteme der indigenen Völker denen der westlichen Gesellschaften bei weitem überlegen sind.

An unserer Runde nahm auch Linda Aaronaydo teil, die von Creek-Indianern und Philippinos abstammte. Linda, die jüngste in unserer Gruppe, war Kindergärtnerin und wirkte von ihrem Auftreten und ihrer Aufmachung her wie eine typische Landschullehrerin, doch hatte sie das Herz einer Anarchistin. Sie ergötzte uns mit Geschichten über ihre Erlebnisse in der sozialen Protestbewegung und erzählte zum Beispiel über den »Marsch der Armen« auf Washington im Jahre 1968.

Wir unterhielten uns über viele Themen, über unsere Kinder, über die im Entstehen begriffene Frauenbewegung, die Rolle der indianischen Frauen, die Rechte der amerikanischen Ureinwohner, über Umwelt und Politik. Wir sprachen auch über Männer und erzählten uns Dinge, die wir einem Mann niemals sagen würden. Wir sprachen über unsere innersten Ängste und Verletzlichkeiten. Wir sprachen über unsere Träume, unsere geheimen Träume, die wir nur zu offenbaren wagten, wenn wir zusammen in Lous Küche saßen.

Gelegentlich machten wir auch Picknickausflüge und besuchten gemeinsam Aktivistentreffen, nahmen an *Powwows* teil oder vertrieben uns die Zeit in einer vergammelten Bar in East Oakland. Meist fanden wir uns jedoch alle bei Lou ein, um zu erzählen, zu singen und zu träumen. Keine von uns war sich sicher, wohin ihr Weg sie führte, doch wir wußten, daß es kein Zurück gab. Die äußeren Fundamente unseres Lebens waren weggebrochen, und nun konnten wir nur noch weiter voranschreiten, zu neuen Orten, an denen wir noch nie gewesen waren.

Gustine, die so vielen anderen Menschen neue Anstöße geliefert und Hilfe gewährt hatte, engagierte sich bis zu ihrem Tode im Jahre 1990 weiterhin für die Indianer in der Region von San Francisco. Susie erlebte das Glück einer harmonischen Partnerschaft mit einem Creek-Indianer namens Kenneth Tiger, der ihre Liebe zu Büchern, Kunst und Musik und der Kultur der Pomo teilte. Sie wurde zur ersten weiblichen Vorsitzenden ihres Stammesverbandes gewählt, bevor sie 1992 an Magenkrebs starb. Linda nahm ein Medizinstudium auf und ließ sich anschließend in Santa Rosa als Ärztin nieder, wo sie ihre Kinder aufzog und sich außerdem dem Studium der Geschichte und des Erbes ihres Stammes, der Creek, widmete. Lou zog nach Mexiko und arbeitet dort als selbständige Krankenpflegerin. Sie lebt auf dem Lande, in der Nähe der Heimat ihrer Vorfahren, wo sie einen unverstellten Blick auf die Berge genießt.

Wir drei noch lebenden Frauen – Lou, Linda und ich – sehen uns immer noch gelegentlich. 1992 besuchte ich zusammen mit Lou ein Farm-Aid-Konzert in Texas, und wie früher entspann sich eine ungezwungene Unterhaltung zwischen uns. Wir telefonieren auch öfter oder schreiben einander. Gleich, wieviel Zeit verstreicht oder was geschieht, die besondere Verbindung zwischen uns besteht weiter. Ich habe gehört, daß sich eine solche Beziehung zwischen Überlebenden entwickelt zwischen Menschen, die gemeinsam eine bedrohliche Erfahrung irgendeiner Art durchlebt haben. Genau das, so meine ich, ist bei uns der Fall. Wir sind Überlebende eines Kampfes um die Selbstbestimmung über unser Leben, um die Chance, unseren eigenen Weg zu finden, anstatt jemand anderem zu folgen. Und da unser Leben sich immer noch weiterentwickelt, wird es auch noch in Zukunft interessant sein, wo und wann die Reise zu Ende sein wird, die vor so langer Zeit in Lous Küche, unserem Zufluchtsort, begann.

Die Zukunft gehört denen, die an die Schönheit ihrer Träume glauben.

ELEANOR ROOSEVELT

In jenen letzten, rasch dahineilenden Jahren, bevor ich Kalifornien verließ, nahm ich einige wichtige Veränderungen in meinem Leben vor. 1974 bat ich Hugo um die Scheidung, da für uns kein befriedigendes Zusammenleben mehr möglich war – unsere Lebensvorstellungen klafften zu weit auseinander.

Hugo willigte nach anfänglichem Widerstand in eine Trennung ein. Ich nahm nun wieder meinen Mädchennamen an, der ein Teil meines Cherokee-Erbes ist, und war wieder Wilma Mankiller.

Ab und zu ließ Hugo uns finanzielle Unterstützung zukommen, aber meist lag es an mir allein, einer College-Studentin mit schmalem Einkommen, in einer der teuersten Städte der USA zwei Töchter zu ernähren. Noch 1974 zog ich nach Oakland, weil dort die Lebenshaltungskosten weit niedriger waren. Obwohl ich sehr bewußt eine Rückkehr nach Oklahoma plante, mußten dennoch Rechnungen bezahlt, Essen auf den Tisch gebracht und das Geld für den großen Umzug zusammengespart werden. Ich nahm daher eine Stelle als Sozialarbeiterin beim Urban Indian Resource Center an, während ich daneben weiterhin meiner ehrenamtlichen Tätigkeit für die indianische Gemeinde nachging.

Aber noch ein anderer Grund hinderte mich daran, Kalifornien sofort den Rücken zu kehren:

Einen Tag vor meinem Umzug nach Oakland hatte Hugo meine jüngere Tochter Gina abgeholt, um mit ihr eine Zirkusvorstellung im Cow Palace in San Francisco zu besuchen. Spät am

Abend erhielt ich einen Anruf von ihm, in dem er erklärte, er werde Gina bei sich behalten und mit ihr eine Reise unternehmen. Als ich ihn vor einem solchen Schritt warnte, antwortete er, er werde Gina unter einer Bedingung nach Hause bringen – wenn ich ihm sagte, daß ich ihn liebe.

Dazu war ich jedoch nicht bereit, und so sah ich Gina fast ein Jahr lang nicht wieder. Es war eine fürchterliche Zeit für mich. Hugo rief mich in regelmäßigen Abständen an, um mir mitzuteilen, daß es Gina gutginge, und um mich zu fragen, ob ich wieder mit ihm zusammenleben würde. Ich war verzweifelt und sehr besorgt um Gina, doch war es mir unmöglich, wieder ein solches Leben zu führen wie früher.

Während dieser Zeit, als Hugo Gina als eine Art Trumpfkarte benutzte, fuhr er mit ihr nach Chicago, um seine snobistischen Verwandten zu besuchen, die ich von unserer Hochzeitsreise im Jahre 1963 her kannte. Dann verbrachte er eine Zeitlang mit ihr in Berkeley und nahm sie von dort mit ins Ausland und schließlich in das Heimatland seiner Familie, nach Ecuador. Dort wurde sie in die Schule geschickt, lernte Spanisch und erhielt alle möglichen Geschenke und schicke Kleider. Obwohl sie von ihrem Vater und seiner Familie sehr verwöhnt wurde und diese Aufmerksamkeit sicher genoß, war sie dennoch nicht glücklich, vermißte ihre Schwester und mich.

Nach einer gewissen Zeit begann sie unter Haarausfall und einem Magengeschwür zu leiden.

Schließlich kehrte Hugo mit Gina in die USA zurück und kam auch nach San Francisco. Als er sie das erste Mal zu uns brachte, stellte ich sofort fest, daß sie sich verändert hatte. Aber obwohl sie sich anfangs sehr förmlich benahm, hatte sie am Ende des Tages zu ihrer alten Natürlichkeit zurückgefunden. Ich ging das Risiko ein und ließ zu, daß Hugo sie wieder mitnahm, weil er versprochen hatte, daß sie in der darauffolgenden Woche wieder zu uns kommen dürfe. So hielt ich den Atem an und wartete – und tatsächlich stand Gina einige Tage später wieder vor meiner Haustür.

Diesmal fragte ich sie, ob sie gern bei ihrer Schwester und mir bleiben würde. Ihr Geburtstag stand vor der Tür, und in Ecuador würde eine große Geburtstagsparty für sie veranstaltet werden, mit vielen Geschenken und dergleichen. Aber obwohl sie sicher an all das dachte, wollte sie nicht mehr zu ihrem Vater zurückgehen. Ich rief also Hugo an und informierte ihn über Ginas Entscheidung, auf die er verständlicherweise sehr ärgerlich reagierte.

Obwohl ich nun meine Töchter wieder beide bei mir hatte, war ich immer noch besorgt, denn Hugo hatte alle unsere Pässe an sich genommen. Ich konnte nur schwer einschätzen, was er vorhatte und fürchtete, er werde versuchen, mir Gina wieder wegzunehmen. Daher entschied ich mich, für einige Zeit nach Oklahoma zu fahren.

So verbrachten wir dort den Sommer 1976. Ich war glücklich, San Francisco für eine Weile hinter mir zu lassen, und erleichtert, Hugo nie mehr sehen zu müssen. Nach unserer Trennung hatte er niemals regelmäßig Geld zu unserer Unterstützung geschickt, und nachdem Gina wieder zu mir zurückgekehrt war, hatte er seine Zahlungen gänzlich eingestellt. Aber das war mir nicht wichtig. In seiner Familie hatte man Geld und materiellen Gütern immer großen Wert beigemessen, in meiner jedoch nicht.

Dieser erste längere Besuch in Oklahoma diente uns – vor allem meinen Töchtern – in erster Linie zur Orientierung. Nach all den Jahren der Abwesenheit mußte ich wieder an meine Vergangenheit anknüpfen. So nahm ich sofort wieder an den Tanzzeremonien teil. Von April bis Oktober kamen am ersten Samstag jeden Monats die Mitglieder der *Four Mothers Society* und ihre Freunde zusammen. Die Männer maßen sich im Bogenschießen, wobei sie auf Heuballen zielten. Die anwesenden Familien, die es sich auf Decken und Quilts bequem gemacht hatten, sahen ihnen zu. Später wurde *stickball* gespielt und abends gemeinsam gegessen. Im Sommer, wenn es viel Obst und Gemüse gab, waren die Mahlzeiten sehr üppig. Es gab Tomaten und Gurken, frischgeernteten Mais, grüne Bohnen, Gumbo, neue

Kartoffeln und Zwiebeln. Als Nachtisch hatten wir Blaubeeren und Pfirsiche sowie Pastete aus diesen Früchten. Am späteren Abend begannen dann die eigentlichen Tanzzeremonien, die manchmal bis Sonnenaufgang dauerten.

Maude Wolfe, die Cousine meines Vaters, hatte uns auf ein leerstehendes Blockhaus hingewiesen, das sich in der Nähe eines der Kultplätze befand. Dort wohnten wir fast für die gesamte Dauer unseres Besuchs. Es gab dort zwar Elektrizität, aber kein fließendes Wasser, was für meine Töchter völlig ungewohnt war. In gewisser Weise müssen sie sich ebenso fremd gefühlt haben wie ich als Kind bei meiner Ankunft in San Francisco. Nach einigen Wochen kehrten wir nach Kalifornien zurück, aber nun stand meine Entscheidung fest – wir würden im nächsten Sommer endgültig nach Oklahoma ziehen.

Als die Zeit für die große Reise gekommen war, beschloß ich, den Umzug mit einem alten Pick-Up zu bewerkstelligen, den ich kurz zuvor gekauft hatte. Ich mietete einen Wohnanhänger, koppelte ihn an den Pick-Up und lud ihn dann mit Hilfe einiger Freunde bis obenhin mit meinen alten Haushaltsgeräten und Möbeln voll. Dann überredete ich meine Schwester Frances, die gerade Urlaub hatte, uns zu begleiten. Wir waren eine unerschrockene Crew – Frances und ich, Felicia, Gina, unser Schoßhündchen und ein Meerschweinchen. Aber als wir auf dem Freeway nur zehn Straßenblocks weit gefahren waren, erkannten wir, daß wir einen Fehler gemacht hatten. Der Kühlschrank und die Möbel im Wohnwagen begannen hin- und herzurutschen. Dann fing es obendrein noch zu regnen an, und Frances mußte die Windschutzscheibe von Hand reinigen, weil die Scheibenwischer nicht funktionierten. Schließlich war die ganze Ladung so stark nach einer Seite gerutscht, daß der Pick-Up von der Straße abzukommen drohte. Wir kehrten also um und fuhren nach Oakland zurück. Bis ich mich aber des Pick-Ups entledigt und einen neuen Umzugsplan ersonnen hatte, war Frances' Urlaub vorbei.

Wenig später unternahm ich mit den beiden Mädchen einen

zweiten Versuch, und dieses Mal brachen wir mit einem Umzugsanhänger auf, in dem alle unsere Habseligkeiten sicher verstaut waren. Mit auf den Weg nahmen wir auch die guten Wünsche vieler Freunde und ein ganzes Leben voller Erinnerungen. Wir fuhren durch das gleiche Gebiet, durch das meine Familie zwanzig Jahre früher in umgekehrter Richtung gereist war, um nach Kalifornien umzusiedeln. Als wir bei meiner Mutter ankamen, die kurze Zeit vor uns nach Adair County zurückgekehrt war, hatte ich gerade 20 Dollar in der Tasche, kein Auto, keine Arbeit und nicht gerade rosige Zukunftsaussichten. Aber wir waren glücklich. Ich war nun endgültig zu Hause angekommen.

Meine Mutter hatte ein Haus nicht weit von Mankiller Flats gemietet und nahm uns bei sich auf, bis wir selbst eine Bleibe fanden und ich eine Arbeit hatte und Geld verdienen konnte. Später baute ich mir ein eigenes Haus, in dem ich auch jetzt noch lebe, und unterstützte meine Mutter und meinen jüngsten Bruder Bill beim Bau eines Hauses an derselben Straße. Unser altes Haus, das wir in den fünfziger Jahren verlassen hatten, stand nicht mehr. Verschwunden war auch die Räucherkammer, und von unserem alten Garten waren kaum mehr irgendwelche Spuren zu sehen. Aber die Quelle, aus der mein Großvater, mein Vater und ich selbst als Kind getrunken hatten, war immer noch da, und ebenso die Bäume und die Hügel, und all die Tiere. Wir wußten, daß wir unsere alte Heimstatt wieder mit neuem Leben erfüllen konnten.

Nach und nach kamen fast alle meine Brüder und Schwestern wieder nach Oklahoma zurück. Frieda, die nie fortgegangen war, lebte in Tulsa. Vanessa war bereits vor mir zurückgekehrt. Richard, der an der Besetzung von Wounded Knee teilgenommen hatte, Frances, Linda, James – sie alle zog es zusammen mit ihren Familien zurück, mit Ausnahme meiner beiden älteren Brüder Don und John. Don bewirtschaftete eine Ranch bei Yosemite und mußte sich um seine Enkelkinder kümmern; John blieb in San Francisco, als eine Art inoffizieller Sachwalter der Mankiller-Hinterlassenschaft in Kalifornien.

In der ersten Zeit nach unserer Ankunft hatte ich zwar den Eindruck, daß die Menschen uns freundlich aufnahmen, doch behandelten sie uns eher wie Gäste anstatt wie »Familienangehörige«. Nach und nach wurden sie sehr viel herzlicher, was vermutlich daran lag, daß sie schließlich erkannten, daß wir auf Dauer in Oklahoma zu bleiben gedachten. Ich erinnere mich noch an den Tag, an dem ich mich wirklich zu Hause zu fühlen begann. Ich war nach Stilwell gefahren, um irgend etwas zu erledigen, und lief über den Rasen vor dem Gerichtsgebäude von Adair County. Dort saßen einige alte Cherokee-Männer auf den Bänken, kauten Tabak und sprachen über die wichtigen Probleme der Welt – genauso, wie es alte Cherokee in Stilwell schon immer zu tun pflegten. Als ich an ihnen vorbeilief, hörte ich einen von ihnen sagen: »Das ist John Mankillers Enkelin.« Diese fünf einfachen Worte taten mir ungeheuer gut. In Kalifornien hatte ich über meine eigene Familie und über unsere indianische Gemeinschaft hinausgehend niemals ein echtes Gefühl der Zugehörigkeit oder Verwandtschaft empfunden und hatte dies sehr vermißt. Nun aber kam ich mir vor wie damals, als ich als zehnjähriges Mädchen ins Kino lief. Es war so, als ob ich niemals fort gewesen wäre.

Nach meiner Rückkehr war ich zunächst damit beschäftigt, Arbeit zu suchen. Es war eine schwierige Zeit für mich, doch war ich entschlossen, mich durchzusetzen. Ich versuchte, mich durch Gitarrespielen und Nähen bei guter Stimmung zu halten, und fertigte Spitzenhemden und Kleidung für meine Geschwister sowie Schulkleidung für Mitchell, den jüngsten Sohn meiner Schwester Linda. Bei solchen Beschäftigungen fand ich etwas Entspannung.

Im ersten Herbst nach unserer Rückkehr, im Oktober 1977, fand ich endlich eine Arbeit. Ich begann für die Cherokee Nation von Oklahoma zu arbeiten. Aufgrund all meiner Erfahrungen mit verschiedenen Stämmen und indianischen Belangen erschien es mir nur folgerichtig, endlich auch etwas für mein eigenes Volk zu tun. Dennoch erwies es sich für mich äußerst schwierig, in diesem Bereich eine Arbeitsstelle zu finden. Immer wenn ich mich im Verwaltungshauptsitz unseres Stammes nach einer der ausgeschriebenen Positionen erkundigte, bekam ich zu hören, daß ich überqualifiziert oder aus irgendeinem anderen Grund nicht geeignet sei. Schließlich wollte ich solche Antworten nicht mehr akzeptieren, ging direkt in das zuständige Büro und sagte: »Ich will arbeiten! Was auch immer Sie anzubieten haben, bitte lassen Sie es mich versuchen. Ich brauche Arbeit!«

Offenbar war das genau die richtige Methode der Arbeitssuche, denn ich wurde daraufhin als Koordinatorin für Konjunkturbelebungsmaßnahmen mit einem Jahresgehalt von etwa 11 000 Dollar eingestellt, was eine recht ansehnliche Summe für einen solch niedrigen Verwaltungsposten darstellte. Da die Lebenshaltungskosten in Oklahoma viel niedriger waren als in der Region um San Francisco, fühlte ich mich beinahe schon reich und kaufte einen gebrauchten Kombiwagen, um meinen Erfolg zu feiern.

Meine Hauptaufgabe bei meiner Arbeit bestand darin, eine möglichst große Gruppe der indianischen Bevölkerung zu einer universitären Ausbildung im Bereich von Umweltschutz und Gesundheitsvorsorge zu ermutigen und ihnen dann dabei zu helfen, wieder in ihren Herkunftsgemeinden Fuß zu fassen und dort ihren Beruf auszuüben. Dies erschien mir als recht sinnvolle Tätigkeit, doch hatte ich anfangs bei meiner Arbeit für den Stamm sehr gemischte Gefühle. In Kalifornien war ich es als indianische Aktivistin gewohnt gewesen, Probleme direkt und unkonventionell anzugehen, und mußte bald feststellen, daß die Dinge in der Cherokee Nation etwas anders angefaßt wurden. Ich war Teil eines riesigen bürokratischen Apparates und hatte große Schwierigkeiten, Menschen zu finden, die an basisdemokratische Prinzipien glaubten. Dennoch wußte ich, daß es solche Leute geben mußte und ich sie schließlich finden würde oder sie mich.

Die Machtpositionen in unserem Volk waren von Männern besetzt, aber immerhin durfte ich die Wiedergeburt unserer eigenständigen Stammesregierung miterleben, die von der Bundesregierung siebzig Jahre lang verhindert worden war. Unser Stamm – der zweitgrößte in den USA nach den Navajos – wählte seinen Häuptling wieder selbst und hatte eine ganz neue Verfassung.

William W. Keeler, der ehemalige Oberste Häuptling der Cherokee, hatte in den frühen siebziger Jahren die Verfassungsreform vorbereitet, in der er einen Ausschuß ernannte, der ein Modell für ein neues Regierungssystem entwerfen sollte. Keeler, der 1949 zum Häuptling der Cherokee ernannt worden war, war das erste Stammesoberhaupt seit dem Jahre 1903, das durch freie Wahlen von unserem Volk in diesem Amt bestätigt wurde. Nach Ablauf seiner vierjährigen Amtszeit zog sich Keeler aus der aktiven Politik zurück, um sich seiner Ranch und seinen vielen Geschäftsinteressen zu widmen.

Keelers Nachfolger wurde im August 1975 Ross O. Swimmer. Der Rechtsanwalt und Präsident der First National Bank of Tahlequah gewann mit einer knappen Mehrheit die Wahl, bei der sich zehn Kandidaten präsentiert hatten. Swimmer war überzeugtes Mitglied der Republikanischen Partei, Mitglied der Episcopal High Church und seit 1972 als Stammesanwalt für die Cherokee Nation tätig.

Nach seiner Amtsübernahme sorgte Swimmer dafür, daß die unter Keeler entworfene Verfassung überarbeitet und rasch verabschiedet wurde. Angesichts seines knappen Wahlsiegs und des äußerst kontroversen Wahlkampfes hoffte er, daß dieses neue Regelwerk unser Volk einen würde. Auch sollte es den Cherokee beweisen, daß er nicht die Regierungsmacht an sich reißen, sondern in einem System mit drei öffentlichen Gewalten als Exekutivorgan fungieren wollte.

Nach den Bestimmungen der neuen Verfassung wurden alle vier Jahre ein Oberster Häuptling und ein Stellvertretender Häuptling gewählt. Ein fünfzehnköpfiger Stammesrat fungierte als Legislative, und ein Berufungsgericht mit drei Richtern repräsentierte die Judikative. Die Verfassung versprach allen Cherokee, die Unrecht und Schaden erlitten hatten, »schnelle und zuverlässige Wiedergutmachung«. Sie schuf auch ein wechselseitiges Kontrollsystem, in das alle Teile unserer Stammesverwaltung eingebunden waren, und verlieh allen registrierten Cherokee das Recht, bei Stammeswahlen ihre Stimme abzugeben. Nachdem das US-Innenministerium das Gesetzeswerk gebilligt hatte, wurde es im Juni 1976 von unserem Volk ratifiziert.

Doch entgegen Swimmers Erwartungen konnte die Verfassung den Zusammenhalt unseres Volkes nicht stärken. Bezüglich der Stammeszugehörigkeit herrschte in weiten Kreisen die Auffassung, daß nur Personen als Cherokee gelten sollten, bei denen zumindest ein Großelternteil Cherokee war. Andere meinten, daß jene Angehörige unseres Stammes, die außerhalb des Territoriums der Cherokee Nation lebten, nicht an Stammeswahlen teilnehmen sollten; wieder andere sprachen sich dagegen aus, daß die Delawaren und die Shawnee als Stammesmitglieder anerkannt wurden, und manche wandten sich gegen den Ausschluß der Nachkommen freigelassener Sklaven und Weißer, die mit Cherokee verheiratet waren.

Ich lernte Häuptling Swimmer kennen, bald nachdem ich meine Arbeit für den Stamm aufgenommen hatte, doch hatten wir zunächst wenig miteinander zu tun. Ich war sehr von meinen Aufgaben in Anspruch genommen, und wenn ich diese erledigt hatte, bemühte ich mich um die Lösung anderer Probleme, die sich unserem Volk stellten. Denn nach all den Jahren, in denen ich Geld für verschiedene indianische Belange und Projekte in Oakland und San Francisco beschafft hatte, beherrschte ich eines perfekt: Ich wußte, wie man einen erfolgreichen Finanzierungsantrag formuliert.

Allein schon meine Tätigkeit für den Pit-River-Stamm erwies sich bei meiner Arbeit für die Cherokee als von unschätzbarem Wert. Damals hatte ich viel über Vertragsrecht und die Beziehungen zwischen den Stammesregierungen der indianischen Nationen und der US-Regierung gelernt. Nachdem die Verantwortlichen in der Cherokee Nation entdeckt hatten, daß ich auf diesem Gebiet gewisse Fähigkeiten besaß, war ich unaufhörlich damit beschäftigt, Anträge zur Geldbeschaffung zu verfassen. 1979 wurde ich zur Spezialistin für Programmentwicklung ernannt und bekleidete diese Position zwei Jahre lang. Als einige der von mir beantragten Zuschüsse genehmigt wurden und ich dem Stamm auf diese Weise beträchtliche Einkünfte verschafft hatte, erregte dies die Aufmerksamkeit von Häuptling Ross Swimmer und dem Stammesrat.

1979 beschloß ich außerdem, mein Studium abzuschließen und die wenigen noch erforderlichen Kurse zu absolvieren, die Voraussetzung für ein Diplom in Gemeinde- und Sozialarbeit waren. Ich entschied, daß ich meine Abschlußarbeit über das Thema »Gemeindeentwicklungsplanung« an der Universität von Arkansas in Fayetteville schreiben würde. Fayetteville ist ein malerischer Ort im nordwestlichen Arkansas, nahe der Grenze zu Oklahoma, mit grünen Wohnvierteln und inmitten sanfter Hügel. Obwohl die Fahrt zur Universität eineinviertel Stunden dauerte, genoß ich es, diese Zeit täglich für mich selbst zu haben. Ich konnte nachdenken und Pläne schmieden – und sogar von meiner Zukunft träumen. Es gelang mir auch, eine Assistentenstelle für Examenskandidaten zu bekommen, wodurch einige der durch das Studium entstehenden Kosten aufgefangen wurden. Überdies mußte ich niemals formell meinen Posten bei der Cherokee Nation aufgeben, was ich als sehr beruhigend empfand, denn dadurch hatte ich jederzeit die Möglichkeit, meine Ganztagesstelle als Spezialistin für Programmentwicklung wiederaufzunehmen.

Meine Töchter waren zu dieser Zeit mit der Schule und ihren neugewonnenen Freunden beschäftigt. Wir schufen uns ein Zuhause und gewöhnten uns wieder in der Heimat unserer Vorfahren ein. Alles schien in Ordnung zu sein. Meine Arbeit an der Universität von Arkansas machte mir Freude, und ich war zufrieden über die Entwicklung, die mein Leben seit meiner Rückkehr nach Mankiller Flats nahm. Ich war auch glücklich, alte Bekanntschaften und Beziehungen zu Familienmitgliedern wiederaufzufrischen und neue Freunde zu finden, darunter auch viele Nicht-Indianer. Zu meinen engsten Vertrauten zählte ein weißes Ehepaar, Mike und Sherry Morris. Mit ihrer kleinen Tochter Meagan waren sie Mitte der siebziger Jahre ins östliche Oklahoma gezogen, und 1979 hatte Mike bei der Cherokee Nation einen Posten als Leiter der Verwaltung des Bildungswesens übernommen.

Sherry und ich waren etwa im gleichen Alter, aber darüber hinaus gab es kaum Ähnlichkeiten zwischen uns – zumindest oberflächlich gesehen. Sherry stammte aus dem tiefen Süden, hatte einen ganz anderen gesellschaftlichen Hintergrund und Lebensstil als ich. Sie war eine auffallend gutaussehende Frau, die sich lange Zeit vor allem mit ihrer äußeren Erscheinung befaßt hatte. Aber auch wenn sie einst eine Schönheitskönigin und zweite bei der Wahl der Miss Mississippi gewesen war, fanden wir einander sofort sympathisch, als wir uns kennenlernten.

Sherry hatte damals gerade begonnen, sich selbst zu entdecken. Sie sorgte sich nicht mehr so intensiv um ihr Äußeres, sondern wandte sich sowohl ihrem Inneren als auch der Welt um sie herum zu. Sie entfaltete ein besonderes Interesse für die Probleme der medizinischen Versorgung in ländlichen Gebieten und für frühkindliche Entwicklung. Bewundernswert war, wie sie mit Meagan, ihrer außergewöhnlichen dreijährigen Tochter, umging und sie zu fördern wußte. Aufgrund meines eigenen Kampfes um mehr Unabhängigkeit und Selbstverwirklichung war ich glücklich, mitzuerleben, wie Sherrys Persönlichkeit sich entwickelte und sie ihren eigenen Weg fand.

Dann aber, am 8. November 1979, einem Donnerstag, geschah etwas Furchtbares, eine Tragödie, die sich am Abend zuvor durch ein Omen angekündigt hatte.

An jenem Abend hatten mein Cousin Byrd Wolfe und seine Frau Paggy mir auf Mankiller Flats einen Besuch abgestattet. Byrd war ein häufiger Besucher des in der Nähe gelegenen Kultplatzes von Flint, und Paggy schlug bei unseren Tanzzeremonien mit den Muschelschalenrasseln den Rhythmus. Wir unterhielten uns über die Cherokee-Medizin – eine besondere Welt, von der nur wenige Außenstehende wissen, daß sie immer noch existiert. Die Cherokee Nation und unser Volk sind dafür bekannt, daß sie zur Anpassung an die nicht-indianische Welt fähig sind und eine gut organisierte Stammesverwaltung aufbauen können. Viele Weiße sehen jedoch nicht, daß wir zwischen zwei Realitäten leben, die völlig verschieden sind. So finden wir uns zum einen in der nicht-indianischen Welt um uns herum zurecht, und zum anderen halten wir an den alten Glaubenssystemen, Werten, Bräuchen und Ritualen unseres Volkes fest.

Ein wesentlicher Teil dieses alten Erbes ist der Glaube an die Macht der Medizinmänner und -frauen. Als wir an jenem Abend bei mir zu Hause saßen, diskutierten wir über solche Heiler. Wir sprachen davon, daß sie für gewöhnlich zwei Arten von Medizin praktizieren: zum einen Behandlungen mit Kräutern, Wurzeln und anderen Gaben der Natur, die beispielsweise sowohl bei einfachen Kopfschmerzen als auch bei Blutkrankheiten angewendet werden; zum anderen alte Stammesrituale und -bräuche, die zum Teil Lieder, Beschwörungsformeln und andere Gedanken und Handlungen umfassen. Viele dieser Rezepte und Rituale sind in Medizinbüchern festgehalten, die in unserer Stammessprache verfaßt sind und von den Medizinmännern und -frauen von Generation zu Generation weitergegeben werden.

An jenem Novemberabend sprachen wir auch davon, daß solche Medizin auch benutzt wird, um Streit zu schlichten oder anderen Schaden zuzufügen und daß sogar heute noch manche Angehörigen unseres Volkes auf diese Weise »Rechnungen begleichen«.

Während wir zu dritt um den Ofen saßen, spürten wir auf einmal, daß um das Haus herum etwas vor sich ging, hörten Geräusche, die aus der Dunkelheit drangen. Als wir aus dem Fenster sahen, bemerkten wir, daß sich in den Bäumen überall etwas bewegte, und dann entdeckten wir die Eulen, die zum Teil umherflogen, zum Teil auf den Ästen saßen. Was wir gehört hatten, waren ihre Rufe.

Manche Cherokee, darunter auch meine Familie, glauben, daß man sich vor Eulen in acht nehmen muß. Ich lernte, daß ein *dedonsek*, »einer, der schlechte Medizin macht«, sich in eine Eule verwandeln und durch die Nacht zu den Häusern von Cherokee fliegen kann. Das brachte für gewöhnlich Unglück. Allein schon der Ruf einer Eule löst bei manchen Menschen Beunruhigung aus. Im östlichen Oklahoma erzählen sich die Cherokee immer noch Geschichten über *Estekene*, die Eule, die fast jede Gestalt annehmen kann. Auch bei anderen indianischen Völkern erscheint die Eule in den Stammeslegenden als Todessymbol, und wenn sich Eulen in der Nähe eines Hauses versammeln, werfen die Bewohner meist mit Steinen und Stöcken nach ihnen.

An jenem Abend war mein Haus regelrecht von Eulen umzingelt. Trotz der Geschichten, die man mir als Kind erzählt hatte, habe ich normalerweise nichts gegen diese Nachtvögel, solange sie einigen Abstand wahren. Diese Eulen aber flogen dicht an mein Haus heran und gaben laute Schreie von sich. All das verursachte bei mir, noch verstärkt durch das Gespräch, das wir gerade geführt hatten, ein starkes Unbehagen, wenngleich ich nicht das Gefühl hatte, daß mir ein Unglück zustoßen könnte. Nachdem mein Cousin und seine Frau sich verabschiedet hatten und ich mich mit meinen beiden Töchtern allein im Haus befand, waren die Eulen immer noch da.

Der Indianer kennt sein Dorf und hängt daran, wie kein Weißer an seinem Land, seiner Stadt oder selbst an seinem eigenen Grund und Boden hängt. Sein Dorf ist nicht das vier Meilen lange und drei Meilen breite Stück Land, das ihm gehört, solange die Sonne auf- und der Mond untergeht. Die Mythen sind das Dorf und die Winde und die Regenfälle. Der Fluß ist das Dorf und ... der sprechende Vogel, die Eule, die den Namen des Menschen ruft, der bald sterben wird.

MARGARET CRAVEN
Ich hörte die Eule, sie rief meinen Namen, 1973

Am nächsten Morgen plante ich, nach Tahlequah zu fahren. Ich hatte bis dahin noch keine Lehrveranstaltung versäumt und ließ daher das College ausfallen, um mit dem Personalchef der Cherokee Nation über die Erarbeitung einer Studie zu sprechen, durch die ich mir zusätzlich etwas Geld verdienen wollte. Ich lebte damals von einem monatlichen Honorar von 300 Dollar, das ich für meine Assistentenstelle erhielt, von einigen Darlehen und von den Nahrungsmitteln, die mir ein befreundeter Cheyenne, Jerri Warledo, zukommen ließ. Meine Einkünfte waren also keineswegs ausreichend.

Kurz bevor ich das Haus verließ, erregte das Fernsehprogramm meine Aufmerksamkeit, so daß ich noch einige Minuten blieb und zuschaute. Ich weiß nicht einmal mehr genau, um was für ein Thema es sich handelte. Es war die Zeit kurz nach dem Beginn der Geiselaffäre im Iran; vielleicht lief gerade eine Nachrichtensendung. Später kam mir in den Sinn, daß sich durch diese kurze Verzögerung mein üblicher Zeitplan verschob. Dennoch beeilte ich mich deswegen nicht besonders.

Nachdem ich das Haus verlassen hatte, fuhr ich, wie ich es immer zu tun pflegte, mit meinem Kombiwagen über die Landstraßen zum Highway 100. Alles war völlig normal, als ich nur etwa drei Meilen von meinem Haus entfernt eine leichte Steigung hinauffuhr. Auf der anderen Seite des Hügels jedoch scherte ein in Richtung Stilwell fahrender Wagen aus, um zwei langsamere Fahrzeuge zu überholen. An dieser Stelle war die Gegenfahrbahn nicht zu überblicken, so daß der Fahrer des anderen Wagens mich nicht sehen konnte und auch ich das andere Auto erst erblickte, als ich auf dem höchsten Punkt der Steigung angelangt war. Im Bruchteil einer Sekunde hatte ich die Situation erkannt und versuchte, nach rechts auszuweichen, was aber nicht mehr ging. Unsere beiden Fahrzeuge prallten frontal aufeinander.

Ich erinnere mich nur dunkel daran, was nach dem Zusammenstoß geschah. Ich hörte, wie Menschen einander anschrien, als sie versuchten, mich aus dem Wrack meines Autos zu befreien. Der Frontteil meines Wagens war so stark zusammengedrückt, daß mir die Motorhaube in den Hals schnitt. Mein Gesicht war buchstäblich zerquetscht. Mein rechtes Bein war zerschmettert, und mein linkes Bein und mein linker Knöchel waren gebrochen. Hinzu kamen zahlreiche Rippenbrüche. Aufgrund der vielen Schnitt- und Schürfwunden, die ich erlitten hatte, war um mich herum alles blutverschmiert.

Zwei Krankenwagen rasten auf dem zweispurigen Asphalt-Highway zum Unfallort heran. Natürlich konnte ich damals nicht wissen, daß in dem anderen Auto nur eine Person gesessen hatte. Das Fahrzeug war viel kleiner als mein Kombiwagen und noch weit schwerer beschädigt. Erst einige Wochen später erfuhr ich, daß das andere Opfer eine Frau war, die den Unfall nur kurze Zeit überlebte. Unfaßbarerweise kannte ich die Frau. Sie war eine sehr gute Freundin von mir – Sherry Morris.

Die Chance, daß zwei Freundinnen auf einer Landstraße mit ihren Fahrzeugen frontal zusammenstoßen, mag lächerlich gering erscheinen. Ich hatte Sherry in jener Woche bereits gesehen, und wir hatten geplant, nach Arkansas zu fahren, um nach Antiquitäten Ausschau zu halten, denn Sherry wünschte sich einen Eichentisch. Ihr Mann Mike befand sich zum Zeitpunkt des Unfalls auf einer Tagung, und ihre Tochter Meagan hatte Sherry bei dieser verhängnisvollen Fahrt glücklicherweise nicht mitgenommen.

Sherry wurde in einem der Krankenwagen nach Tahlequah gebracht, doch sie hatte sich das Genick gebrochen, und schon vor der Ankunft im Krankenhaus konnte nur noch ihr Tod festgestellt werden. Ich wurde nach Stilwell gefahren, wo mein Zustand stabilisiert werden konnte. Von dort wurde ich eilends in ein größeres Krankenhaus in Fort Smith transportiert. Während dieser Zeit verlor ich immer wieder das Bewußtsein, und als die Ambulanz mit Höchstgeschwindigkeit über den Highway brauste, versuchte ich – so glaube ich heute – tatsächlich zu sterben. Es war eine wunderbare spirituelle Erfahrung; ich hatte die überwältigende Empfindung von unendlichem Frieden und großer Wärme. Wahrscheinlich war es die beeindruckendste

Erfahrung meines Lebens. Noch heute, viele Jahre später, kann ich mich genau daran erinnern, doch ist das Gefühl schwer zu erklären. Es war schöner als alles, was ich je erlebt habe, schöner, als sich zu verlieben.

In dem Krankenwagen war eine Frau, die um mein Leben kämpfte, die versuchte, mich zurückzuhalten, als ich den gewaltigen Sog dessen verspürte, was ich als übermächtige Liebe bezeichnen würde. Die Frau holte mich wieder ins Leben zurück. Ich erinnere mich, daß ich auf einmal an Felicia und Gina denken mußte. Da traf ich unbewußt die Entscheidung, ins Leben zurückzukehren. Ich sah keinen Tunnel und auch kein strahlendes Licht. Mir wurde nur bewußt, daß der Tod etwas Schönes und Spirituelles ist. Er ist ein Teil des Lebens, und ich schwor mir, diese Erfahrung nie zu vergessen. Ich wollte mir dieses Gefühl bewahren, was mir auch gelang. Seither habe ich die Furcht vor dem Tod verloren und betrachte ihn eher als Übergang in das Land der Geister. Nach diesem Unfall standen mir noch weitere Begegnungen mit dem Tod bevor.

Noch am gleichen Tag wurde ich sechs Stunden lang operiert; danach wurde ich auf die Intensivstation verlegt. Einige Leute, die das Unglück mitangesehen hatten, erzählten mir später, ich sei so entsetzlich zugerichtet gewesen, als man mich aus dem Auto barg, daß sie nicht erkennen konnten, ob ich ein Mann oder eine Frau war. Ich kam erst einige Tage später wieder zu vollem Bewußtsein, und mir wurde klar, daß ich einen Unfall gehabt hatte. Sofort fragte ich, ob auch andere dabei zu Schaden gekommen seien, und um mich zu schonen, versicherten mir meine Freunde und meine Familie, daß alles in Ordnung sei. Erst drei Wochen später erfuhr ich von Sherrys Tod.

In der Zeit davor kamen viele Freunde und Verwandte zu Besuch, einschließlich Mike Morris. Als ich mich über Sherrys Fernbleiben wunderte, wurde mir immer wieder erklärt, daß sie aus diesen oder jenen Gründen zu beschäftigt sei, was mir nicht einleuchtete, denn sie und Mike waren sehr gute Freunde von mir. Dann sprach Mike mit meiner Familie und den Ärzten und bat, mich allein besuchen zu dürfen, weil er mir die Wahrheit sagen wollte. Als er in das Krankenzimmer kam und erklärte, daß er mir etwas mitteilen müsse, glaubte ich zunächst, es ginge um seine Arbeit oder um den geheimnisvollen Grund für Sherrys Fortbleiben. Statt dessen erfuhr ich, daß die Frau in dem anderen Unfallwagen Sherry war und daß sie nicht mehr lebte.

Es war ein schrecklicher Augenblick für mich. Ich selbst weiß nicht mehr, was nach Mikes Eröffnung geschah, doch erzählte er mir später, daß der Schock und der Schmerz so groß gewesen seien, daß ich heftig zu weinen angefangen habe, woraufhin die vielen Wunden in meinem Gesicht aufgeplatzt seien und geblutet hätten. Die Krankenschwestern und Ärzte hätten die Blutungen stoppen müssen.

Meine Schwester, die im Flur wartete, sagte mir später, daß ich wenige Minuten, nachdem Mike in das Zimmer getreten sei, angefangen habe zu schreien. Noch am gleichen Tag besuchte sie mich, doch ich registrierte ihre Anwesenheit mehrere Stunden lang überhaupt nicht. Als sie fortging, fragte ich sie: »Bist du zu ihrem Begräbnis gegangen?« Sie sagte »Ja«. Ich zog mich wieder in mich zurück, um schweigend zu trauern.

Beides zusammen, der Schock und die körperlichen Schmerzen, waren beinahe unerträglich. Noch lange Zeit trug ich Schuldgefühle mit mir herum, weil ich überlebt hatte. Mein Verhältnis zu Mike war natürlich schwer belastet, da er jedoch fast keinen emotionalen Beistand hatte, versuchte ich, für ihn und seine Tochter dazusein. Es fiel ihm unendlich schwer, nach vorne zu blicken, seine tiefe Niedergeschlagenheit zu überwinden.

Schließlich faßte er wieder neuen Mut. Trotz vielem Auf und Ab überlebte unsere Freundschaft. Mike und Meagan blieben noch einige Jahre in Oklahoma und zogen dann nach Maine, wo Mike die Leitung einer Fakultät an der University of New England übernahm. Später ging er nach Neu-Mexiko, setzte seine Professorenlaufbahn fort und gründete eine multikulturelle Universität. Meagan ist zu einer intelligenten, energischen jungen Frau herangewachsen. Während der Präsidentschaft George

Bushs gehörte sie zu jenen Bürgerinnen und Bürgern, die vor seinem Feriensitz in Kennebunkport gegen den Golfkrieg von 1991 protestierten. Sie zeigt ein ebenso stark entwickeltes soziales Bewußtsein und Engagement wie ihre Mutter. Mike ist stolz auf sie, und Sherry, hier bin ich mir sicher, ist es auch.

1979 jedoch hatte ich selbst mit meinem Schicksal, mit den vielen Verletzungen zu kämpfen. Nach dem Unfall verbrachte ich über acht Wochen im Krankenhaus. Während dieser Zeit mußte ich mich wegen meiner Gesichtsverletzungen und Knochenbrüche siebzehn Operationen unterziehen, vor allem am rechten Bein. Vorübergehend glaubten die Ärzte sogar, daß ich nie mehr würde laufen können und zogen sogar eine Amputation des Beines in Betracht. Ich hatte unglaubliche Schmerzen, und meine beiden Beine waren vollständig eingegipst. Danach saß ich einige Zeit im Rollstuhl und war fast ein ganzes Jahr lang stark behindert. Ich konnte nicht einmal allein ins Badezimmer gehen oder meine Zähne putzen.

Bis heute ist es mir ein Rätsel, wie ich meine körperliche Beweglichkeit wiedererlangte.

Während dieser qualvollen Zeit erlaubte ich mir jedoch keinen Moment der Verzweiflung. Ich hatte dem Tod ins Auge geblickt und hatte überlebt. Ich würde mich nicht von negativen Gefühlen überwältigen lassen. Nachdem ich aus dem Krankenhaus entlassen worden war, kehrte ich zur weiteren Genesung zu mir nach Hause zurück, wo ich die Zeit hatte, mein Leben zu überdenken und mich neu zu orientieren. Meine Familie war mir während dieser schwierigen Monate eine große Stütze. Meine Schwester Linda kam ein halbes Jahr lang täglich zu mir, um mir zu helfen, wofür ich ihr auf immer zu Dank verpflichtet bin. Meine Mutter kümmerte sich um meine Töchter, und unsere Freunde schauten vorbei, um sicherzustellen, daß wir mit allem Lebensnotwendigen versorgt waren. Ich war damals sehr stolz auf Felicia und Gina. Sie paßten sich der Situation hervorragend an, ließen sich nicht von dem Chaos in unserem Leben überwältigen.

Während des langen Heilungsprozesses besann ich mich auf jene Geisteshaltung, die unsere Alten als »guten Sinnes sein« bezeichnen – nämlich positiv zu denken, das anzunehmen, was einem gegeben wird und das Beste daraus zu machen. So werden bei den Cherokee vor traditionellen Gebeten und Heilungszeremonien alle Anwesenden aufgefordert, jegliche negativen Gedanken zu verbannen, um für den bevorstehenden Ritus einen reinen Geist und ein unbelastetes Herz zu haben. Genau darum bemühte ich mich auch während meiner Genesung.

Ich las, machte Pläne und bemühte mich mit aller Kraft, meine körperliche Beweglichkeit wiederzuerlangen. Ich wollte auf keinen Fall Beinschienen tragen und setzte mir das Ziel, allein eine Viertelmeile zum Briefkasten zu laufen und wieder zurück. Anfangs kam ich nicht einmal bis zum Gartentor, ohne daß meine Beine nachgaben und ich zu Boden fiel. Aber trotz meines Ärgers und meiner Frustration angesichts meiner Hilflosigkeit unternahm ich jeden Tag einen neuen Versuch, und so machte ich allmählich, Woche um Woche, immer größere Fortschritte.

Doch der nächste Schlag ließ nicht auf sich warten. In den ersten Monaten des Jahres 1980 – ich hatte noch nicht einmal meine Krücken abgelegt – begann ich unter einer Muskelschwäche zu leiden, die sich rapide verschlechterte. Zunächst hatte ich beispielsweise nur Probleme, eine Grapefruit zu schälen oder einen Bleistift zu halten. Dann fiel mir meine Haarbürste ständig aus der Hand, und bald konnte ich mir nicht mehr allein die Zähne putzen. Schließlich fing ich an, doppelt zu sehen. Linda brachte mich zu mehreren Ärzten, darunter auch ein Optometriker und ein Neurologe, doch keiner konnte eine bestimmte Krankheit feststellen.

Meine Kräfte verließen mich zusehends; bald verlor ich die Kontrolle über meine Finger, Hände und Arme. Dann konnte ich nicht mehr stehen, nicht einmal mit Krücken. Ich konnte nur für kurze Zeit sprechen, das Atmen fiel mir schwer, und ich war unfähig, meinen Kopf aufrecht zu halten. Auch das Kauen wurde fast unmöglich, so daß ich bald vierzig Pfund verloren hatte. Ich wagte kaum noch etwas zu trinken, weil mir die Flüssigkeit wieder durch die Nase herauslief. Manchmal konnte ich sogar die Augen kaum noch offenhalten. Ich legte mich dann hin, als ob ich schlafen würde – so sah mein Leben zu dieser Zeit aus.

Dieser Verlust der Wahrnehmungsfähigkeit und Beweglichkeit war für mich, die für visuelle Eindrücke sehr empfänglich war, gern las und immer unterwegs war, besonders schwer zu ertragen. Ich erinnere mich, wie Linda mich einmal nach Oklahoma City fuhr, um Mary Barksdale zu besuchen, eine Aktivistin und Rechtsanwältin, mit der ich gut befreundet war. Ich lag während der gesamten Fahrt auf dem Rücksitz des Autos, um meine Kräfte zu schonen. Als wir vor Marys Haus vorfuhren, half mir Linda aus dem Wagen, und ich versuchte, mit Krücken zur Haustür zu laufen. Doch ich hatte kaum einen Schritt getan, als meine Muskeln mir den Dienst versagten und ich vornüber auf den Gehsteig fiel. Ich brach mir die Nase und war völlig blutverschmiert; vor Schreck bekam ich kaum noch Luft.

Nach diesem Vorfall war ich überzeugt, daß mir nur noch Siechtum und Tod bevorstanden. Als ich eines Abends bei mir zu Hause auf der Coach lag und mehrere meiner Brüder und Schwestern zu Besuch waren, hatte ich auf einmal größte Mühe zu atmen; ich fühlte meinen alten Bekannten, den Tod, nahen. Doch aus irgendeinem Grunde spürte ich, wie ich mir helfen konnte: Ich mußte mich entspannen und die Augen schließen. Ich lag also vollkommen ruhig, und so ging dieser beängstigende Augenblick vorüber.

Knapp zehn Monate nach meinem Autounfall und sieben Monate nach den ersten Anzeichen meiner Muskelschwäche entdeckte ich die Ursache meines Leidens. Es war am Labor Day des Jahres 1980. Ich schaute Fernsehen und schaltete eine Sendung mit dem Titel »Jerry Lewis Muscular Dystrophy Telethon« ein. Darin erzählte eine Frau von ihrer Krankheit, aufgrund derer sie nur noch mit Hilfe eines Atemgerätes leben konnte. Die Symptome, die sie erläuterte, erschienen mir sehr vertraut. Sie sprach von herabfallenden Augenlidern, Schwierigkeiten beim

Kauen und Bewegungsunfähigkeit. Da wurde mir schlagartig klar, daß sie die Krankheit beschrieb, von der auch ich betroffen war – Myasthenia gravis, eine Form von muskulärer Dystrophie, die zur völligen Lähmung führen kann. Nun wußte ich, was mir fehlte.

In der darauffolgenden Woche brachte mich Linda nach Tulsa, wo ich mich von den Ärzten der regionalen Gesellschaft für Muskeldystrophie untersuchen ließ. Dabei stellte sich heraus, daß meine Vermutung richtig gewesen war, denn man diagnostizierte bei mir sofort eine systemische Myasthenia gravis.

Ich setzte mich in das Auto meiner Schwester und fing an zu weinen. Ich fühlte mich innerlich völlig erschöpft und mußte meine Gedanken ordnen, bevor ich etwas entschied. Ich dachte daran, wie ich das Trauma des Autounfalls und Sherrys Tod überstanden und dann trotz meiner schweren Beinverletzungen allmählich wieder laufen gelernt hatte. Nun war ich auch noch mit einer Krankheit geschlagen, von der die meisten Menschen noch nie etwas gehört hatten. Ich war zutiefst entmutigt, doch wußte ich, daß ich nicht aufgeben durfte. Und so bereitete ich mich darauf vor, diese neuerliche Attacke auf meinen Körper und meinen Geist abzuwehren. Ich verspürte einen ungeheuren Zorn in mir und wollte diesen Kampf gewinnen. Ich nutzte die Kraft meiner Vorfahren und das Potential der heutigen Cherokee-Heilkunst, um mit aller Entschlossenheit jeden negativen Faktor aus meinem Leben zu verbannen, damit ich meine ganze Energie darauf richten konnte, wieder gesund zu werden.

Im November 1980 wurde ich in ein Krankenhaus in Tulsa eingeliefert und unterzog mich dort weiteren Untersuchungen. Ich gab das Rauchen auf und versuchte mich körperlich und seelisch auf das Kommende einzustellen. Die Ärzte informierten mich über die verschiedenen Behandlungsmöglichkeiten, wozu unter anderem die operative Entfernung der Thymusdrüse gehörte. Außerdem würde ich über längere Zeit hohe Dosen von Steroiden einnehmen müssen. Ein solches Verfahren erschien drastisch, fand jedoch meine volle Zustimmung. Ich wollte mit dieser Krankheit nicht leben lernen, *ich wollte sie besiegen,* mich von ihr befreien.

Die Operation verlief erfolgreich; schon als ich unter dem Beatmungsgerät aus der Narkose erwachte, fühlte ich mich kräftiger. Knapp eine Woche später war ich wieder auf den Beinen, wollte mir die Haare waschen und mein Leben selbständig regeln, meine Arbeit wiederaufnehmen. Obwohl die Medikamentenbehandlung schwere Nebenwirkungen zeigte, zum Beispiel eine beträchtliche Gewichtszunahme, waren die schlimmsten Symptome vier bis sechs Wochen nach der Operation verschwunden. Zwar litt ich noch ab und zu unter weniger schwerwiegenden Muskelfunktionsstörungen, aber auch diese traten nach zwei Jahren nicht mehr auf. Medikamente mußte ich noch bis Ende 1985 einnehmen, doch konnte ich bereits im Januar 1981 meine Stelle bei der Cherokee Nation wieder antreten.

Innerhalb weniger Jahre sollte ich stellvertretender Häuptling und dann Oberster Häuptling der Cherokee Nation werden. Die Vision des spirituellen Führers sollte sich bewahrheiten. Sie wäre jedoch nicht eingetreten, wenn ich nicht zuvor diese schwere Zeit durchlebt hätte, denn danach war ich mir sicher, daß ich alles überstehen könnte. Ich hatte alles Unglück, das mir zugestoßen war, in eine positive Erfahrung umgewandelt. Ich hatte gelernt, »guten Sinnes zu sein«.

13.

TANZ AUF DEM DACHFIRST

Unter den vielen Beschwörungsformeln der Cherokee findet sich auch eine zur Behandlung von schweren Krankheiten. Laut Ayunini, der diese Formel vor langer Zeit erfand, wird eine solche Krankheit häufig von einem Freund oder sogar einem Verwandten geschickt, der herausfinden möchte, wieviel der Betreffende zu ertragen vermag und ob er einen Gegenzauber kennt.

Die Beschwörung ruft den Schwarzen, den Roten, den Blauen und den Weißen Raben an, von denen jeweils behauptet wird, sie hätten die Krankheit in eine Felsspalte in Sanigilagi geworfen – letzterer Begriff ist der Cherokee-Name für den Whiteside Mountain, der an der Quelle des Tuckasegee River in North Carolina aufragt. Der Name wird in übertragenem Sinne für jeden hohen, steilen Berg benutzt. Der Begriff adawehi, der in der Formel mehrmals verwendet wird, bezeichnet einen Zauberer oder ein übernatürliches Wesen.

Übersetzt lautet die Beschwörung folgendermaßen:

Höre! Ha! Nun bist du herangeflogen, um zu horchen, und kreist direkt über mir. Oh, Schwarzer Rabe, niemals mißglückt dir etwas. Ha! Nun habe ich dich heruntergeholt. Ha! Dort, wo du am Boden warst, wird nur noch eine Spur von dir übrigbleiben. Es ist der Geist eines Vorfahren. Du hast ihn nun in eine Felsspalte in Sanigilagi geworfen, daß er nie mehr den Weg zurückfinden möge. Du hast ihn im »Sich Verdunkelnden Land« zur Ruhe gebettet, so daß er nie mehr zurückkehren möge. Laß Besserung kommen.

Höre! Ha! Nun bist du herangeflogen, um zu horchen. Oh, Roter

Rabe, mächtigster adawehi. Ha! Niemals mißglückt dir etwas, denn es wurde von dir verfügt. Ha! Du kreist direkt über mir. Ha! Nun habe ich dich heruntergeholt. Dort, wo du am Boden warst, wird nur noch eine Spur von dir übrigbleiben. Es ist der Geist eines Vorfahren. Ha! Du hast den Eindringling in eine Felsspalte in Sanigilagi geworfen und nun wird Besserung kommen. Er [der Eindringling] wird in das »Sich Verdunkelnde Land« geschickt. Du hast ihn im »Sich Verdunkelnden Land« zur Ruhe gebettet. Laß Besserung kommen.

Höre! Ha! Nun bist du herangeflogen, um zu horchen. Oh, Blauer Rabe, du kreist direkt über mir, adawehi. Niemals mißglückt dir etwas, denn es wurde von dir verfügt. Ha! Nun habe ich dich heruntergeholt. Dort, wo du am Boden warst, wird nur noch eine Spur von dir übrigbleiben. Du hast den Eindringling in eine Felsspalte in Sanigilagi geworfen, damit er nie mehr den Weg zurück finden möge. Du hast ihn im »Sich Verdunkelnden Land« zur Ruhe gebettet, damit er nie mehr zurückkehre. Laß Besserung kommen.

Höre! Ha! Nun bist du herangeflogen, um zu horchen; du rastet hoch auf Wahili, oh, Weißer Rabe, adawehi. Niemals mißglückt dir etwas. Ha! Nun habe ich dich heruntergeholt. Dort, wo du am Boden warst, wird nur noch eine Spur von dir übrigbleiben. Ha! Nun hast du ihn ergriffen. Du hast den Eindringling in eine Felsspalte in Sanigilagi geworfen, damit er nie mehr den Weg zurück finden möge. Du hast ihn im »Sich Verdunkelnden Land« zur Ruhe gebettet, von wo er niemals zurückkehrt. Laß Besserung kommen.

1981 nahm ich meine berufliche Tätigkeit wieder auf und schrieb Finanzierungsanträge für die Cherokee Nation. Zu dieser Zeit empfand ich großen Ärger und Enttäuschung über die westliche Medizin, die Patienten oftmals entmenschlichend behandelt. Zumindest hatte ich diese Erfahrung während meiner langen Genesungszeit gemacht.

Um meinen Ärger produktiv zu nutzen und um »guten Sinnes« zu bleiben, beschloß ich, eine Kurzgeschichte zu schreiben, die den Zusammenprall verschiedener Kulturen auf diesem Gebiet zum Thema hatte. Sie handelt von einer älteren Frau namens

Ahniwake, eine typische Durchschnitts-Cherokee, die sich auf einmal dem amerikanischen Gesundheitssystem ausgeliefert sieht, nachdem sie sich ihr Leben lang bei allen Beschwerden an die traditionellen Medizinmänner unseres Stammes gewandt hat. Eine andere Figur, die in dieser Geschichte auftritt, ist eine junge Frau namens Pearl, die Enkelin der ersten Frau, die sich bemüht, Ahniwake durch die fremde Welt der weißen Bräuche und Überzeugungen zu geleiten.

Ich gab der Geschichte den Titel *Keeping Pace with the Rest of the World* (»Mit dem Rest der Welt Schritt halten«). Sie wurde jedoch erst im Sommer 1985 in *Southern Exposure* veröffentlicht, einer Zeitschrift des Institute for Southern Studies. Ihr Motto für diese Ausgabe lautete: »Wir bleiben für immer hier: Die Indianer des Südens«. Die Kurzgeschichte war meine erste Publikation und half mir über das Trauma hinweg, das ich während meiner langen Krankheit erlitten hatte. Obwohl reine Fiktion, beinhaltete sie eine unbestreitbare Wahrheit.

> »[Der Doktor] wußte nicht, wie man eine Krankheit heilte, er konnte sie nur herausschneiden...« sagte Ahniwake mehr zu sich selbst als zu Pearl. »Er wußte nichts über meinen Clan, meine Familie, meine Geschichte. Wie hätte er mich da heilen können?«
>
> WILMA MANKILLER,
> *aus der Kurzgeschichte »Keeping Pace with the Rest of the World«,*
> *Southern Exposure, 1985*

Während der vielen Monate, in denen ich mich erholte, hatte ich Zeit zu lesen und meine eigenen Gedanken zu Papier zu bringen; außerdem befaßte ich mich mit verschiedenen Problemen, die unseren Stamm betrafen. Ich hatte die Chance, mir darüber klarzuwerden, was ich mit meinem Leben anfangen wollte, und wurde mir bewußt, wie zerbrechlich das Leben ist. Dies gab mir später den Mut, Vorhaben in Angriff zu nehmen, die ich früher nicht bewältigt hätte. Ich war noch nicht wieder völlig genesen, als ich in Ross Swimmers Büro in Tahlequah humpelte und fragte, ob ich meine Stelle wieder antreten könnte. Zu meinem Glück stimmte er sofort zu, wofür ich ihm sehr dankbar bin.

Als ich meine Tätigkeit für die Cherokee Nation wiederaufnahm, war ich voller Elan. Ich wollte nicht unbedingt die Karriereleiter in der Stammesverwaltung erklimmen, sondern möglichst viel für die Cherokee tun. So bemühte ich mich vor allem um die Förderung von Selbsthilfeprojekten und Entwicklungsprogrammen, denn ich wollte dafür sorgen, daß unser Volk, und insbesondere die Menschen in den ländlichen Gebieten, die Chance erhielten, ihre eigenen speziellen Bedürfnisse zu äußern.

1981 wirkte ich an der Gründung der »Behörde für Gemeindeentwicklung der Cherokee Nation« mit und wurde anschließend zur Leiterin dieser Institution ernannt. Ich hatte mich jedoch nicht nach dieser Position gedrängt und zunächst sogar die Suche nach einer geeigneten Persönlichkeit für dieses Amt organisiert. Nachdem wir unsere Arbeit aufgenommen hatten, bemühten wir uns sofort um neue Methoden der Durchführung von Entwicklungsprojekten in ländlichen Cherokee-Gemeinden. Im Zuge eines umfassenden Vorhabens, das in der winzigen Gemeinde Bell in Adair County durchgeführt wurde, wuchs die Behörde jedoch beträchtlich, so daß wir einer neuen Behörde bedurften, die berechtigt war, finanzielle Zuschüsse zu beantragen.

Ich hatte angenommen, daß Ross und seine Berater einige Quellen zur Finanzierung des Projekts erschlossen hatten, doch war dies nicht der Fall. Daher bemühten wir uns sofort um Gelder aus Töpfen der amerikanischen Bundesregierung und aus Stiftungsfonds. Außerdem mobilisierten wir zahlreiche freiwillige Helfer unter den Bewohnern des Ortes, die eine rund 20 Kilometer lange Wasserleitung verlegten und viele ihrer Häuser renovierten und modernisierten.

Bell war eine arme Gemeinde mit etwa 350 Einwohnern, davon 95 Prozent Cherokee, die meist nur unsere Stammessprache beherrschten. Für mich stellt das Bell-Entwicklungsprojekt

319

ein herausragendes Beispiel für ein Selbsthilfeprojekt auf Gemeindeebene dar. Die Bewohner konnten an *gadugi* anknüpfen, jene bei den Cherokee geschätzte Tradition der gegenseitigen Hilfe und gemeinsamen Bewältigung von Aufgaben; gleichzeitig gewannen sie dadurch Vertrauen in ihre Fähigkeit, eigenständig Probleme zu lösen.

Wir schufen eine dauerhafte Partnerschaft zwischen den Menschen aus Bell und der Cherokee Nation. Von Anfang an waren sich alle Bewohner des Ortes bewußt, daß sie selbst, und niemand sonst, für das Gelingen des Projekts verantwortlich waren und daß sie nicht nur langfristige Pläne erarbeiten, sondern auch selbst bei der Erneuerung ihrer Gemeinde Hand anlegen mußten, wobei die Mitarbeiter unserer Behörde nur als Katalysatoren und Geldbeschaffer dienten. Daraus entwickelte sich ein gewaltiges Vorhaben, dessen Nettokosten sich auf etwa 1 Million Dollar beliefen.

Bell war unbestreitbar eine im Niedergang begriffene Gemeinde gewesen. Mindestens ein Viertel aller Einwohner hatte kein fließendes Wasser in ihren Häusern, und fast die Hälfte allen Wohnraums lag unter den allgemeinen Mindeststandards. Das durchschnittliche Familieneinkommen in Bell war äußerst niedrig; viele der jungen Menschen wanderten ab, um anderswo Arbeit zu suchen.

Aber die Einwohner von Bell resignierten nicht, sondern nahmen die Herausforderung, die das Entwicklungsprojekt darstellte, an. Und schließlich gelang es ihnen, alles zu verwirklichen, was sie sich vorgenommen hatten: Freiwillige Helfer und Helferinnen aus der Gemeinde bauten ein neues Wasserleitungssystem, durch das jedes Haus mit fließendem Wasser versorgt wurde. Zwanzig Wohnhäuser und das heruntergekommene Gemeindezentrum wurden von den Hauseigentümern selbst instandgesetzt. Außerdem wurden mit finanzieller Unterstützung der Wohnungsbaubehörde der Cherokee Nation fünfundzwanzig neue Energiesparhäuser errichtet.

Obwohl in den Nachbarorten vorausgesagt wurde, daß das Bell-Projekt scheitern werde, kamen die Menschen aus den umliegenden Gemeinden doch in den Ort, um zu beobachten, was dort vor sich ging. Ebenso fanden sich Vertreter gemeinnütziger Stiftungen ein, die Bell als Modell für Entwicklungsvorhaben in der Dritten Welt ansahen, denn nur wenige Flecken auf der Welt konnten ärmer sein als Bell. Als auch noch ein regionales Team des Fernsehsenders CBS – angezogen von dem publikumswirksamen Szenario der Armut – eintraf, um die Macht- und Hilflosigkeit der Einwohner zu filmen, trug es unfreiwillig dazu bei, die Situation zu verändern, weil sich die Menschen aus Bell nun in den Abendnachrichten sehen konnten und sich dadurch weniger isoliert fühlten. Bald äußerten sich auch die nicht-indianischen Bewohner des Ortes in den Zeitungen positiv über das Projekt zum Bau eines Wasserleitungssystems, und die indianische Gemeinde hatte zum ersten Mal den Eindruck, daß ihr eine gewisse öffentliche Beachtung entgegengebracht wurde. Und am wichtigsten war, daß sie diese Beachtung durch etwas erreicht hatten, was sie für sich selbst taten.

Während der nächsten vierzehn Monate mußten zahllose personelle und materielle Probleme gelöst werden, doch am Ende war ein funktionsfähiges Wasserleitungssystem fertiggestellt. Das CBS-Team erschien erneut in Bell, um den Erfolg des Projekts zu dokumentieren, und stellte eine siebenminütige Reportage zusammen, die in der Sendung »CBS Sunday Morning« mit Charles Kuralt gesendet wurde. Der Bericht, heute gemeinhin »der Stadtfilm« genannt, wird immer wieder voller Stolz gezeigt.

... für Wilma, die es als schönsten Lohn empfand, mitzuerleben, wie Menschen sich persönlich weiterentwickelten.

GLORIA STEINEM, *Revolution from Within*, 1992

Bell ist nur rund 16 Kilometer von Mankiller Flats entfernt, und ich war mir von Anfang an der Ähnlichkeiten zwischen beiden

Orten bewußt. Daher lagen mir das Projekt und sein Erfolg so am Herzen. Bell bedeutete Erfolg dort, wo niemand Erfolg erwartet hatte. Das Projekt bestätigte auch all das, was ich immer über unser Volk gedacht hatte. Ich wußte immer, daß die Cherokee – vor allem die Menschen in den Gemeinden mit eher traditionellem Lebensstil – sich ein starkes Zusammengehörigkeitsgefühl und die Bereitschaft, einander zu helfen, bewahrt haben. Ich war mir auch immer sicher, daß wir fähig sind, unsere Probleme selbst zu lösen, sofern man uns die Handlungsfreiheit und die nötigen materiellen Voraussetzungen verschafft.

Auf einer sehr persönlichen Ebene war das Bell-Projekt ebenfalls von großer Bedeutung, denn ich lernte im Rahmen meiner Arbeit für das Vorhaben einen Mann kennen, der bald eine große Rolle in meinem Leben spielen und, so sage ich mit Stolz, zu meinem Ehemann werden sollte. Sein Name ist Charlie Lee Soap. Er ist ein vollblütiger, zweisprachiger Cherokee und vermutlich der ausgeglichenste Mann, dem ich je begegnet bin.

Ich lernte Charlie 1977, kurz nach meiner Rückkehr nach Oklahoma, kennen. Zu dieser Zeit war er für die Wohnungsbaubehörde der Cherokee Nation tätig, und ich mußte ihn in einer fachlichen Frage konsultieren. Er hatte den Ruf, ein ruhiger, positiv denkender Mann zu sein, der seine Arbeit mit größter Effizienz verrichtete.

Ich hatte auch Äußerungen von Frauen gehört, die mit ihm zusammenarbeiteten. Sie erwähnten, daß Charlie ein glänzender Tänzer sei, der insbesondere die Tänze der Plains-Indianer beherrsche und als Collegestudent die Kriegstänze vieler verschiedener Stämme erlernt hätte, die er in kompletter Tracht – mit einem farbenprächtigen Putz aus Adlerfedern und Angora-Leggings – aufzuführen wüßte. Ich erfuhr auch, daß Charlie vor versammelten Schulklassen auftrat und sie mit seinen Tänzen, bei denen sein langes, schwarzes Haar durch die Luft flog, in Bann ziehen konnte. Danach scharten sich die Kinder um ihn, um ihm Fragen zu stellen und um die Federn an seiner Tracht anzufassen. Als ich ihn näher kennenlernte, konnte ich feststellen, daß er tatsächlich etwas von einem Rattenfänger an sich hatte, besonders im Umgang mit Kindern und Jugendlichen. Sie mögen ihn und seine Geschichten, und er ist immer darum bemüht, ihr Selbstbewußtsein zu stärken und sie dazu zu ermuntern, ihre schulische Ausbildung abzuschließen.

Bei der Arbeit am Bell-Projekt wurde mir Charlie als Ko-Organisator zugewiesen. Während dieser Zeit lernte ich ihn näher kennen und war von Anfang an von seiner Persönlichkeit beeindruckt. Nach den langen, ermüdenden Arbeitsbesprechungen in Bell fuhr Charlie mich manchmal nach Mankiller Flats, wo wir dann oft vor meinem Haus in seinem Pick-Up saßen und uns ausführlich unterhielten – nicht nur über unsere Arbeit, sondern auch über unsere persönlichen Träume und Ziele.

Wir stellten fest, daß wir im gleichen Alter waren; Charlie war am 25. März 1945 in Stilwell geboren worden. Seine Mutter war Florence Fourkiller Soap und sein Vater Walter Soap, ein Farmer, der auch für die Eisenbahngesellschaft arbeitete. Nach dem Tode seines Vaters heiratete seine Mutter erneut und heißt nun Florence Hummingbird. Charlies Eltern konnten die Herkunft ihrer Familien bis in die alte Heimat unseres Volkes im Südosten zurückverfolgen. Ebenso wie ich hatte Charlie zehn Geschwister, eine Schwester und neun Brüder, darunter zwei Halbbrüder; er nahm in der Geschwisterfolge die Mittelposition ein.

Schon als Junge lernte er, hart zu arbeiten und zum Lebensunterhalt der Familie beizutragen. Er und seine Geschwister fällten Bäume für Bahnschwellen, rodeten Land, pflückten Erdbeeren und Bohnen und fuhren Heu ein. Seine Familie lebte in Bell und zog dann später in den nahegelegenen Ort Starr. Die Soaps pflegten eine traditionalistische Lebensweise, sprachen in erster Linie Cherokee, und eine Zeitlang war Charlies Vater ein engagiertes Mitglied des Keetoowah-Bundes.

Charlie hatte vorwiegend ländliche Schulen besucht. Er war ein guter Sportler und spielte im College und während seines Militärdienstes bei der Marine Basketball. Vor unserer Ehe war er bereits zweimal verheiratet gewesen und hatte aus seiner ersten Ehe drei Söhne – Chris, Cobey und einen weiteren Sohn, der als Kind bei einer Herzoperation starb. Sein jüngster Sohn, Winterhawk, stammte von seiner zweiten Frau. Diese Beziehung befand sich zu dem Zeitpunkt, als ich Charlie kennenlernte, jedoch bereits in einer Krise und sollte bald auseinandergehen.

Ich war damals mit meinem Leben recht zufrieden, war glücklich, mit meinen Töchtern in das Land meiner Vorfahren zurückgekehrt zu sein. Die berufliche Tätigkeit für meinen Stamm beanspruchte einen Großteil meiner Energie, ganz zu schweigen von meinen gesundheitlichen Problemen. Obwohl ich schon seit mehreren Jahren geschieden war, verspürte ich nicht das Bedürfnis nach einer dauerhaften Beziehung zu einem Mann. Charlie war damals zudem noch ganz von seinen eigenen familiären Problemen beansprucht. Wir schenkten einander anfangs also kaum persönliche Beachtung, was sich erst nach Abschluß des Bell-Projekts ändern sollte. Statt dessen entwickelten wir uns zu einem perfekten Arbeitsteam, was schließlich zur Grundlage einer soliden Freundschaft werden sollte. Erst dann wurde uns bewußt, daß wir uns ineinander verliebt hatten.

Charlie und ich arbeiteten von Anfang an harmonisch zusammen. Wir hatten zum großen Teil die gleichen Wertvorstellungen und ergänzten uns in vieler Hinsicht. Ich glaube, daß ich ihm einiges Selbstvertrauen geben konnte, und er brachte mir bei, wie man in einem bürokratischen System seine Ziele durchsetzt. Ich habe sehr viel von ihm gelernt, denn er verfügt über ein großes Wissen über die Cherokee-Medizin und über unsere alten Legenden, die von Generation zu Generation überliefert werden.

Andererseits scheuten wir uns nicht, unsere Meinungsverschiedenheiten auszutragen und verschiedene Fragen miteinander zu diskutieren. Zu solchen Fragen gehörten unter anderem Religion und Spiritualität. Charlie war christlich erzogen worden und hatte sogar eine Zeitlang in der Sonntagsschule unterrichtet. Ich war zwar schon mit dem christlichen Glauben in Berührung gekommen, hatte aber nicht einmal die Bibel gelesen. Doch trotz dieser unterschiedlichen Erfahrungen sind Charlie und ich zutiefst religiöse Menschen. Wir besuchen heute regelmäßig christliche Gottesdienste, nehmen aber auch an zeremoniellen Veranstaltungen unseres Stammes teil.

Charlie wurde 1983 geschieden, wir heirateten jedoch erst im Oktober 1986. Unsere Liebesbeziehung entwickelte sich sehr langsam, in dem Maße, wie wir einander vertrauter wurden, doch blieben wir lange Zeit vorsichtig und zurückhaltend. Ich erinnere mich sehr gut, als Charlie mir einmal zu Hause einen Besuch abstattete. Wir saßen in der Küche, tranken Kaffee und unterhielten uns, als er mich plötzlich küßte. Es kam so unerwartet, daß wir beide nicht recht verstanden, was mit uns vor sich ging. Etwa eine Woche lang hielten wir uns voneinander fern, um uns klar darüber zu werden, was geschehen war, doch dann vermißten wir einander zu sehr.

Von Anfang an war unsere Beziehung so solide wie ein Fels. Sie wurzelte in dem tiefen Respekt, den wir einander entgegenbrachten. Ich habe noch niemals eine so starke Liebe empfunden. Wir mögen uns aufrichtig, sind einander niemals überdrüssig und in der Lage, gegenseitig unsere Stärken zu fördern.

Charlies Verhalten änderte sich auch nicht, als ich Oberster Häuptling der Cherokee Nation wurde. Er ist ein selbstsicherer Mann, fühlt sich weder von starken Frauen noch Männern bedroht. Er ist immer noch einer der ungewöhnlichsten Menschen, die ich jemals kennengelernt habe. Er ist intelligent, niemals anmaßend und jederzeit von Herzen gern bereit, anderen Menschen zu helfen. Jegliche Form von Rassismus und Sexismus liegt ihm fern. Er mag Kinder und hat Achtung vor älteren Menschen. Man fühlt sich in seiner Gegenwart wohl, und er fühlt sich in seiner eigenen Haut wohl. Er ist durch und durch aufrichtig. Er ist mein bester Freund.

Ich weiß, wer ich bin, was ich bin und was ich tun kann oder nicht tun kann. Ich bin Cherokee und bin stolz darauf. Das kann mir niemand nehmen.

CHARLIE SOAP, 1992

Jene Zeit zu Beginn der achtziger Jahre wurde zu einer der wichtigsten Phasen meines Lebens. Das Bell-Projekt wurde für mich in jeder Hinsicht zu einer positiven Erfahrung. Meine Töchter hatten in der Schule Erfolg und lernten täglich mehr über die Geschichte und das Erbe ihres Volkes. Viele Mitglieder meiner Familie lebten in meiner näheren Umgebung. Meine Arbeit füllte mich aus.

Nach dem schweren Autounfall und meiner lebensbedrohlichen Krankheit konnte ich nun geistig und seelisch wieder Kraft schöpfen. Dies war die beste Medizin für mich. Als Hauptorganisatorin des Bell-Entwicklungsprojekts verfügte ich zum ersten Mal über eine einflußreiche Position in unserem Stamm. Ich hatte den Wunsch, noch größere Verantwortung zu übernehmen, woraufhin Häuptling Swimmer mir großzügig noch mehr Bundeskredite zur Verwirklichung der Träume unseres Volkes zur Verfügung stellte.

1983 fragte mich Swimmer, ob ich bereit sei, bei den nächsten Wahlen zusammen mit ihm als seine Kandidatin für das Amt des stellvertretenden Häuptlings anzutreten. Im Jahr zuvor war er von den meisten seiner Anhänger im Stich gelassen worden – zum Teil, weil bei ihm eine Lymphdrüsenkrebserkrankung diagnostiziert worden war. Seine angeblichen Freunde zeigten wenig Mut und Loyalität, denn aufgrund der zeitaufwendigen chemotherapeutischen Behandlung hielten sie ihn für zu krank, um das Amt weiter auszuüben. Sie sahen in ihm bereits einen toten Mann. So erinnerte er sich an mich, als die Zeit gekommen war, seine Kandidatur für eine weitere vierjährige Amtszeit bekanntzugeben. Ich vermute, daß er mit meiner Arbeit zufrieden und von meinem uneigennützigen Einsatz für den Stamm überzeugt war und daß er mir vertraute.

Zu dieser Zeit war Swimmer weitgehend von seiner Krankheit genesen; die Chemotherapie hatte sich als erfolgreich erwiesen, und die Prognosen der Ärzte waren gut. Er hatte jedoch auch die Hilfe eines traditionellen Medizinmanns der Cherokee, William Smith, und der »Sieben Medizin-Männer« in Anspruch genommen – auf einem unserer Kultplätze war er in den magischen Kreis getreten und hatte sie um Heilung gebeten. Ich weiß noch genau, daß Häuptling Swimmer damals betonte, daß er die Medizin unseres Volkes nicht als symbolische Unterstützung betrachte, sondern tatsächlich an ihre Wirksamkeit glaube.

Ich weiß, daß die meisten oder viele der heutigen Arzneien aus jenen Naturheilmitteln entwickelt wurden, die die Indianer vor langer Zeit entdeckten... diese Leute wissen sicherlich mit diesen heilkräftigen Wurzeln, Kräutern und all dem anderen umzugehen. Vielleicht kennen sie Mittel gegen weit verbreitete Krankheiten. Aus vielen dieser Wurzeln und Kräuter werden heute Stoffe extrahiert und mit anderen Chemikalien zu Medikamenten synthetisiert, die zwar eine stärkere Wirkung haben mögen, aber immer noch demselben Zweck dienen.
... Unter meinen Vorfahren gab es einen Medizinmann, der alle Kräuter, Wurzeln, Pilze und alle anderen Stoffe, die als Heilmittel eingesetzt wurden, auflistete. Viele davon werden heute zu gängigen Arzneimitteln verarbeitet. Ich war mir daher ziemlich sicher, daß die [traditionelle Medizin der Cherokee] mir nicht schaden würde und möglicherweise eine geheime Heilkraft haben könne.

Ross Swimmer, *ehemaliger Häuptling der Cherokee*

Swimmer ging fraglos ein großes Risiko ein, als er seine männlichen Parteifreunde überging und mich zur Mitkandidatin erkor. Er sah in mir wohl vor allem eine effiziente Führungsperson und Organisatorin und vergaß, daß ich ebenso eine liberale Demokratin war.

Ich fühlte mich von seinem Angebot sehr geschmeichelt, hielt den Gedanken jedoch für völlig absurd. Unser Stamm ist so groß, daß die Kandidatur für ein politisches Amt dem Kampf um einen Abgeordnetensitz im Kongreß oder sogar um einen Posten in der amerikanischen Regierung gleicht. Alles verläuft nach den Regeln der traditionellen Politik, mit Zeitungsanzeigen, Fernsehspots, Kundgebungen und dergleichen. Ich war der aufrichtigen Überzeugung, daß ich keine Chance hatte, gewählt zu werden. Natürlich hatte ich erfolgreich Stammesentwicklungsprogramme geplant und organisiert und verfügte, auch durch die Zeit in Kalifornien, über viel Erfahrung, doch konnte ich mir einfach nicht vorstellen, ein so hohes Stammesamt zu bekleiden. Ich erklärte Swimmer, daß ich mich durch seine Wahl sehr geehrt fühlte, aber mich entschieden hätte, das Angebot abzulehnen.

Kurze Zeit später begann ich meine Antwort jedoch zu überdenken, als ich mich einmal in der Cherokee Nation umblickte. Ich fuhr in eine der ländlichen Gemeinden im östlichen Oklahoma, wo die Stammesregierung Entwicklungsprojekte unterstützte. In einem dieser kleinen Orte fielen mir drei Cherokee auf, die in einem ausrangierten Bus ohne Dach wohnten. Ihre wenigen Kleidungsstücke hingen auf einer Leine, und darüber hinaus besaßen sie kaum andere Habseligkeiten. Es war ein sehr trauriger Anblick, der mir nicht mehr aus dem Sinn ging.

Ich wußte, daß es sich nicht um einen Einzelfall handelte. Viele Cherokee lebten in jämmerlichen Behausungen, konnten sich keine medizinische Behandlung leisten und verfügten nur über eine unzureichende Schul- und Berufsausbildung. Mir wurde bewußt, daß ich als stellvertretender Häuptling die Möglichkeit haben würde, etwas für Familien zu tun wie jene in dem alten Bus. Wenn ich nicht handeln würde, so wurde mir bewußt, hätte ich nicht mehr das Recht, Angehörige der Stammesregierung zu kritisieren.

Der Besuch in jener kleinen Landgemeinde gab den Ausschlag für meine Entscheidung. Ich fuhr direkt zu Ross Swimmer und eröffnete ihm, daß ich meine Meinung geändert hätte und mit ihm zusammen 1983 für das Amt des stellvertretenden Häuptlings kandidieren würde. Ich gab meine Arbeitsstelle bei der Cherokee Nation auf, um einen Interessenskonflikt zu vermeiden, und meldete meine Kandidatur an.

Anfangs dachte ich, daß viele Leute sich an meinen basisdemokratischen Vorstellungen und an meiner Vergangenheit als Aktivistin in der indianischen Bewegung stören würden, denn ich hatte völlig andere politische Grundüberzeugungen als die Menschen in der Region. Doch ich irrte mich. Meine Gegner griffen mich aus einem ganz anderen Grund an – weil ich eine Frau war. Das zentrale Thema das Wahlkampfs wurde mein Geschlecht. Es war das erste Mal, daß ich offenem Sexismus begegnete. In San Francisco hatte ich einmal während einer Weihnachtsfeier einem Vorgesetzten eine Ohrfeige gegeben, weil er sich von hinten an mich herangeschlichen und versucht hatte, mich zu küssen. Ich wurde deswegen nicht entlassen, doch hatte er wohl verstanden, daß ich nicht belästigt werden wollte. Während des Wahlkampfes von 1983 erinnerte ich mich wieder an diese Episode.

Ich mußte mir alles mögliche anhören – manche Leute behaupteten, daß meine Kandidatur eine Beleidigung Gottes sei. Andere meinten, daß ein weiblicher Häuptling die Cherokee zum Gespött aller Indianerstämme in den USA machen würde. All das und noch vieles mehr kam mir zu Ohren. Aber immer, wenn ein neuer, lächerlicher Einwand gegen meine Bewerbung um das Amt vorgebracht wurde, war ich mir sicher, daß ich die richtige Entscheidung getroffen hatte.

Die Reaktionen meiner Stammesgenossen waren für mich sehr bedrückend. Es war eine schwierige Zeit für mich, doch ließ ich mich nicht beeinflussen. Die beste Taktik, so sagte ich mir, bestünde darin, meine Gegner zu ignorieren. Mir fiel dazu ein Sprichwort ein, das ich einmal auf einer Teedose gelesen hatte und das etwa folgendermaßen lautete: »Wenn du mit einem Narren streitest, dann wird man nicht erkennen können, wer von euch beiden der Narr ist.« Ich wollte auf keinen Fall für eine Närrin gehalten werden.

Ich versuchte, bei meiner Kampagne eine positive, heitere Grundstimmung zu verbreiten, um der unglaublichen Feindseligkeit zu begegnen, die mir entgegenschlug. Den Wahlkampf als hitzig zu bezeichnen, käme einer bodenlosen Untertreibung gleich. Die meisten bösartigen Angriffe kamen überdies nicht von seiten meiner Konkurrenten um das Amt, sondern von jenen, die keine Frau als Häuptling wollten. Sogar innerhalb der Swimmer-Mankiller-Mannschaft hatte ich *Feinde*, von denen einige gegen Ende der Kampagne offen einen meiner Mitbewerber unterstützten.

Auch vor Einschüchterungsversuchen und Drohungen schreckten meine Gegner nicht zurück. Ich erhielt Briefe mit Beschimpfungen und Morddrohungen. Als ich eines Abends nach dem Ende einer Wahlkampfveranstaltung mit meinem Auto nach Hause fahren wollte, entdeckte ich, daß alle vier Reifen aufgeschlitzt waren. Ich wurde außerdem durch häßliche Telefonanrufe belästigt, wobei ich einmal hörte, wie jemand am anderen Ende der Leitung ein Gewehrschloß zuschnappen ließ.

Ein anderes bedrückendes Erlebnis hatte ich bei einer Parade. Während ich den Menschen am Straßenrand lachend zuwinkte, entdeckte ich in der Menge einen jungen Mann, der mit ausgestrecktem Zeigefinger wie mit einer Pistole auf mich zielte und dann seine Hand nach hinten wegzog, so als ob er einen Schuß auf mich abfeuern würde. Ich verzog jedoch keine Miene und sah scheinbar gelassen in eine andere Richtung. Obwohl solche Zwischenfälle mich sehr beunruhigten, ließ ich mich nicht einschüchtern, wobei mir das Bewußtsein half, daß ich in Bell und anderen ländlichen Cherokee-Gemeinden breite Unterstützung genoß.

Meine Konkurrenten um das Amt des stellvertretenden Häuptlings waren J. B. Dreadfulwater, ein bekannter Gospelsänger und ehemaliges Mitglied des Stammesrates, und Agnes Cowan, die erste Frau im Cherokee-Stammesrat. Sie war älter als ich und hatte eine anerkannte Position in der Stammesverwaltung. Beide waren würdige Gegner, deren Kritik sich vor allem auf meine mangelnde Erfahrung in der Stammespolitik bezog. In Wahrheit verfügte ich natürlich über einen großen Schatz an nutzbaren Erfahrungen, doch mußte ich noch viel über Wahlkampfstrategie lernen.

Zu Beginn der Kampagne hatte ich einige enttäuschende Erlebnisse. So hatten wir für die erste Wahlveranstaltung Einladungen verschickt und aufwendige Vorbereitungen getroffen, doch an dem betreffenden Abend erschienen nur fünf Personen, um meine Rede zu hören, von denen überdies drei Freunde von mir waren. Ich war mir jedoch bewußt, daß die Dinge sich nur zum Besseren entwickeln konnten.

Meine Gegner ignorierten die Tatsache, daß ich viel Erfahrung in der Organisation von gemeinnützigen Vorhaben hatte. Vor langer Zeit hatte ich im *Indian Center* von San Francisco gelernt, wie man größere Menschengruppen ansprach und zu gemeinsamem Handeln bewegte. Und genau das tat ich auch während des Wahlkampfs. Ich ging von Tür zu Tür, um meine politischen Vorstellungen bekannt zu machen, und nahm an jedem öffentlichen Ereignis und an jeder Kundgebung teil. Obwohl ich weiterhin auf Ablehnung stieß, weil ich eine Frau war, machte ich diese Frage nicht zu einem Thema meiner Wahlkampagne und ließ mir dadurch auch nicht meinen Mut nehmen. Nach und nach bemerkte ich hier und da einen Stimmungswandel, wenn auch sehr vereinzelt.

Dann kam der Wahltag. Als die Stimmen ausgezählt waren, stand fest, daß Ross Swimmer für eine dritte Amtszeit wiedergewählt worden war. Ich hatte Dreadfulwater auf Anhieb geschlagen, mußte jedoch in einem zweiten Durchlauf im Juli gegen Agnes Cowan antreten. Nach einem harten Kampf ging ich als Siegerin aus dieser Wahl hervor. Es war ein Augenblick, den ich nie vergessen werde. Zum ersten Mal in ihrer Geschichte hatten die Cherokee eine Frau zum stellvertretenden Häuptling bestimmt. Endlich war, wie es einer meiner Anhänger ausdrückte, eine Tochter des Volkes in ein hohes Stammesamt gewählt worden.

Frauen können die Welt grundlegend verändern. Wir zeigen mehr Teamgeist bei der Bewältigung von Regierungsaufgaben. Und wenn wir nicht bereit sind, einen Teil der Macht zu übernehmen, dann werden die Entscheidungen ohne uns getroffen.

Wilma Mankiller, *Denver, September 1984*

Die beiden Jahre als stellvertretender Häuptling waren für mich sehr aufreibend. Ich mußte zunächst viele von Ross Swimmers Mitarbeitern übernehmen und konnte keine Leute meiner Wahl berufen. Obwohl Swimmer mich als seine Stellvertreterin ausgewählt und mit mir zusammen den harten Wahlkampf durchgestanden hatte, gab es beträchtliche Unterschiede zwischen uns. Er war ein republikanischer Bankier und ich eine demokratische Sozialarbeiterin und Entwicklungsplanerin, die sich für die Bürgerrechte und die Vertragsansprüche der Indianer engagiert hatte. Zudem war ich zusammen mit einem fünfzehnköpfigen Stammesrat gewählt worden, der mir zum größten Teil die Unterstützung versagte – die Mitglieder des Rates hatten meine Kandidatur fast alle abgelehnt. Nun waren sie auf einmal mit einer jungen, idealistischen Frau konfrontiert, einer Veteranin der Alcatraz-Besetzung, die nicht nur als stellvertretender Häuptling, sondern auch als Vorsitzende des Stammesrates fungierte. Ich war schockiert, wie kleinlich und voreingenommen manche unter ihnen mir begegneten.

Ein Gremium zu leiten, dessen Mitglieder zunächst eine Zusammenarbeit mit mir ablehnten, war eine aufschlußreiche Erfahrung für mich. Mehrere Angehörige des Rates verhielten sich mir gegenüber geradezu feindselig, doch was mich am meisten überraschte, war die mangelnde Unterstützung durch die im Rat vertretenen Frauen. Sicher hatten auch sie sich während des Wahlkampfs gegen mich gestellt, doch hatte ich naiverweise angenommen, daß wir eine gemeinsame Arbeitsgrundlage finden würden, wenn ich einmal im Amt wäre. Das war jedoch leider nicht der Fall. In der darauffolgenden Wahl unterstützten zwei der Frauen meinen Konkurrenten, und die dritte kandidierte nicht mehr für den Stammesrat. Während jener ersten Monate als stellvertretender Häuptling litt ich sehr unter einem Gefühl der persönlichen Machtlosigkeit, denn ich trug die ganze Verantwortung, hatte aber keinerlei Autorität.

Nach und nach fand ich mich mit der Situation zurecht, und auch die meisten Ratsmitglieder begannen mich zu akzeptieren. Dennoch benötigten wir eine ganze Weile, um alle zu unserer individuellen Arbeitsweise zu finden. Was Ross Swimmer betraf, so verfolgten wir trotz unserer unterschiedlichen politischen Überzeugungen das gemeinsame Ziel, die ländlichen Gemeinden in den vierzehn Countys im nordöstlichen Oklahoma wiederaufzubauen und wirtschaftlich zu stärken. Als stellvertretender Häuptling war ich mit verantwortlich für die Kontrolle der täglichen Arbeit der Stammesbehörden. Diese umfaßte über vierzig Hilfsprogramme, darunter den Bau von Krankenhäusern und Wohnungen, Maßnahmen zur Kinder- und Altenbetreuung, Förderung von Schülern im Rahmen des *Head-Start*-Programms* der amerikanischen Regierung sowie die Verbesserung der Wasserversorgung.

Im September 1985, gut zwei Jahre nach meinem Amtsantritt, kam eine weitere unerwartete Veränderung auf mich zu. Häuptling Swimmer erhielt von der Regierung Reagan das Angebot, als Stellvertreter Innenminister für Indianische Angelegenheiten die Leitung des BIA zu übernehmen. Dieses Amt, das die Verantwortung für 14 000 Mitarbeiter und einen Jahreshaushalt von 1 Milliarde Dollar umfaßte, wollte Swimmer, der damals einundvierzig Jahre alt war, nicht ablehnen.

Der Artikel 6 der 1976 ratifizierten Verfassung der Cherokee Nation legte fest, nach welchem Modus ein Oberster Häuptling, der seine Position vor Ablauf seiner Amtsperiode aufgab, zu ersetzen war. Die Bestimmung lautete, daß der stellvertretende Häuptling automatisch die Nachfolge des scheidenden Häuptlings antrat. Ein vom Cherokee-Stammesrat verabschiedetes Gesetz sah vor, daß der Rat anschließend aus seinen eigenen

---

* A.d.Ü.: Landesweites Programm in den USA zur Förderung benachteiligter oder schwacher Schüler.

Reihen einen neuen stellvertretenden Häuptling zu wählen hatte. Um den freigewordenen Sitz im Rat zu besetzen, mußten die Mitglieder einen Kandidaten vorschlagen, dessen Ernennung dann von dem gesamten Gremium bestätigt werden mußte.

Als ich von Swimmers bevorstehendem Weggang erfuhr, war ich besorgt, daß mir noch einmal eine ähnliche Tortur wie bei dem Wahlkampf im Jahre 1983 bevorstehen könnte. Zwar hatten die anderen Amtsträger des Stammes und ich uns mittlerweile bis zu einem gewissen Grad aneinander gewöhnt, aber ich begann mich dennoch geistig und seelisch auf die Angriffe meiner Gegner vorzubereiten.

Bemerkenswert ist, daß die Amtsübernahme ohne größere Widerstände vonstatten ging. Ich vermute, daß viele Leute die für solche Fälle vorgesehenen gesetzlichen Regelungen hinnahmen, weil sie wußten, daß sie mir bei den nächsten Wahlen eine Abfuhr erteilen konnten. Mein Problem schien auf der Hand zu liegen: Ich mußte den Rest von Ross Swimmers Amtszeit – 1985 bis 1987 – ableisten, ohne dafür wirklich ein Mandat der Wähler erhalten zu haben.

Swimmers Ernennung durch den Präsidenten wurde schließlich vom US-Senat bestätigt, und am 5. Dezember 1985 wurde ich in einer nichtöffentlichen Zeremonie als Oberster Häuptling der Cherokee Nation vereidigt. Der offizielle Festakt fand am 14. Dezember im Sitz der Stammesregierung statt. Kurz bevor ich den Amtseid leistete, bat mich Ross Swimmer zu sich, um mir seine besten Wünsche auf den Weg mitzugeben.

An meine öffentliche Vereidigung werde ich mich mein Leben lang erinnern. Es war kein unbeschwerter Augenblick meines Lebens, denn Swimmer hatte nur wenig Zeit gehabt, mich mit all den komplizierten Problemen vertraut zu machen, mit denen sich unsere Regierung auseinandersetzen mußte. Seine Mitarbeiter und viele andere Angehörige unseres Stammes glaubten, daß die Cherokee Nation mit einer Frau an der Spitze dem Untergang geweiht sei. Ich war auf der Hut, denn ich wußte sehr gut, was vor mir lag.

Am Tage der Amtseinführung jedoch strahlte die Sonne von einem blauen, wolkenlosen Himmel, die Erde war schneebedeckt. Viele der Anwesenden umarmten mich, lächelten mir zu und wünschten mir alles Gute. Manchmal flossen sogar Tränen der Freude. Als ich mich für ein offizielles Photo das erste Mal an den Schreibtisch des Obersten Häuptlings setzte, sagte jemand: »Sie sehen sehr natürlich aus, wie Sie da sitzen. Sie passen gut dorthin.«

Der Ratssaal war bis auf den letzten Platz mit Photographen, Reportern und Gästen besetzt. Als der Moment gekommen war, trat ich vor, legte eine Hand auf eine Bibel und erhob die andere, um den Amtseid zu leisten. Es war ein sehr einfaches Gelöbnis:

»Ich, Wilma P. Mankiller, schwöre feierlich oder versichere an Eides Statt, daß ich getreu die Pflichten des Obersten Häuptlings der Cherokee Nation erfüllen werde. Und ich werde nach besten Kräften die Verfassungen der Cherokee Nation und der Vereinigten Staaten von Amerika bewahren, schützen und verteidigen. Ich schwöre außerdem oder versichere an Eides Statt, daß ich alles in meiner Macht Stehende tun werde, um die Kultur, das Erbe und die Tradition der Cherokee Nation zu fördern.«

Donnernder Applaus folgte, als ich den Eid gesprochen hatte und auf das Rednerpult stieg. Als wieder Ruhe eingekehrt war und man nur noch das Surren der Kameras und Klicken der Photoapparate hörte, begann ich zu sprechen. Ich dankte allen Anwesenden, allen meinen Freunden, meiner Familie und meinen Anhängern. Ich erklärte, daß es eine große Ehre für mich sei, das Häuptlingsamt zu übernehmen. Ich sprach Ross Swimmer meine Anerkennung für seine bisherige Arbeit aus und erwähnte die vielen Aufgaben, die auf mich warteten.

... Ich glaube, daß manche Leute in der Cherokee Nation ein wenig beunruhigt sind. Ich glaube, jedesmal, wenn eine Veränderung eintritt, fragen sich die Menschen, was geschehen wird, ob es zu größeren Umbrüchen kommen wird. Meine politischen Gegner verbreiten gern das Gerücht, daß nach

335

meinem Amtsantritt eine Entlassungswelle unter den öffentlichen Bediensteten zu erwarten ist. Das wird nicht geschehen. Ich bin mit dem Gang der Dinge in der Cherokee Nation zufrieden. Es wird sich nur wenig ändern, außer daß ich mich verstärkt um die Förderung der Wirtschaft bemühen werde.

WILMA MANKILLER, Antrittsrede, 1985

Zu der Zeit, als ich meinen Amtseid leistete, hatte meine ältere Tochter Felicia, die kurz zuvor geheiratet hatte, bereits ihr erstes Kind bekommen, Aaron Swake. Damit war ich mit vierzig Jahren Großmutter und die erste Frau, die zum Häuptling eines großen Indianerstammes gewählt worden war. Ich erzählte den Reportern, die aus dem Nichts aufzutauchen schienen, daß die einzigen Menschen, die wirklich wegen meines Amtsantritts besorgt seien, meine Familienangehörigen seien. Denn natürlich wußten sie alle, wieviel Zeit ich für meine Arbeit aufwenden würde, und meine Töchter waren sehr um meine Gesundheit besorgt.

Ich muß alles besonders gut machen, weil ich die erste Frau bin.

WILMA MANKILLER in der Zeitschrift »People«, 1985

Wovor ich mich in meiner Häuptlingsfunktion immer gehütet habe, ist Vetternwirtschaft jeglicher Art. Ich wollte niemals ein »good ol' girl« werden. Ich kann Kompromisse schließen, um ein politisches Vorhaben zu verwirklichen, doch bin ich nicht der Meinung, daß man dazu seine Prinzipien opfern muß. Wie ich bemerkt habe, hat sich in dieser Hinsicht in unserem Stamm und insbesondere im Stammesrat allmählich ein Wandel vollzogen.

Die Entwicklung der ländlichen Regionen war und ist eines der Ziele, die mir am meisten am Herzen liegen. Hierzu gilt es in erster Linie, so glaube ich, den Teufelskreis der Armut zu durchbrechen. Ich habe den Eindruck, daß die Cherokee alles in allem ein unglaublich zähes Volk sind. Trotz vieler politischer und gesellschaftlicher Umwälzungen ist es uns gelungen, unsere Regierungs- und Verwaltungsstrukturen lebendig zu erhalten. Ich bin zuversichtlich, daß wir das 21. Jahrhundert als selbständiges Gemeinwesen beginnen werden.

Viele Angehörige unseres Volkes sind gut ausgebildete Fachleute – Lehrer, Ärzte, Rechtsanwälte, Geschäftsleute. Schon im 19. Jahrhundert haben wir viele Kämpfe um unser Recht vor Gericht ausgefochten und teilweise auch gewonnen. Heute tragen wir dazu bei, das durch die Medien und Westernfilme verbreitete Klischee vom betrunkenen Indianer abzubauen, der quer durch die Prärie auf seinem Pferd einem Güterzug hinterherjagt. Manche Menschen scheinen sich nicht von der Vorstellung lösen zu können, daß alle Indianer in Tipis leben und jeden Tag in ihrer Stammestracht herumlaufen. Sie übersehen, daß viele von uns Anzüge tragen und Kombiwagen fahren. Das Schöne an unserer heutigen Stammesgesellschaft besteht darin, daß die jungen Männer und Frauen unseres Volkes die Möglichkeit haben, alle möglichen Berufe zu ergreifen, aber dennoch unseren überlieferten Werten treu bleiben können. Unser Erbe und unsere Wurzeln haben wieder an Bedeutung gewonnen, und es ist äußerst wichtig, daß wir uns das Bewußtsein für unsere Kultur, unsere Geschichte und unsere Stammesidentität auch in Zukunft bewahren. Auch die Frauen unseres Stammes finden allmählich wieder zu der ihnen zustehenden Rolle zurück. Bevor ich zum ersten weiblichen Häuptling der Cherokee gewählt wurde, hatten junge Cherokee-Mädchen niemals geglaubt, daß sie einmal selbst eine solche Position bekleiden könnten. Das hat sich heute grundlegend geändert. Ich bin mir sicher, daß auch in anderen Stämmen mehr Frauen führende politische und gesellschaftliche Funktionen übernehmen werden.

1992 nahm ich an einer öffentlichen Veranstaltung im Mittleren Westen teil. Meine programmatische Stellungnahme, die ich dort abgeben wollte, war in der Region bereits vorher veröffentlicht worden. Nachdem ich meine Rede gehalten hatte, trat ein alter Indianer auf mich zu und erklärte, daß er mir eine wichtige Botschaft zu überbringen habe. Er erzählte, er gehöre zum

Stamm der Oneida und ihm sei eine Prophezeiung zu Ohren gekommen, derzufolge unsere Zeit die Zeit der Frauen sei – eine Ära, in der sie eine wichtigere Rolle in der Gesellschaft spielen würden. Er sprach von der »Zeit des Schmetterlings«.

Als ich kürzlich von Ruth Bader Ginsburgs Berufung zur Richterin am Obersten Gerichtshof der USA und von Ada Deers Ernennung zur Stellvertretenden Innenministerin und Leiterin des BIA las, als ich Hillary Rodham Clintons Bemühen um eine Reform des Gesundheitssystems mitverfolgte und hörte, daß eine Frau zur kanadischen Premierministerin gewählt worden war – da mußte ich lächeln und an die Prophezeiung jenes unbekannten Oneida-Mannes denken, der keine Mühen gescheut und eine Tagesreise unternommen hatte, um mir seine wundervolle Botschaft zu überbringen.

> Ich hielt früher wenig davon, [daß Frauen führende Positionen in unserem Stamm] einnehmen. Doch hatte ich die Möglichkeit, mit ihr [Mankiller] zusammenzuarbeiten. Ich war von ihren Führungsqualitäten beeindruckt.
>
> J. B. Dreadfulwater,
> *ehemaliger politischer Gegner Wilma Mankillers*
> *New York Times, 15. Dezember 1985*

Als 1987 erneut die Wahl des Obersten Häuptlings anstand, beschloß ich, selbst für das Amt zu kandidieren. Diese Entscheidung fiel mir nicht leicht, denn ich wußte, daß ein sehr harter Wahlkampf auf mich zukommen würde. Ich sprach mit meiner Familie und mit Angehörigen meines Volkes und wägte das Für und Wider in langen Diskussionen mit Charlie Soap ab. Charlie war mittlerweile für private Stiftungen tätig, wo er sich weiterhin um die Förderung von Entwicklungsprojekten für arme Cherokee-Gemeinden bemühte. Er ermunterte mich zu einer Kandidatur, und viele andere Menschen rieten mir ebenfalls zu.

Doch stieß mein Plan, weiterhin als Oberster Häuptling zu amtieren, auch auf Ablehnung. Sogar einige meiner Freunde und

Berater waren der Auffassung, daß die Cherokee mich nur an zweiter Position in unserer Stammesregierung, aber nicht als gewählten Obersten Häuptling akzeptieren würden. Einige dieser Leute kamen auch nach Mankiller Flats, um mich von meiner Kandidatur abzubringen. Ich sah, wie sie sich auf der staubigen Straße meinem Haus näherten, und eines Tages meinte ich zu Charlie, wenn nur noch einmal jemand zu mir kommen und versuchen würde, mir mein Vorhaben auszureden, dann würde ich mich auf jeden Fall zur Wahl stellen. Anfang 1987 gab ich meine Kandidatur offiziell bekannt und äußerte den Wunsch nach einem »positiven, nach vorn blickenden Wahlkampf«. Ich wählte John A. Ketcher, der seit 1983 Mitglied des Stammesrates war und 1985 vom Rat zu meinem Nachfolger als stellvertretender Häuptling gewählt worden war, als Mitkandidaten für die Wahl am 20. Juni aus. John, der 1922 im südlichen Mayes County geboren worden war, war nur zu elf Sechzehntel Cherokee. Er hatte am Zweiten Weltkrieg teilgenommen und an der Northeastern State University in Tahlequah studiert. Ebenso wie ich sah er die Einigkeit unseres Volkes und die Förderung der Wirtschaft als die wichtigste Voraussetzung für das Wohlergehen der Cherokee Nation an, und das hat sich bis heute nicht geändert. John ist immer noch stellvertretender Häuptling der Cherokee Nation und ein großer Gewinn für unser Volk.

Auch wenn wir anfallende Probleme erörtert haben, bleiben wir Freunde und unterstützen einander. Wir sind alle Cherokee. Dasselbe Blut fließt sowohl in den Adern der vollblütigen als auch der mischblütigen Cherokee. Jeder von uns würde gerne bestimmte Ziele verwirklicht sehen, doch wenn wir uns während der vier Jahre zwischen den Wahlen fortwährend über Probleme und Kandidaten streiten, wären wir nicht mehr in der Lage, etwas für jene zu tun, die unsere Hilfe benötigen und denen wir dienen – das Volk der Cherokee.

JOHN A. KETCHER,
stellvertretender Oberster Häuptling

Bei der Wahl mußte ich gegen drei Konkurrenten antreten: Dave Whitekiller, ein Postbediensteter aus der kleinen Gemeinde Cookson und ehemaliges Mitglied im Stammesrat, William McKee, ein stellvertretender Verwaltungsleiter im W. W. Hastings Indian Hospital in Tahlequah, und Perry Wheeler, ein Leichenhallenvorsteher aus Sallisaw in Sequoyah County, der bereits einmal als stellvertretender Häuptling amtiert hatte.

Der Wahlkampf war von Anfang an, wie es ein Mitglied des Stammesrates ausdrückte, »von Bosheit durchdrungen«. Ich schenkte dem jedoch keine Beachtung, sondern tat, was ich immer getan hatte – ich fuhr in die einzelnen Cherokee-Gemeinden, sprach mit so vielen Menschen wie möglich über die anstehenden Probleme und versuchte alle ihre Fragen zu beantworten. Meine Kritiker behaupteten, daß ich die Cherokee Nation nicht ordentlich verwaltet und geführt hätte, was eindeutig nicht zutraf. Die Einkünfte unseres Stammes hatten sich 1986 auf sechs Millionen Dollar belaufen; das war mehr als jemals zuvor. Doch wollte ich meine Kräfte nicht vergeuden, indem ich mit meinen Gegnern über solche Fragen stritt.

Bei der Wahl schieden alle Kandidaten außer Perry Wheeler und mir aus. Da keiner von uns beiden die absolute Mehrheit errungen hatte – ich hatte 45 Prozent und Wheeler 29 Prozent der Stimmen erhalten –, mußten wir im Juli zur Stichwahl antreten. In der kurzen noch verbleibenden Zeit bis zu diesem Termin setzten sich meine Anhänger nach Kräften für mich ein. Vor allem Charlie war mir eine unschätzbare Hilfe. Er besuchte viele Cherokee-Familien auf dem Land, die nur wenig Englisch sprachen, um die Menschen daran zu erinnern, daß Frauen vor dem Eindringen des weißen Mannes wichtige Rollen in der Stammesführung gespielt hatten. Er mahnte die Leute, die Augen weder vor der Vergangenheit noch der Zukunft zu verschließen.

Charlies Unterstützung war auch deshalb so wichtig für mich, weil ich während der letzten Wochen der Wahlkampagne wieder mit meinem alten Nierenleiden zu kämpfen hatte. Kurz vor dem Wahltermin wurde ich in Tulsa ins Krankenhaus eingeliefert, doch die Ärzte konnten weder den Infektionsherd genau lokalisieren noch die Entzündung ausheilen. Die langwierige Erkrankung kostete mich nicht nur beinahe den Wahlsieg, sondern auch das Leben, denn sie verursachte einen schweren, irreversiblen Nierenschaden. Seit dieser Zeit mußte ich immer wieder wegen Nieren- und Harnwegsinfektionen behandelt werden, bis ich mich 1990 einer Nierentransplantation unterzog.

Wheeler, der bei der Wahl im Jahre 1983 gegen Ross Swimmer unterlegen war, versuchte meinen Krankenhausaufenthalt zum Wahlkampfthema zu machen und ließ verlautbaren, daß ich niemals die Wahrheit über meinen Gesundheitszustand gesagt hätte. Ich fühlte mich an die Angriffe auf Ross Swimmer erinnert, als dieser mit seiner Krebserkrankung zu kämpfen hatte. Wheeler, der sich am besten als Politiker alten Stils beschreiben ließe, behauptete außerdem, daß ich zu wenige der »besser bezahlten« öffentlichen Ämter mit Angehörigen unseres Stammes besetzt hätte.

Als sie [Mankiller] hierher [Oklahoma] zurückkam, hatte sie eine andere Weltanschauung. Sie wuchs in einer Zeit auf, als dieser Hippie-Wahnsinn gerade Mode war.
PERRY WHEELER, *Tulsa Tribune*, 1987

Als die Stimmen aus allen vierunddreißig Wahlbezirken und die Briefwahlstimmen ausgezählt waren, stellte sich die Frau, die angeblich nichts von Politik verstand, als Siegerin heraus. Am Abend nach der Stichwahl besuchten wir das Tulsa-Powwow, auf dem meine Tochter Gina geehrt wurde. Auf einem Photo, das bei diesem Anlaß entstand, sehen Charlie, Gina, Felicia und ich so müde und erschöpft aus, als ob wir gerade eine Schlacht geschlagen hätten. Als wir in derselben Nacht nach Tahlequah zurückkehrten, um uns nach den Wahlergebnissen zu erkundigen, hatte die Auszählung der örtlichen Stimmbezirke ergeben, daß ich einen mühelosen Sieg errungen hatte. Um mich herum wurde ausgelassen gefeiert, doch ich blieb wegen des noch ausstehenden Briefwahlergebnisses skeptisch. Erst als auch diese Stimmen ausgezählt waren, konnte ich mich der Freude hingeben.

Zum ersten Mal hatte die Cherokee Nation eine Frau zum Obersten Häuptling gewählt – der erste weibliche Häuptling eines Indianerstammes. Ich hatte Perry Wheeler geschlagen, und John Ketcher war in seinem Amt als stellvertretender Häuptling bestätigt worden. Kurz vor Mitternacht gestand Wheeler seine Niederlage ein.

Endlich hatte ich das von mir angestrebte Mandat erhalten. Es war ein süßer Sieg, denn ich hatte nun das Gefühl, daß meine Geschlechtszugehörigkeit nicht mehr von Belang war. Wenn heute Mitglieder meines Stammes gefragt werden, ob es wirklich eine Rolle spiele, ob der Oberste Häuptling ein Mann oder eine Frau sei, dann werden dies die meisten verneinen.

Aufgrund meines Erfolgs nehmen manche Menschen irrtümlich an, daß sich die Position der Frau in *allen* Stämmen gewandelt habe. Eine solche Schlußfolgerung läßt sich auf ein mangelndes Verständnis der indianischen Kulturen zurückführen. In der afro-amerikanischen Gemeinde können sich die Menschen um eine Führungsgestalt scharen, wie dies zum Beispiel bei Martin Luther King der Fall war. Die indigenen Völker Amerikas unterscheiden sich jedoch in ihren Sprachen, ihren künstlerischen Ausdrucksformen, ihren Sozialsystemen etc. beträchtlich voneinander. Bei vielen Stämmen haben Frauen keine offiziellen Ämter inne, doch in den meisten Fällen haben Männer und Frauen eine relativ gleichberechtigte Stellung, und es herrscht eine gewisse Harmonie zwischen den Geschlechtern. Die Lakota kennen ein Sprichwort, welches besagt, daß »ein Volk so lange nicht geschlagen ist, wie die Herzen der Frauen nicht besiegt sind«. Ein wichtiges Vorbild als Mensch und als Führergestalt ist für uns alle meiner Auffassung nach die guatemaltekische Menschenrechtsaktivistin und Friedensnobelpreisträgerin Rigoberta Menchú. Sie verkörpert für mich die besten Seiten dessen, was Frauen indigener Völker darzustellen vermögen. Ihr Leben und ihre Leistungen nötigen mir und vielen anderen Indianern in Mittel-, Süd- und Nordamerika tiefen Respekt ab.

Auch die Cherokee können sich glücklich schätzen, viele starke Frauen zu haben. Ich habe ein führendes Amt erreicht, weil ich bereit bin, Risiken einzugehen, und ich ermutige andere Frauen, ob nun Cherokee oder nicht, das gleiche zu tun. Ich hoffe, daß im Laufe der Zeit immer mehr Frauen in Führungspositionen aufsteigen werden. Als ich 1983 für das Amt des stellvertretenden Häuptlings kandidierte, gab ich meine Arbeitsstelle auf und wendete meine gesamten Ersparnisse sowie die Versicherungsleistungen, die ich für meinen Autounfall erhielt, zur Finanzierung meines Wahlkampfs auf. Meine Freunde bezeichnen mich als eine Frau, die es liebt, auf dem Dachfirst zu tanzen.

In alter Zeit genossen Frauen bei den meisten Indianerstämmen hohes Ansehen. Im Gegensatz zu dem, was Sie wahrscheinlich in Geschichtsbüchern gelesen haben, spielten Männer nicht in allen Stämmen die dominierende Rolle.

WILMA MANKILLER, *Harvard-Universität, 1987*

Falls man sich später einmal an mich erinnern sollte, dann hoffentlich deswegen, weil ich das Glück hatte, zum ersten weiblichen Häuptling meines Stammes gewählt worden zu sein. Doch würde ich den Menschen auch gerne im Gedächtnis bleiben, weil ich immer betont habe, daß unser Stamm eigene Lösungen für seine Probleme hat.

Während der ersten Jahre meiner Amtszeit hatte ich das Gefühl, daß eine ungeheure Verantwortung auf mir lastet. Ich glaubte, daß ich keine Zusammenkunft, keine Sitzung versäumen dürfe, weil dies ein schlechtes Licht auf alle Frauen werfen würde. Ich fürchtete, daß nicht nur meine eigene Glaubwürdigkeit, sondern auch die Glaubwürdigkeit jeder Frau, die nach mir käme, auf dem Spiel stünde.

Nach und nach begann ich mich zu entspannen, und als ich mich in meiner Position täglich wohler fühlte, konnte ich noch mehr für die Cherokee tun. Sogar die fortwährende Publicity, die mir die Wahl auch noch einige Zeit später bescherte, kam mir gerade recht, denn jedes Interesse, das meiner Person entgegengebracht wurde, konnte zum Nutzen der Cherokee Nation eingesetzt werden.

> Wenn ich sie anschaue, sehe ich nur Wilma. Aber manchmal denke ich daran, was sie geleistet hat ... und kann es nicht fassen.

IRENE MANKILLER,
Oklahoma Today, Februar 1990

Obwohl mir die Fortschritte der Cherokee Nation großen Auftrieb gaben, litt ich weiterhin unter Nierenbeschwerden. Die Ärzte in Tulsa hatten eine Fehldiagnose gestellt, und daher suchte ich in Denver medizinische Hilfe. Ich wußte zwar um meine polyzystische Nierenerkrankung, hegte aber dennoch weiterhin die Hoffnung, daß es bei mir nicht eines Tages zu dem völligen Nierenversagen kommen würde, das die Ärzte mir damals in Kalifornien prophezeit hatten. Ich probierte sogar einige hochexperimentelle Behandlungsmethoden aus, um das Fortschreiten der Krankheit aufzuhalten, jedoch ohne Erfolg.

Auf Anraten eines Nierenspezialisten unterzog ich mich schließlich im Frühjahr 1989 an der Universität Oregon einer Operation, bei der beide Nieren durch einen Schnitt in die Bauchdecke freigelegt, die Zysten teilweise entfernt und das Gewebe in Antibiotika gebadet wurde. Dieses Verfahren sollte zumindest die Häufigkeit und die Schwere der Niereninfektionen reduzieren und den Krankheitsverlauf verlangsamen. Aber auch dieser Behandlungsversuch erwies sich als zwecklos. Kurz nach meiner Rückkehr nach Oklahoma wurde ich wieder mit einer schweren Niereninfektion ins Krankenhaus eingeliefert.

Im Herbst 1989 war offensichtlich, daß ein Nierenversagen unmittelbar bevorstand. Ich mußte mich erneut ins Krankenhaus begeben und erfuhr, daß ich mich bald einer regelmäßigen Dialyse würde unterziehen müssen und mich auf eine Nierentransplantation innerhalb der nächsten sechs Monate einstellen müsse. Daraufhin beschaffte ich mir alles verfügbare Informationsmaterial über Nierentransplantationen. Ich fühlte mich sehr müde und erschöpft angesichts der Tatsache, daß mir ein weiterer Kampf um mein Leben und meine Gesundheit bevorstand. Waren der Autounfall, der traumatische Tod meiner Freundin Sherry, die vielen Operationen und schließlich die Myasthenia gravis nicht genug für eine Person gewesen? Ich war mir nicht sicher, ob ich die Kraft aufbringen würde, etwas Ähnliches noch einmal durchzustehen.

Während eines meiner vielen Krankenhausaufenthalte in dieser Zeit sprach ich einmal mit einer Ärztin über die verschiedenen Behandlungsmöglichkeiten. Ich war beeindruckt von ihrer Jugend und ihrem Elan. Sie hatte mir zuvor erzählt, daß sie bald heiraten und eine eigene Praxis eröffnen werde. Während ich ihr zuhörte, erlaubte ich mir den seltenen Luxus, mir die Frage zu stellen, wie es wäre, in ihrer Haut zu stecken und ein Leben ohne unablässige soziale und politische Kämpfe und ohne Krankheiten zu führen.

Nachdem ich an diesem Nachmittag stundenlang über meine Probleme nachgegrübelt hatte, schlief ich ein. Im Schlaf überwand ich die Frustrationen und das Gefühl der Hilflosigkeit, und ich träumte. Als ich aufwachte, fühlte ich mich gestärkt, so als ob ich an einen sicheren Ort zurückgekehrt sei. Ich spürte, daß ich auch diese Bedrohung abwehren könnte, wenn ich nur wollte. Und ich wußte, daß ich jeden Schritt auf diesem Weg in aller Öffentlichkeit zusammen mit der Cherokee Nation gehen würde.

Die Ärzte erklärten mir, daß sie warten wollten, bis meine kranken Nieren ihre Arbeit völlig eingestellt hätten. Dann wollten sie sie entfernen, mich einer regelmäßigen Dialyse unterziehen und meinen Namen auf die landesweite Warteliste für Spendernieren setzen. Dieser Plan gefiel mir jedoch nicht. Ich fühlte mich bereits sehr schwach und konnte mir nicht vorstellen, wie ich die vor mir liegenden Prozeduren überstehen sollte. Damals erfuhr ich, wie viele Menschen auf Wartelisten für Organspenden standen, und obwohl das Bewußtsein für den Bedarf an Spendern gewachsen war, fanden sich dennoch bei weitem nicht genug Personen, die bereit waren, sich zu diesem Zweck registrieren zu lassen – manch einer, der Gelegenheit hätte, mit einem Menschen zu sprechen, dessen Leben durch eine fremde Leber oder ein fremdes Herz gerettet wurde, würde vielleicht seine Meinung ändern.

Während ich auf meine Nierenoperation wartete, fragte ich das Ärzteteam, ob es möglich wäre, meine nächsten Familienangehörigen daraufhin zu untersuchen, ob sie als Spender in Frage kämen. Die Ärzte waren einverstanden, und so fragte Charlie alle meine Brüder und Schwestern, meine Mutter und meine beiden Töchter, ob sie bereit wären, mir eine Niere zu spenden. Drei meiner Brüder, zwei Schwestern und meine Tochter Felicia erklärten sich sofort einverstanden, doch nachdem alle untersucht worden waren, blieb nur noch meine Schwester Frances als mögliche Spenderin übrig. Die anderen litten alle selbst unter einer erblichen Nierenkrankheit, die jedoch in keinem Fall so gravierend war wie bei mir. Frances hatte zwar gesunde Nieren, doch wurden bei ihr leicht erhöhte Blutdruck- und Blutzuckerwerte festgestellt. Nach weiteren Untersuchungen entschieden die Ärzte, daß auch sie nicht als Spenderin in Frage kam, wenn diese Probleme nicht beseitigt werden könnten.

Ich war jedoch mit dem medizinischen Rat, den ich bisher erhalten hatte, nicht zufrieden. Ich erklärte den Ärzten, daß ich mich noch in einem anderen Transplantationszentrum untersuchen lassen wollte – sehr zum Ärger meines betreuenden Arztes, der mir daraufhin sagte, daß ich meine Behandlung nicht selbst diktieren könne.

Damit erlebte ich das gleiche Trauma wie meine Freundin Gloria Steinem, die ich bei unserer gemeinsamen Arbeit im Stiftungsausschuß der Zeitschrift *Ms.* näher kennengelernt hatte. Gloria empfahl mir einen hervorragenden Arzt, von dem sie glaubte, daß er mir helfen könne. Als ich zögerte, vereinbarte sie für mich einen Untersuchungstermin in seiner Praxis in Boston. Es war das Beste, was sie für mich tun konnte, denn Dr. Anthony Monaco, ein erfahrener Transplantationschirurg, der mit dem New England Deaconess Hospital und der Harvard Medical School zusammenarbeitete, rettete mir das Leben.

Bereits nach einem viertelstündigen Gespräch mit Dr. Monaco wußte ich, daß ich den richtigen Arzt gefunden hatte. Er ordnete an, daß Frances erneut untersucht würde, und obwohl sie im Prinzip als geeignete Spenderin erschien, hatte er Bedenken wegen ihres Blutzuckerspiegels und Blutdrucks und ließ weitere Untersuchungen durchführen.

Unterdessen verschlechterte sich mein Zustand zusehends. Ich litt unter schwerer Anämie und zunehmendem Kräfteverfall. Meine Nieren arbeiteten kaum noch, als Frances sich einer letzten Testreihe unterzog. Charlie und ich nahmen gerade an einer Wohltätigkeitsveranstaltung in New York teil, als wir die Nachricht erhielten, daß die Ergebnisse negativ waren und meine Schwester nicht als Spenderin in Frage kam. Wir waren also keinen Schritt weitergekommen und wußten uns keinen Rat mehr.

Einige Tage später jedoch wandte sich Charlie an das einzige unter meinen Geschwistern, das noch nicht untersucht worden war – meinen Bruder Don, der in Kalifornien lebte. Charlie erläuterte ihm meine Situation, und Don erklärte sich sofort bereit, als Spender zu fungieren, sofern keine medizinischen Gründe dagegensprachen. Die darauffolgenden Untersuchungen ergaben, daß er völlig gesund war. Eine Organspende ist jedoch immer eine sehr schwierige Entscheidung, und das galt für Don um so mehr, als er eine starke Abneigung gegen Krankenhäuser und Ärzte hat und deshalb sehr auf seine Gesundheit achtet, um möglichst nicht auf irgendeine medizinische Einrichtung angewiesen zu sein.

Don besprach die Situation mit seiner Frau und seinen Kindern, die sich natürlich um seine Sicherheit und Gesundheit sorgten. Er beschloß letztlich jedoch, sich in Boston einer abschließenden Untersuchung zu unterziehen, und so wurde festgestellt, daß unsere Blutwerte übereinstimmten und nichts einer Transplantation im Wege stand.

Im Frühjahr 1990 erklärte sich Don bereit, sich operieren zu lassen und mir eine seiner gesunden Nieren zu spenden, woraufhin für den Juni ein Transplantationstermin angesetzt wurde. Ich weiß, wie schwer ihm diese Entscheidung fiel, und meine Dankbarkeit für sein Opfer läßt sich nicht in Worten ausdrücken. Wie schon in unserer Jugend, als er zusammen mit meinem Vater arbeiten gegangen war, um uns zu ernähren und Schuhe zu kaufen, ist er für mich ein hochverehrtes Vorbild. Ohne ihn, ohne Gloria Steinems Engagement und Dr. Monacos Können würde ich heute nicht mehr leben. Einmal mehr hatte der Tod an meine Tür geklopft und mir dann doch einen Aufschub gewährt.

Die Operation dauerte drei Stunden. Die transplantierte Niere begann sofort zu arbeiten. Don hatte nach dem Eingriff unglaubliche Schmerzen, aber wir beide erholten uns rasch, obwohl ich große Schuldgefühle hatte, als ich sah, wie er um meinetwillen leiden mußte. Seither gab es jedoch, mit Ausnahme von geringfügigen Problemen, keine wesentlichen Komplikationen. Im August desselben Jahres, knapp zwei Monate nach der Transplantation, war ich bereits wieder in Oklahoma, um meine Amtsgeschäfte aufzunehmen. Ich habe jedoch viel zu großen Respekt vor dem Tod, um mich zur Siegerin zu erklären. Obwohl ich mich die meiste Zeit gesundheitlich gut fühle, bin ich mir bewußt, daß bei einer solchen Krankheit immer Komplikationen drohen und daß es zu einer Abstoßung der Niere oder zu anderen, mit der Transplantation in Zusammenhang stehenden Problemen kommen kann.

Dennoch habe ich mich seither nach Kräften bemüht, die Situation meines Stammes und anderer Indianer zu verbessern, indem ich das Prinzip der Selbstverwaltung gestärkt und möglichst viele Bedürfnisse der Menschen unter Vermeidung der früher üblichen bürokratischen Verzögerungen erfüllt habe. Ich bin stolz, wenn ich erlebe, daß Menschen ihre individuelle Situation *aus eigener Kraft* verbessern, durch Nutzung verschiedener Ausbildungs- und Arbeitsmöglichkeiten. Wir Cherokee haben es geschafft, uns in einer modernen, sich rasch wandelnden Welt zurechtzufinden und dabei gleichzeitig unsere kulturellen Werte und Traditionen zu bewahren.

Vieles bleibt jedoch noch zu tun. Daher entschloß ich mich 1991, für eine weitere vierjährige Amtszeit zu kandidieren. Ich wollte meine Arbeit unbedingt fortsetzen – vor allem auf dem Gebiet der medizinischen Versorgung und des Wohnungsbaus. Obwohl ich mich mit zwei sehr ernst zu nehmenden Gegenkandidaten messen mußte, William K. Dew und Art Nave, wurde ich mit einer überwältigenden Mehrheit wiedergewählt. Die Zeitungen sprachen von einem erdrutschartigen Sieg, weil ich 82,7 Prozent der Stimmen erhalten hatte. Einen solchen Erfolg hatte ich niemals erwartet; ich hatte nur gehofft, eine Stichwahl vermeiden zu können. Die breite Zustimmung machte mir deutlich, daß die durch meine Geschlechtszugehörigkeit und meine Vergangenheit bedingten Zweifel an meiner Person endgültig ausgeräumt waren.

Am 14. August 1991 wurde ich für meine zweite Amtszeit vereidigt. Wieder nahm eine große Zahl von Gästen an der Zeremonie teil. Charlie hielt die Bibel, als ich erneut den Amtseid ablegte. Es wurden viele Reden gehalten, ich hörte sehr herzliche Worte und fühlte mich wohl, als ich auf dem Podium zu den Menschen sprach. Ich spürte, daß neben den im Saal anwesenden Zuhörern noch viele andere Menschen in diesem Augenblick geistig bei mir waren.

Dieses ist ein guter Zeitpunkt zum Feiern, denn wir stehen an der Schwelle zum 21. Jahrhundert, und die Cherokee Nation hat immer noch eine starke, lebensfähige Regierung. Wir verfügen nicht nur über eine Stammesführung, die durch die Zeiten überlebt hat, sondern die auch wächst, Fortschritte macht und an Kraft gewinnt. Wir haben es nicht nur geschafft zu überleben, sondern wir entwickeln uns auch mit Entschlossenheit in positiver Weise weiter. Angesichts unserer an Widrigkeiten reichen Geschichte betrachte ich es als einen Beweis für die Zähigkeit sowohl der einzelnen Stammesangehörigen als auch unseres ganzen Volkes, daß wir fähig waren, die Regierung der Cherokee Nation seit undenklichen Zeiten funktionsfähig zu erhalten.

WILMA MANKILLER, Antrittsrede, 1991

Die Vorhaben, die ich nach meiner Wahl in Angriff genommen habe, umfassen unter anderem einen neuen Bildungsplan, Alphabetisierungsprogramme und Sprachkurse in unserer Stammessprache, den Ausbau der Sequoyah High School zu einer fachlich spezialisierten Einrichtung mit großem Einzugsgebiet, den Aufbau eines umfassenden medizinischen Versorgungssystems, Betreuungs- und Förderungsmaßnahmen für Kinder und Jugendliche, die Regelung alter Ansprüche auf Grund und Boden, eine Neuordnung des Steuersystems, Wohnungsbauprojekte, Umweltschutz und die wirtschaftliche Entwicklung.

Meine Familie ist natürlich immer noch ein wichtiger Bestandteil meines Lebens und bleibt für mich ein Quell der Freude.

Meine Tochter Felicia ist eine ruhige, eher zurückhaltende Frau, die kein besonderes Interesse an politischen Fragen hat. Sie arbeitet an der Northeastern State University in Tahlequah und ist Mutter von zwei Söhnen und einer Tochter, Aaron, Jaron und Breanna Swake, die heute sieben, drei und zwei Jahre alt sind.

Gina ist sehr lebhaft, extravertiert und zeichnet sich in allen Bereichen durch sehr gute Leistungen aus. Ebenso wie ich interessiert sie sich sehr für Politik. Sie hat einen vierjährigen Sohn, Kellen Quinton.

Meine beiden Töchter haben Cherokee-Männer geheiratet.

In ihrer Kindheit ermunterte ich Felicia und Gina zum Lesen, versuchte ihnen einen gewissen Sinn für Humor zu vermitteln und ihr Interesse für Musik und Tanz zu wecken. Damals tanzten wir zusammen zu allen möglichen Liedern; am besten gefiel uns jedoch »Respect« von Aretha Franklin. Seit meinem Autounfall im Jahre 1979 bin ich zu dieser Form des Tanzens nicht mehr fähig, und es erfüllt mich daher immer mit Trauer, wenn meine Töchter von der Zeit sprechen, »als Mama mit uns getanzt hat«. Gleichwohl lasse ich es mir nicht nehmen, an Tanzzeremonien teilzunehmen.

Charlies dreizehnjähriger Sohn Winterhawk Soap lebt bei uns auf Mankiller Flats. Wie sein Vater beherrscht er die Tänze der Plains-Indianer. Er nimmt auch an Tanzzeremonien der Cherokee teil und zeigt ein großes Interesse für die Kultur seines Volkes. Er hat außerdem eine Vorliebe für Kunst und Geschichte und tut sich in der Schule von Rocky Mountain als guter Schüler hervor.

Wenn ich mich zu Hause auf Mankiller Flats aufhalte und von meinen Büchern, Kunstgegenständen, Enkelkindern und der Natur umgeben bin, wird mir bewußt, daß mein Weg mich tatsächlich an den Ort geführt hat, für den ich immer bestimmt war. Wenn ich im Winter am Feuer sitze, im Frühjahr einen Spaziergang auf den Pfaden unternehme, die seit Generationen von meiner Familie benutzt wurden, oder auf der Veranda sitze und den Gespenstheuschrecken zusehe, die an den Blättern des Judasbaums knabbern, dann denke ich oft an meine Vergangenheit und an die Geschichte meines Volkes.

Mir kommen die vielen Cherokee in den Sinn, die in den letzten beiden Jahrhunderten unsere traditionelle Lebensweise aufgaben. Diese Cherokee-Elite, wie ich sie bezeichne, übernahm die Sitten und Bräuche der Weißen. Ich denke auch an ihre Gegner, die Traditionalisten, die der Vergangenheit unseres Volkes treu blieben. Diese Spaltung stellte eine ungeheure Belastung für unser Volk dar. Im Jahre 1811 glühte wochenlang ein großer Komet am Himmel, und es verbreitete sich die Kunde, daß noch mehr Auseinandersetzungen mit den Creek und den Briten bevorstünden.

Zu dieser Zeit stand unser Volk am Scheideweg. Es war eine Periode großer Unruhe, und in diesem Jahr und dem darauffolgenden verbreiteten schwere Erdbeben unter unserem Volk

Angst und Schrecken. Über ein Vorzeichen des kommenden Aufruhrs berichtete der »Neffe des Kriegers« den Herrnhutern. Er erzählte, daß einige Indianer – angeführt von einem Mann mit einer Trommel – vom Himmel herabgekommen seien. Der Mann hatte den Cherokee erklärt, daß die »Mutter des Volkes« unglücklich sei, weil wir keinen Mais mehr anbauten und weil wir den Weißen unsere heiligen Städte überlassen hatten. »Die Mutter des Volkes« wünschte, daß die Cherokee zu ihren alten Bräuchen zurückkehrten.

Der mündlichen Überlieferung zufolge behauptete zu dieser Zeit ein großer Cherokee-Prophet namens Charley, daß er eine Botschaft vom Großen Geist, dem Schöpfer des Lebens und des Atems, erhalten habe.

Charley kam eines Tages in Begleitung von zwei Wölfen aus den Bergen. Er erzählte einer Versammlung von Cherokee, daß der Große Geist darüber ungehalten sei, daß wir unsere alten Sitten zugunsten der Mühlen, der Kleidung und Kultur des weißen Mannes aufgegeben hätten. Er sagte, daß der Große Geist verstimmt sei und wünsche, daß die Cherokee wieder ihre alten Tänze pflegten und ihre Feste begingen – daß sie wieder in ihren Träumen dem Großen Geist lauschten. Charley warnte unser Volk, daß ihnen der Tod drohe, wenn sie seine Botschaft mißachteten. Als jedoch jenen, die seine Prophezeiung ignorierten, nichts geschah, verlor Charley die Autorität, die er bei unserem Volk besessen hatte. Einige von uns erkennen heute jedoch, daß Charley möglicherweise nicht einen körperlichen, sondern einen geistigen Tod meinte.

Diese Legende ist eine von meinen liebsten Geschichten, denn sie enthält eine Lehre. Wenn sie gekonnt erzählt wird, dann kann ich sehen, wie der Prophet und seine beiden Wölfe aus der Nacht treten und die Cherokee vor dem drohenden Verlust ihrer Traditionen und ihrer Kultur warnen.

Unter den Kunstwerken in unserem Haus befinden sich auch ein Gemälde und eine Holzskulptur, die darstellen, wie Charley und seine Wölfe vor dem Cherokee-Rat erscheinen. Sie erinnern mich jeden Tag daran, daß auch die heutigen Cherokee auf der Hut sein müssen, daß wir alles tun müssen, um unsere Sprache, unsere Riten, unsere Kultur zu bewahren. Denn wir sind Menschen von heute – Menschen der sogenannten modernen Welt. Doch vor allem anderen werden wir immer Cherokee sein.

CHRONOLOGIE

1492   Christoph Columbus landet in Amerika. Mit dem Kontakt zwischen der indigenen Bevölkerung und den Spaniern beginnt die Besiedlung des amerikanischen Kontinents durch die Europäer.

1500   Etwa 75 Millionen Ureinwohner leben in der westlichen Hemisphäre, davon 6 Millionen in den heutigen USA. Die Cherokee sind in einem mehr als 28 Millionen Hektar umfassenden Gebiet ansässig, das heute zu Tennessee, Georgia, Alabama, Kentucky, North Carolina, South Carolina und Virginia gehört.

1519   Hernando Cortés bringt das Pferd nach Mexiko. Die Hälfte der indigenen Bevölkerung im heutigen Santo Domingo stirbt an Pocken, einer in Nordamerika bislang unbekannten Krankheit.

1532   Die Spanier gelangen zu der Auffassung, daß die Ureinwohner als die rechtmäßigen Herrscher über Amerika anzusehen sind. Um selbst die Herrschaft über die »Neue Welt« zu erlangen, werden sie einen »gerechten Krieg« führen oder die Ureinwohner dazu überreden müssen, ihr Land freiwillig abzutreten.

1538   Kartographen verwenden erstmalig die Bezeichnung »Amerika« für die Provinzen in der »Neuen Welt«.

1540   Mit der Expedition Hernando de Sotos dringen die ersten Europäer in die »Provinz Chelaque« vor. Zu dieser Zeit siedeln die Cherokee in den Flußebenen und betreiben Schiffahrt und Handel.

1541	Coronado bereist die *Great Plains* und bringt Pferde, Mulis, Schweine, Rinder und Schafe auf den nordamerikanischen Kontinent.
1609	Weiße Siedler lassen sich im Gefolge von Missionaren in Santa Fe nieder, das in einer von Spanien beanspruchten Region liegt.
1626	Die Indianer verkaufen die Insel Manhattan zu einem Preis von etwa 24 Dollar in Handelswaren an holländische Siedler.
1673	Die Cherokee verhandeln mit britischen Handelsreisenden über die Nutzung der durch Cherokee-Gebiet fließenden Wasserwege für Handelszwecke.
1680	Die Pueblo-Völker im heutigen Neu-Mexiko revoltieren gegen die Spanier. Sie drängen die Soldaten und Siedler nach Mexiko zurück. Erst in den neunziger Jahren des 16. Jahrhunderts, als De Vargas ein Friedensabkommen mit den Pueblos schließt, wagen sich wieder Europäer in das Gebiet.
1721	Die Cherokee schließen mit der Kolonie South Carolina einen Vertrag, der genaue Grenzen zwischen ihrem Gebiet und den Niederlassungen der Siedler festlegt. Der Gouverneur von South Carolina fordert die Ernennung eines Häuptlings, um die offiziellen Kontakte zwischen den Weißen und den verschiedenen Cherokee-Gruppen zu vereinfachen.
1730	Eine Delegation von sechs Cherokee besucht London, um die Beziehungen zwischen der Cherokee Nation und der Britischen Krone zu festigen. Sie handeln den nicht rechtskräftig gewordenen Vertrag von Dover aus, der die »ewige Freundschaft« zwischen den beiden souveränen Nationen sichern soll und den Briten das Monopol auf den Handel mit den Cherokee sichert.
1752	Christliche Missionare versuchen erstmalig, Einfluß auf die Cherokee zu nehmen.
1754	Benjamin Franklin schlägt einen Zusammenschluß aller

amerikanischen Kolonien vor, um eine zentrale Kontrolle über die Indianerpolitik und die Vereinbarungen mit der indigenen Bevölkerung zu gewährleisten.

Der sogenannte *French and Indian War* beginnt, wobei Großbritannien und Frankreich zu ihrem Vorteil die verschiedenen eingeborenen Völker gegeneinander ausspielen. In der Folge erlangt die Britische Krone die Kontrolle über die Beziehungen mit den eingeborenen Völkern und übernimmt damit die Verantwortlichkeiten der einzelnen Kolonialregierungen.

1760 Ein unseliger Krieg zwischen den Cherokee und den Briten beginnt. Die Auseinandersetzungen dauern ein Jahr und enden mit der Kapitulation der Cherokee.

1761 Zwei Cherokee-Delegationen besuchen nacheinander London. Die Beziehungen zwischen den Cherokee und den Briten bessern sich mit der Einrichtung von zwei »Indianer-Bezirken« und der Ernennung von Vermittlungsbevollmächtigten.

1763 Die Massenauswanderung von Europäern nach Amerika beginnt. König Georg III. von Großbritannien erläßt die Proklamation von 1763, in der alle Gebiete westlich der Appalachen zum »Indianerland« erklärt werden und der Rückzug aller britischen Untertanen aus dieser Region angeordnet wird.

1776 Die amerikanischen Kolonien geben eine Unabhängigkeitserklärung ab. Aufgrund bestehender Abkommen mit der Britischen Krone werden viele indianische Völker automatisch zu Verbündeten Großbritanniens.

1776 Nach erfolgreichen Angriffen amerikanischer Truppen
BIS 1777 auf Cherokee-Siedlungen sind die Cherokee bereit, einen Friedensvertrag mit den Amerikanern zu schließen. Durch das Abkommen werden fast das gesamte Land der Cherokee in South Carolina und weite Gebiete in North Carolina und Tennessee an die Weißen abgetreten. Unter der Führung von *Dragging Canoe* weigern sich

eine Reihe von Cherokee, den Vertrag zu unterzeichnen. Sie sagen sich von der Cherokee Nation los und lassen sich entlang des Chickamauga Creek nieder, von wo aus sie weiterhin gegen die Amerikaner kämpfen.

1781   Die Vereinigten Staaten ratifizieren die »Artikel der Konföderation«, die dem Kontinentalkongreß die alleinige Zuständigkeit für die indianischen Angelegenheiten verleihen. Die Gesetzgebungskompetenzen der einzelnen Bundesstaaten bleiben davon unberührt.

VERTRAG VON HOPEWELL

1785   Der Vertrag von Hopewell, der erste Vertrag zwischen den Vereinigten Staaten und der Cherokee Nation, wird unterzeichnet. Der Vertrag unterstellt die Cherokee dem Schutz der Regierung der Vereinigten Staaten – kein anderer Souverän soll Macht über sie ausüben – und gelobt, sie vor Unterdrückung zu bewahren.

1787   Der Kongreß verabschiedet die *Northwest Ordinance* (»Nordwest-Verordnung«), in der zugesichert wird, daß Gebiete der Indianer »... ihnen niemals ohne ihre Zustimmung abgenommen werden sollen ...« und daß »... die Gebiete niemals besetzt oder ihr Frieden gestört werden soll, es sei denn, es käme zu einem gerechten und vom Kongreß als rechtmäßig befundenen Krieg«.

1789   Die Verfassung der Vereinigten Staaten wird verabschiedet. Sie enthält einen Artikel, der den Präsidenten ermächtigt, mit Zustimmung des Senats Verträge zu schließen, auch solche mit den indianischen Nationen.

1790   Der *Trade and Intercourse Act* (»Gesetz zur Regelung des Handels und der Beziehungen zu den Indianern«) wird vom Kongreß verabschiedet. Er beschränkt das Recht der Weißen, indianisches Gebiet zu betreten und dort alkoholische Getränke zu verkaufen, und setzt Rechtsnormen zur Verfolgung von Verbrechen, die Angehörige eines Volkes gegen Angehörige eines anderen begehen.

1791   Der Vertrag von Holston wird unterzeichnet, der erste Schritt zu einem vollständigen Frieden zwischen den Vereinigten Staaten und der Cherokee Nation. Laut Vertrag »... garantieren die Vereinigten Staaten der Cherokee Nation feierlich den Besitz all ihren Landes, das sie durch diesen Vertrag nicht abgetreten haben ...« Als Gegenleistung unterstellen sich die Cherokee offiziell »... dem Schutz der vorgenannten Vereinigten Staaten von Amerika und keines anderen Souveräns«.

1792   Aufgrund einer internen Migrationsbewegung nach Süden wird die Hauptstadt der Cherokee von Echota im heutigen Tennessee nach Oostanaula in Georgia verlegt.

1794   Die Spanier schließen einen Vertrag mit den Choctaw, Chickasaw, Creek und den Cherokee. Die Cherokee treten weiteres Land an die Vereinigten Staaten ab. Unter der Führung von Häuptling Bowl läßt sich eine Gruppe von Cherokee im heutigen Arkansas nieder.

1801   Auf Gesuch des Nationalrates der Cherokee wird auf Cherokee-Territorium die erste Missionsschule eröffnet.

1802   Thomas Jefferson unterzeichnet den *Georgia Compact* (»Georgia-Vereinbarung«), in dem unter anderem die Umsiedlung der Indianer unterstützt wird.

1803   Durch den Louisiana-Purchase verdoppelt sich das Staatsgebiet der USA. Thomas Jefferson leitet die Umsiedlungspolitik ein – er macht den Vorschlag, alle östlichen Indianerstämme in die neuerworbenen Gebiete umzusiedeln. Der Kongreß stellt Mittel für das Vorhaben zur Verfügung, das von den meisten Indianern einschließlich einer bedeutenden Mehrheit der Cherokee abgelehnt wird. Westlich des Mississippi existieren bereits einige Cherokee-Siedlungen.

1804   Die Cherokee treten Gebiete in Georgia ab. Lewis und

Clark brechen zu ihrer historischen Expedition auf, die der Kartographierung des Missouri dienen soll.

1805 Die Cherokee erklären sich bereit, weiteres Stammesland aufzugeben. Die Vereinigten Staaten bestätigen ihre Schutzgarantie für die Cherokee Nation.

1806 Im Januar wird ein Vertrag geschlossen, in dem die Cherokee Gebiete in Tennessee und Alabama an die Vereinigten Staaten abtreten.

1808 Die Cherokee geben sich schriftliche Gesetze. Teile des Regelwerkes waren seit 1797 und schon vorher gültig.

1810 Vor dem Obersten Gerichtshof wird zum ersten Mal über das für die Indianer geltende Recht verhandelt. In der Sache »Fletcher gegen Peck« entscheidet das Gericht, daß die Bundesstaaten Land vergeben können, dessen Eigentumsrechte bei den Indianern liegen. Ihre Ansprüche gelten nur, sofern sie selbst auf dem Land siedeln.

1812 Der Krieg von 1812 beginnt. Mit dem Rückzug der Briten von amerikanischem Boden verlieren die Indianer die Möglichkeit, sich mit einer anderen Nation gegen die Vereinigten Staaten zu verbünden. Alle zukünftigen Verträge werden lediglich Instrumente zur Förderung der Expansion der Vereinigten Staaten nach Westen sein.

1813 Tahlonteeskee nahe dem Illinois im heutigen Oklahoma wird Hauptstadt der westlichen Cherokee. Während des Krieges, in dem die Creek gegen die Herrschaft der Weißen kämpfen, verbünden sich die Cherokee mit den Amerikanern. Rund 3 Hektar Cherokee-Land zwischen dem Verdigris River im heutigen Oklahoma und der Grenze zu den westlichen Cherokee werden an die Vereinigten Staaten verkauft.

1814 Ein Cherokee-Soldat rettet Andrew Jackson in der Schlacht von Horseshoe Bend das Leben.

1817 Der *General Crimes Act* (»Allgemeines Gesetz zur Verbrechensbekämpfung«) tritt in Kraft. Er sieht vor, daß Verbrechen, die von Nicht-Indianern an der indigenen Bevölkerung auf deren Territorium verübt werden, durch die Bundesbehörden verfolgt werden müssen. Damit werden die Indianer zum ersten Mal in ihren eigenen Gebieten dem Strafrecht der USA unterstellt. Der Postdienst der Vereinigten Staaten wird auf die Cherokee-Gebiete ausgedehnt. Mit dem *Exchange Treaty* (»Tauschvertrag«) werden den Cherokee Teile ihres Landes im Osten sowie Gebiete im heutigen Arkansas garantiert. Eine für die Reservate geltende Klausel bestimmt, daß abgetretenes Land Familienoberhäuptern übereignet werden kann, die damit zu Bürgern der USA werden.

1819   Im Februar stimmen die »Alten Siedler«-Cherokee einem Vertrag zu, der Vereinbarungen über einen Landtausch enthält und ihre Umsiedlung nach Arkansas vorsieht. Der Kongreß richtet einen Fonds zur »Zivilisierung der Indianer« ein.

1820   Dieses Jahr markiert den Beginn der Umsiedlungspolitik der USA, die bis 1861 offizielle Strategie der Regierung bleibt. Gemäß dieser Politik sollen die Indianer in Gebiete außerhalb des Territoriums der Bundesstaaten und in die Regionen westlich des Mississippi umgesiedelt werden.

1821   Sequoyah (George Guess oder Gist) entwickelt ein 85 Zeichen umfassendes Silbenalphabet für die Cherokee-Sprache. Das Alphabet wird in der Cherokee Nation und bei den westlichen Cherokee bald allgemein gebräuchlich.

1824   Im Kriegsministerium wird ein *Office of Indian Affairs* (»Amt für Indianische Angelegenheiten«) eingerichtet.

1825   Die USA beginnen mit der Umsiedlung der Indianer nach Westen.

1827   Gewählte Stammesvertreter verabschieden in New

Echota, Georgia, eine schriftliche Verfassung für die Cherokee.

1828   Die erste Ausgabe des *Cherokee Phoenix*, einer staatlichen, zweisprachigen Zeitung für die Cherokee, erscheint. Im östlichen Teil der Cherokee Nation wird Gold gefunden. Über zehntausend Goldsucher strömen in das Gebiet. Das Parlament von Georgia erläßt Verfügungen, die den Cherokee ihre staatliche Souveränität absprechen und die Herrschaft des Staates Georgia auf das Territorium der Cherokee ausdehnen.

1830   Der Kongreß verabschiedet den *Indian Removal Act* (»Gesetz über die Umsiedlung der Indianer«), der die systematische Zwangsumsiedlung der indigenen Bevölkerung im Osten der USA in das Indianerterritorium westlich des Mississippi vorsieht. Durch diese Maßnahme sollen Auseinandersetzungen mit weißen Siedlern vermieden werden.

1831   In der Sache »Cherokee Nation gegen Georgia« fällt der Oberste Gerichtshof die Grundsatzentscheidung, daß Indianerstämme nicht als fremde Nationen, sondern als innerstaatliche, nicht souveräne Völker zu behandeln sind.

1832   Der Oberste Gerichtshof der Vereinigten Staaten fällt ein weiteres Grundsatzurteil in der Sache »Worchester gegen Georgia«. Mittels Losverfahren verteilt der Staat Georgia von ihm beanspruchtes Land auf dem Gebiet der Cherokee. Der Oberste Gerichtshof entscheidet, daß die Cherokee Nation ein eigenständiges, unabhängiges Gemeinwesen ist, auf das der Bundesstaat Georgia keinen Einfluß nehmen kann, außer mit Zustimmung der Cherokee.

1835   Obwohl die überwältigende Mehrheit der Cherokee einen Vertrag zur Erleichterung der Stammesumsiedlung ablehnt, unterzeichnen Mitglieder der Ridge- oder Vertrags-Partei den Vertrag von New Echota, durch den die

Cherokee den Anspruch auf alle ihre Gebiete im Südosten aufgeben und diese gegen Land im Indianerterritorium eintauschen.

1836 Der Kongreß ratifiziert den Vertrag von New Echota
ungeachtet der Proteste des Cherokee-Häuptlings John
Ross und Tausender Cherokee.

»WEG DER TRÄNEN«

1838 Der »Weg der Tränen« beginnt. Der Zwangsumsiedlung fallen mehr als 4000 Cherokee zum Opfer.

1839 Major Ridge, John Ridge und Elias Boudinot, die Führer
der Vertrags-Partei, werden ermordet – unter anderem,
weil sie den Vertrag von New Echota unterzeichnet
haben. Der Konvent von 1839 beschließt die Wiedervereinigung der Alten Siedler, der Vertrags-Partei und der
Ross-Partei im Indianerterritorium. Anschließend tritt
eine Verfassunggebende Versammlung zusammen.

1849 Der Kongreß unterstellt das *Office of Indian Affairs* dem
neu geschaffenen Innenministerium.

1861 Die Konföderation ersucht die Cherokee Nation um Unterstützung in ihrem Kampf gegen die Union. Obwohl
Häuptling John Ross sich mit allen Kräften bemüht, die
Neutralität seines Volkes zu wahren, kommt es zur Unterzeichnung eines Vertrags zwischen der Cherokee Nation und der konföderierten Regierung. Die Cherokee
Nation stellt zwei Regimenter auf, die am Amerikanischen Bürgerkrieg teilnehmen. Sie spaltet sich in zwei
verfeindete Lager: diejenigen, die auf der Seite der Union
stehen, und die Anhänger der Konföderation.

1862 Präsident Abraham Lincoln unterzeichnet den *Homestead Act* (»Heimstättengesetz«), der allen Personen über
21 Jahre das Recht auf ein 64 Hektar großes Stück Land
im Westen zuspricht.

1863 Im Februar schafft die Cherokee Nation die Sklaverei auf ihrem Territorium ab und hebt den Vertrag mit der Konföderation auf.

1866 Um die »Fünf Stämme« für die Unterstützung der Konföderation zu bestrafen, zwingt die Regierung der Vereinigten Staaten sie dazu, neue Verträge zu unterzeichnen, die die Abtretung der westlichen Hälfte des Indianerterritoriums vorsehen. Dort sollen in dreizehn Reservaten etwa zwanzig Stämme aus Kansas und Nebraska angesiedelt werden.

1868 Angehörige der Cheyenne Nation werden von General George Custer und seinen Truppen in der Schlacht von Washita im Indianerterritorium niedergemetzelt.

1871 Durch den *Appropriations Act* (»Gesetz zur Bewilligung finanzieller Mittel für Indianer«) wird ein Schlußstrich unter die Politik der Verträge mit den indianischen Nationen gezogen. Das Gesetz erkennt die weitere Gültigkeit aller vor 1871 in Kraft getretenen Verträge an.

1872 Die Massenabschlachtung der amerikanischen Bisons beginnt. In den folgenden zwei Jahren werden mehr als 4 Millionen Büffel getötet.

1876 Im Jahr des hundertjährigen Bestehens der Vereinigten Staaten kommt es im heutigen Montana zu einem Zusammenstoß zwischen der Siebten US-Kavallerie und Indianern der nördlichen *Plains*: die Schlacht am Little Big Horn. Aus dieser Auseinandersetzung, die als »Custers letztes Gefecht« in die Geschichte eingegangen ist, gehen die Indianer siegreich hervor.

1878 Für indianische Kinder werden außerhalb der Reservate liegende Internatsschulen eingerichtet. Es ist den Schülern dort unter Strafe verboten, ihre Muttersprache zu sprechen und ihre eigenen Glaubensriten zu praktizieren.

1883 Die Ausübung der traditionellen Religionen der amerikanischen Ureinwohner wird zum Vergehen gegen Bundesrecht erklärt.

1885   Der *Major Crimes Act* (»Gesetz zur Ahndung schwerer
        Straftaten«) benennt sieben Arten von Straftaten, die
        auch dann von Bundesgerichten geahndet werden,
        wenn sie von Indianern in Reservaten begangen wer-
        den. Die Liste wird später auf vierzehn Verbrechen er-
        weitert.

1887   Der *Dawes Severality Act* oder *General Allotment Act*
        (»Allgemeines Landzuweisungsgesetz«) tritt in Kraft.
        Er bereitet die Auflösung des kollektiven Stammesbesit-
        zes an Land vor, indem er jedem männlichen Indianer
        64 Hektar Land als Eigentum zuweist und die private
        Landwirtschaft fördert, um die »Anpassung« der India-
        ner zu erleichtern. Präsident Roosevelt wird das Dawes-
        Gesetz als »riesigen Mahlmechanismus zur Zerkleine-
        rung der Stammesmasse« bezeichnen.

1889   »Nicht zugewiesenes« Land im Oklahoma-Territorium
        (das aus dem westlichen Teil des Indianerterritoriums
        besteht) wird für weiße Siedler freigegeben.

1890   Es kommt zu der Schlacht beziehungsweise dem Mas-
        saker bei Wounded Knee in der Nähe von Wounded
        Knee Creek im heutigen Süd-Dakota. Dabei töten Solda-
        ten der Siebten US-Kavallerie mehr als 150 Angehörige
        der Gruppe um den Lakota-Häuptling Big Foot. Mit
        diesem Ereignis finden die Indianerkriege ein tragisches
        Ende. Durch eine Verordnung wird das Oklahoma-Ter-
        ritorium geschaffen.

1891   Der Ethnologe James Mooney besucht das heutige Okla-
        homa, um die Gesellschaften und Kulturen der Indianer
        zu erforschen.

DAWES-KOMMISSION

1893   Der Kongreß setzt die Dawes-Kommission ein, die nach
        Möglichkeiten suchen soll, den Rechtsanspruch der

Choctaw, Chickasaw, Cherokee, Seminolen und Creek auf ihr Land zu annullieren. James Mooney trifft Vorbereitungen für eine Ausstellung über die amerikanischen Ureinwohner auf der Weltausstellung in Chicago. Das Cherokee-Outlet im heutigen Oklahoma wird für weiße Siedler geöffnet.

1898   Der *Curtis Act* schafft Stammesgerichte und -gesetze ab, beläßt den indianischen Nationen jedoch das Recht auf die Nutzung der auf ihrem Land vorkommenden Bodenschätze. Er dehnt die Politik der Landzuweisung auf die »Fünf Stämme« im Indianerterritorium aus. Die Dawes-Kommission beginnt, zu diesem Zweck alle Stammesmitglieder zu registrieren.

1901   Der Kongreß gewährt allen im Indianerterritorium ansässigen indigenen Völkern die Staatsbürgerschaft der Vereinigten Staaten.

1902   Der Innenminister erteilt die ersten Öl- und Gasförderungskonzessionen auf indianischem Gebiet im heutigen Oklahoma.

1903   W. C. Rogers wird zum Häuptling der Cherokee gewählt. Der nächste von den Cherokee frei gewählte Häuptling wird erst achtundsechzig Jahre später sein Amt antreten.

1905   Die *Sequoyah Constitutional Convention* tritt in Muskogee im Indianerterritorium zusammen. Sie verfolgt das Ziel, das Indianerterritorium zu einem indianischen Staat zu machen.

1907   Das Indianerterritorium und das Oklahoma-Territorium werden zum neuen Bundesstaat Oklahoma vereinigt.

1912   Der Athlet Jim Thorpe vom Stamm der Sauk und Fox aus Oklahoma gewinnt den olympischen Fünf- und Zehnkampf in Stockholm.

1924   Der Kongreß verabschiedet den *Indian Citizenship Act* (»Gesetz über die Staatsbürgerschaft der Indianer«) und verleiht damit allen amerikanischen Ureinwohnern, die auf dem Boden der USA geboren sind, das Wahlrecht und die Staatsbürgerschaft der Vereinigten Staaten, nicht jedoch den Schutz der *Bill of Rights*. Erst 1948 werden alle Bundesstaaten den Indianern das Wahlrecht zubilligen.

1928 Der Merriam-Report legt in allen Einzelheiten das massive Versagen der Indianerpolitik der USA seit Ende des 19. Jahrhunderts offen.

1934 Der *Indian Reorganization Act* (»Gesetz zur Reorganisation der indianischen Angelegenheiten«), auch als »Indian New Deal« bekannt, ersetzt das Dawes-Gesetz. Er bedeutet das Ende der Landzuweisungspolitik und leitet die politische und wirtschaftliche Entwicklung der Reservate ein. Autonome Stammesregierungen werden geschaffen – all dies vollzieht sich jedoch unter verstärkter Kontrolle des *Bureau of Indian Affairs*.

1936 Der *Indian Welfare Act* (»Gesetz zur Förderung der Indianer«) wird verabschiedet. Er gestattet den Indianervölkern, sich Verfassungen zu geben und Körperschaftsurkunden zu erhalten.

1944 In Denver, Colorado, wird der *National Congress of American Indians* (»Nationalkongreß der amerikanischen Indianer«) gegründet.

WILMA MANKILLERS GEBURT

1945 In Mankiller Flats bei Rocky Mountain, Oklahoma, wird Wilma Pearl Mankiller geboren.

1946 Die *Indian Claims Commission* (»Kommission zur Klärung der Ansprüche der Indianer«) wird eingesetzt, um die Ansprüche der amerikanischen Indianer auf Entschädigung durchzusetzen. Die Kommission wird ihre Tätigkeit bis 1978 fortsetzen, danach übernimmt der

Court of Claims der Vereinigten Staaten die verbleibenden 102 Fälle.

1948   Der von der Bundesregierung ernannte Cherokee-Häuptling J. B. Milam beruft eine Versammlung der Cherokee ein, um eine Wiederbelebung der Cherokee Nation zu erörtern.

1949   Die Hoover-Kommission spricht in ihrem Bericht die Empfehlung aus, alle amerikanischen Ureinwohner »als vollwertige, steuerzahlende Bürger in die Bevölkerung einzugliedern«. W. W. Keeler wird von Präsident Harry Truman zum Häuptling der Cherokee ernannt.

1953   Mit der Verabschiedung der Begleitresolution 108 leitet der Kongreß die Politik der *Termination* ein. Sie soll das »Indianerproblem« endgültig lösen und »... dem Status [der amerikanischen Ureinwohner] als Mündel der Vereinigten Staaten ein Ende bereiten«. In den folgenden 13 Jahren wird der Kongreß Gesetze verabschieden, die die Beziehungen zwischen den USA und den über einhundert Indianervölkern beenden. Dadurch verlieren mehr als elftausend Menschen ihren Status als »anerkannte« amerikanische Ureinwohner. Hunderttausende Hektar Land werden der treuhänderischen Verwaltung und damit dem Schutz der Bundesbehörden entzogen.

1956   Die Familie Mankiller zieht im Rahmen des Umsiedlungsprogramms der Vereinigten Staaten von Adair County, Oklahoma, nach San Francisco um. Das Programm, in dessen Rahmen in den fünfziger Jahren Tausende von Indianern umgesiedelt wurden, war vom *Bureau of Indian Affairs* initiiert worden. Ziel war die Herauslösung der indigenen Bevölkerung aus ihren Heimatgebieten und Kulturen. Das Programm erwies sich jedoch als Fehlschlag, denn über ein Drittel der Umsiedler kehrte später wieder in ihre Herkunftsregionen zurück.

1962   Die Indianer erhalten das Recht, die Förderungsmaß-

nahmen des *Manpower Development and Training Act*
(»Gesetz zur Förderung und Ausbildung von Arbeitskräften«) in Anspruch zu nehmen.

1964 Der *Economic Opportunity Act* (»Gesetz zur Erweiterung
der wirtschaftlichen Möglichkeiten«) dehnt mittels einer indianischen Dienststelle im *Office of Economic Opportunity* die Gewährung von Leistungen zum ersten
Mal auf Indianer aus.

1968 Der Kongreß verabschiedet den *Indian Civil Rights Act*
(»Gesetz über die Bürgerrechte der Indianer«), durch
den die *Bill of Rights* erstmalig auf die Indianer Anwendung findet. Religionsfreiheit wird jedoch erst 1978
durch ein Gesetz garantiert.

1969 Indianer besetzen die Insel Alcatraz in der Bucht von
San Francisco. Die Aktion dauert neunzehn Monate. Die
Besetzer hoffen, auf diesem Wege die amerikanische
Öffentlichkeit auf die Probleme und Interessen der ame-
rikanischen Ureinwohner aufmerksam zu machen.

1970 Die Ära der *Termination* endet; eine selbstbestimmte
indianische Politik wird möglich. Die Häuptlinge der
»Fünf Stämme« werden nicht mehr von der US-Regierung ernannt, sondern von den Stammesangehörigen
gewählt. Eine Entscheidung des Obersten Gerichtshofs
der USA bestätigt die Eigentumsrechte der Cherokee,
Choctaw und Chickasaw an einem ca. 155 Kilometer
langen Abschnitt des Arkansas River.

1971 W. W. Keeler ist der erste gewählte Oberste Häuptling
der Cherokee seit Gründung des Bundesstaates Oklahoma.

1972 Mitglieder des *American Indian Movement* besetzen die
Büros des BIA in Washington. Die Besetzung gipfelt in
einem Protestmarsch, der als *Trail of Broken Treaties*
(»Weg der gebrochenen Verträge«) in die Geschichte
eingegangen ist. Die Aktionen der Bewegung haben
zum Ziel, die amerikanische Öffentlichkeit auf die Situa-

tion der amerikanischen Ureinwohner aufmerksam zu machen.

1973 AIM-Mitglieder besetzen neunundsechzig Tage lang die Ortschaft Wounded Knee in Süd-Dakota. Die Gruppe fordert eine umfassende Untersuchung der Verhältnisse in den Reservaten durch den Senat. Der AIM verlangt außerdem die Rückgabe der Black Hills an die Lakota Nation.

1975 Ross O. Swimmer wird für die erste von drei Amtsperioden zum Obersten Häuptling der Cherokee gewählt. Ein fünfzehn Mitglieder umfassender Stammesrat der Cherokee wird eingesetzt. Der Kongreß verabschiedet den *Indian Self-Determination and Education Assistance Act* (»Gesetz über die Selbstbestimmung der Indianer und die Förderung ihrer Bildungschancen«).

1976 Die Cherokee Nation ratifiziert eine neue Verfassung.

1978 Der *American Indian Religious Freedom Act* (»Gesetz über Religionsfreiheit der amerikanischen Indianer«) garantiert den amerikanischen Ureinwohnern das Recht auf die Ausübung traditioneller Religionen und religiöser Riten. Das BIA erstellt Kriterien, nach denen Indianervölker von der US-Regierung als Stämme anerkannt werden können.

1983 Die US-Regierung erkennt die Indianervölker als gleichrangige Verhandlungspartner an, betont jedoch, daß die Indianer sich weniger auf die Unterstützung der Bundesbehörden verlassen sollten und statt dessen die wirtschaftliche Entwicklung in den Reservaten gefördert werden müsse. Ross Swimmer und Wilma Mankiller, politisch ein »ungleiches Paar«, werden zum Obersten Häuptling beziehungsweise stellvertretenden Häuptling der Cherokee Nation gewählt.

1984 In Red Clay, Tennessee, findet das erste gemeinsame Ratstreffen der östlichen Cherokee und der Cherokee Nation von Oklahoma seit 146 Jahren statt.

1985 Nach dem Rücktritt Ross Swimmers, der an die Spitze des BIA berufen wird, übernimmt Wilma Mankiller als erste Frau das Amt des Obersten Häuptlings der Cherokee.

1986 Der Senat bestätigt in seiner Begleitresolution 76 die durch die Verfassung anerkannte Gleichrangigkeit zwischen den Vereinigten Staaten und den Indianervölkern. Die Resolution bekräftigt die gesetzliche und moralische Verpflichtung der Vereinigten Staaten, gewissenhaft an Verträgen mit den Indianern festzuhalten.

1989 In seiner Brendale-Entscheidung stellt der Oberste Gerichtshof der Vereinigten Staaten fest, daß die Stammeshoheit über Reservatsland erlischt, wenn dieses der treuhänderischen Verwaltung durch die Bundesbehörden entzogen wird.

1990 Häuptling Mankiller unterzeichnet das historische Selbstverwaltungsabkommen, das der Cherokee Nation die Verfügungsgewalt über Fonds zuspricht, die zuvor vom BIA verwaltet wurden. Es werden erneut Stammesgerichte und eine Stammespolizei geschaffen und eine eigene Steuerkommission für den Stamm eingesetzt.

1991 Häuptling Mankiller wird mit 82 Prozent der Stimmen zum zweiten Mal in ihrem Amt bestätigt. In dem fünfzehn Mitglieder zählenden Stammesrat sind sechs Frauen vertreten.

1992 Häuptling Mankiller wird vom Präsidentschaftskandidaten Bill Clinton zur Vertreterin der Indianer auf einem landesweiten Wirtschaftsgipfel in Little Rock, Arkansas, bestimmt.

1993 Die Vereinten Nationen erklären 1993 zum »Jahr der indigenen Völker«.

DANKSAGUNG

Mein Dank gilt allen Cherokee der Vergangenheit, der Gegenwart und der Zukunft, insbesondere den Frauen, die sich immer um den Erhalt von Harmonie und Gleichgewicht in der Welt bemüht haben.

Vielen Menschen gebührt Anerkennung für ihre Hilfe bei der Entstehung des vorliegenden Buches; es handelt sich um eine echte Teamarbeit. An erster Stelle möchte ich Charlie Soap nennen, ohne dessen Unterstützung ich niemals zur Häuptlingsfrau gewählt worden wäre und ohne dessen Liebe mein Leben einen ganz anderen Verlauf genommen hätte.

Würdigen möchte ich Robert Conleys Hilfe bei der Konzeption eines Werkes, das sowohl meine Lebensgeschichte als auch die Geschichte der Cherokee behandeln sollte. Ich möchte den Mitgliedern meiner Familie danken, die mir Informationen für dieses Buch lieferten, insbesondere aber meiner Mutter Clara Irene Sitton Mankiller. Danken möchte ich auch meiner Tochter Gina, die alle Manuskripte über die Sitzungen mit Michael Wallis erstellte und zahllose Seiten mit Geschichten, Kommentaren und redaktionellen Anmerkungen füllte. Besonderen Dank schulde ich auch meiner Schwester Frieda Mankiller Mullins sowie Lee Fleming und Linda Vann für ihre Unterstützung bei meinen genealogischen Forschungen; außerdem Bob Friedman und Kristina Kiehl, die mir die technische Ausrüstung für diese Arbeit zur Verfügung stellten, und Lynn Howard, Lisa Finley, Sammy Still und Nita Cochran für ihre Hilfe bei der Zusammenstellung der Photos.

Schließlich möchte ich meinem Koautor Michael Wallis für seine hervorragende Arbeit an diesem Buch danken; dem Herausgeber bei St. Martin's Press, Robert Weil, für seinen klugen Rat und seine uneingeschränkte Unterstützung dieses Projekts; Hazel Rowena Mills, einer glänzenden Lektorin und ungepriesenen Heldin dieses Buchprojekts; Dr. Duane H. King vom National Museum of the American Indian, Smithsonian Institution, für seine kritischen Anmerkungen und Kommentare. Zuletzt möchte ich außerdem meine Liebe und Anerkennung für Gloria Steinem ausdrücken, auf deren Vorschläge die äußere Gestaltung dieses Buches zurückgeht.

WILMA MANKILLER

Ich werde Wilma Mankiller immer dankbar sein, daß sie mich bat, mit ihr zusammen ihre Lebensgeschichte und die Geschichte der Cherokee niederzuschreiben. Ich lernte Wilma 1982 kennen, und seit dieser Zeit sind sie und ihr Mann Charlie Soap mit meiner Frau Suzanne Fitzgerald Wallis und mir befreundet. Ich fühlte mich geehrt und war erfreut, als Wilma Robert Weil, unserem hervorragenden Herausgeber bei St. Martin's Press, vorschlug, daß ich als Koautor an diesem wichtigen Buch mitwirken sollte.

Von Anfang an – lange bevor das erste Wort zu Papier gebracht wurde – waren Wilma, Robert und ich uns darüber einig, daß dieses Buch nicht nur Wilmas Leben schildern sollte, sondern auch die reiche Geschichte und das Erbe ihres Volkes. Dieses Werk ist das Ergebnis einer echten Zusammenarbeit. Ich werde immer gern an jene langen Sitzungen in Wilmas Haus zurückdenken, als wir die verschiedenen Fäden der Lebensgeschichte dieser bemerkenswerten Frau miteinander verwoben.

Viele Menschen und Informationsquellen waren bei unseren Recherchen und beim Verfassen dieses Buches eine große Hilfe. Mein Dank gilt all jenen, die an dieser Stelle nicht genannt werden wollen, sowie zahllosen Freunden, Familienmitgliedern,

Bibliothekaren, Forschern und anderen, die zur Entstehung dieses Werkes beitrugen.

Dankbar bin ich auch dafür, daß ich trotz all der Fehler, die ich in meinem Leben gemacht habe, soviel Verstand hatte, mich für ein Leben mit Suzanne zu entscheiden, meiner Ehefrau und besten Freundin. Suzannes unerschütterlicher Glaube an mich und meine schriftstellerische Arbeit hilft mir über alle Augenblicke des Zweifels und der Mutlosigkeit hinweg, die diese Tätigkeit offenbar immer mit sich bringt.

Große Anerkennung gebührt auch Dixie Haas Dooley für ihre gewissenhaften Recherchen, ihre Unterstützung in allen Verwaltungsangelegenheiten sowie für ihre Ermutigung und ihre Vorschläge. Würdigen möchte ich auch Dr. Lydia Wyckoffs unbeirrbaren Scharfblick, ihre wertvollen Hinweise und ihre beständige Freundschaft. Besonderer Dank gilt Allen Strider, einem echten Sohn Oklahomas, der immer für uns da war.

Hazel Rowena Mills ist zweifellos die beste Lektorin, die man sich denken kann. Das ist die Auffassung von Wilma Mankiller, Michael Wallis und allen anderen Personen, die das Vergnügen hatten, mit ihr zusammenzuarbeiten. Dieses Buch hat Rowenas Geschick viel zu verdanken. Ihre überragenden redaktionellen Fähigkeiten machen sich auf allen Seiten bemerkbar.

Robert Weil, unser hart arbeitender Herausgeber bei St. Martin's Press, hat dieses Buchprojekt seit den ersten Gesprächen in Häuptling Mankillers Büro betreut. Von Anfang an tat er sein Bestes, damit das Buch, so wie wir es uns vorgestellt hatten, veröffentlicht werden konnte. Wir sagen Dir herzlichen Dank, Bob.

Lob und Preis gebührt auch Becky Koh, der Redaktionsassistentin, die vor unseren Hilferufen niemals die Ohren verschloß und immer bereit war, Antworten und Ratschläge zu geben. Würdigen möchte ich auch die Leistungen von anderen Mitarbeitern von St. Martin's Press, zu denen Twisne Fan, Stephanie Schwartz, Henry Yee, Judy Stagnitto, Claudia Riemer, Karen Burke und Barbara Andrews gehören.

Dank sei schließlich auch dem Katzenduo Beatrice und Molly, die mit mir lange, vergnügliche wie beschwerliche Stunden vor dem Textverarbeitungsgerät verbrachten.

MICHAEL WALLIS

WEITERFÜHRENDE LITERATUR

Der im späten 19. Jahrhundert so bekannte Ethnologe James Mooney war einer der ersten europäischstämmigen Amerikaner, der die klugen und ausdrucksvollen mündlichen Überlieferungen der Cherokee aufzeichnete und vor dem Vergessenwerden bewahrte. Mooneys Werke, *Myths of the Cherokees* und *Sacred Formulas of the Cherokees*, basierten direkt auf den Informationen von spirituellen Führern und Geschichtenerzählern der Cherokee. Dreiviertel der Stammeslegenden, die Mooney im späten 19. Jahrhundert veröffentlichte, stammten von Ayunini oder Swimmer, einem Medizinmann, spirituellen Führer und Wahrer der Cherokee-Überlieferungen. Swimmer, der nur Cherokee sprach und schrieb, stellte Mooney schriftliche Texte zur Verfügung und hielt für ihn gewandte mündliche Vorträge.
Noch viele andere Geschichtenerzähler der Cherokee teilten Mooney ihr Wissen mit. Itagunahi oder John Ax ließ den Ethnologen an seiner Kenntnis der traditionellen Zeremonien teilhaben. Andere Cherokee, die in Mooneys Berichten zu Wort kommen, sind Suyeta oder der »Auserwählte«; Tagwadihi, der auch »Catawba-Töter« genannt wurde; Häuptling N. J. Smith, Salali; Tsesani oder Jessan; eine Frau namens Ayasta; außerdem James D. Wafford, der unter dem Namen Tsuskwanunnawata bekannt war.

Ahern, W. H.: »Indian Education and Bureaucray«, in: *Fort Totten: Military Post and Indian School*, Hg. von L. Remele, State Historical Society of North Dakota 1986.

Ammon, S. R.: *History and Present Development of Indian Schools in the United States*, University of Southern California; Diss., Nachdr., San Francisco 1975.

Ballenger, T. L.: *Around Tahlequah Council Fires*, Oklahoma City: Cherokee Publishing Company, Inc., 1945.

Bean, W.: *California: An Interpretive History*. New York: McGraw-Hill, Inc., 1978, 1973, 1968.

Bell, G. M., Sr.: *Genealogy of Old and New Cherokee Indian Families*. Bartlesville, Oklahoma: George Morrison Bell, Sr., 1972.

Bernstein, B. und Matusow, A. J. (Hg.), *The Truman Administration: A Documentary History*, New York 1966.

Biegert, C.: *Seit 200 Jahren ohne Verfassung -- USA: Indianer im Widerstand*, Hamburg 1981.

Brown, J. P.: *Old Frontiers: The Story of the Cherokee Indians from Earliest Times to the Date of Their Removal to the West*, 1838, 1938; Nachdr., Kingsport, Tennessee 1971.

Burt, J. und Ferguson, R. B.: *Indians of the Southeast: Then and Now*, Nashville/New York 1973.

Campbell, J. und Sam, A.: »The Primal Fire Lingers«, in: *The Chronicles of Oklahoma*, 53:4 (Winter 1975/76).

Conley, R. J.: *The Witch of Goingsnake and Other Stories*, Norman, Oklahoma 1988.

Cotterill, R. S.: *The Southern Indians: The Story of the Five Civilized Tribes Before Removal*, Norman, Oklahoma 1954.

Cunningham, F.: *General Stand Watie's Confederate Indians*, San Antonio 1959.

Cunningham, H. T.: »A History of the Cherokee Indians«, in: *The Chronicles of Oklahoma*, 8:3 (September 1930).

Dale, E. und Litton, G. L.: *Cherokee Cavaliers: Forty Years of Cherokee History as Told in the Correspondence of the Ridge-Watie-Boudinot Family*, Norman, Oklahoma 1939.

Dale, E. und Rader, J. L.: *Readings in Oklahoma History*, Evanston, Illinois 1930.

Debo, A.: *A History of the Indians of the United States*, Norman, Oklahoma 1970.

Dies.: *And Still the Waters Run: The Betrayal of the Five Civilized Tribes*. Princeton, New Jersey 1940; Nachdr. Norman 1984.

Deloria, V., Jr.: *Custer Died for Your Sins*, New York 1970.

Drinnon, R.: *Keeper of Concentration Camps: Dillon S. Myer and American Racism*, Berkeley, California 1987.

Ehle, J.: *Trail of Tears: The Rise and Fall of the Cherokee Nation*, New York 1988.

Ellis, J.: *Walking the Trail: One Man's Journey along the Cherokee Trail of Tears*, New York 1991 (dt. *Der Pfad der Cherokee: eine Wanderung in Amerika*, aus dem Englischen übers. von U. Wünsch, Frankfurt a. M. 1993).

Everett, D.: *The Texas Cherokees: A People Between Two Fires, 1819–1840*. Norman, Oklahoma 1990.

Farb, P.: *Man's Rise to Civilization* (dt. *Die Indianer – Entwicklung und Vernichtung eines Volkes*, aus dem Englischen übers. von I. Winger, München 1988).

Feest, C.: *Das rote Amerika – Nordamerikas Indianer*, Wien 1976.

Fischer, L. H. (Hg.): *The Civil War Era in Indian Territory*, Los Angeles 1974.

Forbes, J. D. (Hg.): *The Indian in America's Past*, Englewood Cliffs, New Jersey 1964.

Foreman, G.: *The Five Civilized Tribes*, 1933; Nachdr. Norman, Oklahoma 1968.

Ders.: *Indian Removal*, Norman, Oklahoma 1953.

Franks, K. A.: *Stand Watie and the Agony of the Cherokee Nation*, Memphis, Tennessee 1979.

Gentry, C., *The Last Days of the Late, Great State of California*, New York 1968.

German, A.: »Refugee Indians Within and from the Indian Country, 1861–1867«, Diss., Wichita State University, 1987.

Gesellschaft für bedrohte Völker (Hg.): *Unser Amerika – 500 Jahre indianischer Widerstand*, Wien 1992.

Gibson, A. M.: *Oklahoma: A History of Five Centuries*, Norman, Oklahoma 1981.

Hausman, G.: *Turtle Island Alphabet*, New York 1992.

Hendrix, J. B.: *Redbird Smith and the Nighthawk Keetoowahs*, Park Hill, Oklahoma 1984.

Holmes, R. B. und Smith, B. S.: *Beginning Cherokee*, Norman, Oklahoma 1977.

Holt, B. H. und Forester, G.: *Digest of American Indian Law*, Littleton, Colorado 1990.

Hudson, C.: *The Southeastern Indians*, Knoxville, Tennessee 1976.

Hunt, D. C.: »Indian Kings and Councillors«, in: *American Scene* (Tulsa, Oklahoma: Thomas Gilcrease Institute of American History and Art), 13:2 (1972).

Jacobs, W. R.: *Dispossessing the American Indian*, New York 1972.

Josephy, A. V., Jr.: *Red Power: The American Indians' Fight for Freedom*, Lincoln, Nebraska 1971.

Ders. (Hg.): *America in 1492: The World of the Indian Peoples Before the Arrival of Columbus*, New York 1992 (dt. *Amerika 1492 – Die Indianervölker vor der Entdeckung*, aus dem Englischen übers. von B. Walitzek, Frankfurt a. M. 1992).

Keith, H., *Rifles for Watie*, New York 1957.

Kilpatrick, J. und Kilpatrick, A. G.: *Run Toward the Nightland: Magic of the Oklahoma Cherokees*, Dallas, Texas 1967.

King, D. H. (Hg.): *The Cherokee Indian Nation: A Troubled History*, Knoxville, Tennessee 1979.

Lavender, D.: *California: Land of New Beginnings*, New York 1972.

Ders.: *The Great West*, 1965; Nachdr. Boston, Massachusetts 1987.

Läng, H.: *Kulturgeschichte der Indianer Nordamerikas*, Freiburg i. B. 1981.

Lindig, W.: *Die Indianer (Bd. 1: Nordamerika)*, München 1978.

Lutz, H.: *Indianer und Native Americans*, Hildesheim 1985.

Lyons, M., u. a.: *Exiled in the Land of the Free*. Santa Fe, New Mexico 1993.

Mathiessen, P.: *Indian Country*, New York 1984.

McLoughlin, W. G.: *Champions of the Cherokees: Evan and John B. Jones*, Princeton, New Jersey 1990.

Ders.: *The Cherokee Ghost Dance*, Macon, Georgia 1984.

McWilliams, C.: *The California Revolution*, New York 1968.

Meredith, H. L.: *Bartley Milam: Principal Chief of the Cherokee Nation*, Muskogee, Oklahoma 1985.

Mooney, J.: *Myths of the Cherokee and Sacred Formulas of the Cherokees*, (Bureau of American Ethnology); Nachdr., Nashville, Tennessee 1982 (dt. *Mythen der Cherokee: der Aufstand der vierfüßigen Völker und die Eulenspiegeleien von Tricksterhase*, aus dem Englischen übers. von H. Strehlow, Berlin 1992)

Moulton, G. E.: *John Ross: Cherokee Chief*, Athens, Georgia 1978.

Nabokov, P. (Hg.): Native American Testimony, New York 1991.

Niethammer, C.: *Daugthers of the Earth*. o. O. 1977. (dt. *Töchter der Erde – Legende und Wirklichkeit der Indianerinnen*, aus dem Englischen von V. Bradke, Göttingen 1985).

O'Brien, S.: *American Indian Tribal Governments*, Norman, Oklahoma 1989.

Cherokee Nation Records 8, Vol. 251, Laws of 1863 to 1868; Oklahoma Historical Society, Oklahoma City.

Parker, Th. V.: *The Cherokee Indians*, New York 1907.

Pearce, R. H.: *Savagism and Civilization*, Berkeley und Los Angeles 1988 (dt. *Rot und Weiß – Die Erfindung des Indianers durch die Zivilisation*, aus dem Englischen übers. von W. Bick, Stuttgart 1991).

Pearson, K. L.: *The Indian in American History*, New York 1973.

Perdue, Th.: *The Cherokee*, New York 1989.

Rawls, J. J.: *Indians of California*, Norman, Oklahoma 1984.

Remele, L. (Hg.): *Fort Totten: Military Post and Indian School*, State Historical Society of North Dakota 1986.

John Ross Papers. Thomas Gilcrease Institute of American History and Art, Tulsa, Oklahoma.

Rossman, D. A.: *Where Legends Live: A Pictorial Guide to Cherokee Mythic Places*, Cherokee, North Carolina 1988.

Smith, B.: *The Keetoowah Society of the Cherokee Indians*, Diss., Northwestern State College, Alva, Oklahoma 1967.

Starr, E.: *Cherokees »West«, 1794 to 1839*, Oklahoma City 1910.

Ders.: *History of the Cherokee Indians and Their Legends and Folk Lore*, Oklahoma City 1921; Nachdr. Tulsa, Oklahoma 1984.

Strickland, R.: *Fire and the Spirits: Cherokee Law from Clan to Court*, Norman, Oklahoma 1975.

Ders.: *The Indians in Oklahoma*, Norman, Oklahoma 1980.

Talbot, S.: *Roots of Oppression – The American Indian Question*. New York 1981 (dt. *Indianer in den USA – Unterdrückung und Widerstand*, aus dem Englischen übers. von V. Homola und B. Zöllner, Berlin 1988).

Thomas, R. K.: *The Origin and Development of the Redbird Smith Movement*, Diss., University of Arizona, 1953.

Thornton, R.: *American Indian Holocaust and Survival: A Population History since 1492*, Norman, Oklahoma 1987.

Ders.: *The Cherokees: A Population History*, Lincoln, Nebraska 1990.

Turtle, W. E.: *Indian America: A Traveler's Companion*, Santa Fé, New Mexico 1989.

Tyner, H. Q.: *The Keetoowah Society in Cherokee History*, Diss., University of Tulsa, 1949.

Wardell, M. L.: *A Political History of the Cherokee Nation, 1838–1907*, 1938; Nachdr. Norman, Oklahoma 1977.

Weatherford, J.: *Indian Givers: How the Indians of the Americas Transformed the World*, New York 1988.

Ders.: *Native Roots: How the Indians Enriched America*, New York 1991.

Wilkins, Th.: *Cherokee Tragedy: The Story of the Ridge Family and the Decimation of a People*, New York 1970.

Wolf, E. R.: *Die Völker ohne Geschichte – Europa und die Welt seit 1400*, Frankfurt a. M., New York 1991.

Woodward, G. S., *The Cherokees*, Norman, Oklahoma 1963.

ÜBER DIE AUTOREN

Wilma Mankiller amtiert auch heute noch als Oberster Häuptling der Cherokee Nation von Oklahoma. Sie hat außerdem die Kurzgeschichte »Keeping Pace with the Rest of the World« verfaßt, die 1985 in *Southern Exposure* veröffentlicht wurde. Diese wird im Rahmen einer von Joy Harjo und anderen herausgegebenen Anthologie mit dem Titel *Reinventing the Enemy's Language* in Kürze neu veröffentlicht. Zusammen mit fünf anderen prominenten Frauen gibt Wilma Mankiller außerdem *A Reader's Companion to the History of Women in the U.S.* heraus, der bald bei Houghton Mifflin erscheinen wird. Sie hat außerdem für die Zeitschrift *Native Peoples* und andere Publikationen geschrieben, die sich mit der indigenen Bevölkerung der USA befassen.

Michael Wallis wurde 1945 in Missouri geboren und hat biographische und historische Werke über den amerikanischen Westen verfaßt. Er ist Autor mehrerer äußerst erfolgreicher Bücher, darunter das von der Kritik gelobte *Route 66: The Mother Road* (St. Martin's Press, 1990); außerdem *Pretty Boy: The Life and Times of Charles Arthur Floyd* (St. Martin's Press, 1992) sowie eine Sammlung von Essays und Kurzgeschichten mit dem Titel *Way Down Yonder in the Indian Nation* (St. Martin's Press 1993).
Michael Wallis hat bisher in verschiedenen Orten im Südwesten der USA und Mexiko gelebt. Er und seine Frau, Suzanne Fitzgerald Wallis, leben seit 1982 in Oklahoma sowie im nördlichen Neu-Mexiko.

Beaver Creek

Cimarron R.

Wolf Creek

North Fork of Red

Wichita
Village

*Von Texas
beansprucht*

0   10   20   30   40   50 Meilen
0   80 km

● Siedlungen
■ Forts und Camps
★ Stammeshauptstadt